山东省社会科学规划重点项目（10BWXJ06）

丁秀菊　著

先秦儒家修辞研究

山东大学出版社

图书在版编目(CIP)数据

先秦儒家修辞研究/丁秀菊著.
—济南:山东大学出版社,2015.4
ISBN 978-7-5607-5264-8

Ⅰ.①先…
Ⅱ.①丁…
Ⅲ.①儒家－修辞学－研究－中国－先秦时代
Ⅳ.①H15

中国版本图书馆 CIP 数据核字(2015)第 073555 号

责任编辑:董付兰
封面设计:张　荔

出版发行:山东大学出版社
社　址　山东省济南市山大南路 20 号
邮　编　250100
电　话　市场部(0531)88364466
经　　销:山东省新华书店
印　　刷:山东新华印务有限责任公司
规　　格:720 毫米×1000 毫米　1/16
19.5 印张　327 千字
版　　次:2015 年 4 月第 1 版
印　　次:2015 年 4 月第 1 次印刷
定　　价:42.00 元

目　录

绪 论

先秦特指公元前221年秦始皇统一中国前的春秋战国时期，是我国历史上相当重要的一个时期。在这一时期，随着周王室的日渐衰微，奴隶主阶级的政治势力逐渐变弱，封建地主阶级的政治势力日益增强，奴隶社会开始向封建社会过渡。社会制度、社会形态的这种更替，极大地冲击了人们固有的思想观念，推动了人们思想意识、价值观念的变化和发展，立场、观点、主张各异的学术派别——儒、道、墨、法等争相问世。他们思想活跃，论辩激烈，唇枪舌剑，形成了“百花齐放，百家争鸣”的热烈场面，同时《诗经》、《春秋》、《左传》、《战国策》、《老子》、《论语》、《孟子》、《庄子》、《墨子》、《荀子》、《韩非子》等经典著作也纷纷面世，从而为中国学术的产生和发展奠定了坚实的基础。中国哲学、美学、文学、伦理学、语言学等许多重大的理论问题几乎都能在这一时期的著述典籍中找到源头。因此，著名学者吕思勉先生说：“历代学术，纯为我所自创者，实止先秦之学耳。”[①]德国史学家卡尔·雅斯贝斯则称这一历史时期为“轴心的时代”：

> 以公元前500年为中心——从公元前800年到公元前200年——人类的精神基础同时地或独立地在中国、印度、波斯、巴勒斯坦和希腊开始奠定……
>
> 在公元前800年到公元前200年间所发生的精神过程，似乎建立了这样一个轴心。在这时候，我们今日生活中的人开始出现。让我们把这个时期称之为“轴心的时代”。在这一时期充满了不平常的事件。在中国诞生了孔子和老子，中国哲学的各种派别的兴起，这是墨子和庄子以及无数其

---

① 吕思勉：《先秦学术概论》，中国大百科全书出版社1985年版，第1页。

他人的时代……

这个时代产生了所有我们今天依然在思考的基本范畴，创造了人们今天依然信仰的世界性宗教。[①]

一

儒家是先秦时期众多学术派别之一，也是对中国思想文化影响最大、最深、最广的一个学术流派。“儒家者流，盖出于司徒之官，助人君顺阴阳明教化者也。游文于六经之中，留意于仁义之际，祖述尧舜，宪章文武，宗师仲尼，以重其言，于道最为高。”[②]儒家经典指传统六经《诗经》、《尚书》、《礼记》、《乐记》、《周易》、《春秋》以及《论语》、《孟子》、《荀子》、《左传》、《穀梁传》、《公羊传》、《国语》等先秦儒家典籍。它们彼此援引，相互印证，从而构成了一个完整的儒家思想体系。以《诗经》为例，其后的儒家著作就多有称引。据统计，《国语》引用《诗经》诗句及篇名达40次[③]；《左传》赋诗36则、歌诗2例、引诗181句次，引孔子语（“仲尼曰”）25则，引“君子曰”85则[④]；《论语》中孔子论《诗》6条，孔子及弟子引《诗》8条，其他人引《诗》1条[⑤]；《孟子》也多有称引，主要论及如何说《诗》的问题并由此提出了“以意逆志”的解《诗》主张；《荀子》一书引《诗》更多，几乎每一论题及其分论点的论述，在引出结论时，荀子都要用《诗经》中的句子作为自己的论据；《荀子》一书共引现传《诗经》中的诗歌65篇次，涉及诗歌45首[⑥]；等等。所以，著名学者吕思勉说：“治先秦之学者，可分家而不可分人。”其原因在于，“先秦诸子，大抵不自著书；凡所纂辑，率皆出于后之人。欲从其书中，搜寻某一人所独有之说，几于无从措手；而一家之学，则其言大抵从同。故欲分别其说属于某人甚难，而欲分别其说属于某家则甚易。”[⑦]

先秦儒家是一个整体，但其思想、学说的形成与完善则经过了一个比较漫

---

① ［德］卡尔·雅斯贝斯：《人的历史》，田汝康、金重远选编：《现代西方史学流派文选》，上海人民出版社1982年版，第38～40页。

② 《汉书·艺文志》，中华书局1962年版。（以下引文，版本同此）

③ 参见张以仁：《国语研究》，转引自张素卿：《左传称诗研究·绪论》，台湾大学出版委员会1991年版，第2页。

④ 详见张素卿：《左传称诗研究》，台湾大学出版委员会1991年版，第80、109、151、141、143页。

⑤ 参见朱金发：《先秦诗经学》，学苑出版社2007年版，第241页。

⑥ 参见朱金发：《先秦诗经学》，学苑出版社2007年版，第299页。

⑦ 参见吕思勉：《先秦学术概论》，中国大百科全书出版社1985年版，第22页。

长、曲折的过程：孔子创始之，孟子发展之，荀子集大成。“孔子本老聃之徒，传其文学于子夏，传《易》于商瞿。子夏传《诗》，五传而及荀子。商瞿传《易》，再传而及荀子。孔子作《春秋》，左丘明为作《传》，丘明又六传而及荀子。故荀子于学最邃，于孔子之传最真，是以其书详于《诗》、《礼》、《乐》、《易》、《春秋》，复称引《道经》、《黄帝金人铭》，则其称五帝三代之传人传政，必确信无疑，而况夫其与孔子、庄子之言，初无二致哉。”[①]儒学著述先后呈递，其经典著作《论语》、《孟子》、《荀子》由语录体、对话体发展为篇章结构相对完备的专题议论文，比较能概括自春秋至战国整个先秦时期散文的发展历史，诚如著名学者刘师培在《论文杂记》中所描述的。他把中国古代书籍分为“经”、“论”、“律”三类，曰：“一曰文言，藻绘成文，复杂以骈语韵文，以便记诵，如《易经》六十四卦及《诗》、《书》两经是也；是即佛书之经类。一曰语，或为记事之文，或为论难之文，用单行之语，而不杂以骈俪之词，如《春秋》、《论语》及诸子之书是也；是即佛书之论类。一曰例，明法布令，语简事赅，以便民庶之遵行，如《周礼》、《仪礼》、《礼记》是也；是即佛书之律类。后世以降，排偶之文，皆经类也；单行之文，皆论类也；会典、律例诸书，皆律类也。故经、论、律三类，可以该古今文体之全。”[②]并强调诸子之文于中国文学的发轫作用：“中国文学，至周末而臻极盛。庄、列之深远，苏、张之纵横，韩非之排奡，荀、吕之平易，皆为后世文章之祖。……惟文学臻于极盛，故周末诸子，卒以文词之美，得后世文士之保持，而流传勿失。则修词学乌可不讲哉？”[③]刘师培对中国古代书籍的描述非常契合先秦儒学著述的情况。他说：“如果将‘文言’看作是以‘言语’为主，‘语’是由‘言语’发展而成的‘语言’，大体符合古代汉语发展的实际情况。《易》之卦、爻辞实际上是巫师口语的记录，《诗》之主体《风》诗也主要是民间男女口头歌谣的记录，而《书》也多是口头发表的训诰（周、商以远之《书》实由西周以后史家整理或补写的）。如果说，以‘言语’为主要特征的口头文学（以文字记录时已作了一定的语言规范），是中国文学发端的话，那么，由‘言语’而进步到具有明显‘能指’、‘所指’意义的语言，中国文学就进入了正规的发展阶段。”[④]

---

① 顾实：《汉书艺文志讲疏·自序》，上海古籍出版社 2009 年版，第 3 页。

② 刘师培：《中国中古文学史·论文杂记》，人民出版社 1959 年版，第 109 页。

③ 刘师培：《中国中古文学史·论文杂记》，人民出版社 1959 年版，第 110 页。

④ 陈良运：《周易与中国文学》，百花洲文艺出版社 1999 年版，第 142 页。

鉴于此，本书的先秦儒家修辞[①]研究将肇始于孔子，终结于荀子。通过对先秦儒学著述中修辞思想、修辞观点的梳理，通过对孔子、孟子、荀子言语修辞美学以及言语风格的分析，探求先秦儒家修辞的全貌。

孔子（前551～前479年），名丘，字仲尼，春秋末期鲁国陬邑（今山东曲阜）人。孔子曾周游列国，晚年从事讲学和著述，整理、编订了《诗》、《书》、《礼》、《乐》、《易》、《春秋》六经，有弟子三千，其中“贤人”七十二。他创建了儒家学派，是春秋末期著名的思想家和教育家，也是一位语言大师。他的政治主张、教育思想、语言修辞观点主要见于《论语》各篇，儒家其他典籍如《春秋》、《左传》、《礼记》、《大戴礼记》以及诸子著作、《韩诗外传》、《说苑》、《新序》、《孔子家语》、《孔子集语》等也有记载。

孟子（前372～前289年），名轲，字子舆，战国中期邹国（今山东邹城）人。曾受业于子思的学生，学成后游历梁（魏）、齐、宋、邹、薛、鲁、滕诸国，并一度仕齐为卿。后因道不行志不得，退而授徒著书，与公孙丑、万章之徒著书立说，“序《诗》、《书》，述仲尼之意，作《孟子》七篇”[②]。他继承、发展了孔子的思想，是孔子之后的儒学大师，被尊奉为“亚圣”。他的政治主张、哲学思想、修辞观点皆记载于《孟子》七篇中。

荀子（前313～前238年），名况，又称荀卿，战国末期赵国（今山西安泽）人。他曾游齐、秦、楚诸国，并在齐国稷下学宫讲学，“三为祭酒”、“最为老师”。同孔子、孟子一样，最后也是授徒著书以终。荀子生活于战国末期，晚于孟子近70年，他在继承孔孟学说的基础上吸收、融合了其他学派的思想，进一步发展了儒家学派的理论，是先秦诸子的集大成者，战国末年的大思想家，儒家学派的殿军性人物。他的政治主张、哲学思想和修辞观点主要记载于《荀子》一书中。

从他们的生平看，孔子、孟子、荀子分别生活于先秦早、中、晚三个不同的历史阶段；作为儒家学派的代表人物，孔子、孟子、荀子分别代表了儒学的创立、完善、成熟三个不同的发展阶段；从语言运用的日益娴熟看，孔子、孟子、荀子也颇有代表性，他们的言语由纯语录体发展为对话式论辩文和专题议论文，在选词、组句、设格、谋篇等语言表达手段的运用上发生了极大变化，呈现出不同的风格

---

① 修辞，通常有三个含义：一是指修辞现象；二是指修辞活动；三是指修辞的科学，即关于修辞的知识、学说。所以在具体运用中，修辞的指称有所不同。如“孔子与修辞缘起”中的“修辞”指修辞的有关知识、学说等，“儒家修辞”、“道家修辞”、“墨家修辞”、“法家修辞”中的“修辞”则包括修辞学说、修辞现象、修辞活动等多层意思。为行文方便，本书将不再逐一说明。

② 《史记·孟子荀卿列传》，中华书局1959年版。（以下引文，版本同此）

特色。匡亚明先生在论及孔子研究缘始时说："以孔子为起点，是通过研究孔子，从纵的方面追溯研究前代情况一个最恰当的选择"，"以孔子为起点，是通过研究孔子，从横的方面研究诸子百家一个最恰当的选择"。[①] 的确如此。在春秋战国的诸子百家中，无论是在当时还是在后世，无论是在国内还是在国外，孔子都是影响最深最广的人物，他集以往文化思想之大成，又开后世儒家学说之先声；孟子承上启下；荀子则是儒家学说的殿军人物，他传承、发展了儒家的思想学说。所以，通过先秦儒家修辞的研究，我们还可以进一步了解先秦儒家在中国修辞学史上的重要地位。

二

在"诸侯异政，百家异说"的历史文化背景下，游说盛行，论辩蔚成风气，修辞方法与技巧得以广泛应用，修辞理论得以迅速产生。为了游说的成功、辩论的获胜，诸子百家、纵横策士都积极、自觉地修饰自己的话语：注意言说的语气、语调，注意辩说的方法、技巧，讲求表意的准确、论证的充分和逻辑的严谨。无一例外。在春秋战国时期的辩论争鸣中，许多修辞手法如比喻、引用、对比、反问、设问、对偶、排比、顶真、反复等都得到了频繁运用，其作用都得到了充分发挥。理论来源于实践。修辞手法的运用最大限度地满足了各家弘扬思想学说的要求，同时，它们的频繁运用又形成了一定的运用规律，规律又为人们如何更好地运用修辞提供了方法论指导。鉴于此，先秦时期的儒、道、墨、法等诸子百家都从各自的立场和角度提出了不同的修辞见解，如孔子提出了"修辞立其诚"、"情欲信，辞欲巧"、"辞达而已矣"等；孟子提出了"言近而指远"、"知言养气"、"以意逆志"等，荀子提出了"君子必辩"、"言有坛宇"、"言而当"、"言有节"等；老子提出了"言有宗"、"大巧若拙，大辩若讷"等，庄子提出了"寓言、重言和卮言"等；墨子认为言"必立仪"、"言有三表"、"言之时"等；韩非在实用功利思想指导下，"好质而恶饰"，主张言辞要"以功用为之的彀"；等等。诸子各家的修辞见解、修辞观点虽然都夹杂在他们的哲学、政治、逻辑、论辩等阐说中，零碎分散，但都对后世产生了一定的影响，在中国修辞学史上占有举足轻重的地位。

儒、道、墨、法等不同学派的修辞见解、修辞观点，都是先秦时期的修辞思想。由于不同的政治立场、哲学见解，儒、道、墨、法各家对修辞有关问题的认识

---

① 匡亚明：《孔子评传》，齐鲁书社 1985 年版，第 2 页。

则有同有异。比如，他们都认为修辞不可或缺，修辞必须适应具体时间、场合、对象，修辞具有强大的社会政治伦理功能等，表现出不同程度的相同或相通。不可否认的是，他们也存在许多不尽一致甚至截然相反之处。如关于内容与形式的关系，孔子主张“情欲信，辞欲巧”，讲求内容与形式的和谐统一；墨子则主张“先质而后文”，先内容后形式；韩非则“好质而恶饰”，重内容反形式；等等。众所周知，一切的写说都有特定的动机和目的，都要表达一定的思想内容，而所有的思想内容都要依托于语言文字，通过语言文字的组合表达出来。思想内容与语言表达形式如果和谐统一、契合一致，就能够顺利完成交际任务；否则，就会造成内容与形式在某种程度上的偏离（故意造成内容与形式的偏离则是一种艺术化的修辞手段，不在此列），要么词不达意，引起误解，要么佶屈聱牙，艰涩难懂，在一定程度上削弱语言的说服力、感染力。如此看来，儒家的“情信辞巧”观点最为全面、合理和科学，这也正是儒家两千多年来一直主导中国文艺学、修辞学发展走向，成为中国文艺学、修辞学核心内容的关键所在。对此，袁晖、宗廷虎先生评价说：“儒家修辞思想是先秦修辞思想的主要代表。”①

儒家主张“情信辞巧”，对言语表达提出了明确要求。另外，在修辞态度、言说心理、言说原则、话语理解等方面，儒家也都提出了精辟见解。孔子认为，人说话前应先平静心绪，“易其心而后语”。心态平和，说话的语气、语调才会平和，说出的话才会不偏不倚，持守中正。孔子主张“度主而谏之”，先弄清听者的心理然后再建言献策，效果会更好。交际由言说主体和接受主体双方共同参与，如果不知道听者的心理需求，仅凭个人的愿望和喜好，就会“话不投机半句多”。因此，孔子、孟子都提出了“知言”主张。孔子认为，不能正确理解话语就不能正确了解这个人，“不知言，无以知人”。孟子则特别擅长“知言”，并因“知言”在论辩中屡屡获胜。至于如何“知言”，孟子和荀子则分别提出了“以意逆志”、“解蔽”等方法。言说要兼顾表达和接受两端，还要注意方式方法，适应特定的时间、地点、场合和对象。关于时机和场合，孔子和荀子分别从言语实践中总结出不合时宜的“躁”、“隐”、“瞽”等弊端，希望人们言说、论辩要合宜得体。不一而足。孔子、孟子、荀子对修辞功用、修辞原则、修辞内容与形式、修辞理解、修辞态度等的一系列看法，已经涉及修辞活动的全过程，并相互补充、融合，构成了一个相对完整的儒家修辞思想体系。

---

① 袁晖、宗廷虎：《汉语修辞学史》，山西人民出版社1995年版，第18页。

三

目前，学界的儒家修辞研究还有待系统、深入和全面。迄今为止，学界的儒家修辞研究存在“四多四少”现象，即对先秦儒家修辞观点、修辞技巧的单人分析多，对儒家学派的整体研究少；对先秦儒学著作的修辞技巧分析多，对其修辞观点的研究少；对儒、墨、道、法修辞思想、修辞手法的独立研究多，对他们相互间的比较研究少；单篇论文多，学术专著少。对先秦儒家修辞进行个体分析和整体论述的，有单篇论文、硕士论文、修辞学专著与修辞学史著作等。单篇论文或就儒家个体的修辞观点、修辞思想或语言艺术特色进行研究探讨，或就儒家与其他学派的修辞观之异同作了初步比较。硕士论文主要是儒家典籍的专书修辞研究。池昌海的《先秦儒家修辞要论》一书主要对儒家修辞思想与修辞行为进行了研究；郑子瑜的《中国修辞学史稿》，易蒲、李金苓的《汉语修辞学史纲》，袁晖、宗廷虎主编的《汉语修辞学史》，周振甫的《中国修辞学史》，吴礼权的《中国修辞哲学史》以及陈光磊、王俊衡的《中国修辞学通史·先秦两汉魏晋南北朝卷》等修辞学史著作，主要对儒家代表人物孔子、孟子、荀子的修辞思想及先秦儒家经典中的修辞观点作了简要概括和梳理。本书拟从修辞理论与修辞实践两个维度探讨儒家的修辞特色与成就。

从远古修辞意识的萌生到现在，中国修辞学经过两千多年的不断发展，如今已成为一门内容充实、理论丰富、体系完备的重要学科，并在人际间的交往、国家的安定团结和社会主义精神文明的建设方面发挥着越来越重要的作用。现实和历史紧密相连，现实是历史的延伸和发展，历史是现实的源头和基础。先秦儒家丰富的修辞理论和修辞实践为我们提供了可资借鉴的高贵财富，我们必须“鉴往知来”，对它们进行全面、深入的挖掘和研究，以更好地古为今用，推动中国修辞学的进步和发展。正如易蒲、李金苓先生所说：“古代有关修辞的论述，虽然探讨的是早已逝去了的史实，但却能大大影响今天的修辞学研究。不了解历史上修辞理论、修辞手法的源头及其发展演变的轨迹，也就不能正确认识今天的修辞论述，更难以把它们进一步推向前进。创新和开拓，必须牢牢建筑在继承前人优秀遗产的基础上。只有‘继往’才能‘开来’，唯有根深才能叶茂。”[①]“古为今用”、“继往开来”，正是我们研究儒家修辞的初衷之所在。

---

① 易蒲、李金苓：《汉语修辞学史纲》，吉林教育出版社1990年版，第2页。

第一章 先秦儒家与修辞

我们今天所说的“修辞”,最早见于《周易·乾·文言》:

> 九三曰“君子终日乾乾,夕惕若,厉无咎”,何谓也?子曰:“君子进德修业。忠信,所以进德也;修辞立其诚,所以居业也。知至至之,可与言几也;知终终之,可与存义也。是故居上位而不骄,在下位而不忧。故乾乾因其时而惕,虽危无咎矣。”①

上古时期,汉语多单音节词,即“修”是“修”,“辞”是“辞”,上文中的“修辞”是一个词组而并非一个词。那么,是谁最早把“修”与“辞”二字连用的呢?连用后的“修辞”作何解释?它与现代学科名称“修辞”又是怎样一种关系?本章拟通过《易传》作者的考察、“修辞”语义内涵的分析,对上述问题作出明确解答。

第一节 孔子与修辞缘起

一、孔子与《易传》

《周易》分经、传两个部分。经是古人占筮的记录,由卦和辞构成;传是经的解说,共有《彖》上下、《象》上下、《文言》、《系辞》上下、《说卦》、《序卦》、《杂卦》七种十篇,旧称《十翼》。关于《易传》的作者及成书时间,许多学者作了详细考证,普遍认为《易传》各篇并非成于一时,但都不晚于战国时期;其作者并非一人,而

① 黄寿祺、张善文撰:《周易译注》,上海古籍出版社2004年版。(以下引文,版本同此)

是由孔子及其弟子集体完成。至于《十翼》中《文言》、《系辞》篇的作者，历代看法不一，众说纷纭。如司马迁、班固等认为，《文言》、《系辞》篇系孔子所撰①；欧阳修则持怀疑态度，认为《系辞》、《文言》、《说卦》、《杂卦》等皆非孔子所作②；李镜池先生认为，孔子作《易》是一种传说③；郭沫若先生认为，其是荀子的门徒所撰④；金景芳先生认为，《文言》全部是孔子及其弟子所撰⑤；等等。各有所据，莫衷一是。

孔子曾学习、研读过《周易》。他曾自述说："加我数年，五十以学《易》，可以无大过矣。"⑥朱熹注曰："学《易》则明乎吉凶消长之理、进退存亡之道，故可以无大过。盖圣人深见《易》道之无穷，而言此以教人，使知其不可不学，而又不可以易而学也。"⑦孔子一生仕途坎坷，屡不得志，发此慨叹，大概他已认识到了《周易》的不可不学、不可不早学。孔子不仅学《易》，而且到了"韦编三绝"的程度。司马迁《史记·孔子世家》记载："孔子晚而喜《易》，序《彖》、《系》、《象》、《说卦》、《文言》。读《易》，韦编三绝。"⑧

孔子读《易》"韦编三绝"，足见他于《易》已了如指掌，烂熟于心，造诣相当深厚。众所周知，一个人只有对某一对象有了深切了解、参透了其中真谛之后，才能对它有所感悟、有所阐发，才能为之作序。孔子能够"序《彖》、《系》、《象》、《说卦》、《文言》"，能够"正《易传》，继《春秋》"⑨，充分说明孔子对《周易》的研究已达到了相当高的水平。东汉史学家班固在《汉书·艺文志》中说："孔氏为之《彖》、《象》、《系辞》、《文言》、《序卦》之属十篇。"司马迁、班固均乃史学名家，又距《易

---

① 《史记·孔子世家》："孔子晚而喜《易》，序《彖》、《系》、《象》、《说卦》、《文言》。"班固《汉书·艺文志》："文王……作上下篇，孔氏为之《彖》、《象》、《系辞》、《文言》、《序卦》之属十篇。"王充《论衡·谢短篇》："孔子作《彖》、《象》、《系辞》。"

② 欧阳修《易童子问》："何独《系辞》焉，《文言》、《说卦》而下，皆非圣人之作，而众说淆乱，亦非一人之言也。"(《唐宋八大家散文全集·欧阳修散文全集》(上)，今日中国出版社1996年版，第113页)

③ 李镜池《易传探源》："《文言》解《乾》，共有四说，而互有异同。《系辞》上下，杂乱繁芜，显然是汇合诸作，不出一人。不知起初造孔子传《易》之说的人何以这样不高明，这样失检？于此可以看出'孔子传《易》'实是一种传说。"(李镜池：《周易探源》，中华书局1978年版，第295页)

④ 郭沫若《〈周易〉之制作时代》："大抵《彖》、《系辞》、《文言》三种是荀子的门徒在秦的统治期间所写出来的东西。"(郭沫若：《郭沫若全集》，人民出版社1982年版，第391页)

⑤ 金景芳《关于周易的作者问题》："《文言》全部……应为诸弟子在平日孔子讲述时，所作的记录。"(金景芳：《学易四种》，吉林文史出版社1987年版，第217页)

⑥ 杨伯峻：《论语译注·述而》，(香港)中华书局1984年版。(以下引文，版本同此)

⑦ 朱熹：《论语集注》，齐鲁书社1992年版，第67页。

⑧ 《史记·孔子世家》。

⑨ 《史记·太史公自序》。

传》成书时间最近，所言当有所依。因此李学勤先生在《周易经传溯源》中指出，孔子定《易》肯定不是说他仅仅读过《易》，否则，就不能用一“定”字。[①] 但《易传》十篇是否都为孔子所作，后世见解歧异，争论不休。我们赞同这种观点，即孔子与《易传》有着十分密切、不可分割的关系，今本《易传》的各个部分都与孔子存在着或直接或间接的关系。[②]《易传》十篇绝非孔子一人所作，而是出自孔子弟子及其后学之手，其中《文言》、《系辞》两篇则由孔子弟子记录、整理而成。

二、“子曰”即“孔子曰”

今本《易传》的《文言》、《系辞》篇中多处出现了“子曰”二字，据黄沛荣先生统计，原见于今本《易传》之《系辞》、《文言》二传引称“子曰”者达 30 条；而新出帛书《易》中的《二三子问》、《易之义》、《要》、《缪和》、《昭力》5 篇引称“子曰”、“孔子曰”、“夫子曰”者达 105 条。即使扣除认定上尚有争议的若干条，为数也相当可观。[③] “孔子”、“夫子”所指自是无疑，“子曰”是否“孔子曰”呢？欧阳修认为，《易传》“‘子曰’者，讲师之言也”[④]。对欧阳修的这一观点，后世学者有的赞同，有的反对。赞同者认为，“子”指孔子；反对者认为，“子”不独指孔子，还指其他诸子、学者。我们认为，《易传》“子曰”中的“子”就是指“孔子”。

在古代，“子”是男子的通称。春秋以后，执政之卿称“子”；后来，对学者所宗之人也称“子”，如孔子、墨子等。钱穆则认为：“孔子为鲁司寇，其门人称之曰子。称子不成辞则曰夫子。”[⑤]所以，《论语》等儒家文献中的“子曰”或“夫子曰”中的“子”都专指孔子，其他人称“子”则冠以姓，如曾子、有子、子墨子等。对此，邢昺早有辨析。何晏《论语集解》引马融语：“子者，男子之通称，谓孔子也。”邢昺注曰：“云‘子者，男子之通称’者，经传凡敌者相谓皆言吾子，或直言子，称师亦曰子，是子者，男子有德之通称也。云‘谓孔子’者，嫌为他师，故辨之。《公羊传》曰：‘子沈子曰。’何休云：‘沈子称子冠氏上者，著其为师也。不但言“子曰”者，辟孔子也。其不冠子者，他师也。’然则书传直言‘子曰’者，皆指孔子，以其圣德著闻，师范来世，不须言其氏，人尽知其故也。若其他传受师说，后人称其

---

① 参见李学勤：《周易经传溯源》，长春出版社 1992 年版，第 107 页。

② 郭沂：《〈易传〉成书与性质若干观点评议》，《齐鲁学刊》1998 年第 1 期。

③ 参见黄沛荣：《易学乾坤·孔子与周易经传之关系》，大安出版社 1998 年版，第 194～208 页。

④ 欧阳修：《易童子问》，《唐宋八大家散文全集·欧阳修散文全集》(上)，今日中国出版社 1996 年版，第 117 页。

⑤ 钱穆：《论语新解》，三联书店 2005 年版，第 3 页。

先师之言,则以子冠氏上,所以明其为师也。'子公羊子'、'子沈子'之类是也。若非己师,而称他有德者,则不以子冠氏上,直言某子,若'高子'、'孟子'之类是也。"①

《易传》中的"子曰"乃孔子所言,还可从《易传》本身证明。《周易·系辞下》:"子曰:'颜氏之子,其殆庶几乎?有不善,未尝不知;知之,未尝复行也。'"孔子对颜渊的这种评论,与《论语》所载孔子对颜渊"回也其庶乎"(《先进》)、"不贰过"(《雍也》)的评价是一致的。另外,这段文字还见诸帛书《要》。《要》称之"夫子曰",其下则记载了"夫子"与"子贡"的对话。子贡是孔子的弟子,这说明:"《系辞》和《文言》的'子曰'当为'孔子曰'。说它们是'讲师之言',否定它们为孔子之说,经不起出土文献的检验。"②廖名春先生的这一结论是令人信服的。

著名学者金景芳先生在作了详细考证后说:"《文言》全部……应为诸弟子在平日孔子讲述时,所作的记录。"③就像由孔子弟子记录、整理的《论语》其中的"子曰"都是"孔子曰"一样,《文言》篇既然也由孔子弟子记录、整理,其中的"子曰"也当是"孔子曰"。对此,台湾学者胡自逢在《孔子解〈易〉十九则述要》④、香港学者邓立光在《从帛书〈易传〉考察"文言"的实义》⑤中也都认为《文言》、《系辞》篇中的"子曰"是"孔子曰"。

《易传》中的"子曰"既然是"孔子曰",那么毫无疑问,孔子是最早把"修"、"辞"二字连用的人。

第二节 《易传》"修辞"的语义内涵

与现代的"修辞"不同,在古代,"修"是"修","辞"是"辞",是各自独立的两个词。孔子最早把"修"与"辞"二字连用在一起。

在解释《周易·乾》九三爻"君子终日乾乾,夕惕若,厉无咎"时,孔子把"修"与"辞"二字连用在了一起,曰"修辞立其诚,所以居业也"。关于"修辞"的含义,

---

① 何晏集解,邢昺疏,梁艳华整理:《论语注疏》,山东画报出版社2004年版,第2页。

② 廖名春:《〈周易经传〉十五讲》,北京大学出版社2004年版,第219页。

③ 金景芳:《关于周易的作者问题》,《学易四种》,吉林文史出版社1987年版,第217页。

④ 胡自逢:《孔子解〈易〉十九则述要》,《周易研究》1999年第3期。

⑤ 邓立光:《从帛书〈易传〉考察"文言"的实义》,《周易研究》2002年第4期。

后世的经学家、易学家、文论家、语言学家、修辞学家等都从不同角度进行了说解、阐释,可谓众说纷纭,见仁见智。

一、众说纷纭的《易传》“修辞”

考察历代学者对《易传》“修辞”的解释,我们发现,“修理文教”说、“修饰言辞”说、“修省言辞”说和“立言”、“作文”说是四种颇具代表性的观点。

1.“修理文教”说。孔颖达从礼乐教化的角度把“辞”疏解为文教,他说:“辞谓文教,诚谓诚实也。外则修理文教,内则立其诚实,内外相成,则有功业可居,故云‘居业’也。”[①]这种说解影响最深、最广,很多学者以此为据,认为修辞就是修理文教。

2.“修饰言辞”说。从古至今,持此种观点的最多。如黄寿祺、张善文在译注“修辞立其诚”一语时说:“君子要增进美德、营修功业。忠诚信实,就可以增进美德;修饰言辞出于诚挚的感情,就可以积蓄功业。”[②]徐子宏也把“修辞”解释为“修饰言辞”。[③]

3.“修省言辞”说。此说主要以宋代理学家程颢、朱熹等为代表。《周易折中》引程子曰:“‘修辞立其诚’,不可不予细理会。言能修省言辞,便是要立诚。若只是修饰言辞为心,只是为伪也。修其言辞,正为立己之诚意。”朱熹亦云:“修省言辞,诚所以立也;修饰言辞,伪所以增也。”[④]

4.“立言”、“作文”说。把“修辞”解为“立言”或“作文”,实际上是对修饰言辞的一种简化。如尚秉和在《周易尚氏学》中说:“修辞者,立言也。”[⑤]

经学家、易学家对“修辞”的不同理解,直接影响到语言学家、修辞学家们对“修辞”的认识;而语言学家、修辞学家对“修辞”的不同认识,则直接关系到《易传》“修辞”与学科名称“修辞”的关系问题,即“修辞立其诚”的“修辞”是否为“修辞”学科的源头问题。那么,“修”是“修理”、“修饰”还是“修省”?“辞”指“文教”还是“言辞”?“文教”与“言辞”、“文辞”有无关系?明了这些问题,是我们正确理解“修辞”含义的关键。而《易传》“修辞”含义的确定,又是我们能否确定它为学科名称“修辞”源头的关键。

---

① 孔颖达:《周易正义》,九州出版社 2004 年版,第 48 页。

② 黄寿祺、张善文:《周易译注》,上海古籍出版社 2004 年版,第 13 页。

③ 参见徐子宏:《周易全译》,贵州人民出版社 1991 年版,第 10 页。

④ 朱熹:《答吕子约》,《晦庵先生朱文公文集》卷四七,《四部丛刊》本。

⑤ 尚秉和:《周易尚氏学》,中华书局 1980 年版,第 24 页。

二、《易传》"修辞"的语义内涵

1."修"

《说文》曰:"修,饰也。从彡,攸声。"段玉裁认为,许慎对"修"的解释兼及"饰"的本义和引申义,曰:"'饰'即今之拭字。拂拭之则发其光采,故引伸为文饰。女部曰'妆者,饰也',用饰引伸之义。此云'修,饰也'者,合本义、引伸义而兼举之。不去其尘垢,不可谓之修;不加以缛采,不可谓之修。修之从'彡'者,洒刷之也,藻绘之也。修者,治也。引伸为凡治之偁。"①

根据许慎、段玉裁的说解可知,"修"与"饰"在早期都具有相同或大致相同的意义,可以彼此互训:"饰"有本义和引申义两个含义,本义是"拂拭"、"去其尘垢",引申义是"文饰"、"加以缛采";"修"也有"去其尘垢"和"加以缛采"两重含义。与"饰"不同的是,"修"的本义是修饰、文饰,即"加以缛采","去其尘垢"是其引申义。《说文》曰:"彡,毛饰画文也。""彡"即装饰、美化。形声字部首具有一定的表意功能,"修"字从"彡",表明"修"的本义是修饰、文饰。众所周知,大凡修饰都必须按照一定的审美标准去除杂质、删去多余,即先予修改,后予补充、完善、美化。就是说,"去除尘垢"实从修饰、文饰引申而来。朱骏声看到了二者的区别,《说文通训定声·彡部》:"修,从彡,是文饰为本义,芟除为转注;饰从巾,是拭治为本义,文饰为转注。"在此基础上,"修"乃有修理、治理、整治、兴建、整饬、修养、美好、善良等意义。

"修"的意义不同,指称的对象也就不同。姜飞在《"修辞立其诚"新解》一文中依据段玉裁"修"字含义的二重性把"修"的对象区分为"内"与"外"、"心"与"文"。他说:"如果将'修'的对象锁定为'内'与'外',或者'心'与'文',则第一重含义(即'拂拭'、'去其尘垢')是对'内'、对'心'而言的,亦如儒家思孟一系的心学表述,重视内在的'质',所谓'修省'……而'修'的第二重含义(即'文饰'、'加以缛采')则对'外'、对'文'而言,在'质'的基础上强调'文',强调打磨、装饰和匠心……这是追求尽善尽美的艺术行为。"②"修"的对象固然可以区分为"内"与"外"、"心"与"文",但"修"的两重含义(即"去其尘垢"与"加以缛采")与"修"的对象并不完全对应。"去其尘垢"涵盖面广,拂拭、清洁、洗涤、净化、芟除等都

① 段玉裁:《说文解字注》,浙江古籍出版社1998年版,第424页。

② 姜飞:《"修辞立其诚"新解》,《内江师范学院学报》2004年第1期。

含“去除尘垢”之意，它既可指具体之物如桌椅、房间的拂拭、清洁，也可指抽象之物如灵魂、精神的纯洁、净化，还可指语言文字的去语病、除冗余（所谓消极修辞，宗廷虎等持此看法[①]），“内”、“外”均可“修”之。“加以缛采”是按照一定的美学标准对事物的进一步文饰、美化，先修后饰，追求美观、漂亮、得体，欣赏时也须从审美的角度、用审美的标准去鉴别、衡量；“修”的对象比较具体，主要属于“外”的范畴，如房间的装修、女性的美容、语言文字的美化加工等。

“修”的两重含义，古人曾用“修省”与“修饰”对应之。“修省”来源于《周易·象》“洊雷，震；君子以恐惧修省”一语，依孔颖达注，为“修身省察己过”[②]之意，主要强调内心的修为，现代汉语中有此意无该词。与“修省”不同，“修饰”更强调外在的装饰、加工，在现代汉语中使用频率很高。依《现代汉语词典》的解释，“修饰”主要有三个意思：一是修整装饰使整齐美观，二是梳妆打扮，三是修改润饰，使语言文字明确生动。意义不同，“修饰”的对象也就有别——修整装饰使整齐美观，一般指物；梳妆打扮，一般指人；修改润饰，使语言文字明确生动，则明确指言语文字。这三个意义的所指尽管有别，但就“内”、“心”而言，它们又有共同之处——都是具体的、外在的事物。

关于“修省”与“修饰”，宋程子、朱熹在阐释“修辞立其诚”时曾对举使用。《周易折中》引程子曰：“‘修辞立其诚’，不可不予细理会。言能修省言辞，便是要立诚。若只是修饰言辞为心，只是为伪也。”[③]朱熹亦云：“修省言辞，诚所以立也；修饰言辞，伪所以增也。”[④]从他们的说解看，“修”的确可作“修省”和“修饰”两种解释。具体到“修辞”，他们的说解则使作为写说者施事行为的“修”与“辞”构成了不同的语义关系，并使之具有不同的落脚点：“修省言辞”即“以言辞修省”，指通过言辞省察自己有无过错，着重强调内心的修为；“修饰言辞”即无“诚”或少“诚”的言辞修饰，指不符合客观实际的花言巧语、不足采信的言辞。程子、朱熹对“修辞”的解释虽然不尽确切，却把“修省”与“修饰”明显区分开来。

姜飞在论及“修”的对象时也曾指出，“修省”侧重“内”、“心”的洗涤净化，强调“质”；“文饰”侧重“外”、“文”的装饰加工，强调“文”。遗憾的是，他在阐释“修辞立其诚”时并没有因此对“修”作出明确的界定，认为“修辞立其诚”就是“以文

① 参见宗廷虎等：《修辞新论》，上海教育出版社 1988 年版，第 3 页。

② 孔颖达：《周易正义》，九州出版社 2004 年版，第 477 页。

③ 李光地：《周易折中》，九州出版社 2002 年版，第 969 页。

④ 朱熹：《答吕子约》，《晦庵先生朱文公文集》卷四七，《四部丛刊》本。

辞之修饰或者‘修省’而实现对内心之经验性或者宇宙、人间的真理性的表达”[1]，“修”兼及“修省”与“修饰”，从而混淆了“修省”与“修饰”的区别。事实上，我们若从写说者与言辞的施受关系角度分析，二者的区别相当明显：“修省”是不及物动词，言辞不能充当写说者的受事补语，不是“修省”的对象，只是“修省”的凭介而已；“修饰”是及物动词，言辞可以充当写说者的受事补语，可作修饰的对象，当然必须是有条件地修饰。

在诸家对“修辞”的说解中，还有孔颖达的“修理文教”说。“修理”，依《汉语大词典》解释，有“治理；操持，料理；处置；整治，使损坏的东西恢复原来的形状、结构或功能等；整顿；修剪梳理”等多层意思。[2] 与“修省”、“修饰”不同的是，“修理”主要用于具体事物的整治、修复，通过外力使事物恢复到原先的状态或水平，它不能用于语言文字的“修”。孔颖达谓“修”为“修理”，是因为他首先界定了“辞”为“文教”。

在先秦文献中，“修”多次被使用，如《尚书》25 次，《周易》9 次，《诗经》10 次，《论语》10 次，但用于言辞、文辞的“修”并不多。除《周易》的“修辞立其诚”外，有代表性的一例则出自《论语·宪问》：“为命，裨谌草创之，世叔讨论之，行人子羽修饰之，东里子产润色之。”朱熹注曰：“修饰，谓增损之。”“润色，谓加以文采也。”[3]刘宝楠则曰：“‘修饰’者，朱子《集注》云：‘谓增损之。’盖以‘增’训“饰”，以‘损’训‘修’也。‘润色’者，《广雅·释诂》：‘润，饰也。’谓增美其辞，使有文采可观也。”[4]依他们之见，“修饰”为增损兼备，是包含了“修”的本义“加以缛采”和引申义“去其尘垢”两层意思的。“修饰”、“润色”，是郑国制作辞命时必不可少的环节，更是我们今天说话作文不可或缺的具体的修辞行为。

至此，我们可以得出结论：先秦文献用于语言文字的“修”，具有“加以缛采”和“去其尘垢”两层意思。用现在的话来说，就是修饰。

2.“辞”

孔颖达释“辞”为文教，其他多释为言辞。何谓“文教”？根据《汉语大词典》的解释，“文教”指礼乐法度、文章教化、文告教令、文化教育[5]，是与言辞迥然不

---

① 姜飞：《“修辞立其诚”新解》，《内江师范学院学报》2004 年第 1 期。

② 参见罗竹风主编：《汉语大词典》，上海辞书出版社 1986 年版，第 1493 页。

③ 朱熹：《论语集注》，齐鲁书社 1992 年版，第 140 页。

④ 刘宝楠撰，高流水点校：《论语正义》，中华书局 1990 年版，第 561 页。

⑤ 参见罗竹风主编：《汉语大词典》，上海辞书出版社 1986 年版，第 1531～1532 页。

同的概念。孔颖达为什么会疏解为"文教"呢?

关于"辞"字,许慎《说文解字》释之为"讼",释"讼"为"争",段玉裁则持不同看法,认为"讼"是"说"的错文,"辞"应为"说":"辞,说也。今本讹讼。《广韵》七之所引不误。"[①]而"讼"指公言:"讼,公言之也。《汉书·吕后纪》:'未敢讼,言诛之。'邓展曰:'讼言,公言也。'"[②]徐灏的看法大致相同,《说文解字注笺·辛部》:"凡有说以告于人者谓之辞。"朱骏声的看法与许氏、段氏又有不同,《说文通训定声·辛部》:"分争辩讼谓之辞。"

同一"辞"字,许氏以为"讼",段氏、徐灏以为"说",朱氏以为是"分争辩讼"。表述不同,其实意义颇为相近或相关,即都具有谈论、辩说之意,均与言语表达有关。《汉语大字典》也释"辞"的本义为"讼辞,口供",辩解、解说,言词、文词,借口、口实,告、告诉,推辞、辞谢,责备、斥责等为引申义;《辞源》、《辞海》等也都把"辞"的本义解作"讼辞,口供"。但是,三者均未有"文教"义。

"辞"在先秦文献中常常出现,仅在《周易》中就先后出现了28次(其中27次见于《系辞传》,1次见于《文言传》)。《周易》中的"辞",除孔颖达解作"文教"外,其他多作"言辞"、"文辞"、"卦辞"、"爻辞"解。如"将叛者其辞惭"的"辞"为言辞,"君子居则观其辞"的"辞"指爻辞,"辩吉凶者存乎辞"的"辞"兼指卦辞和爻辞,"理财正辞"之"辞"指规章制度、法令条文等。在先秦其他文献中,"辞"的使用频率也较高,如《尚书》23次,《诗经》2次,《左传》132次,《礼记》54次,《论语》5次,《孟子》28次,《荀子》38次,《庄子》41次。"举三百二十三个用例,无一例'辞'字可作'文教'之义讲。'辞'在《尚书》的常用义是'讼辞'或'言辞',在其他文献的常用义也是指'言辞'、'责让'或'推辞'之义。"[③]"辞"在先秦尚无"文教"之义,孔颖达之所以把"修辞立其诚"之"辞"字疏解为"文教",主要是受郑玄影响而蹈袭了《诗笺》的话又未能注意汉人训诂方法的缘故。周策纵也认为,孔颖达把"辞"疏解为"文教"是犯了"增字解经"的毛病,"文教"一词可作多种解释,如文化教育等,但其含义绝不与"辞"字完全相等。[④] 也就是说,先秦文献中的"辞"没有"文教"的意思。

先秦文献中的"辞"除讼辞、言辞、文辞、推辞等常用义和《周易》特指"卦爻

---

① 段玉裁:《说文解字注》,浙江古籍出版社1998年版,第742页。

② 段玉裁:《说文解字注》,浙江古籍出版社1998年版,第100页。

③ 王廷贤:《"修辞"考源》,《天水师范学院学报》2003年第1期。

④ 参见周策纵:《弃园文粹》,上海文艺出版社1997年版,第421～422页。

辞”外，还见于“楚辞”、“辞命”和“辞令”的指称。“楚辞”是产生于战国后期南部楚国的一种新诗体，按其本义，乃指楚地的歌辞。当时并未见这一名称，“楚辞”之称最早见于汉司马迁的《史记·张汤传》。及至汉刘向汇编屈原、宋玉的作品及汉代模拟之作称为“楚辞”，“楚辞”之名方流传下来。① “辞命”即“谋作盟会之辞”，是先秦时期的一种书面外交辞令；“辞令”指当时诸侯卿大夫之间交际往来应对得宜的话语。“楚辞”、“辞命”和“辞令”三者的确均具有假物取类、言曲旨远的特点，但我们却很难推断“修辞立其诚”之“辞”是“一种假物取类、言曲旨远的文饰之语”、“在上古是一种特殊的语体”②这样一个结论。如果把“辞”解释为一种文饰之语或一种特殊的语体，那么“修”又作何解释？又有什么存在的必要呢？我们认为，“辞”可以指称辞命、辞令中的语言文字，但不能指称辞命、辞令本身。兹录《左传》、《论语》和《说苑》的有关记载予以说明：

> 子产之从政也，择能而使之。冯简子能断大事。子大叔美秀而文。公孙挥能知四国之为……善为辞令。……郑国将有诸侯之事，子产乃问四国之为于子羽，且使多为辞令。③
>
> 子曰：“为命，裨谌草创之，世叔讨论之，行人子羽修饰之，东里子产润色之。”④
>
> 昔子产修其辞，而赵武致其敬；王孙满明其言而楚庄以惭；苏秦行其说，而六国以安；蒯通陈其说而身得以全。夫辞者，乃所以尊君重身，安国全性者也。故辞不可不修，说不可不善。⑤

可以看出，子羽、子产修饰、润色的是辞命中具体的语言文字，而并非辞命本身。“辞”、“言”、“说”的错综运用，也说明“辞”是言辞、话语、言说之意。

在指称语言表达方面，“辞”有言辞和文辞两个意思。言辞指口头语言，文辞指书面语言，“辞之义有二：发于言则为言辞，发于文则为文辞”⑥。它们是后人依据表达形式的不同所作的划分，性质相同，均指能够表达一个完整意思的话语，或是一个句子、一个段落，或是一个篇章。离开了具体的语言环境，让“辞”固定指称言辞或文辞，不符合实际，也毫无意义。在孔子生活的时期，

---

① 参见褚斌杰：《中国古代文体概论》，北京大学出版社 1984 年版，第 58～59 页。

② 韩国良：《“修辞立诚”解》，《阜阳师范学院学报(社会科学版)》2006 年第 2 期。

③ 《左传·襄公三十一年》。

④ 《论语·宪问》。

⑤ 《说苑·善说》。

⑥ 文天祥：《西涧书院释攥讲义》，《文山先生全集》卷一一，商务印书馆 1936 年版，第 263 页。

《诗》、《书》、《礼》、《乐》、《易》等文献典籍就已存在，言谈辩说之风也开始盛行，所以“辞”出现的语言环境不同，其意义自然不同。《尚书·毕命》“政贵有恒，辞尚体要”、《礼记·曲礼上》“安定辞”、《论语·泰伯》“出辞气，斯远鄙倍矣”等中的“辞”均指言辞，《孟子·万章上》“不以文害辞”、《荀子·正名》“辞合于说”等的“辞”指文辞；《周易·系辞上》“圣人立象以尽意，设卦以尽情伪，系辞焉以尽其言”中的“辞”，就既不是一般意义上的言辞也不是一般意义上的文辞，而指话语篇章。“修辞立其诚”出自孔子之口，而孔子说话一向简约概括，具有言简意赅、言约意丰的表达特点。所以我们认为，孔子口中的“辞”指表义完整的话语篇章，兼涉言辞和文辞。这符合先秦时期的用“辞”情形，更符合孔子的言语风格。

综合上述所论，我们认为，“修辞立其诚”的“修辞”即修饰话语（含言辞与文辞）之意。

第三节　《易传》“修辞”的学科地位

一、学界的众说纷纭

《易传》“修辞”指修饰话语，这与当今学科名称“修辞”的含义不尽相同。因此，现代很多语言学家、修辞学家对它是否是修辞学科的源头持有不同看法。概括之，主要有四种：一种是以陈望道为代表的肯定说，一种是以郑子瑜为代表的否定说，一种是以张文治为代表的引申说，还有一种是以周振甫为代表的包孕说。

1. 肯定说。以陈望道先生为代表。陈望道先生认为，《易传》“修辞”是现代学科名称“修辞”的源头。他说：“修辞本来是一个极熟的熟语，自从《易经》上有了‘修辞立其诚’一句话之后，便常常连着用的。连用久了，自然提起了辞字，便会想起了修字，两字连结，简直分拆不开。”[①]

2. 否定说。以郑子瑜先生为代表。郑子瑜先生认为，《易传》“修辞”不是当今修辞学科的源头。他认为，孔氏“以修理文教”释“修辞”，这《易经》里的“修

---

① 陈望道：《修辞学发凡》，上海教育出版社 1976 年版，第 1 页。

辞”和我们现在所说的“修辞”不同[1]，最早把“修”、“辞”二字连用并以之指称修辞学科的是南朝梁刘勰的《文心雕龙》。他在《编写〈中国修辞学史稿〉的体会》一文中指出：“直到现在为止，还没有人发现比《文心》更早的著作有‘修辞’二字连用，而它又确是指‘修辞’这一学科的名称而说的，我们就姑且以梁代刘勰所著《文心雕龙》的《宗经》篇和《才略》篇中的‘修辞’二字连用是修辞这门学科的名称的源头吧。”[2]郑子瑜先生否定了《易传》“修辞”的源头地位，持相同看法者还有倪景熙[3]等。

3.引申说。以张文治先生为代表。张文治先生认为，“修理文教”与后世“修饰文辞或言辞”是一种引申关系。他在《古书修辞例》中说：“孔氏以‘修理文教’释‘修辞’，虽与后世解作‘修饰文辞或言辞’者不同，然后世修辞之义，实自此引申。”[4]

4.包孕说。以周振甫先生为代表。周振甫先生在《中国修辞学史》一书中肯定了孔氏修辞乃“修理文教”之意，同时又认为“文教”包含了“言语文辞”在内，前后是一种包孕关系。他说：“‘修辞’指修治文教，文教指文化教育，这里也包括文辞在内。因此，这里的‘修辞’既不同于我们讲的‘修辞’，它的范围所指更广，但也包括我们讲的‘修辞’在内。”[5]

这四种看法均源于他们对修辞的不同理解。陈望道先生认为，“修”、“辞”二字各有广、狭二义。狭义的“修”作修饰解，“辞”作文辞解，“修辞”就是修饰文辞；广义的“修”指调整或适用，“辞”指语辞，“修辞”就是调整或适用语辞。两相交互，得出修辞的四种用法：(1)修饰文辞；(2)调整或适用语辞；(3)调整或适用文辞；(4)修饰语辞。[6] 这与修辞就是“修饰文辞或言辞”的解释基本相同，所以陈望道先生直接肯定了《易传》“修辞”的源头地位。对《易传》“修辞”与后世修辞的关系，张文治先生虽然持引申看法，但他同时又指出：孔门论修辞，多指修饰言辞而言[7]，这也就是说，《易传》之“修辞”是“修饰言辞”之意。这实际上已经

---

① 参见郑子瑜：《中国修辞学史稿》，上海教育出版社1984年版，第3页。

② 郑子瑜：《编写〈中国修辞学史稿〉的体会》，《郑子瑜修辞学论文集》，中华书局1988年版，第1～22页。

③ 参见倪景熙：《“修辞立其诚”辨》，《兰州学刊》1984年第2期。

④ 张文治：《古书修辞例》，中华书局1996年版，第1页。

⑤ 周振甫：《中国修辞学史》，商务印书馆2004年版，第25页。

⑥ 参见陈望道：《修辞学发凡》，上海教育出版社1976年版，第1页。

⑦ 参见张文治：《古书修辞例》，中华书局1996年版，第1页。

承认了《易传》“修辞”的源头地位。而周振甫先生的包孕说，尽管间接承认了《易传》“修辞”的源头地位，但其说解却相当令人迷惑。从现代学科的划分来看，说“文教”包含了“言语文辞”在内不无道理，因为文化教育的涵盖面极广，语言教育自在其中。而古代的“文教”指“礼乐法度，文章教化”，这与我们今天所说的文化教育是迥然不同的概念，自然与我们今天所说的“修辞”的意义存在很大的差别了。包孕关系从何而来？颇为费解。至于郑子瑜先生的否定说，我们认为，也是因为对《易传》“修辞”的片面理解所致。他依据孔氏的“修理文教”来理解《易传》“修辞”，自然会得出这种结论。

事实上，即便是持肯定看法的陈望道先生，也看到了《易传》“修辞”与我们现在所说“修辞”的不同。的确如此。《易传》“修辞”是一个动宾结构的词组，是修饰话语之意；我们现在所说的“修辞”则是一个词，或指运用语言的方法和技巧，或指调整语言的活动或规律，或指有关修辞这一事物的知识和学问。而从《易传》第一次的“修”、“辞”连用到现代“修辞”成为一门学科名称，其间经过了漫长的历史阶段，既经过了先秦两汉、魏晋南北朝、隋唐五代、宋元明清古代修辞学的漫漫发展，也经过了近现代修辞学的不断成熟和完善。关于“修辞”，不同时期有不同的使用，不同时期有不同的特点。我们有必要对“修辞”的演变脉络作一简单梳理，以便于追根溯源，找出现代修辞学科的源头所在。

二、“修辞”含义的演变历程

除《周易》外，先秦其他文献尚没有“修”、“辞”连用的情况。及至汉代刘向，方把“修”与“辞”按照其本义进行了联结使用。《说苑·善说》：“昔子产修其辞而赵武致其敬，王孙满明其言而楚庄以惭，苏秦行其说而六国以安，蒯通陈其说而身得以全。夫辞者，乃所以尊君重身，安国全性者也。故辞不可以不修，而说不可以不善。”魏晋南北朝以后，“修辞”的使用开始普遍起来，但其意义并不相同：《文心雕龙·宗经》“建言修辞，鲜克宗经”与《文心雕龙·祝盟》“修辞立诚，在于无愧”中的“修辞”指作文，《文心雕龙·祝盟》“立诚在肃，修辞必甘”之“修辞”则指文辞。白居易《得乙与丁俱有拔萃互有相非未知孰是》“勤苦修辞，乙不能也，吹嘘附势，丁亦耻之”中的“修辞”指作文，殷璠《河岳英灵集·李颀》“颀诗发调既清，修辞亦绣，杂哥咸善，玄理最长”中的“修辞”指文辞。陈骙的《文则》是我国历史上第一部谈修辞的书，但他是为了总结作文的法则、规律而撰写的，而且没有使用修辞学的有关名称。王构使用了“修辞”的名称，把其著述题名为

《修辞鉴衡》,实际是教人“为文为诗之术”,“修辞”只是“文论”与“诗论”的代称而已。顾炎武:“尝见今之讲学先生,从语录入门者,多不善于修辞。”[①]这里的“修辞”即修饰言辞以增美的意思。至此,“修辞”的含义才带有美化之意,而同现代修辞的含义比较接近了。

为更加清楚地了解现代“修辞”的含义,兹以学者定义“修辞”的时间为序略举数例:

1926年,我国出版了第一部以“修辞学”命名并系统讲修辞的著作——《修辞学》。作者王易在书中明确表示了其美辞观倾向,他说:“修辞学一名美辞学,因其讲述修饰辞句而使增其美之理论也。”[②]

1930年,王易在《修辞学通诠》中依然持此观点,说:“修辞学者,乃研究辞之所以成美之学也。”

1931年,陈介白《新著修辞学》:“修辞学是研究文辞之如何精美和表出作者丰富的情思,以激动读者情思的一种学术。”并进一步指出,修辞学是“一种美化文辞的学术。无论是形式还是内容,都要求达到一样的美。形式的美若无内容以充实,则不能表现出形式的生命,内容的美若无形式美以表现,则不能显示出内容的活泼”。

1932年,金兆梓《实用国文修辞学》:“故修辞学者,教人以极有效极经济之言说文辞,求达其所欲达之思想感情想像之学科也。”

1933年,杨树达《中国修辞学》:“修辞之事,乃欲冀文辞之美”,修辞乃“求美之术”。

1936年,陈望道《修辞学发凡》:“修辞原是达意传情的手段。主要为着意和情,修辞不过是调整语辞使达意传情能够适切的一种努力。既不一定是修饰,更一定不是离了意和情的修饰。”

1946年,郑业建《修辞学》:“修辞学者,为研究语言文字之组织,使说者或作者了解运用语言文字之技巧,以期获得听者或读者之同情及美感之科学。质言之,即研究增美语言文字之方法论,故名美辞学。”

1957年,朱星《现代汉语修辞学》:修辞是“讲词句的艺术加工的法则”,“目

① 顾炎武著,黄汝成释:《日知录集释》(下),上海古籍出版社1985年版,第11页。

② 王易:《修辞学》,商务印书馆1932年版,第1页。

的是求词句在语法的基础上合乎艺术的美化与表达的效果”，其研究对象是“艺术性的语言”。

1963 年，张弓《现代汉语修辞学》：“修辞是为了有效地表达意旨，交流思想而适应现时语境，利用民族语言各种因素以美化语言。”

1982 年，张志公《修辞是一个选择过程》：“什么是修辞？修辞就是在运用语言的时候，根据一定的目的精心地选择语言材料这样一个工作过程。”

1991 年，刘焕辉《修辞学纲要》：“修辞现象是言语交际中表达一方力求获得最佳交际效果的一种言语表达现象；……修辞手段是言语形式的最佳组合。”

2006 年，吴礼权《现代汉语修辞学》：“所谓‘修辞’，就是表达者（说写者）为了达到特定的交际目标而应合题旨情境，对语言进行调配以期收到尽可能好的表达效果的一种有意识的、积极的语言活动。”

……

上述种种界定，概括地说也就是四种，即“美化语言”、“调整语辞”、“选择语言”、“最佳组合”。表面上，它们似乎与《易传》的“修辞”没有什么关联，事实上则存在一种包孕关系。“美化语言”最离不开的就是修饰。众所周知，修饰是增美的重要手段，女性之所以要修眉、房屋之所以要装修、花树之所以要修剪，都是为了更美观好看，更令人赏心悦目。言辞话语也是如此。如果去掉话语中那些难以卒听的字词语句，增加些中听入耳的字词语句，言谈话语就会美好动听，就会融洽彼此的关系，密切彼此的感情。从这个角度说，修饰话语就是美化语言。

语辞调整也离不开修饰。所谓调整，就是根据特定的语言环境和表达目的，改变原来的情况，使其适合具体语言环境和表达要求。在语词的调整过程中，人们不可避免地要选择、更换，要增饰、删除，即要修饰。可以说，调整包含修饰，修饰本身也是一种调整。对此，陈望道先生说：“‘修辞’是一个古来的成语，若用现代的话翻译出来，就是调整语言。”[①]“其实调整也是修饰。只不过是不离开内容的修饰。为了与一般所说的修饰相区别，我才提调整。”[②]刘焕辉先生也说：“所谓‘调整’，实际上也是一种修饰。”[③]由此可见“调整语辞”说与修饰

① 陈望道：《关于修辞》，《陈望道修辞论集》，安徽教育出版社 1985 年版，第 215 页。

② 陈望道：《解答有关修辞的几个问题》，《陈望道修辞论集》，安徽教育出版社 1985 年版，第 272 页。

③ 刘焕辉：《修辞学纲要》，百花洲文艺出版社 1991 年版，第 74 页。

的密切关系。

张志公先生的“选择过程”说同样离不开修饰、调整。语言是一个静态的备用资料库，由语言生成言语时，人们势必要依据特定语言环境的需要选择合适的语言材料，然后把它们有序地组织在一起。所以这个选择都是有意识、有目的的，都是为了求得最佳的表达效果。这样，选择定有比较，比较定有调换，调换定有增删，语言材料被全部安置妥当后才有合情合理、合时合宜之言语。也就是说，根据一定的目的精心地选择语言材料组织话语的过程，离不开人们的调整、修饰意识或动作的参与。

“最佳组合”说同样离不开语词的调整、修饰。言语形式的最佳组合，就是所选用的言语形式能够切合题旨情境的需要，能够恰如其分地表达出言说者所欲表达的思想内容。言语形式的组合过程，就是对语言材料进行选择、取舍、调整、安置等的过程。

“修”的本义是增光发采，是为了美；人们根据具体题旨和情境对语言进行的调整加工、修饰润色，是一种锦上添花，是一种精益求精，最终目的是使语言表达形式更美、表达效果更好。我们知道，语言只是供人们传递信息、表达思想的符号体系，是一种贮存状态下的静态符号，除它自身的褒贬色彩外是无所谓好坏、美丑的，只有在组合运用中才能看出优劣、美丑。从静态的语言符号到动态的言语作品，修辞的作用就是使表达更加切合思想内容的需要，更加符合时间、场合、对象的要求，使听读者易于理解和接受。所以，不论是语辞的调整、选择还是言语形式的最佳组合，归根结底，都是求美、求好的语言加工活动，都是一种积极的修辞活动。修辞参与言语交际的全过程，自始至终作为语言运用的方法和技巧来行使或发挥其功能。因此我们认为，“修饰话语”的《易传》“修辞”与现代的修辞含义和修辞学科存在着深厚的渊源关系，它就是现代修辞学科的源头。

三、孔子首提修辞学学名术语

既然《易传》“修辞”是修饰话语之意，与现代修辞的含义具有深厚的渊源关系，是现代修辞学科的源头，那么孔子就是中国修辞学史上第一个使用“修辞”一语的人。对此，陈光磊、王俊衡两先生指出，《易传》中第一次出现了“修辞”这个用语，孔子在中国修辞学史上第一次提出了修辞学的学名术语。[①]

修辞学学名术语的出现，标志着前人开始产生了自觉的修辞意识。这是孔子对中国修辞学的重大贡献，也是儒家对中国修辞学的重大贡献。

① 参见陈光磊、王俊衡：《中国修辞学通史·先秦两汉魏晋南北朝卷》，吉林教育出版社1998年版，第32页。

第二章　先秦儒家修辞思想

先秦儒家修辞思想观点主要见于儒家经典，夹杂于其政治、哲学、逻辑、论辩等方面的论述中，且多为只言片语的零星记载，因此长期以来并未引起人们足够的重视。著名修辞学家郑子瑜先生在论述先秦修辞思想时曾肯定地说："孔子的修辞学说，还不够系统、明朗，须待后世的学者来阐说。"[①]而从《周易》、《诗经》、《左传》、《论语》、《孟子》、《荀子》等儒家经典的记载看，儒家关于修辞的论述，多是在某一特定场合就某一问题进行的，的确不够完整和系统，但若详加梳理、全面考察和深入分析，我们则可以清楚地了解儒家修辞学说的内容，把握儒家修辞学说的全貌。与同时期的道家、墨家、法家相比，儒家的修辞学说已相当明朗，并构成了一个相对完善的修辞思想体系。

儒家的修辞思想，主要包括孔子、孟子、荀子及其他儒家经典对立言修辞重要性、修辞态度、修辞原则、修辞的内容与形式、修辞理解与鉴赏等方面的看法。

第一节　"言之无文，行而不远"
——儒家论立言修辞的重要性

修辞是根据特定的语言环境而选择、组织、调配语言的一种积极、主动的言语行为。它的恰当运用，能有效地提高语言表达效果，感染人、打动人，化敌为友，克敌制胜。所以，我们不能仅就修辞谈修辞。事实上，儒家对修辞重要性的

① 郑子瑜：《中国修辞学史稿》，上海教育出版社 1984 年版，第 23 页。

认识,更多时候体现在他们对语言和言语性质、功能的认识上。

一、"言以足志,文以足言"——语言是达意传情的工具

语言是人类特有的一套符号系统。有了语言,人们得以充分地认知客观世界,完整地表达思想、交流感情。语言是人类思维的工具,也是交际交流的重要媒介。动物虽然也能发出声音,具有一定的"语言"能力,但毕竟具有很大的局限性。可以说,语言是人与动物的根本区别所在。关于这一点,早在两千多年前的先秦时期,人们就有了明晰的认识,儒家先哲更是多有论及。《穀梁传·僖公二十二年》记载:

> 人之所以为人者,言也。人而不能言,何以为人?言之所以为言者,信也。言而不信,何以为言?信之所以为信者,道也。信而不道,何以为信?道之贵者时,其行,势也。

《礼记·曲礼上》记载:

> 鹦鹉能言,不离飞鸟;猩猩能言,不离禽兽。今人而无礼,虽能言,不亦禽兽之心乎?

在儒家看来,人与普通动物有着显著区别:一是人能说话,这个说话不是仅仅发出声音,而是能通过语言传递信息、交流感情,因此鹦鹉、猩猩虽然"能言"也始终是飞禽鸟兽;二是人之所以为人,关键在于人懂道理、知礼节、有修养,无礼、不讲信用之人,与动物无异。从语言发生学角度来看,儒家这一看法极有道理。语言不是自然现象,也不是个人现象,而是一种社会现象,人类社会借助语言交际交流,从而达到协调、稳定的目的。显然从一开始,儒家看待语言就有其独特视角。

的确,人类社会的语言承载了人们的思想、情感、认识,是人们最重要的交际工具和思维工具。人类社会有了语言和交际,就有了修辞,修辞活动与语言交际活动相伴而生。关于语言的本质及功能,儒家创始人孔子有进一步的认识。刘向《说苑·尊贤》记载:

> 子曰:"夫言者,所以抒其胸而发其情也。"

《左传·襄公二十五年》记载:

> 仲尼曰:"《志》有之:'言以足志,文以足言。'不言,谁知其志?言之无文,行而不远。晋为伯,郑入陈,非文辞不为功。慎辞哉!"

关于语言,孔子首先从功能方面作出了界定,认为语言是用来抒发怀抱、吐

露情思、表达思想的；其次，从传播角度提出了一个重要命题："言之无文，行而不远"，强调修饰于语言表达的重要性。的确，如果一个人不能把自己的观点、想法说出来，别人就很难了解他的思想、愿望；如果一个人说话不看对象、不看时机场合而直言不讳，就会产生矛盾或惹祸上身。孔子鼓励人们说出自己的想法，并希望人们有意识地修饰自己的语言，就因为他看到了语言的功能。从表达一方说，语言主要用于表情达意，但从接受一方说，语言则不仅仅止于表情达意，它要使听读者容易理解、乐于接受。孔子对语言的明确界定，为后世的语言运用与研究奠定了良好基础。人们现在对语言的解释仍然沿用这一理路，如《辞海》、《辞源》、《汉语大词典》、《现代汉语词典》等。

孔子强调"言之无文，行而不远"，就在于他看到了语言正反两方面的作用。优美、得体的语言可成就一番伟业，"晋为伯，郑入陈，非文辞不为功"；相反，粗言恶语、不恭不敬之言则会带来一系列恶果，如蔡哀侯出言不恭导致国破家亡、宋闵公出言不逊招致杀身之祸等。语言这柄双面剑，能示好也能伤人。儒家显然注意到了这一点，因此常常从正反两个方面认识、论述语言的功用。如《尚书·大禹谟》："惟口出好兴戎，朕言不再。"又《说命中》："惟口起羞，惟甲胄起戎。"《诗经·小雅·正月》："好言自口，莠言自口。"《周易·系辞上》："君子居其室，出其言善，则千里之外应之，况其迩者乎？居其室，出其言不善，则千里之外违之，况其迩者乎？言出乎身，加乎民；行发乎迩，见乎远。"《荀子·荣辱》："与人善言，暖于布帛；伤人以言，深于矛戟。"口是福之根也是祸之门，不同的人会说出不同的话，不同的话会产生不同的反应，嘉善之言让人欢欣鼓舞、笑逐颜开，粗言恶语则让人眉头紧锁、怒气满面，所谓"良言一句三冬暖，恶语一句三伏寒"就是这个道理。可见，关于语言表情达意的基本功能，儒家的认识还是相当全面的，既注意到表达方的语言表达，也注意到听读方的理解与接受。

二、"言行，君子之枢机"——言谈对个人品德的修养至关重要

语言是人们表达感情、传递信息、交流思想的重要工具，同时又是一面镜子，它可以映照出一个人的修养品行。《礼记·儒行》记载孔子的话说："言谈者，仁之文也。"在孔子看来，言谈是仁义的外在表现。这就从侧面肯定了言说的重要性。

儒家认为，语言（准确地说是话语）可以反映出一个人的道德品质。孔子曰："有德者必有言，有言者不必有德。"从其相关表述来看，孔子所说的"有德

者”指道德高尚、品行端正的仁人君子，他们品行端正，言谈举止皆合礼有度，凡不合礼义规范的事不做，不合礼义规范的话不说，说话必言之有物、言之有据、言而有信。如此，有德之言可分为两种：一种是公认的道德高尚、品行端正之人的言论，如儒家推崇的舜、禹、周文王、周武王等前贤圣哲的言论；一种是真实不妄、符合“义”、“礼”、“智”、“信”等儒家道德的言论。在儒家看来，有德之言方能够令人心服口服。“言”与“德”的统一是儒家理想人物——“圣人”、“君子”的明显标志，满口假话、大话、空话的人毫无道德可言，是被唾弃的对象。古今中外的事实表明，有德之言会千古流芳，无德之语则如昙花一现，转瞬即逝。所以对前贤圣哲之言，儒家话里话外均褒奖有加；对真实不妄、符合儒家道德之言，儒家则反复强调，不厌其烦。

根据言行、道德等标准，孔子把人分为“庸人”、“士人”、“君子”、“贤人”与“圣人”五个等级。所谓“庸人”，“心不存慎终之规，口不吐训格之言，不择贤以托其身，不力行以自定。见小暗大，而不知所务；从物如流，不知其所执”。“士人”则“知不务多，必审其所知；言不务多，必审其所谓；行不务多，必审其所由。智既知之，言既道之，行既由之，则若性命之形骸之不可易也”。“君子”则“言必忠信而心不怨，仁义在身而色无伐，思虑通明而辞不专”。“贤人”则“德不逾闲，行中规绳，言足以法于天下而不伤于身，道足以化于百姓而不伤于本”。“圣人”则“德合于天地，变通无方，穷万事之终始，协庶品之自然，敷其大道而遂成情性。明并日月，化行若神”。[①] 在孔子看来，“君子”、“贤人”与“圣人”，言行最符合儒家道德标准，应予以尊崇和推重；“士人”中规中矩，合乎世人的一般标准，应予以提倡；“庸人”常常“口不吐训格之言”，应予以摒弃。其实，在这五等人之外，还有一种花言巧语、狂言妄语之人，这种人是儒家所深恶痛绝的。中国第一部政治文献典籍《尚书》，在论及“嘉言”时持肯定和赞赏态度，论及“谝言”时持否定和贬抑态度。“嘉言”指嘉善、美好的言辞，类似词语如“昌言”、“圣言”、“吉言”等；“谝言”指无事实根据、胡编乱造之言，类似词语如“无稽之言”、“巧言”、“浮言”、“流言”等。“嘉言”往往给人带来积极影响，“谝言”常常是借助语言的力量、通过不正当的方式达到自己的目的。[②] 中国最早的诗歌总集《诗经》，也多次对谣言、谗言、伪言和巧言等不合儒家道德之言进行了批评。《诗经·国风·

① 杨朝明、宋立林主编：《孔子家语通解》，齐鲁书社 2013 年版。（以下引文，版本同此）

② 参见陈彦辉：《西周春秋经典对辞令的关注》，《阜阳师范学院学报（社会科学版）》2005 年第 6 期。

采苓》："人之为言，苟亦无信。……人之为言，胡得焉？""人之为言，苟亦无与。……人之为言，胡得焉？""人之为言，苟亦无从。……人之为言，胡得焉？"指出伪言不可信，伪言无用，伪言不可从。《小雅·沔水》："民之讹言，宁莫之惩？我友敬矣，谗言其兴。"《小雅·巧言》："盗言孔甘，乱是用馁……巧言如簧，颜之厚矣。"《小雅·雨无正》："哀哉不能言，匪舌是出，维躬是瘁。哿矣能言，巧言如流，俾躬处休。"《小雅·十月之交》："无罪无辜，谗口嚣嚣。"《小雅·巷伯》："缉缉翩翩，谋欲谮人。……捷捷幡幡，谋欲谮言。""嚣嚣"、"缉缉"、"捷捷"都是指花言巧语者，告诫人们不要相信"谣言"、"谗言"，最好是不要听取谣言、谗言。没有人听，谣言、谗言就没有市场，自然会自生自灭。《诗经》还指出，凡是听取谣言、谗言的人，都是谣言、谗言的传播者，都是浅近之人、不足与谋之人。《诗经·小雅·小旻》："维迩言是听，维迩言是争。如彼筑室于道谋，是用不溃于成！"郑玄《笺》："如当路筑室，得人而与之谋所为，路人之意向不同，故不得遂成(溃)也。"孔颖达《疏》："言浅近之人不可谋道，犹路人不可谋室，故比之。"制造谣言、谗言固然不好，听信谣言、谗言也不好，可见谣言、谗言的危害之大。

孔子对无德之言的反对更是坚决。孔子曰："巧言令色，鲜矣仁！""巧言乱德。"在这里，孔子直言其弊，间接表态：缺少仁德的话语是"巧言"，反过来，花言巧语又扰乱了道德；这种"巧言"，不符合儒家的做人做事原则，要坚决摒弃。孔子有时则开门见山，直截了当，表明自己对巧言的态度。《论语·公冶长》："子曰：巧言、令色、足恭，左丘明耻之，丘亦耻之。"孔子在思想上、在内心深处对"巧言"持反对态度，在日常生活中也是如此。作为德高望重之人，当时的君主常常在如何治理国家方面请教孔子，孔子也十分尽职尽责，给出自己的看法和建议。《荀子·哀公》篇记载，孔子在回答鲁哀公怎样选用人才的问题时说："无取健，无取诎，无取口啍。健，贪也；诎，乱也；口啍，诞也。"在孔子看来，争强好胜的人、强制凌辱别人的人、能说会道的人各有其弊端，都不是真正的人才，明智的君主选用人才一定要权衡利弊得失。《孔子家语·五仪解》篇也记载了孔子对取人之事的建议："事任于官，无取捷捷，无取钳钳，无取啍啍。捷捷，贪也。钳钳，乱也。啍啍，诞也。"依孔子之见，要按其所能而授以相应的官职，不要选拔花言巧语的人，不要选拔狂言妄语的人，不要选拔多言多语的人。之所以不能任用他们，是因为花言巧语的人贪婪无比，狂言妄语的人扰乱是非，多言多语的人喜欢欺诈。总之，这种人缺乏道德，存在缺陷，不足取。古今中外的一系列事实也证明，花言巧语、狂言妄语、多言多语等无德之人在国家政治生活中犯下了许多错误，损害了国家和人民的许多利益。所以孔子“举贤不避亲”，提倡用人要德才兼备。从中我们可以看出，孔子对巧言令色之人的态度及其价值取向。

至于“伪而辩”之言，孔子则憎恨至极，认为它颠倒是非、混淆黑白，有极其严重的危害性，其罪当诛。《孔子家语·始诛》记载，孔子在担任鲁司寇后 7 天就诛杀了少正卯，并解释说：“天下有大恶者五，而窃盗不与焉。一曰心逆而险，二曰行僻而坚，三曰言伪而辩，四曰记丑而博，五曰顺非而泽。此五者，有一于人，则不免君子之诛。”少正卯当时是鲁国大夫，能言善辩，以“闻人”著称。孔子认为少正卯是“小人之桀雄”，一身兼有“心逆而险”、“行辟而坚”、“言伪而辩”、“记丑而博”、“顺非而泽”五种恶劣品性，有惑众造反的能力，不可不杀。

与孔子相同，荀子也特别推崇“圣人”、“君子”之言。《荀子·大略》：“多言而类，圣人也。少言而法，君子也。多少无法而流湎然，虽辩，小人也。”《非十二子》：“辩说譬喻、齐给便利而不顺礼义谓之奸说。……圣王之所禁也。”《非相》：“故君子之于言也，志好之，行安之，乐言之，故君子必辩。凡人莫不好言其所善，而君子为甚。故赠人以言，重于金石珠玉；观人以言，美于黼黻、文章；听人以言，乐于钟鼓琴瑟。故君子之于言无厌。鄙夫反是，好其实，不恤其文，是以终身不免埤汙傭俗。”《正名》：“君子之言，涉然而精，俛然而类，差差然而齐。彼正其名，当其辞，以务白其志义者也。”在荀子看来，“圣人”、“君子”之言与“小人”之言的根本区别就在于其有德还是无德，有德之言应予提倡，无德之言应予摒弃。

言谈话语可以衡量一个人品德修养的优劣高低，所以注意自己的言行对“君子”人格的养成至关重要。《周易·系辞上》：“言行，君子之枢机。枢机之发，荣辱之主也；言行，君子之所以动天地也，可不慎乎？”儒家主张“修身齐家治国平天下”，因此孔子从修身角度论述言谈辩说的重要性，强调言谈辩说是“君子”立身处世的根本、兴败荣辱的关键。有感于此，唐徐彦伯作了进一步阐释。在《枢机论》中，徐彦伯指出：“夫言者，德之柄也，行之主也，志之端也，身之文也，既可以济身，亦可以覆身。”[①]他告诫人们，言谈话语关系个人安危，关系国家存亡，必须正确运用。

先秦儒家认识到了言谈话语对个人立身社会的现实功用，并进一步提出了“立德、立功、立言”为“人生三不朽”的重要论断。《左传·襄公二十四年》记载：

---

① 刘昫等撰，廉湘民等标点：《旧唐书·徐彦伯传》，吉林人民出版社 1995 年版，第 1906 页。

二十四年春，穆叔如晋。范宣子逆之，问焉，曰："古人有言曰：'死而不朽'，何谓也？"穆叔未对。宣子曰："昔匄之祖，自虞以上为陶唐氏，在夏为御龙氏，在商为豕韦氏，在周为唐杜氏，晋主夏盟为范氏，其是之谓乎？"穆叔曰："以豹所闻，此之谓世禄，非不朽也。鲁有先大夫曰臧文仲，既没，其言立。其是之谓乎？豹闻之，'大上有立德，其次有立功，其次有立言，虽久不废，此之谓不朽。若夫保姓受氏，以守宗祊，世不绝祀，无国无之，禄之大者，不可谓不朽。"①

关于"三不朽"，孔颖达曾有阐述。他说："立德，谓创制垂法，博施济众；立功，谓拯厄除难，功济于时；立言，谓言得其要，理足可传。"②简单地说，"立德"就是树立高尚的道德；"立功"就是为国家建立功绩；"立言"就是说出真知灼见般的言论。言谈话语一旦与个体生命发生关联，就显示出其在精神层面的重要意义，所以"立德、立功、立言"之"三不朽"，仅仅是儒家最高的人生理想、中国古代知识分子的一种追求，真正能够做到"三不朽"的寥寥无几。有人说，王阳明是"治学之名儒，治世之能臣"，有"立德立功立言真三不朽，明理明知明教乃万人师"之称；有人说，曾国藩是"立德立功立言三不朽，为师为将为相一完人"。事实上，作为中国古代思想文化的缔造者、儒家学派创始人、"万世师表"的孔子，更是"三不朽"的典范。孔子拥有完美的道德品行，主张"仁者爱人"，扶危济困；注重"因材施教"，培养人才；他强调"述而不作"，又"删诗书、定礼乐、修春秋、序易传"，为后世留下了宝贵的精神财富，他的许多言论如"岁寒，然后知松柏之后凋也"、"己所不欲，勿施于人"等成为不刊之论，流传千古。孔子自己集"立德"、"立功"、"立言"三者于一身，其儒家学派自然特别强调人的品德修养于人们言谈辩说的不可或缺。其实，在我们大力提倡建设社会主义和谐文明的今天，也是把道德修养和语言文明等量齐观的。

三、"鼓天下之动者存乎辞"——言谈对社会安定具有重大作用

语言可以反映出一个人的道德品行，更重要的是，语言对治国安邦还有极大的帮助。《周易·系辞上》："极天下之赜者存乎卦；鼓天下之动者存乎辞。"孔颖达《周易正义》："'极天下之赜者存乎卦'者，言穷极天下深赜之处存乎卦，言

---

① 《左传·襄公二十四年》。

② 何晏注，邢昺疏：《春秋左传集解》第3册，上海人民出版社1977年版，第1017页。

观卦以知赜也。'鼓天下之动者存乎辞'者,鼓,谓发扬天下之动。动有得失,存乎爻卦之辞,谓观辞以知得失也。"在儒家看来,"辞"具有鼓动天下的强大功用;而"辞"之所以能鼓动天下,就在于它承载了"道",承载了儒家之"道"、"圣人"之"道"。诚如刘勰《文心雕龙·原道》所言:"辞之所以能鼓天下者,乃道之文也。"儒家之"道"、"圣人"之"道"就是仁义之道,仁义之道则是社会安定之道。《诗经·大雅·板》云:"辞之辑矣,民之洽矣。辞之怿矣,民之莫矣。"意思是说,话语恰当与否,直接关系到百姓的安定和睦,关系到百姓的生存问题。

孔子在与鲁定公的谈话中,进一步肯定了立言修辞对安邦治国的政治功用。《论语·子路》记载:

> 定公问:"一言而可以兴邦,有诸?"
>
> 孔子对曰:"言不可以若是其几也。人之言曰:'为君难,为臣不易。'如知为君之难也,不几乎一言而兴邦乎?"
>
> 曰:"一言而丧邦,有诸?"
>
> 孔子对曰:"言不可以若是其几也。人之言曰:'予无乐乎为君,唯其言而莫予违也。'如其善而莫之违也,不亦善乎?如不善而莫之违也,不几乎一言而丧邦乎?"

为君者位高权重,往往一言九鼎。在上至大臣下至百姓的听众中,为君者话语的影响力绝非一般人可想象。孔子的"一言可兴邦"、"一言可丧邦",是对为君者话语影响力的高度总结和概括,同时也委婉地提醒鲁定公:说话一定要慎重。

关于立言修辞于国家安定的问题,儒家还从反面作了论述。儒家认为,信口开河、言语无度会带来一系列的严重后果。《周易·咸》上六曰:"咸其辅颊舌。"高亨注:"咸,伤也。"王弼注:"辅、颊、舌者,所以为语之具也。"来知德注:"舌动则辅应而颊从之,三者相须用事,皆所以言者。"表面上说,滔滔不绝、口若悬河将会伤及腮帮、脸颊和舌头,实际是说,这将会招灾惹祸,害人害己。又《家人》九三:"家人嗃嗃,悔厉,吉;妇子嘻嘻,终吝。"《象》曰:"'家人嗃嗃',未失也;'妇子嘻嘻',失家节也。"过分嬉笑,言语无度,最终会陷入困境。孔子在解读《易经》初九爻辞"不出户庭,无咎"时明确表示了自己的看法。曰:"乱之所生也,则言语为之阶。君不密则失臣,臣不密则失身,几事不密则害成。是以君子慎密而不出也。"[①]孔子从守密角度指出了立言修辞的重要性:守口如瓶会平平

---

① 《周易·系辞上》。

安安，而胡言乱语则会导致混乱，招灾惹祸。

另外，孔子著名的“正名”主张，用顶真手法从反面论述了准确、正确言说的重要性问题。《论语·子路》：

> 名不正，则言不顺；言不顺，则事不成；事不成，则礼乐不兴；礼乐不兴，则刑罚不中；刑罚不中，则民无所错手足。

在孔子看来，“名不正”会产生“言不顺”、“事不成”、“礼乐不兴”、“刑罚不中”、“民无所错手足”等一系列的不良后果，这些不良后果则会直接造成国家的混乱、社会的不安。如此看来，“名不正”就不仅仅是用词不当的小问题，而是关系到国计民生、长治久安的大问题，是为政者统御百姓、治理国家必须重视和解决的关键问题。孔子把用词不当问题上升到治理国家的重要高度，进一步说明正确立言修辞的重要性。可以看出，关于立言修辞于为政安民、兴邦治国的强大功用问题，孔子的认识明确而到位。

总之，立言修辞对个人修养、安邦治国及社会安定等具有不可忽视的重要作用。先秦儒家在这方面的论述具体而明确，这对当时及以后的人们如何正确对待语言、运用语言都具有极大的启发意义。

第二节 “君子于其言，无所苟而已矣”——儒家论修辞态度

言语交际有说写者与听读者的共同参与，经过了表达—理解（接受）—表达这样一个循环往复的过程。其中，获得听读者的理解和接受是说写者的主要目的。要想收到理想的表达效果，说写者必须要注意言说的态度。在这方面，儒家提出了以下几点：

一、“易其心而后语”——出语要平和

在如何做人做事上，孔子弟子曾参对探病的孟敬子曾说过这样一段话：“鸟之将死，其鸣也哀；人之将死，其言也善。君子所贵乎道者三：动容貌，斯远暴慢矣；正颜色，斯近信矣；出辞气，斯远鄙倍矣。笾豆之事，则有司存。”[①]曾子认为，

① 《论语·泰伯》。

在做人做事方面，人们需要加强三个方面的修养：一是从修习学问入手，培养谦和安详的气质，容貌谦和严肃，别人对你就不会粗暴和放肆；二是从修炼内心入手，使脸色端庄、诚恳，这样别人就比较容易相信；三是从修养言行入手，使出言吐语文雅、和善，这样别人就不会粗野和背离大道。也就是说，在具体的言语交际中，人们需要严肃自己的容貌，端正自己的脸色，注意自己的言辞与语气。事实上，人们在“出辞气”之前，首先必须平和其心，保持冷静。心气平和、态度冷静是正确言说、正确待人的首要前提。在这方面，孔子提出了“易其心而后语”主张。《周易·系辞下》：

> 子曰：“君子安其身而后动，易其心而后语，定其交而后求：君子修此三者，故全也。”

何谓“心”？心是人和高等动物体内主管血液循环的器官，更是人思想的器官。孟子曰：“心之官则思，思则得之，不思则不得也。此天之所与我者。先立乎其大者，则其小者不能夺也。”[①]古人特别重视“心”这个器官，认为它是人体的主要器官，是上天特赐的，其他器官都要服从于“心”的指挥。用“心”来思考，就会有收获。心平气和，持守中正，对世界万物的认识就会全面、公正，言说表达也就客观、公允。诚如孟子所言：“胸中正，则眸子瞭焉；胸中不正，则眸子眊焉。听其言也，观其眸子，人焉廋哉？”[②]关于语言与心理的密切关系，朱熹解释说：“人之有言，皆本于心。其心明乎正理而无蔽，然后其言平正通达而无病。”[③]人的一言一行都受“心”的支配，心正自然身正、理正、辞正。孔子主张“易其心而后语”是极有见地的。

但在现实生活中，人心特别容易受到外界事物的干扰，善、恶、美、丑交织，呈现出复杂性、多样性。其中，浮躁、诈伪、丑陋、恶劣是蒙蔽、扰乱人心的主要因素。庄子曾把扰乱人心的东西归纳为四个方面六种情况，认为它们给人带来了不同的危害，必须摒除之。《庄子·庚桑楚》：“贵、富、显、严、名、利六者，勃志也；容、动、色、理、气、意六者，缪心也；恶、欲、喜、怒、哀、乐六者，累德也；去、就、取、与、知、能六者，塞道也。此四六者不荡胸中则正，正则静，静则明，明则虚。”摒弃、去除这些扰乱人心的因素，就能客观公正地认识事物，所谓“正则静，静则

---

① 《孟子·告子上》。
② 《孟子·离娄上》。
③ 朱熹：《孟子集注》，齐鲁书社1992年版，第40页。

平，平则宁，宁则素，素则精，精则神，见知不惑”①。如此，出言陈辞就能无咎无危。孔子强调“易其心而后语”，就是要求人们出言陈辞前先平易其心，因为人在心平气和时对人对事的看法方不会失于客观公正；人在心平气和时往往会注意措词造句，注意说话的语气、语调，而不会说出偏激的话、过头的话和错误的话；人在心平气和时更乐于以温和、友好的态度对待他人，使对方处于一种安宁祥和的氛围，从而保证对方对言语的正确理解和反应，保证交际的顺利进行。人在心气不平、情绪不安、态度不冷静时说话做事往往带有偏见，或过或不及，蕴含感情的话语也常常带有锋芒，“喜词锐，怒词戾，哀词伤，乐词荒，爱词结，恶词绝，欲词屑”②。

孔子主张“易其心而后语”，而且身体力行。孔子弟子子张曾评论孔子曰：“子亦闻夫子之议论邪！徐言门言，威仪翼翼，后言先默，得之推让，巍巍乎！荡荡乎！道有归矣。”③孔子在辩论时依然能和颜悦色、侃侃而谈，这既与他一贯倡导的慎言有关，也得益于他“易其心而后语”、先默后言的修辞主张。

荀子也非常注重立言修辞的态度。《荀子·非相》：“谈说之术：矜庄以莅之，端诚以处之，坚强以持之，分别以喻之，譬称以明之，欣驩、芬芗以送之，宝之，珍之，贵之，神之。如是，则说常无不受。”荀子处于百家争鸣的时代，辩论盛极一时。当时，人们都十分重视谈说之术，而荀子则把谈说之术总结概括为以上五条，即一要以严肃庄重、正直诚恳的态度来对待，二要用坚定顽强的意志来扶持，三要用比喻称引的方法来启发，四要用分析辨别的办法使他明白，五要热情、和气地把知识传授给他，使他宝贵、珍惜、重视、崇信自己所讲的。这样严肃真诚、富有艺术的谈话，没有一个人会不接受。荀子把“矜庄”、“端诚”的态度作为谈话艺术的必备要素，就是因为言说态度对言语效果有着极大的影响。言说者正确的态度，既体现出对交际对方的尊重，也使交际对方感受到被尊重的温暖，从而会更加认真地听讲，及时作出反馈。从这个层面上说，“矜庄以莅之，端诚以处之”与孔子“易其心而后语”异曲同工，是任何一个言说者都应持有的待人先正己、正己先正心之举。朱熹推崇圣贤之言，认为圣贤之言都是反求己心外加涵养功夫的结果，“圣贤之言，则反求诸心，而加涵泳之功”④，这是很有道理的。

---

① 帛书《黄帝四经·经法·论》。

② 姜夔：《白石道人诗说》，《白石道人歌曲附别集》，中华书局 1985 年版。

③ 韩婴撰，屈少元笺疏：《韩诗外传笺疏》，巴蜀书社 1996 年版。

④ 朱熹：《答陈明仲》，《朱子文集》卷四三，《丛书集成初编》本，商务印书馆 1936 年版。

二、"敏于事而慎于言"——说话要谨慎

现在人们常说:"一言既出,驷马难追。"这句俗语最早出自《论语·颜渊》。子贡在回答卫国大夫棘子成的询问时说:"夫子之说君子也!驷不及舌。"子贡认为,说话一定要深思熟虑,因为话语一旦出口,就再难收回了。的确如此。尤其是一些不恰当、欠得体或者有错误的话语,一旦说出了口,由此造成的后果不堪设想:轻则招致误会、产生矛盾,重则招致祸患、搭上性命。所以《诗经·大雅·抑》云:"白圭之玷,尚可磨也;斯言之玷,不可为也。"魏晋南北朝时期著名文学理论家刘勰也深深感叹语言表达的这种不可逆性,说:"口舌者,祸患之官,亡灭之府也;语言者,性命之所属,而形骸之所系也。言出患入,语失身亡。身亡不可复存,言出不可复追也。"①总之,言谈辩说是一件很严肃的事情,一定要认真对待,丝毫马虎不得。

鉴于此,儒家对待言说特别慎重,主张谨慎言说。如《周易·坤》六四曰:"括囊,无咎无誉。""括",《广雅·释诂》:"结也。"《方言》十二:"闭也",意即束紧。《周易·文言》:"盖言谨也。"束结囊口,则内无所出、外无所入。管好自己的嘴巴,不会招致祸患,也不会获得赞誉,即"无咎无誉"。《周易》的"括囊"主张,旨在告诫人们要言语谨慎,以避免祸从口出。再如《诗经·大雅·抑》中的"慎尔出话"、"慎尔言也",《论语·学而》中的"敏于事而慎于言",《里仁》中的"君子欲讷于言而敏于行",《为政》中的"慎言其余",《子张》中的"君子一言以为知,一言以为不知,言不可不慎也"等,皆是如此。这个"慎"就是指言谈辩说的谨慎态度。据记载,孔子十分崇尚周礼,曾专程到周王朝考察文物礼仪制度。在参观周王祭祀先祖的太庙时,他看到台阶右侧立着一铜人,嘴上贴了三道封条,背面刻着一行字:"古之慎言人也。"②孔子看到后深受震动和启发,所以在教育自己的弟子时,总是强调慎言。

何为"慎言"?《说文解字·心部》:"慎,谨也。"所以慎言,就是要小心谨慎地说出要说的话。《论语·为政》记载说,有一次,子张向孔子请教求官职得俸禄的办法,孔子回答说:"多闻阙疑,慎言其余,则寡尤;多见阙殆,慎行其余,则寡悔。言寡尤,行寡悔,禄在其中矣。"孔子这段话包含了三层意思:一是要多听

---

① 傅亚庶撰:《刘子校释》,中华书局 1998 年版,第 307 页。

② 刘向《说苑·敬慎》:"孔子之周,观于太庙右陛之前,有金人焉,三缄其口,而铭其背曰:'古之慎言人也,戒之哉,戒之哉!无多言,多言多败;无多事,多事多患。'"

多看；二是对没有把握的存疑不说；三是谨慎地说出其余有把握的看法，谨慎地去做那些有把握的事情。只有这样，才能减少过失，减少懊悔。言语的过失少，行为的懊悔少，官职、俸禄自然就有了。孔子虽然说的是求取俸禄之道，但同样适用于一般的言语交际、日常交往。

孔子个人非常善于言说，但一生谨言慎行，他“不语怪、力、乱、神”[①]，“罕言利与命与仁”[②]。对鬼神与生死问题，则说：“未能事人，焉能事鬼？……未知生，焉知死？”[③]凡此种种，堪称慎言典范。然而，考察孔子等儒家人物的言行可以发现，与道家的“希言”、“不言”不同，儒家的“慎言”是不随便说话，是在合适的时间、地点对合适的人说合适的话。儒家告诫人们，说话不能苟且、随便，不要说“苟且说说吧”：“无易由言，无曰：‘苟矣，莫扪朕舌。’言不可逝矣。无言不雠，无言不报”[④]，“君子于其言，无所苟而已矣”[⑤]；告诫人们不要说不对头的、无道理的话：“匪言勿言，匪由勿语”[⑥]；告诫人们不要道人之短、揭人隐私：“中冓之言，不可道也。所可道也，言之丑也。……中冓之言，不可详也。所可详也，言之长也。……中冓之言，不可读也。所可读也，言之辱也”[⑦]，“言人之不善，当如后患何？”[⑧]告诫人们不要说没有根据、捕风捉影的话：“无稽之言……君子慎之”[⑨]；至于事关重大、需要保密的事情更要小心，一定要守口如瓶，严防泄密：“乱之所生也，则言语以为阶。君不密则失臣，臣不密则失身，凡事不密则害成，是以君子慎密而不出也”[⑩]。如春秋时期的楚成王想废掉太子商臣，不料被妹妹走漏了风声，结果商臣率甲士包围了王宫，逼迫楚成王自尽。这类因泄密而失败的事例不胜枚举，并为人们做人做事提供了良好的借鉴。

由此可以看出，儒家的“慎言”主张，并不是简单、机械地要求人们不讲话或者少讲话，而是要求人们加强自我修养，看清形势，分清场合，把握时机。儒家

---

① 《论语·述而》。
② 《论语·子罕》。
③ 《论语·先进》。
④ 《诗经·大雅·抑》。
⑤ 《论语·子路》。
⑥ 《诗经·小雅·宾之初筵》。
⑦ 《诗经·国风·墙有茨》。
⑧ 《孟子·离娄下》。
⑨ 《荀子·正名》。
⑩ 《周易·系辞下》。

慎言主张给后世以积极影响。《墨子·非命中》:“初之列士桀大夫,慎言知行。”[①]嵇康《家诫》:“若于意不善了,而本意欲言,则当惧有不了之失,且权忍之。后视向不言此事,无他不可,则向言或有不可;然则能不言全,得其可矣。”[②]方孝孺《棠溪书舍记》:“慎言,笃行之一事耳。”陈正龙指出“立言有六禁”,即“不本至诚,勿言;无益于世,勿言;损益相兼,勿言;后有流弊,勿言;往哲已言,勿袭言;非吾力所及,勿轻言”[③]。他们的观点与儒家的“慎言”主张一脉相承,虽然其中不乏经世致用和立身处世的考虑,但也不乏合理之处。明代哲学家王廷相则因《论语》中有“慎言其余”一语,遂以《慎言》命名自己的哲学著作。

“修己以清心为要,处世以慎言为先。”在发声吐字前先平易其心,做到心平气和,说话就会不急不躁、不快不慢,语气平和,语速适中,语调舒缓。而这只是立言修辞的第一步,具体的言语交际还需要考虑言说的时机、场合,言说的内容,言说的对象等,适情应境,因人而异。只有这样,言说才能收到预期的表达效果。鉴于此,我们可以说,孔子所说的“易其心而后语”是正确言说的重要前提,有选择地谨慎言说是收到满意表达效果的重要保证。这是儒家修身之学的基本内容,也是个人严于律己的积极实践,更是待人处世的有效策略。这种谨慎言之的态度在今天依然具有重要的指导意义。

第三节　“情欲信,辞欲巧”——儒家论修辞内容与形式

语言本身包括内容与形式两个方面,其内容是语言(具体说是词语)的意义,形式是语言的语音和字形。它们的内容和形式是相对固定的,基本处于一种贮存状态、静止状态。由语言构成的言语自然也有一定的思想内容和表达形式。不同的是,言语的内容指写说者所要表达的思想感情、认识看法、立场态度等,形式指承载内容、表达意义的句子、句群、段落、篇章等,也由语音与字形两部分构成。作为着力提高语言表达效果的言语活动、言语行为,修辞的内容和形式就是言语作品的内容和形式。对此,现代修辞学奠基人陈望道先生有详细阐述。他说:

---

① 谭家健、孙中原译注:《墨子今注今译》,商务印书馆 2009 年版。(以下引文,版本同此)

② 嵇康撰:《嵇中散集》卷第一〇,商务印书馆 1929 年版,第 71 页。

③ 陈遇夫:《迂言百则》,中华书局 1985 年版,第 15 页。

> 修辞上所说的内容，就是文章和说话的内容。修辞上所说的形式，就是文章和说话的形式。内容和形式是一对矛盾的两个侧面，它们是不能截然分开的。没有无形式的内容，也没有无内容的形式。修辞不能离开内容来讲形式，也不能离开形式来讲内容。离开了内容片面地讲如何运用语言文字，那是形式主义；忽视了形式片面地讲文章和说话的内容，那也是不恰当的。修辞要讲究内容和形式的统一，要求形式适应内容。①

陈望道先生的这段论述，与先秦儒家的“文质论”一脉相承，是对内容与形式和谐统一的优秀言语作品的精辟概括。中国文学具有两千多年的发展历史，其内容与形式的关系则一度呈现为三种状态：一是内容过重，二是内容与形式和谐一致，三是形式过重。对此，陈望道先生指出：“我们当然期望形式能够和内容协调。但是事实上，只有内容形式两并充足的时期能够如此。此外大抵或者偏重内容，或者偏重形式，有些畸形的状态。不过内容偏重的畸形是一种上升的畸形，形式偏重的畸形则是一种没落的畸形。”②考察中国文学发展史可以发现，偏于内容的如《尚书》，内容充实，语言却佶屈聱牙、艰涩难懂；偏于形式的如六朝骈体文，内容空洞，而语言表达形式却整饬华丽；春秋战国之际的《老子》、《论语》、《庄子》、《孟子》、《墨子》、《韩非子》、《荀子》等，虽处于中国历史发展的早期阶段，但其内容与形式却空前的和谐，达到文质兼美的境界。尽管他们没有对立言修辞的内容与形式作专门论述，但其字里行间却不时表现出对这个问题的关注。尤其是孔子的“文质彬彬，然后君子”说，长期以来一直在中国思想文化史上占据着主导地位，并深深影响着甚至左右着中国的文学创作、文艺批评理论和语言修辞理论的发展。

从儒家的有关言论和言语作品来看，儒家不仅注重言说的内容，而且重视言说的方式、方法，他们主张在具有真情实感的前提下对形式进行必要的文饰，强调内容与形式的和谐一致。

一、“言有宗”、“言有物”——言说要有主旨、内容

修辞的内容就是说话或写作的内容，内容是主导，它决定着语言表达形式的取舍。关于这一点，孔子、孟子、荀子等虽然没有正面提及，但孔子对《诗经》

① 陈望道：《修辞学发凡》，上海教育出版社 1982 年版，第 39～40 页。

② 陈望道：《修辞学发凡》，上海教育出版社 1982 年版，第 40 页。

的评论,《论语》、《孟子》、《荀子》等儒家典籍对“仁”、“义”、“礼”、“知(智)”、“信”及其与“言”的关系的阐述,则充分体现出儒家立言修辞的内容及他们对内容的重视。

在先秦诸子中,孔子最重视《诗经》,且议论最多,有“兴、观、群、怨”说,有“尽善尽美”说,有“文质彬彬”说,有“思无邪”说等。其中,“思无邪”说集中表现了孔子对文学作品内容的要求。

孔子评论《诗经》曰:“《诗》三百,一言以蔽之,曰:‘思无邪。’”[①]关于“思无邪”,包咸注为“归于正”,程子释曰“诚”。朱熹则从作诗者角度解释说:“思无邪,乃是要使读诗人思无邪耳。读三百篇诗,善为可法,恶为可戒。故使人‘思无邪’也。若以为作者使‘思无邪’,则《桑中》、《溱洧》之诗,果无邪耶?”[②]在朱熹看来,诗可以劝善止恶,使人性情归正。与朱熹着眼于诗歌的功用不同,邢昺则从诗歌创作角度作了解释。他说:“思无邪者,此《诗》之一言,《鲁颂·駉篇》文也。《诗》之为体,论功颂德,止僻防邪,大抵皆归于正,故此一句可以当之也。”[③]孔子说话一向言简意丰,所以无论是从诗歌创作还是诗歌鉴赏角度,阐述、解释“思无邪”的意蕴都说得通。从《诗经》三百篇所表现的思想情感来看,把“思无邪”解释为思想健康纯正当更符合孔了的本意。如《关雎》、《蒹葭》、《桑中》、《溱诸》等爱情诗,都是感情的自然流露,是真性情的抒写。青年男女敢爱敢恨,实话实说,不矫情,不做作,尽情释放其真情实感,所以描写爱情的这类诗绝对不是朱熹认为的什么淫诗。孔子曾评《关雎》曰:“《关雎》,乐而不淫,哀而不伤。”[④]司马迁评《诗经》曰:“《国风》好色而不淫,《小雅》怨诽而不乱。”[⑤]近代学者郑浩则指出:“夫子盖言于《诗》三百篇,无论孝子忠臣、怨男愁女,皆出于至情流溢,直写衷曲,毫无伪托虚徐之意。”[⑥]鉴于此,我们认为,孔子更注重文学作品内容方面的书写,更注重表现真性情,表现纯正健康的思想感情。书写、表现真性情,使思想、感情、意义等方面纯正无邪,并“修辞立其诚”,就能做到“乐而不淫,哀而不伤”,实现“文以载道”的最终目的。

儒家崇尚“仁”、“义”、“礼”、“知(智)”、“信”,其中“仁”是儒家道德的核心,

---

① 《论语·为政》。

② 黎靖德编,王星贤点校:《朱子语类》卷二三,中华书局 1994 年版,第 539 页。

③ 何晏集解,邢昺疏,梁艳华整理:《论语注疏》,山东画报出版社 2004 年版,第 13 页。

④ 《论语·八佾》。

⑤ 《史记·屈原贾生列传》。

⑥ 转引自李泽厚:《论语今读》,三联书店 2005 年版,第 50 页。

“礼”是礼仪制度。儒家强调，以“仁”支配思想，以“礼”规范行为。孔子判断是非正误皆以“礼”为标准，强调为政以礼，博文约礼，主张“非礼勿视，非礼勿听，非礼勿言，非礼勿动”①。以“礼”为标准，孔子推崇中庸之道、“中和之美”，反对“过犹不及”。以此观之，“无邪”就是合礼。《礼记·乐记》曾记载师乙评《风》、《雅》、《颂》的话说：“宽而静、柔而正者，宜歌颂。广大而静、疏达而信者，宜歌大雅；恭俭而好礼者，宜歌小雅；正直而静、廉而谦者，宜歌风；肆直而慈爱者，宜歌商；温良而能断者，宜歌齐。”②《风》、《雅》、《颂》各篇虽然内容不同，风格各异，但都中正合礼，既有道德方面的纯洁与崇高，也有表现的节制，具有“正得失，动天地，感鬼神”③的作用。所以，“无邪”合礼是孔子评《诗》的标准，也是孔子对诗歌创作的基本要求，是孔子言《诗》之宗。这充分反映了他对思想内容的高度重视。当然，他更主张思想内容与艺术形式的统一，做到“文质彬彬”、“尽善尽美”。

儒家对思想内容的重视更多地表现在他们对儒家思想学说的阐述上。从儒家对“仁”、“义”、“礼”、“知(智)”、“信”等内容的阐述来看，语言表达对儒家而言，不仅仅是传情达意的工具，更多的时候是宣传儒家思想学说的有力武器，是儒家思想及其价值观的有效载体。儒家学派的言说内容主要有：

1. 仁

“仁”是儒家思想的核心范畴，是儒家所追求的最高的精神境界。在儒家言谈辩说中，“仁”是最主要、最根本的内容，出现的频次相当高。如《左传》中出现33次，《国语》中出现24次，《论语》中先后出现109次，《孟子》中则多达157次。

“仁”，许慎《说文》云：“从人从二，于义训亲。”从构形看，“仁”主要是讲人与人之间的关系。儒家以此入手，认为孝顺父母、友爱兄悌、克制自己、推己及人等都是“仁”之一种，是“仁”的表现。他们或直接谈论，或推衍阐释，对“仁”作了更为具体、深入的探讨。儒家对“仁”的内涵、性质等进行了界定，《左传·成公九年》：“不背本，仁也。”《左传·僖公三十三年》：“出门如宾，承事如祭，仁之则也。”《国语·晋语一》：“为仁者，爱亲之谓仁；为国者，利国之谓仁。”④《晋语二》：“杀身以成志，仁也。”《晋语三》：“杀无道而立有道，仁也。”《周语中》：“仁所以保民

① 《论语·颜渊》。

② 《礼记·乐记》。

③ 梁艳华整理：《毛诗正义》，山东画报出版社2004年版，第10页。

④ 左丘明撰，鲍思陶点校：《国语》，齐鲁书社2005年版。(以下引文，版本同此)

也……不仁则民不至。”孔子曰：“仁者，人也”[①]，仁者“爱人”[②]。孟子曰：“仁也者，人也”[③]，“仁，人心也”[④]等。对如何实现“仁”，孔子曰：“弟子，入则孝，出则悌，谨而信，泛爱众，而亲仁”[⑤]，“克己复礼为仁”[⑥]，“夫仁者，己欲立而立人，己欲达而达人。能近取譬，可谓仁之方也已”[⑦]，“能行五者（指恭、宽、信、敏、惠）于天下为仁矣”[⑧]；孟子曰：“亲亲，仁也”[⑨]，“仁之实，事亲是也”[⑩]等，认为正确处理好人与人的关系是实现“仁”的有效途径。“仁”者需具备什么样的优良品质和伟大人格？《国语·晋语二》：“仁不怨君，智不重困，勇不逃死。”孔子曰：“仁者必有勇，勇者不必有仁”[⑪]，“仁者不忧”[⑫]，“仁者，其言也讱”[⑬]，“刚、毅、木、讷近仁”[⑭]，“志士仁人，无求生以害仁，有杀身以成仁”[⑮]。孟子曰：“惟仁者为能以大事小，是故汤事葛，文王事昆夷”[⑯]……

除直接谈论外，儒家还以“仁”为中心展开论述。如围绕着“仁者爱人”，孔子及其弟子有多次论述。《论语》有详细记述，如《公冶长》：“老者安之，朋友信之，少者怀之”；《颜渊》：“子为政，焉用杀”；《阳货》：“恭则不侮，宽则得众，信则人任焉，敏则有功，惠则足以使人”；《公冶长》：“其养民也惠，其使民也义”；《颜渊》：“百姓足，君孰与不足？百姓不足，君孰与足？”《尧曰》：“不教而杀谓之虐，不戒视成谓之暴”；《乡党》：“伤人乎，不问马”；《子路》：“近者悦，远者来”，“四方之民襁负其子而至矣”；《季氏》：“修文德以来之”；等等。《孟子》中则有“老吾老以及人之老，幼吾幼以及人之幼”等言论。孟子还设计了一套相当完整的“仁政王道”，并从政治、经济、军事等方面分别进行了论说。荀子则继承、发展了孔孟

---

① 《礼记·中庸》。
② 《论语·颜渊》。
③ 《孟子·尽心下》。
④ 《孟子·告子上》。
⑤ 《论语·学而》。
⑥ 《论语·颜渊》。
⑦ 《论语·雍也》。
⑧ 《论语·阳货》。
⑨ 《孟子·告子下》。
⑩ 《孟子·离娄上》。
⑪ 《论语·宪问》。
⑫ 《论语·宪问》。
⑬ 《论语·颜渊》。
⑭ 《论语·子路》。
⑮ 《论语·卫灵公》。
⑯ 《孟子·梁惠王下》。

思想，围绕着“仁义”进行了深入阐述。

> 夫温良者，仁之本也；慎敬者，仁之地也；宽裕者，仁之作也；逊接者，仁之能也；礼节者，仁之貌也；言谈者，仁之文也；歌乐者，仁之和也；分散者，仁之施也。[①]

在儒家看来，仁德表现在人的行为的各个方面，人们的言语行为时时处处都要以“仁”为核心、为根本。日常谈话言说、行动举止如此，即便是与人辩论，也必须以“仁”为核心。对此，荀子论述得最为直接与明确。《荀子·非相》：“君子必辩。凡人莫不好言其所善，而君子为甚焉。是以小人辩言险而君子辩言仁也。言而非仁之中也，则其言不若其默也，其辩不若其呐也；言而仁之中也，则好言者上矣，不好言者下也。故仁言大矣。”荀子认为，“君子”所谈论的都应该是“仁道”，言说若不合乎“仁道”，就不如不说；言说如果合乎“仁道”，又分高尚与卑下两种情况：善于谈说的人是高尚的，不善谈说的人是卑下的。以是否善于谈论“仁道”来区分言说的高下优劣，尽管有一定的片面性，却充分说明了荀子对“仁”的重视，对“言而仁之中”的推崇。

总之，无论是正面谈说还是推衍阐述，儒家总是自觉不自觉地把“仁”作为言说谈论的中心内容，从而构成“仁”、“言”独特的质文关系、内容与形式的关系。其中，“仁”处于主导地位，“言”是“仁”的载体，是宣讲、弘扬“仁”的重要工具。

2.礼

“礼”是儒家思想体系的又一重要命题。早在夏、商、周三代，各种礼仪制度已初步形成，所以人们多把“礼”理解为礼制、礼仪。在儒家思想体系中，“礼”与“仁”、“义”、“智”、“信”并重，不仅仅是礼制、礼仪，更是约束社会成员的行为准则，是重要的伦理道德规范，治理国家的法则、准绳。

关于“礼”，除专论“礼”的文献《仪礼》、《礼记》和《周礼》外，儒家其他典籍也屡屡论及。如“礼”，《国语》中先后出现了 5 次，《论语》中出现了 74 次，《孟子》中出现了 64 次，《荀子》中则高达 309 次。儒家对“礼”的论述全面而系统。关于礼的起源，孔子曰：“夫礼，先王以承天之道，以治人之情。故失之者死，得之者生。”[②]孟子曰：“人之有道也，饱食、暖衣、逸居而无教，则近于禽兽。圣人有忧

---

① 《孔子家语·儒行解》。

② 《礼记·礼运》。

之，使契为司徒，教以人伦——父子有亲，君臣有义，夫妇有别，长幼有序，朋友有信。”[①]荀子曰：“礼起于何也？曰：人生而有欲，欲而不得，则不能无求；求而无度量分界，则不能不争；争则乱，乱则穷。先王恶其乱也，故制礼义以分之。”[②]孔子、孟子、荀子一致认为，礼由先王和“圣人”发明、创制。关于“礼”的特性与功能，儒家的认识也基本一致。《礼记·礼运》：“礼义也者，人之大端也。”又《冠义》：“凡人之所以为人者，礼义也。”认为礼义道德是人与动物相区别的基本属性之一，是人类脱离动物属性走向文明的重要标志。《国语·周语上》：“礼所以观忠、信、仁、义也。”《左传·隐公十一年》：“礼，经国家，定社稷，序民人，利后嗣者也。”《礼记·礼运》：“礼者，君之大柄也，所以别嫌明微，傧鬼神，考制度，别仁义，所以治政安君也。”《论语·为政》：“道之以政，齐之以刑，民免而无耻；道之以德，齐之以礼，有耻且格。”又，《颜渊》：“一日克己复礼，天下归仁焉。”《宪问》：“上好礼，则民易使也。”《荀子·修身》：“礼者，所以正身也。”强调礼是治国安邦、修身正己的重要法宝，它不仅可以显示人的内心是否诚敬，更重要的是礼可以显示其对维护社会秩序的规则意义。至于具体的礼仪形式，儒家有更多、更细致的探讨。如《礼记·昏义》：“夫礼始于冠，本于昏，重于丧、祭，尊于朝、聘，和于射、乡，此礼之大体也。”比较而言，荀子对礼的论述最为丰富，其论述的内容有观念之礼、制度之礼、行为之礼等多个层面，并把礼上升到至高无上的地位：“人无礼则不生，事无礼则不成，国家无礼则不宁”[③]，“人之命在天，国之命在礼。君人者，隆礼尊贤而王，重法爱民而霸”[④]。

在儒家看来，大至国家，小至个人，“礼”都不可或缺；“礼”的正确运用对人们的和谐相处、国家的高效治理和社会的安全稳定会有极大的帮助；“礼”在人类社会生活中作用重大，是指导人们处理各种事务、关系的基本原则，是人人必须遵守、实行的行动纲领。所以，儒家时时处处都把“礼”放在首位，谈“礼”论“礼”，追求言说行为的合“礼”性。

3. 义

在中国古代，“义”是一种含义极广的道德范畴，一般指公正合宜的道德、道理或举动。于儒家而言，“义”则是道德五常之一，往往“仁义”、“礼义”并提，是

---

① 《孟子·滕文公上》。
② 《荀子·礼论》。
③ 《荀子·修身》。
④ 《荀子·大略》。

儒家言谈辩说的主要内容之一。

儒家对“义”的论述全面且深入，一是界定了“义”的定义与属性。《礼记·中庸》：“义者，宜也。”这个解释，与《释名》“义，宜也”相合。更多的时候，他们立足于儒家道德来解释“义”的内涵。《礼记·经解》：“发号出令而民说谓之和。上下相亲谓之仁。民不求其所欲而得之谓之信。除去天地之害谓之义。义与信，和与仁，霸王之器也。”《礼运》：“故国有患，君死社稷谓之义。”《表记》：“仁者人也；道者义也。”《孟子·尽心上》：“敬长，义也。”《离娄上》：“义之实，从兄是也。”又《尽心上》：“非其有而取之，非义也。”《告子上》：“恻隐之心，仁也；羞恶之心，义也；恭敬之心，礼也；是非之心，智也。”《荀子·强国》：“夫义者，内节于人而外节于万物者也，上安于主而下调于民者也。内外上下节者，义之情也。”《大略》：“贵贵、尊尊、贤贤、老老、长长，义之伦也。”《仲尼》：“少事长，贱事贵，不肖事贤，是天下之通义也。”基于这种认识，儒家认为，人与动物的根本区别就在于人有礼义。《礼记·冠义》：“凡人之所以为人者，礼义也。”《孟子·离娄下》：“人之所以异于禽兽者几希，庶民去之，君之存之。”《荀子·王制》：“水火有气而无生，草木有生而无知，禽兽有知而无义，人有气、有生、有知，亦且有义，故最为天下贵也。”等等。

第二，论述了“义”的功用。《礼记·文王世子》：“正君臣之位，贵贱之等焉，而上下之义行矣。”又《冠义》：“礼义之始，在于正容体，齐颜色，顺辞令。容体正，颜色齐，辞令顺，而后礼义备，以正君臣，亲父子，和长幼。君臣正，父子亲，长幼和，而后礼义立。”认为“义”有助于确定君臣尊卑的次序，有助于端正容貌颜色、和顺辞令。孟子则从反面指出，人若没有礼义，就会为他人所役使：“无礼、无义，人役也。”①

第三，论述了“义”与“仁”、“礼”等的关系。《礼记·表记》：“仁有数，义有长短小大。”认为“仁道”有多有少，“义”有长短小大，情形不同，表现也就不同。《礼记·大学》：“未有上好仁而下不好义者也，未有好义其事不终者也。”又《礼运》：“义者，艺之分，仁之节也。协于艺，讲于仁，得之者强。”认为“仁”与“义”相互关联，“义”对“仁”有节制作用。关于二者的关系，孟子与告子曾专作辩论，认为“仁内义外”②。鉴于此，孟子主张“居仁由义”，说：“仁，人之安宅也；义，人之

---

① 《孟子·公孙丑上》。

② 《孟子·告子上》。

正路也。旷安宅而弗居,舍正路而不由,哀哉!”[①]荀子主张“仁者爱人,义者循理,”因为“爱人,故恶人之害之,循理故恶人之乱之”[②]。对一般人来说,“义”完全体现为对“圣人”、“先王”所定礼义的无条件遵行。

第四,论述了“义”与“利”的关系。孔子说:“君子喻于义,小人喻于利。”[③]“见利思义,见危授命,久要不忘平生之言,亦可以为成人矣。”[④]孔子个人主张取“义”弃“利”:“不义而富且贵,于我如浮云。”[⑤]孟子和孔子的主张一样,也是舍“利”取“义”。他说:“万钟则不辩礼义而受之。万钟于我何加焉?”[⑥]甚至更激进地说:“何必曰利?亦有仁义而已矣。”[⑦]荀子也赞同取“义”舍“利”。《荀子·大略》:“义与利者,人之所两有也。虽尧、舜不能去民之欲利,然而能使其欲利不克其好义也。虽桀、纣亦不能去民之好义,然而能使其好义不胜其欲利也。”又,《荣辱》:“义之所在,不倾于权,不顾其利,举国而与之不为改视。”《大略》:“故义胜利者为治世,利克义者为乱世。”荀子充分肯定了“义”的绝对优先地位。

最后,儒家论述了“义”与“君子”的关系。儒家认为,“义”是仁人君子的必备素质,“君子义以为上”,“君子义以为质”,“大人者,言不必信,行不必果,惟义所在”。[⑧]孟子甚至主张,在“生”与“义”不可兼得的情况下,可以舍“生”取“义”[⑨];荀子则指出,在亲人与“义”不相容的情况下,应该“从道不从君,从义不从父”。

儒家重“义”,言谈辩说总是围绕着“义”来展开,时时处处倡导、实践着“合义则言,不合义则不言”[⑩]的信条。“义”在个人交往、社会生活以及国家治理等方面的重要作用,在儒家的系统、深入阐述中得到了充分体现。自此,义德备受世人推崇。《淮南子·人间训》谓“义”为“人之大本”[⑪],《墨子·耕柱》谓“义”为“天下之良宝”。“义”成为人们处理人际关系的重要准则,重“义”则成为中华民

---

① 《孟子·离娄上》。
② 《荀子·议兵》。
③ 《论语·里仁》。
④ 《论语·宪问》。
⑤ 《论语·述而》。
⑥ 《孟子·告子上》。
⑦ 《孟子·梁惠王上》。
⑧ 《孟子·离娄上》。
⑨ 《孟子·告子上》:“生,亦我所欲也,义,亦我所欲也,二者不可得兼,舍生而取义者也。”
⑩ 黎靖德编,王星贤点校:《朱子语类》卷二二,中华书局1994年版,第520~521页。
⑪ 刘安撰,陈静注译:《淮南子》,中州古籍出版社2010年版。(以下引文,版本同此)

族的优良传统和美德。

4. 知(智)

“智”古常作“知”。段玉裁《说文解字注》:“知,词也。白部曰:‘智,识词也。从白从亏从知。’按:此‘词也’之上亦当有‘识’字。知、智义同,故智作知。”①作为五德之一,“知”也是儒家的主要言说内容。

“知”(智)在儒家文献中屡屡出现,如在《论语》中“知”出现116次(其中,约91次“知”读阴平,25次“知”读去声。读阴平的“知”指知道、了解或有知识,读去声的“知”则与“智”相通,意即才智、智慧)②;《孟子》中的“知”、“智”已有区分,“智”出现32次;《荀子》中“知”约出现487次(其中,“知”50余次通“智”)③,“智”出现8次,充分显示了对“知”(智)的高度重视。孔子曰:“知之为知之,不知为不知,是知也。”④“知”是一种面对真理老老实实、实事求是的态度,但这并非智德之“智”。关于智德之“智”,孟子界定说:“是非之心,智也。”⑤并进一步指出:“仁之实,事亲是也;义之实,从兄是也;智之实,知斯二者弗去是也……”⑥认为智德是一种道德判断能力,是根据“仁”、“义”、“礼”对人们的行为要求而作出的一种判断与选择。荀子认同孟子的观点,曰:“是是非非谓之知,非是是非谓之愚。”在儒家五德中,“智”与“仁”一样重要,具有自己的特点、属性,但儒家通常把它与“仁”对比谈论。孔子曰:“知者不失人,亦不失言。”⑦“里仁为美,择不处仁,焉得知?”⑧“知者乐水,仁者乐山;知者动,仁者静;知者乐,仁者寿。”⑨“君子道者三,我无能焉:仁者不忧,知者不惑,勇者不惧。”⑩“仁者安仁,知者利仁。”⑪子贡曰:“知者知人,仁者爱人。”“知者自知,仁者自爱。”⑫子思云:“好学近乎知,力行近乎仁,知耻近乎勇。”⑬孟子曰:“知者无不知也,当务之为急;仁者无不爱

---

① 段玉裁:《说文解字》,浙江古籍出版社1998年版,第227页。

② 金红菊:《〈论语〉的“知”论探微》,《武警学院学报》2007年第1期。

③ 王进、徐嘉:《〈荀子〉中的“智德”思想新探》,《南昌大学学报(人文社会科学版)》2009年第4期。

④ 《论语·为政》。

⑤ 《孟子·告子上》。

⑥ 《孟子·离娄上》。

⑦ 《论语·卫灵公》。

⑧ 《论语·里仁》。

⑨ 《论语·雍也》。

⑩ 《论语·宪问》。

⑪ 《论语·里仁》。

⑫ 《荀子·子道》。

⑬ 《礼记·中庸》。

也，急亲贤之为务。尧舜之知而不遍物，急先务也；尧舜之仁不遍爱人，急亲贤也。”[①]荀子云：“君子知之为知之，不知为不知，言之要也。能之曰能之，不能曰不能，行之至也。言要则知（智），行至则仁；既仁且知（智），夫恶有不足矣哉！”[②]“不知其无益则不知；知其无益也，直以欺人则不仁。不仁不知，辱莫大焉。”[③]“知而不仁不可，仁而不知不可。”[④]等等。在儒家看来，“智”不可或缺，有了它，人就像有了翅膀、有了车子，有助于修身修行。《国语·周语下》：“智，文之舆也。”《礼记·中庸》：“好学近乎知，力行近乎仁，知耻近乎勇。知斯三者，则知所以修身。”《荀子·天论》：“天有其时，地有其才，人有其智，夫始能参。”“智”与“仁”同等重要，“知而不仁不可，仁而不知不可，既知且仁，是人主之宝也，而王霸之佐也。”[⑤]只有既“知”且“仁”，才能早日成为仁人君子。子贡赞美孔子说：“仁且智，夫子既圣矣。”[⑥]春秋战国时期，诸侯割据，时局动荡不安，所以能够适时进退就是“智”。具备了适时进退的“智”，其言说行为就会张弛有度，处理事情就能轻松自如，这样在社会生活中自然会远离灾祸、性命无忧，甚至时运亨通、畅行无碍。

另外，儒家还对“智”的来源问题作了论述。孔子把它分为生而知之、学而知之、困而学之等不同层次，认为“生而知之者上也，学而知之者次也，困而学之，又其次也；困而不学，民斯为下矣”[⑦]。孟子则认为它根源于心：“仁义礼智，非由外铄我也，我固有之也，弗思耳矣。故曰：‘求则得之，舍则失之。’”[⑧]“君子所性，仁义礼智根于心。”[⑨]荀子则认为，“智”一方面来源于“知”，“知之在人者谓之知。知有所合谓之智。智所以能之在人者谓之能”[⑩]，一方面则是不断努力学习的结果，“君子博学而日参省乎己，则知明而行无过矣”[⑪]。

“智”是仁人君子的必备素养，更是立身处世的制胜法宝。作为儒家五德之

---

① 《孟子·尽心上》。
② 《荀子·天道》。
③ 《荀子·正论》。
④ 《荀子·君道》。
⑤ 《荀子·君道》。
⑥ 《孟子·公孙丑上》。
⑦ 《论语·季氏》。
⑧ 《孟子·告子上》。
⑨ 《孟子·尽心上》。
⑩ 《荀子·正名》。
⑪ 《荀子·劝学》。

一，“智”自然是儒家避不开的言说主题。

5.信

在儒家五德中，“仁”是核心，“礼”、“义”是左右护卫，“智”犹如羽翼，而“信”是前提和基础。儒家大力倡导重诚守信，把诚信作为衡量仁人君子的重要标准。周敦颐（濂溪）曾教二程“寻孔颜乐处，所乐何事”。孔颜“所乐何事”呢？孟子曰：“万物皆备于我矣。反身而诚，乐莫大焉。强恕而行，求仁莫近焉。”①由此可知，儒家是把“反身而诚”当作最大的快乐的。

《说文解字》：“诚，信也。从言，成声。”“信，诚也。从人，从言，会意。”“诚”、“忠”、“信”是内涵大致相同的概念，因此人们常常“诚信”、“忠信”并提。如《逸周书》：“成年不偿，信诚匡助，以辅殖财。”“父子之间观其孝慈，兄弟之间观其和友，君臣之间观其忠惠，乡党之间观其信诚。”《穀梁传·僖公二十二年》：“人之所以为人者，言也。人而不能言，何以为人？言之所以为言者，信也。言而不信，何以为言？”认为“信”是人类特有的一种道德观念，是言之所以为言的根本。儒家把“信”上升到一个前所未有的高度，充分表现了对“信”德的重视程度。这一点被世人普遍接受，唐张九龄在《敕吐蕃赞普书》中强调说：“人之所以贵者，以其有信有礼；国之所以能强，亦云惟信有义。”陆九渊进一步发挥说：“忠者何？不欺之谓也；信者何？不妄之谓也。……忠与信初非有二也。特由其不欺于中而言之，则名之以忠；由其不妄于外而言之，则名之以信。……人而不忠信，果何以为人乎哉？……人而不忠信，何以异于禽兽者乎？”②

作为儒家思想体系的重要组成部分，儒家对“信”进行了反复阐述。何为“信”？儒家认为，“信”是真诚无妄，诚实不欺骗，是言行一致，表里如一。《左传·昭公八年》：“君子之言，信而有征。”《礼记·表记》：“君子不失足于人，不失色于人，不失口于人，是故君子貌足畏也，色足惮也，言足信也。”《孟子·离娄上》：“诚者，天之道也；思诚者，人之道也。”又《尽心下》：“善人也，信人也。……可欲之谓善，有诸己之谓信。”

儒家最重个人道德修养，作为儒家五德之一，“信”是“君子”修身之本、立业之基，不可或缺。《周易·系辞上》：“君子进德修业。忠信，所以进德也；修辞立其诚，所以居业也。”《礼记·礼器》：“忠信，礼之本也；义理，礼之文也。无本不

① 《孟子·尽心上》。

② 陆九渊：《陆象山全集·主忠信》，中国书店1992年版，第237～238页。

立，无文不行。”又《大学》：“意诚而后心正，心正而后身修。”“君子有大道，必忠信以得之，骄泰以失之。”《礼器》：“忠信之人可以学礼。苟无忠信之人，则礼不虚道。”又《儒行》：“不宝金玉，而忠信以为宝。”《左传·成公八年》：“失信不立。”又《隐公三年》：“信不由中，质无益也。”又《文公元年》：“信，德之固也。”《论语·卫灵公》：“言忠信，行笃敬，虽蛮貊之邦，行矣。言不忠信，行不笃敬，虽州里，行乎哉？”《荀子·修身》：“君子养心，莫善于诚。”如此，儒家时时处处论及“信”、强调“信”，认为大至国家小至个人，都离不开诚信，诚信是人安身立命的根本所在。对国家或社会来说，没有忠信就失去了保障，事情就不会顺利；对个人来说，没有忠信就失去了做人做事的根基，就会难以立足。关于这一点，宋代理学家程颢、程颐兄弟作了更进一步的阐述，说：“学者不可以不诚，不诚无以为善，不诚无以为君子。修学不以诚则学杂，为事不以诚则事败，自谋不以诚，则是欺其心而自弃其忠，与人不以诚，则是丧其德而增人之怨。”[①]

关于“信”的功用，儒家还运用比喻作了具体化、形象化的描述。《礼记·儒行》：“儒有忠信以为甲胄，礼义以为干橹；戴仁而仁，抱义而处；虽有暴政，不更其所。”孔子曰：“人而无信，不知其可也。大车无輗，小车无軏，其何以行之哉？”[②]《礼记》把忠信比作护身铠甲，孔子把忠信比作车轮，道理相同：拥有诚信、忠信，就会得到他人的尊敬与爱戴，就能畅行天下而无阻；反之，就会作茧自缚，举步维艰。儒家强调，仁人君子必须“主忠信”，讲求诚信道德，君主治理国家也必须谨守诚信，“上好信，则民莫敢不用情”[③]。一个人谨守诚信就能早日成就大业，统治者谨守诚信就能更好地治理国家。鉴于此，孔子把“忠恕”作为自己追求的理想境界，把“忠”、“信”作为教学的主要内容[④]，特别强调“与朋友交，言而有信”，“与国人交，止于信”，要求人们做人做事要以“信”为先，言谈辩说要以“信”为本，要“言思忠”、“言忠信”，[⑤]“修辞立其诚”等。

必须注意的是，儒家讲诚信不是无条件、无原则的，还必须符合儒家“义”的要求。《论语·学而》：“信近于义，言可复也。”《孟子·离娄下》：“言不必信，行不必果，惟义所在。”讲诚信必须符合“义”的要求，这样的“信”更符合儒家道德的要求。

---

① 朱熹编，严佐之点校：《程氏遗书》卷二五，朱杰人、严佐之、刘永翔主编：《朱子全书外编》(2)，华东师范大学出版社2010年版，第407页。

② 《论语·为政》。

③ 《论语·子路》。

④ 《论语·述而》：“子以四教：文、行、忠、信。”

⑤ 《论语·季氏》。

作为儒家道德之一,“诚”、“忠”、“信”与立言修辞、道德修养密不可分,它们既是儒家言说的主要内容,也是儒家“君子”的必修科目,这样就把道德修养具体落实到言行上。“诚”、“忠”、“信”是儒家道德的根本,也是立言修辞的基础,所谓“诚德之主也,言之所聚也”[①]。在构建和谐社会的今天,诚信、忠信依然是人们恪守的道德准则和言说准则。

在儒家看来,“仁”、“义”、“礼”、“知(智)”、“信”是伦理道德的不同方面,无论在人们的日常生活还是国家的整饬治理方面,它们都不是单一在起作用,而是相互交织、相互制约,共同影响着人们伦理道德的完善和国家的长治久安。儒家之所以把五德作为儒家思想体系的重要组成部分,其原因也在于此。因此,儒家常常把它们联系在一起进行论述,如《礼记·经解》:“发号出令而民说谓之和,上下相亲谓之仁,民不求其所欲而得之谓之信,除去天地之害谓之义。义与信,和与仁,霸王之器也。”《国语·周语下》:“夫敬,文之恭也;忠,文之实也;信,文之孚也;仁,文之爱也;义,文之制也;智,文之舆也;勇,文之帅也;教,文之施也;孝,文之本也;惠,文之慈也;让,文之材也。”孟子则把“仁”、“义”、“礼”、“智”比作人的四肢,说:“恻隐之心,仁之端也;羞恶之心,义之端也;辞让之心,礼之端也;是非之心,智之端也。”[②]孔子认为,“仁”、“义”、“礼”、“智”、“信”共同作用方有助于“君子”人格的养成,说:“君子义以为质,礼以行之,孙(逊)以出之,信以成之。君子哉!”荀子也深以为然,指出:“忠信以为质,端悫以为统,礼义以为文,伦类以为理,喘而言,臑而动,而一可以为法则。”[③]“仁,爱也,故亲。义,理也,故行。礼,节也,故成。”[④]作为儒家言说的主要内容,它们共同构成儒家重要的“德”观念,成为“君子”人格养成的内在依据;而修饰言辞、注意表达的得体,同样有助于“君子”人格的养成,“诚美其德也,故为之雕琢、刻镂、黼黻、文章以藩饰之,以养其德”[⑤]。“言”与“仁”、“义”、“礼”、“智”、“信”等实为表里关系,顾表不顾里就会成为虚而不实的“巧言”,“巧言”则会乱“德”;若顾里不顾表,实话实说,则难免误会或矛盾,其后果或危害自不待言。它们你中有我,我中有你,共同构成了一个完整的儒家道德思想体系。

---

① 韩婴撰,曹大中译注:《白话韩诗外传》,岳麓书社 1994 年版,第 279 页。
② 《孟子·公孙丑上》。
③ 《荀子·臣道》。
④ 《荀子·大略》。
⑤ 《荀子·富国》。

除儒家五德外,“道”、“君子”等也是儒家言说的重要内容。“道”在儒家典籍如《周易》、《礼记》、《论语》、《孟子》、《荀子》中多有出现,使用频次相当高。据统计《周易》中出现111次,《礼记》中出现254次,《论语》中出现84次,其中孔子言语中出现约64次[①],《孟子》中出现139次,《荀子》中出现468次。儒家对“道”相当重视,主张“君子谋道不谋食”、“忧道不忧贫”,甚至可以“朝闻道,夕死可矣”。何谓“道”?段玉裁曰:“‘道,所行道也。’《毛传》每云:‘行,道也。’道者人所行,故亦谓之行。道之引申为道理,亦为引道。”[②]而儒家“道”的内涵则十分丰富,杨伯峻先生归纳《论语》中的“道”有8种含义[③],颜炳罡教授概括《论语》中的“道”有10种含义[④]。我们认为,儒家常常进行谈辩的“道”,或指道理、学术,或指真理、方法,或指公正、合理,或指儒家的伦理道德。如《周易·系辞上》“形而上者谓之道”、“一阴一阳之谓道”之“道”,指真理;《论语·为政》中的“射不主皮,为力不同科,古之道也”中的“道”指道理;《孟子·滕文公上》“夫道一而已矣”中的“道”指普遍性;《论语·宪问》“邦有道,谷;邦无道,谷,耻也”中的“道”指公正、合理;《礼记·表记》“仁者右也,道者左也。仁者人也,道者义也”中的“道”指儒家伦理道德;等等。而儒家伦理道德之“道”,又包括孝悌之道、仁爱之道、忠恕之道、中庸之道等,多属于以人为主体的人道范畴,较少论及天道。孔子学生子贡曾感慨地说:“夫子之文章,可得而闻也;夫子之言性与天道,不可得而闻也。”[⑤]对于“道”,儒家十分尊崇,特别强调“道”于人的重要性,把“道”当作人生的最大理想,认为“道”“不可须臾相离也”[⑥]。孔子主张“志于道”[⑦],荀子则主张“壹于道”[⑧]。如果衷心热爱、不懈追求、勤于钻研,他就会早日修得“大道”成为智者,而“知者论道而已矣”[⑨]。

“士不可以不弘毅,任重而道远。”[⑩]为完成宣传、弘扬儒家之道这项任重道远的艰巨任务,儒家采取了“以身传道”、“以文传道”、“以事传道”、“以心传道”

---

① 参见颜炳罡:《孔子“道”的形上学意义及精神价值》,《贵州社会科学》2010年第2期。

② 段玉裁:《说文解字注》,浙江古籍出版社1998年版,第75页。

③ 参见杨伯峻:《孟子译注》,中华书局2012年版,第293～294页。

④ 参见颜炳罡:《孔子“道”的形上学意义及精神价值》,《贵州社会科学》2010年第2期。

⑤ 《论语·公冶长》。

⑥ 《礼记·中庸》。

⑦ 《论语·述而》。

⑧ 《荀子·解蔽》。

⑨ 《荀子·正名》。

⑩ 《论语·泰伯》。

等多种方式。所谓“以身传道”，就是用身体、行为、生命传道；“以文传道”，就是以编撰经典、注释经典、著述文章传道；“以事传道”，就是以事业、事功传道；“以心传道”，就是以觉悟之心、感应之心、道德之心传道。[①] 不管何种方式，都离不开言行，都要围绕着“道”来展开。关于以言传道、以文传道，儒家有明确规定，认为凡是不符合儒家道义要求或标准的，都应予以排斥。孔子曰：“士志于道，而耻恶衣恶食者，未足与议也。”[②]荀子曰：“凡言不合先王，不顺礼义，谓之奸言。”[③]儒家把宣讲“道”、践行“道”视为仁人君子的精神追求和神圣使命，认为“人能弘道，非道弘人”[④]，荀子特别强调要“文以明道”，要求言谈辩说均要围绕着“道”，以“道”为衡量的标准。《荀子·正名》云：

> 辨说也者，心之象道也。心也者，道之工宰也。道也者，治之经理也。心合于道，说合于心，辞合于说，正名而期，质请而喻。辨异而不过，推类而不悖，听则合文，辨则尽故。以正道而辨奸，犹引绳以持曲直，是故邪说不能乱，百家无所窜。有兼听之明而无矜奋之容，有兼覆之厚而无伐德之色。说行则天下正，说不行则白道而冥穷，是圣人之辨说也。

在荀子看来，辩说是人们表达内心意图的需要。人的内心意图应该合于“道”，因此辩说也要合于“道”。只有这样，才能名正言顺，易于世人明白和了解。荀子推崇“圣人之辩”，反对不顺礼义、不符合道的“小人之辩”，认为“小人之辩”危害越大，应该杀无赦。“听其言则辞辩而无统，用其身则多诈而无功，上不足以顺明王，下不足以和齐百姓，然而口舌之均，噡唯则节，足以为奇伟偃却之属，夫是之谓奸人之雄，圣王起，所以先诛也。然后盗贼次之。盗贼得变，此不得变也。”[⑤]鉴于此，荀子提出“征圣”、“宗经”主张。曰：

> 圣人也者，道之管也。天下之道管是矣，百王之道一是矣，故《诗》、《书》、《礼》、《乐》之归是矣。《诗》言是，其志也；《书》言是，其事也；《礼》言是，其行也；《乐》言是，其和也；《春秋》言是，其微也。故风之所以为不逐者，取是以节之也；《小雅》之所以为《小雅》者，取是而文之也；《大雅》之所以为《大雅》者，取是而光者也；《颂》之所以为至者，取是而通之也：天下之

---

① 李承贵：《儒学传道的四种方式及其当代启示》，《福建论坛(人文社会科学版)》2011年第3期。

② 《论语·里仁》。

③ 《荀子·非相》。

④ 《论语·卫灵公》。

⑤ 《荀子·非相》。

道毕是矣。乡是者臧，倍是者亡。乡是如不臧，倍是如不亡者，自古及今，未尝有也。①

荀子推崇“圣人之辩”，以“圣人”言行作为是非优劣的判断标准，关键原因在于“圣人备道，全美者也”。荀子的最终目的，则在于“明道”。

“圣人”、“君子”是儒家热议的又一个话题，常与“小人”并提。据统计，“君子”在《周易》卦爻辞中出现 19 次，“君子”及“小人”对举者 6 次；《诗经》中出现 184 次，“小人”一词出现 4 次；今文《尚书》中出现 4 次；《论语》中出现 107 次，其中与“小人”对举 19 次②；《礼记》中出现 288 次；《孟子》中出现 78 次；《荀子》中出现 285 次。从儒家一系列的探讨中可以看出，儒家眼中的“君子”或指有德者，或指有位者，或指德位兼具者，普遍具有良好的道德操守，为人处世中规中矩，容貌端庄，言语得体，品行端正，进退得宜，字里行间流露着敬佩、欣赏、赞美之情。《诗经·小雅·小弁》：“君子无易由言，耳属于垣。”《小雅·湛露》：“显允君子，莫不令德。”《国风·鸤鸠》：“淑人君子，其仪一兮。”《小雅·弁》：“未见君子，忧心弈弈。既见君子，庶几说怿。”《论语·里仁》：“君子去仁，恶乎成名？君子无终食之间违仁，造次必于是，颠沛必于是。”《公冶长》：“子谓子产，‘有君子之道四焉：其行己也恭，其事上也敬，其养民也惠，其使民也义’。”《卫灵公》：“君子义以为质，礼以行之，孙以出之，信以成之。君子哉！”《孟子·公孙丑上》：“君子莫大乎与人为善。”《公孙丑下》：“君子不怨天，不尤人”，“古之君子，过则改之”。《万章上》：“君子可欺以其方，难罔以非其道。”《离娄下》：“君子所以异于人者，以其存心也。君子以仁存心，以礼存心。仁者爱人，有礼者敬人。爱人者，人恒爱之；敬人者，人恒敬之。有人于此，其待我以横逆，则君子必自反也：我必不仁也，必无礼也，此物奚宜至哉？”“人之所以异于禽兽者几希，庶民去之，君子存之。舜明于庶物，察于人伦，由仁义行，非行仁义也。”《荀子·王制》：“君子者，礼义之始也。为之，贯之，积重之，致好之者，君子之始也。”《劝学》：“君子博学而日参省乎己。”《儒效》：“积礼义而为君子。”《不苟》：“君子养心莫善于诚，致诚则无它事矣，唯仁之为守，唯义之为行。……君子至德，嘿然而喻，未施而亲，不怒而威。夫此顺命，以慎其独者也。”《礼记·中庸》：“故君子尊德性而道问学，致广大而尽精微，极高明而道中庸。温故而知新，敦厚以崇礼。是故居上

① 《荀子·儒效》。

② 参见金秉峘：《论孔孟荀之君子概念》，《黑龙江社会科学》2010 年第 3 期。据笔者粗略统计，《周易》(含经与传)中“君子”先后出现约 139 次。

不骄，为下不倍，国有道其言足以兴，国无道其默足以容。”“君子”的美好品行操守，在与“小人”的对比中显露得尤为充分。对此，儒家有精准概括。如《论语·颜渊》：“君子之德风，小人之德草。”《阳货》：“君子学道则爱人，小人学道则易使也。”《子路》：“君子易事而难说也。说之不以道，不说也；及其使人也，器之。小人难事而易说也。说之虽不以道，说也；及其使人也，求备焉。”《为政》：“君子周而不比，小人比而不周。”《里仁》：“君子怀德，小人怀土；君子怀刑，小人怀惠。”“君子喻于义，小人喻于利。”《述而》：“君子坦荡荡，小人长戚戚。”《子路》：“君子和而不同，小人同而不和。”《宪问》：“君子上达，小人下达。”《卫灵公》：“君子求诸己，小人求诸人。”“君子不可小知而可大受也，小人不可大受而可小知也。”《孟子·离娄上》：“君子犯义，小人犯刑。”《荀子·儒效》：“不知无害为君子，知之无损为小人。”等等。在对比中，“君子”与“小人”孰优孰劣判若鸿沟，泾渭分明。

言语是心灵的一面镜子，“君子”美好的品德人格在言说表达中有充分体现。关于“君子”在言语表达方面的卓越表现，儒家也作了精辟概括。如《论语·学而》：“君子……敏于事而慎于言。”《为政》：君子“先行其言而后从之”。《里仁》：“君子欲讷于言而敏于行。”《子路》：“君子名之必可言也，言之必可行也。君子于其言，无所苟而已矣。”《宪问》：“君子耻其言而过其行。”《卫灵公》：“君子不以言举人，不以人废言。”《礼记·坊记》：“君子约言，小人先言。”《荀子·非相》：“小人辩言险而君子辩言仁也。”在言说表达方面，“君子”的态度是“讷”、“寡”、“慎”、“讱”，认真谨慎，言行一致，“言顾行，行顾言”；在具体言说中，“君子”以“仁”为内容、为标准。“小人”反是。总之，“君子”集中了儒家多种道德元素，是儒家道德的集大成者，是儒家言谈辩说的主要内容之一。

综上，“仁”、“义”、“礼”、“知(智)”、“信”、“道”、“君子”等均是儒家的言说内容，但儒家对它们的谈辩并不是孤立进行的，而是常常把它们交织、融合在一起；并且常常有推衍、有阐发。儒家时时处处围绕着“仁”、“义”、“礼”、“知(智)”、“信”、“道”、“君子”等思想内容来谈辩，并且所有的谈辩方法、谈辩技巧均服从、服务于宣传这些思想内容的需要，从而达到了使儒家思想学说深入人心的最终目的。

二、“言语之美，穆穆皇皇”——儒家论言说的表达形式

儒家注重人的精神内核，也非常注重事物的外在表现形式，讲究文饰。《周

易》中的《贲》卦就是讲究文饰的典范。《说文解字》："贲，饰也。从贝，卉声。"《释文》："傅氏云：'贲，古斑字，文章貌。'郑云：'变也，文饰之貌。'"《贲》卦卦名本义就是文饰，该卦爻辞也始终围绕文饰来展开："贲其趾"，先文饰人之双足；"贲其须"，然后文饰人之头面部；"贲如，濡如"，描绘文饰的样子是那样温润、俊美；"贲如，皤如，白马翰如"，文饰自己骑的马；"贲于丘园"，文饰自己居住的园林处所；"白贲，无咎"，一切的文饰不是为了炫耀，纯粹是一种美的追求，文饰的结果是使人感到没有人工文饰之迹，不是"雕刻伤气，敷演露骨"的矫饰。[①]

作为思想的直接现实、思维的物化形式，语言需要文饰并且可以文饰。相较于实话实说，有前提、有限度文饰的语言更富有艺术表现力，更容易感染人、打动人，有助于事业的成功。据史料记载，春秋时郑国大夫子产就是这方面的高手。子产（？～前522年），春秋末期郑国的政治家、思想家。姬姓，国氏，名侨，字子产，又字子美，被称为"公孙侨"、"公孙成子"、"东里子产"、"国子"、"国侨"、"郑乔"等。子产饱读诗书，聪明智慧，所以在执政期间，改革内政，慎修外交，兴利除弊，励精图治，在内政外交方面颇有建树。尤其是在外交方面，他既十分熟悉、了解各诸侯国的形势和实力，又能准确分析、把握事物的发展变化，而且巧于表达，善于辞令，屡屡取得外交的胜利。《左传·襄公三十一年》详细记载了子产制作辞令的过程：

> 子产之从政也，择能而使之。冯简子能断大事。子太叔美秀而文。公孙挥能知四国之为，而辨于其大夫之族姓、班位、贵贱、能否，而又善为辞令。裨谌能谋，谋于野则获，谋于邑则否。郑国将有诸侯之事，子产乃问四国之为于子羽，且使多为辞令。与裨谌乘以适野，使谋可否。而告冯简子，使断之。事成，乃授子大叔使行之，以应对宾客。是以鲜有败事。

子产制作辞令，经过了以下几个步骤：首先根据辞令的内容找公孙挥（子羽）讨论起草，因为他熟悉四国情况；第二步找裨谌作初步审查，因为他善于谋划；第三步找冯简子作决定，因为他能断大事；最后找子太叔，因为他"美秀而文"，善于对辞令作文辞形式上的修饰加工，以求得"动作有文，言语有章"[②]。这一方面说明子产知人善任、择能而使，一方面说明他对辞令高度重视。在他看来，制作辞令的每一个环节，都要精益求精，力争尽善尽美，这样才能够充分发其辞令的

---

① 参见陈良运：《周易与中国文学》，百花洲文艺出版社1999年版，第84页。

② 《左传·襄公三十年》。

作用，取得外交的胜利。事实也正是如此，“子产争承”、“子产朝晋”、“子产坏晋馆垣”、“子产弗予玉环”、“子产献捷于晋”等一系列佳话，都与子产善于辞令密不可分。孔子十分赞赏子产的智慧和文辞，曰：“《志》有之：‘言以足志，文以足言。’不言，谁知其志？言之无文，行而不远。晋为伯，郑入陈，非文辞不为功。慎辞哉！”刘勰赞曰：“国侨以修辞捍郑。”①徐彦伯赞曰：“存其家邦，国侨之言也。”②他们都充分肯定并高度评价了子产文辞的重要作用。

儒家学派创始人孔子对事物的外在形式更为重视和讲究。孔子大力提倡仁义道德，要求人们严格遵循“君君，臣臣，父父，子子”的上下尊卑封建等级秩序，言行举止要严格恪守“礼”的有关规定、遵照“礼”的要求，凡是不符合礼制、礼仪的言行都被认为是不仁义、不道德的，都被贬斥和否定。《论语》曾多次记载了孔子在这方面的言论。如《论语·八佾》：“八佾舞于庭，是可忍也，孰不可忍也？”佾舞是宗庙祭礼时跳的舞蹈，按照前后左右顺序排列。一佾是一列八人，八佾八列六十四人。按周礼规定，天子用八佾，诸侯用六佾，卿大夫用四佾，士用二佾。而季氏（季平子）是正卿，本该用四佾，却用了八佾，严重违反了礼的规定。孔子对季氏这种破坏周礼等级的僭越行为极为不满，所以说了这句话。《论语·公冶长》：“臧文仲居蔡，山节藻棁。何如其知也？”臧文仲是春秋时期鲁国大夫，具有优秀的政治才能和卓越的军事外交才能，是当时名扬天下的人物。他在家里饲养了一只乌龟，并为乌龟单独修建了一栋房子。这栋房子的斗拱被雕成山形，短柱被绘以水草，奢华气派。而“山节藻棁”原本是天子宗庙的装饰，臧文仲这么做显然不合适。孔子批评他越礼，认为他有野心。换句话说，孔子质疑的并不是“山节藻棁”本身，而是臧文仲的越礼行为。另外，从孔子的言行举止等一系列表现来看，他是相当重视甚至追求细节的完善、形式的整齐和外表的华美的。据《论语·乡党》记载，君主召孔子接待外宾时，孔子的表现非常出色：“君召使摈，色勃如也，足躩如也。揖所与立，左右手，衣前后，襜如也。趋进，翼如也。宾退，必复命曰：‘宾不顾矣。’”热情庄重，彬彬有礼，善始善终。孔子上朝、出使时也都十分注重细节，举止合礼，言行有度：“入公门，鞠躬如也，如不容。立不中门，行不履阈。过位，色勃如也，足躩如也，其言似不足者。摄齐升堂，鞠躬如也，屏气似不息者。出，降一等，逞颜色，怡怡如也。没阶，趋进，翼

① 刘勰：《文心雕龙·才略》。

② 刘昫等撰，廉湘民等标点：《旧唐书·徐彦伯传》，吉林人民出版社1995年版，第1907页。

如也。复其位，踧踖如也。执圭，鞠躬如也，如不胜。上如揖，下如授。勃如战色，足蹜蹜如有循。享礼，有容色。私觌，愉愉如也。”即便吃饭、穿衣、睡眠等生活琐事，孔子也非常讲究。孔子认为，“君子”不应用天青色和铁灰色镶边，不应用浅红色和紫色礼服作为平常家居服。暑天，要穿粗或细的葛布单衣，但一定要裹着衬衫，使它露在外面。黑衣配紫羔，白衣配麑裘，黄衣配狐裘。……粮食不嫌舂得精，鱼肉不嫌切得细。食物颜色难看不吃，气味难闻不吃，烹调不当不吃。“割不正，不食。”“席不正，不坐。”等等。孔子注重修饰，曾明确地说：“人不可以不学，容不可以不饬。”有鉴于此，孔子即因子桑伯子“质美而无文”而对其进行专门劝说。《说苑·修文》：

> 孔子见子桑伯子，子桑伯子不衣冠而处。弟子曰：“夫子何为见此人乎？”曰：“其质美而无文，吾欲说而文之。”孔子去。子桑伯子门人不说，曰：“何为见孔子乎？”曰：“其质美而文繁，吾欲说而去其文。”故曰：文质修者谓之君子，有质而无文谓之易野。

孔子认为，子桑伯子太过简单，缺乏必要的文饰；子桑伯子则认为，孔子过于注重文饰，以致繁琐不堪。他们各持己见、互不相让，最后不欢而散。后来，当仲弓问起子桑伯子这个人时，孔子评价说：“可也，简。”[①]意思是这个人不错，就是过于简，不重视外表的修饰。在孔子看来，一个人如果平时就不修边幅，不注重仪表，赤膊免冠，到祭祀天地等重要时刻也不会注意礼节。一味的简，就容易失礼。曾子曰：“巧甲甚则相简也，庄甚则不亲。是故君子之狎足以交欢，庄足以成礼而已。”[②]《说苑·修文》：“简者，易野也，易野者，无礼文也。”即是说，过简容易流于粗野，过简是不能“成礼”的。所以个人修身应当做到文质兼美，内外兼修，即《礼记·中庸》所说的“君子之道，淡而不厌，简而文，温而理”；齐家治国也应当文之以礼，做到适宜得当，如韩婴所说的“圣王之教其民也，必因其情而节之以礼，必从其欲而制之以义，义简而备，礼易而法，去情不远，故民之从命也速”[③]。

孔子不仅重视仪容仪表、礼制规定和生活细节，对语言表达、立言修辞的形式也相当重视。所谓修辞的形式就是说话或写作的形式。不同的内容固然可以选用不同的表达方式，同样的内容也可以选用不同的表达方式，是选择应用

---

① 《论语·雍也》。

② 刘向：《说苑·谈丛》。

③ 韩婴撰，曹大中译注：《白话韩诗外传》，岳麓书社 1994 年版，第 290～291 页。

语体还是艺术语体，是选用诗歌、散文还是小说、报告文学的写作方式，是选用平铺直叙、委婉含蓄还是优美华丽的表达风格，都因人而异。陈望道先生把表达的法式分为记述的法式和表现的法式两种，把修辞分为消极修辞和积极修辞两大分野，就是这个道理。考察儒家的言语观、修辞观和美学观，我们发现，儒家主张在不妨碍内容表达的前提下倾向于形式的美化，甚至认为言辞的修饰更有利于表情达意。

关于语言表达，孔子有两个著名论断，一是“情欲信，辞欲巧”，二是“辞达而已矣”。对这两个论断，很多学者把它们当作孔子既重文饰又重质朴的明证，并分别谓之“辞巧”说和“辞达”说。全面考察《论语》、《孟子》、《荀子》及其他儒家经典可以发现，“辞巧”固然是文饰的结果，“辞达”同样也离不开修饰。

（一）孔子“辞巧”说

孔子曰：“《志》有之：‘言以足志，文以足言。’不言，谁知其志？言之无文，行而不远。晋为伯，郑入陈，非文辞不为功。慎辞哉！”表情言志只是语言最基本的功能，关键在于“文以足言”，文饰的言辞可以提高语言的表达效果，更加充分地发挥语言的表达作用，并使之传播得更久远。孔子从传播角度论述语言表达，源于晋文公称霸和郑国攻打陈国这两大历史事件的成功。春秋时期，战争频仍，各国都企图在争霸中立于不败之地，晋国也不例外。晋献公通过集权兼并，使晋国成为当时的一级大国，但未能称霸。公元前636年，晋文公重耳回国即位后，积极整顿吏治、发展生产、加强军事，使得晋国政局稳定、经济发展、国富兵强，为晋国争霸诸侯奠定了坚实基础。公元前633年，晋楚交战，晋文公遵守诺言，主动“退避三舍”，楚国则骄傲轻敌而失利，晋国最后取得了胜利，赢得了霸主地位。一般认为晋国称霸得益于晋文公的战略战术，孔子则认为是文辞之功，原因有三：一是晋文公流亡期间，曾与秦、楚交好修睦，对楚王有“退避三舍”之约；二是在楚宣战之时，晋国大臣的巧言善辩打消了晋文公的顾虑、增强了其斗志；三是晋文公纵横联合，先在外交上争取了秦、齐两国参战，又对敌国重诺守信、先礼后兵，做到了以德服人、后发制人，从而取得了城濮之战的决定性胜利，奠定了称霸中原的基础。“郑入陈”一事发生于公元前548年，郑国不宣而战，突袭陈国并大获成功。郑国入侵陈国，本是以强凌弱、以大欺小之举，子产却援古证今，强解辩说，不卑不亢，侃侃而谈，三问三答，进退自如，使事情变得合情合理，使晋国无言以对，从而很好地维护了郑国的尊严和地位。从这两件事中，孔子一方面看到了语言表情言志的基本功能，另一方面也充分认识到了文饰言辞、巧妙言说的重要作用。鉴于此,他在肯定文辞之功时发出了"慎言"的慨叹。孔子的这声慨叹,既包含其实事求是的态度,也表明了其言语价值取向。对此,《孔子家语·屈节解》也有记载。齐国要攻打鲁国,孔子的学生子路、子张均跃跃欲试,希望能帮助国家渡过难关,最后孔子答应了子贡的恳请。子贡利口巧辞,因此前往齐、吴、越、晋国进行游说劝说。他先劝田常说:国家乱,权臣才有机会。现在你们攻打鲁国容易胜利,国君威望升高,权臣就没有机会篡权了,所以你们应该转攻吴国。吴国是当时的霸主,听从子贡的劝谏借口救鲁而打败了齐国,之后又想消灭晋国。晋国听信子贡的谏言,知道吴军必定来袭,因此早有准备,大败吴军于黄池之上。越王也听取了子贡的意见,趁机涉江攻打吴国。于是,吴国舍晋攻越而大败,越东向而霸。子贡的这趟出使,"存鲁,乱齐,破吴,强晋而霸越。子贡一使,使势相破,十年之中,五国各有变"[①],相当精彩。孔子评价子贡的出使说:"夫其乱齐存鲁,吾之始愿。若能强晋以弊吴,使吴亡而越霸者,赐之说之也。美言伤信,慎言哉!"[②]从子贡的成功游说中,孔子看到了语言的重要作用,看到了美言巧辩的强大功用,同时也看到了其弊端,告诫人们"美言伤信,慎言"。这与他"修辞立其诚"的观点是一致的。

"言之无文,行而不远。"修辞可以增加语言表达的文采,使话语蕴含丰富、耐人寻味、富有感染力和说服力,而且可以提高话语的影响力,使之流传更加广泛、久远。因此孔子主张"巧辞"、"美辞",称赏口才佳者:"不有祝鮀之佞,而有宋朝之美,难乎免于今之世矣。"[③]在孔子看来,没有好的口才很难在社会上立足,而建立在诚信基础上的修辞,则有助于成功地居业、守业:"修辞立其诚,所以居业也。"[④]

但是,孔子提倡的"辞巧",不是"巧言令色"之"巧",而是"情欲信,辞欲巧"之"巧"。关于"巧言令色",朱熹曰:"巧,好。令,善也。好其言,善其色,致饰于外,务以悦人,则人欲肆而本心之德亡矣。"[⑤]吕祖谦《易说》曰:"辞之所发,贵乎诚敬,修于外而不诚于内,此乃巧言令色。"关于"情欲信,辞欲巧",孔颖达疏曰:"言君子情貌欲得信实,言辞欲得和顺美巧。不违逆于礼,与巧言令色者异也。"

① 《史记·仲尼弟子列传》。
② 《孔子家语·屈节解》。
③ 《论语·雍也》。
④ 《周易·乾·文言》。
⑤ 朱熹:《论语集注》,齐鲁书社 1992 年版,第 2 页。

可见,“巧言令色”的“巧”缺乏道德,“情欲信,辞欲巧”的“巧”是以情真意切为基础的。“情”与“辞”分别指言语作品的思想内容与表达形式,“情”对“辞”起着主导和制约作用,“辞”不能离开“情”单独存在,二者相辅相成,有机统一。孔子主张“情欲信,辞欲巧”,就是因为他看到了“情”与“辞”、思想内容与表达形式的高度统一性。我们不能撇除“情欲信”这个前提孤立地、片面地理解“辞欲巧”,更不能把“辞巧”与缺乏道德的“巧言”相提并论。总之,孔子的“辞巧”不是为巧而巧,而是建立在感情真挚、内容可信基础上的美巧。

荀子也很注重外在形式的雕琢、加工,欣赏文采斐然的表达。《荀子·大略》云:

> 人之于文学也,犹玉之于琢磨也。《诗》曰:“如切如磋,如琢如磨。”谓学问也。和之璧,井里之厥也,玉人琢之,为天下宝。子赣、季路,故鄙人也,被文学,服礼义,为天下列士。

这里的“琢磨”即指形式上的加工、修饰。荀子在《非相》篇中说:

> 君子必辩。凡人莫不好言其所善,而君子为甚。故赠人以言,重于金石珠玉;观人以言,美于黼黻、文章;听人以言,乐于钟鼓琴瑟。故君子之于言无厌。鄙夫反是,好其实,不恤其文,是以终身不免埤汙傭俗。

荀子认为,“君子”与“小人”的重要区别之一,就是“君子”喜欢谈论美好的事物,讲究文采;“小人”只注重实惠,不顾及文采。所以,荀子批评墨子“蔽于用而不知文”①,认为只讲究功利实用而不顾及文采的做法是不可取的。

荀子还从正面提出了“言语之美”主张。他在《荀子·大略》中曰:“言语之美,穆穆皇皇。朝廷之美,济济锵锵。”什么是“言语之美”?荀子曰“穆穆皇皇”。“穆穆”指恭谨温和,“皇皇”指堂堂正正、光明正大。在荀子看来,恭谨温和、光明正大的言语才是美的,美的言语才会光芒四射、深远博大。荀子把“言语之美”和“朝廷之美”并置,足见他对“言语之美”的重视。他主张“言语之美”,就是提倡要重视言语的形式美。

一般而言,在内容充实的前提下精心修饰其表达形式,将会内外兼美,从而达到温和柔顺、文采斐然的境界。荀子十分推崇“圣人”与“士君子”,因为他们说话都很有文采。《荀子·非相》:“不先虑,不早谋,发之而当,成文而类,居错迁徙,应变不穷,是圣人之辩者也。先虑之,早谋之,斯须之言而足听,文而致

① 《荀子·解蔽》。

实，博而党正，是士君子之辩者也。”“成文”即富有文采。荀子对“圣人”与“士君子”话语的欣赏，从侧面说明了他对语言表达形式的重视。

《礼记》也有同样的记述。《少仪》篇云：“言语之美，穆穆皇皇；朝廷之美，济济翔翔；祭祀之美，齐齐皇皇；车马之美，匪匪翼翼；鸾和之美，肃肃雍雍。”郑注：“‘美’皆当为‘仪’，字之误也。”孔疏据《少仪》注与《周官·保氏》注，断言“言语之美”应连累而及《周官》“宾客之容”，“朝廷之美”正是《周官》“朝廷之容”，“祭祀之美”正是《周官》所谓“祭祀之容”，而“车马之美”、“鸾和之美”正是《周官·保氏》所谓“车马之容”。事实表明，无论是朝廷还是祭祀，古代社会对任何场合的仪容都有严格要求：仪式讲究严整、精美，气氛要求庄严、肃穆，仪表需要端庄、华美，等等。《玉藻》篇在这方面也有类似记载，曰：“凡行容惕惕，庙中齐齐，朝廷济济翔翔。君子之容舒迟，见所尊者齐遬。足容重，手容恭，目容端，口容止，声容静，头容直，气容肃，立容德，色容庄。坐如尸。燕居告温温。凡祭，容貌颜色，如见所祭者。丧容累累，色容颠颠，视容瞿瞿梅梅，言容茧茧。戎容暨暨，言容谘谘，色容厉肃，视容清明。”可见，讲究仪容的美观是礼制的要求，儒家对特定场合的仪容、言语以及其他的外在表现形式都是非常重视的。

儒家对“文”的推崇，最终落实在言说著述中。先秦儒家著述在中国代代相传，历久弥新，成为几千年来人们争相诵读的经典佳作。之所以如此，一方面是因为儒家思想契合了当时乃至现在社会稳定与社会发展的需要，另一方面则是因为儒家著述简洁流畅、意蕴丰富的语言表达，带给人们一种美的享受。思想内容与言语形式的有机融合、高度统一，成就了儒家，成就了经典。欧阳修非常赞同儒家的文饰主张，认为“事信言文”是传之后世的必备条件。曰：“某闻《传》曰：‘言之无文，行而不远。’君子之所学也，言以载事，而文以饰言，事信言文，乃能表见于后世。《诗》、《书》、《易》、《春秋》，皆善载事而尤文者，故其传尤远。荀卿、孟轲之徒亦善为言，然其道有至有不至，故其书或传或不传，犹系于时之好恶而兴废之。”①

（二）“辞达”说

关于语言的具体运用，孔子有一句流传极广、影响至深的话，即“辞达而已矣”。对这句话，后世学者极为关注，汉代孔安国，宋代司马光、朱熹、苏轼，明代

---

① 欧阳修：《代人上王枢密求先集序书》，《唐宋八大家散文全集·欧阳修散文全集》上册，今日中国出版社1996年版，第153～154页。

宋濂、方以智、王世贞、焦竑、杨慎、袁宗道，清代刘宝楠、魏禧、章学诚、洪亮吉，现代学者郑子瑜、袁晖、宗廷虎等都从不同角度对“辞达”进行了阐述。隋代王通则在《中说·天地》中尊奉孔子“辞达”观为师，曰：“吾师也，词达而已矣。”

何谓“辞达”？很多人译注为“言辞只要能传情达意就够了”，苏轼则从文学创作角度进行了阐述。苏轼解释“辞达”有前后三次。一次是在绍圣元年（1094年）所作《答虔倅俞括奉议书一首》中说：“孔子曰：‘辞达而已矣。’物固有是理，患不知之，知之患不能达之于口与手。所谓文者，能达是而已。”一次是在绍圣三年（1096年）通过评价王庠的文章来说的。他在《与王庠书》中说：“前后所示著述文字，皆有古作者风力，大略能道意所欲言者。孔子曰‘辞达而已矣。’辞至于达，足矣，不可以有加矣。”第三次是在元符三年（1100年），他在《答谢民师书一首》中说：“孔子曰：言之无文，行而不远。又曰：辞达而已矣。夫言止于达意，即疑若不文，是大不然。求物之妙，如系风捕影，能使是物了然于心者，盖千万人而不一遇也；而况能使了然于口与手乎？是之谓辞达。辞至于能达，则文不可胜用矣。”苏轼对“辞达”的三次表述虽有不同，其实认识是一致的，并且一次比一次明确，一次比一次深入。不仅如此，苏轼还以自己的文章为例对“辞达”作了形象化的描述，其《自评文》曰：“吾文如万斛泉源，不择地而出也，在平地汩汩滔滔，虽一日千里无难，及其与山石曲折，随物赋形，而不可知也，所可知者，常行于所当行，常止于不可不止，如是而已。”在苏轼看来，所谓“辞达”就是在对描绘之物深入了解、准确把握的基础上把某种深刻见解和独特感受以恰当的语言形式流畅、自然地表达出来。这一观点得到了明代焦竑的认同。焦竑在《刻苏长公外集序》中说：“孔子曰：词达而已矣。世有心知之而不能传之以言，口言之而不能应之以手；心能知之，口能传之，而手又能应之，夫是之谓词达。”方孝孺认为，“达”就是流畅、自然，其《与舒君书一首》曰：“夫所谓达者，如决江河而注之海，不劳余力，顺流直趋，终焉万里。势之所触，裂山转石，襄陵荡壑，鼓之如雷霆，蒸之如烟云，登之如太空，攒之如绮縠，回旋曲折，抑扬喷伏，而不见艰难辛苦之态，必至于极而后止，此其所以为达也，而岂易哉？”苏轼、焦竑、方孝孺均从文学创作角度对“辞达”作了阐释，认为得心应手、流畅自然地以辞达意就是“辞达”。

袁宗道界定“辞达”则立足于“辞”的功能。他认为，客观事物皆有其发展变化的规律，不同的人对客观事物有不同的感受；所谓“辞达”就是以“辞”表达客观事物发展变化的规律，表达作者对客观事物及其规律的认识。他的这个观点，具体体现在其《论文》篇中。他说："道家则明清净之理，法家则明赏罚之理，阴阳家述鬼神之理，墨家则揭俭慈之理，农家则叙耕桑之理，兵家则列奇正变化之理……夫孔子所云'辞达'者，正达此理耳，无理则所达为何物乎？"

章学诚从"情至"角度阐释"辞达"。他在《文史通义·内篇六·杂说》中指出：

> 文以气行，亦以情至。人之于文，往往理明事白，于为文之初指，亦若可无憾矣；而人见之者，以谓其理其事不过如是，虽不为文可也。此非事理本无可取，亦非作者之文不如其事其理，文之情未至也。今人误解辞达之旨者，以谓文取理明而事白，其他又何求焉！不知文情未至，即其理其事之情亦未至也。……夫文生于情，而文又能生情，以谓文人多事乎？不知使人由情而恍然于其事其理，则辞之于事理，必如是而始可称为达尔。

章学诚认为，谓"达"为"理明而事白"是一种误解，只有"文生于情"才会使"文又能生情"，只有由"情"而明其理，方为真正的"辞达"。章学诚强调了"情"之于"辞达"的重要与不可或缺，这比单论"达理"又深入一层。

方以智、洪亮吉则从文与质、内容与形式统一的角度论"辞达"。方以智《文章薪火》曰："彬彬者，辞达之谓也。""彬彬"，包咸注为"文质相半之貌"，郑玄注为"杂半貌也"，意同。关于"文质"，人们的理解历来不一，有时人们用它来指华丽与质朴两种截然不同的表达风格，也时用以分指言语形式与思想内容两个方面。方以智认为"辞达"即"文质彬彬"，显然是就言说表达的文质统一来说的。洪亮吉则直接指出，"辞达"是思想内容与表达形式的和谐统一。其《晓读书斋初录》云："达即繁简适中，事辞相称，犹所谓'初拓《黄庭》，刚到恰好处'也。""事"是作者所欲表达的思想内容，"辞"是作者所采用的表达形式，二者相谐相和即"事辞相称"，即为"辞达"。

不论是创作过程的得心应手，还是"情至"角度的"辞之于事理"，还是内容与形式统一的"事辞相称"，都基于辞的传情达意功能而又高于此认识层面。因此，一些学者在"达"是否要"文"的问题上就产生了不同认识：一种认为，言辞只要能传情达意即可，不必修饰。孔安国曰："凡事莫过于实，辞达则足矣，不烦文艳之辞。"[①]在孔氏看来，任何事情都有实可察，言辞只要把它如实地传达出来即可，没必要进行文饰。孔安国的这种看法得到了司马光、朱熹、刘宝楠等的认

① 转引自何晏集解，邢昺疏：《论语注疏》，山东画报出版社 2004 年版，第 209 页。

可。司马光在《答孔文仲司户书》中说："今之所谓文者，古之辞也。孔子曰：'辞达而已矣'，明其足以通意，斯止矣，无事于华藻宏辩也。"朱熹曰："辞取达意而止，不以富丽为工。"[①]刘宝楠曰："辞皆言事，而事自有实，不烦文艳以过于实，故但贵辞达则足也。"[②]他们一致认为，孔子的本意是言辞只要传情达意即可，无须华饰文采。

另一种观点认为，言辞必须修饰，富有文采，不修饰、没文采，言辞就不能充分传情达意。魏禧《甘健斋轴园稿序》曰："辞之不文，则不足以达意也。"即是说，"辞"一定要修饰、雕琢，不修饰、不雕琢不足以准确达意。对此，刘向《说苑·善说》云："昔子产修其辞，而赵武致其敬；王孙满明其言，而楚庄以惭；苏秦行其说，而六国以安；蒯通陈其说而身得以全。夫辞者，乃所以尊君重身，安国全性者也。故辞不可不修，说不可不善。"王世贞《艺苑卮言》也说："辞无所不修，而意则主于达。"在他们看来，修辞非常重要而且非常必要。而"修辞"有消极修辞与积极修辞之分，消极修辞以明白、精确为主，积极修辞要求表达形象、生动。修辞的目的在于更好地达意，而不是有文采的"辞"才能达意。孔子曰"言之无文，行而不远"，也只是说语言不优美、没有文采就不会流传久远。显然，魏禧的观点不符合孔子的本意。

第三种看法是既求通达，也兼求"工"。苏轼在《答谢民师书一首》中说："夫言之于达意，即疑若不文；是大不然。"苏轼认为，"达意"与求"工"并不矛盾。杨慎也认为，"辞达"是孔子为反对过分追求词语华丽而提出的要求，并非仅是达意、不求语言之工。他非常明确地说："孔子曰：'辞达而已矣'，恐人之溺于修辞而忘躬行也，故云耳。今世浅陋者往往借此以为说，非也。《易传》、《春秋》，孔子之特笔，其言玩之若近，寻之益远，陈之若肆，研之益深，天下之至文也，岂止达而已矣哉！"[③]孔子说话以"简"著称，但他的简是言近旨远、言简意丰、微言大义之"简"，而不是简单之简，绝不是简单的达意而已。现代修辞学家袁晖、宗廷虎两先生也持此种看法，他们认为，"辞达"是"重在求通达，同时，也兼求恰如其分的藻饰"[④]。

"达"是"達"的或体。《说文》曰："達，行不相遇也。从辵，羍声。""達"字从

---

① 朱熹：《论语集注》，齐鲁书社1992年版，第165页。

② 刘宝楠撰，高流水点校：《论语正义》，中华书局1990年版，第642页。

③ 杨慎：《丹铅续录》，中华书局1985年版，第75页。

④ 袁晖、宗廷虎：《汉语修辞学史》，山西人民出版社1995年版，第13页。

“辵”，意即道路十分宽广，行人不会相触撞，故《玉篇·辵部》释曰：“達，通也。”可见，“達”的本义就是畅通，后来方引申出到达，通晓、明白，周遍、全面，豁达、旷达，显达、显贵，引进，表达、传达，送到、传送，通行、共通等意义。就语言运用来说，着眼于说写者，“达”指表达、传达，还可指通达、畅达；着眼于听读者，“达”则指通晓、明白。“达”作表达、传达讲时主要侧重于“说什么”，作“通达、畅达”讲时则侧重于“怎么说”。如此，“达”就有不同的方法或途径，如直与曲、简与繁、浅与深等；有不同的标准：准确、鲜明是“达”，通顺、流畅是“达”，理解无碍的通晓、明白也是“达”。“达”受思想内容的制约，受语体、语境、表达对象等的制约，还受听读者理解水平的影响，因此，我们必须结合不同语体对“达”的不同要求，结合思想内容和听读者对“达”的影响和制约，结合孔子的言语思想与修辞观，方能对孔子的“辞达而已矣”作出完整、准确的理解。

第一，语体不同，“达”的要求不同。

一切说写都是给别人听、给别人看的，都有一定的主题和内容。这个说写过程即以辞达意的过程，言辞或文辞要如实、准确地表达出说写者所欲表达的思想内容。这是一种最基础的“辞达”，它主要侧重于“说什么”，侧重于说写者的态度，正如孔安国、朱熹、刘宝楠等的疏解一样，只要客观、如实地表达出来即可，无须修饰。古往今来的优秀之作则说明，言辞绝非达意而止，而必须要“修”，但“修”的内涵、程度、结果往往因人而异、因文而异。陈望道先生认为，“修”有广义和狭义两种，广义的“修”指调整或适用，狭义的“修”指修饰，并因此分为消极修辞和积极修辞两种：消极修辞追求用语准确、语法正确，不计华质与巧拙；积极修辞则在准确、正确达意的基础上追求表达的具体、生动、形象化，使语言富有表现力和感染力。求美、求工是一种“修”，调整语词、去除冗余和语病也是一种“修”。“修”的目的在于表意的充分与完整，所以，能流畅自然地把所欲表达之内容毫无阻碍、毫无遗漏地表达出来，是又一种“辞达”，即苏轼、焦竑、方孝孺等所指的“辞达”。章学诚认为以“理白而事明”释“达”是一种误解，杨慎以为这是浅陋者的做法，的确如此。

一个完整的言语交际系统或信息交流系统，兼涉表达和理解两端，所以“达意”仅仅是说写者的动机和愿望，听读者的理解、接受才是说写的最终追求和最大目的。说写者在决定了“说什么”之后，“怎么说”就显得尤为重要：既要考虑到语体对语言选择与运用的制约作用，也要考虑到具体语言环境的具体要求，还要考虑到说写对象的身份年龄、学识能力、兴趣爱好等诸方面的因素。既准确、鲜明地表达了所欲表达的思想内容,又能满足不同语体、语境及说写对象的需要,说写者方完成了表达任务。

语体制约着语言的选择和运用,不同的语体有不同的“辞达”要求。根据表现特征,语体分口头语体和书面语体。口头语体又分为谈话体、演讲体等,书面语体又分政论体、科技体、文艺体和应用体等。任何说写,在明确所欲表达的内容和主题后,都必须根据说写的目的和对象选择一个合适的表现形式,此时约定俗成的“社会习惯的语体便成了我们说写的导向和主宰,语体便会规定我们使用什么语言材料和语言手段”①。语体制约着语言的运用,反过来,语言的不同运用则形成了不同的言语风格,谈话体与演讲体不同,政论体与科技体不同,文艺体与应用体不同。如谈话体自然、活泼,演讲体规范、严谨;政论体明确、庄重,科技体精确、严密;文艺体形象、生动,应用体平实、准确;等等。即使同是文艺体的诗歌、散文、小说、报告文学,它们也各不相同:诗歌重音律,散文重神韵……从内容和主题的表达看,它们都是很好的表现形式,也都能很好地完成表达任务,但它们所表现出来的特色,此“达”与彼“达”,显然十分不同。先秦时期虽没有语体的概念,但几乎所有的著作都体现出了各自不同的语言特色。如《诗经》、《尚书》、《离骚》,它们分属不同的语体,语言风格大不相同,“达”的表现也不同。曹丕在《典论・论文》中曾明确指出奏议、书论、铭诔、诗赋的区别,曰:“夫文本同而末异。盖奏议宜雅,书论宜理,铭诔尚实,诗赋欲丽。”方以智则对先秦时期不同文体与“达”的关系作了详细论述。他在《文章薪火》中说:“夫脱于口谓之言,爻于文谓之辞。《书》曰:‘政贵有恒,辞尚体要。’以言乎政令之辞也。《仪礼・聘记》曰:‘辞多则史,少则不达。辞苟足以达,义之至也。’以言乎礼聘之辞也。《左传》曰:‘辞之不可以已也如是,非文辞不为功,慎辞哉!’以言乎使命之辞也。《记》曰:‘有其容,则文以君子之辞;遂其辞,则实以君子之德。’又曰:‘情欲信,辞欲巧。’以言乎相接相示之文辞也。凡谓之词,未有不贵达者,亦未有达而犹贵枝叶也。”从《尚书》、《仪礼》、《左传》、《礼记》等对政令之辞、礼聘之辞、使命之辞、相接相示之辞的记述中,方以智看到了不同场合、不同时机、不同文体对“辞达”的不同要求,这也是先秦时期的人们有意识地运用语言的结果。

就表达者来说,不仅语体制约着说写者对语言的选择和运用,社会文化心

① 寸镇东:《语境与修辞》,贵州人民出版社 1996 年版,第 291 页。

理、具体语言环境及说写对象的年龄、身份、学识、能力、兴趣、喜好等因素也都起着一定的制约作用。同一事物，在不同的国家或民族，具有不同的文化心理意义；同一句话，在不同的语言环境中，会有不同的语境意义、情感意义或联想意义；同一内容，针对不同的说写对象，则会有不同的表达效果……说写者只有充分注意到了这些细节，然后“投其所好”地选择、组织语言，才会使表达适当、得体，从而收到满意的表达效果。而恰当、得体的表达是为了更好地理解，可以说表达效果的好坏是衡量“辞达”与否的标准之一。

“辞达”，就其达意过程来看，它是意与言、内容与形式的关系。内容对“辞达”具有明显的影响和制约作用，不同的内容不仅使“辞达”具有不同的内涵，所谓“情真则辞达，理明则辞达，气盛则辞达，晓术则辞达，养机则辞达”[①]，而且决定着“辞达”的不同方法，所谓“夫意有深言之而不达，浅言之而乃达者；详言之而不达，略言之而乃达者；正言之而不达，旁言之而乃达者；雅言之而不达，俚言之而乃达者”[②]。也就是说，“意”的表达要因人而宜、因地而宜，是用浅显明白之语还是艰深古奥之语，是正面论述还是旁敲侧击，是用方言俚语还是官方雅言；是详还是略，是质还是华，是直还是曲……一切皆以需要而定。

第二，接受对象不同，对“达”的要求也不同。

一切成功的说写都有一定的主旨或内容，也都有恰当、得体的语言表达形式。从这个角度说，“辞达”是意与言、内容与形式的契合一致。说写的目的在于激起对方的共鸣，得到对方的理解和感受，诚如陈望道先生所说：“写说本是一种社会现象，一种写说者同读听者的社会生活上情意交流的现象。从头就以传达给读听者为目的，也以影响到读听者为任务的。对于读听者的理解，感受，乃至共鸣的可能性，从头就不能不顾到。”[③]听读者准确、完整地理解、接受了说写者所表达的思想内容并及时、有效地作出反馈、回应之时，就是说写者圆满完成他一个话语表达任务的时候，也是交际、交流得以顺利进行的时候。所以，听读者理解上的通晓、明白是衡量“辞达”的又一标准。

作为思想内容的表现形式，言语有辞表意义（即字面意义）和辞里意义（即言语意义），有时还有“言外之意”。辞表与辞里、内容与形式完全契合的话语，对听读者来说，理解相对容易。事实上，很多时候还有辞表与辞里、内容与形式

① 郑奠：《中国修辞学研究法》，中法大学服尔德学院，民国间铅印本。

② 张岱著，朱宏达点校：《四书遇·辞达章》，浙江古籍出版社 1985 年版，第 326 页。

③ 陈望道：《修辞学发凡》，上海教育出版社 1979 年版，第 6 页。

不完全契合的情形，如“意在言外”。这种“意在言外”的话语，听读者除理解辞表意义、辞里意义外，还要洞察整个话语的隐含意义、深层意义，即产生于说写者的动机、态度、情绪、角色、社会政治、心理等因素的话语意义。这些话语意义需通过对说写者背景及其他信息的了解来补足，如我们在研究一个人或一个人的言语作品时，常常要考察其社会历史背景、说写动机、目的、态度、思想倾向等。全面理解了说写的内容和言外之旨后，听读者方能作出及时、有效的回馈，才能保证信息编码、传输、解码、接收的完整性。所以，那些表达虽畅而听读者不明白的作品，我们不能谓之“达”，如曹冕在《修辞学》中所说：“夫不求合乎读者，则文辞虽佳，犹之不达意也。”

有意义、有价值的说写行为都是一个由说写者和听读者构成的信息交流系统，包括了言语表达和言语理解两个双向过程。言语表达和言语理解，互相制约又互相影响，二者统一，缺一不可。“辞达”也就不能仅仅止于表达者一方，仅仅做到通、清，而要顾及听读者一方，使他们通晓、明白。使听读者正确理解和愉快接受是表达之正务。所以，兼顾表达与理解的“达”，方为真正的“达”。

辞以达意为主，看似容易实则难能。朱熹曾说过这样一句话，即“辞达而已矣也是难”[①]。就是说，做到真正的“辞达”是相当不容易的。对此，修辞可助一臂之力，因为修辞的主要任务就是“知其难而求夫达”[②]。修辞关注表达也关注理解，严谨、细致的修辞行为，可帮助说写者有效地提高语言的表达效果，也可帮助听读者准确地感知、理解话语信息，补充言外信息。我们今天研究、阐释“辞达”，不能仅从文学创作的角度，也不能仅从评论欣赏的角度，而必须兼顾说写者和听读者双方，“一则在我为能达者；二则在他为所达者”[③]，不能偏执一方。

第三，孔子的言语理论和言语实践表明，“达”亦求工。

“辞”有言辞、文辞之分，先秦时期的“辞”多指言辞或语辞，汉代以后的“辞”多指“文辞”。《论语》所记孔子言语都是活生生的口头语言，而后人论“辞达”则多从书面表达——作文的角度。口头语言转瞬即逝，书面语言则有更多的修饰余地，即是说，孔子的“辞达”与后世所指“辞达”显然不同，但我们并不能由此推断孔子的“辞达”就没有“文”、不要修饰。

孔子是肯定并提倡修辞的，而辞则包括思想内容和表达形式两个部分，并

① 转引自张文治：《古书修辞例》，中华书局1996年版，第4页。

② 张文治：《古书修辞例》，中华书局1996年版，第4页。

③ 曹冕：《修辞学》，商务印书馆1934年版，第2页。

且二者缺一不可。关于修辞，陈望道先生说："凡是辞，必具有思想和言语这两个要素。""这两个要素据我底研究细分起来，思想有三条件：（一）事理，（二）心理，（三）论理；言语也有三条件：（一）声音，（二）声音的记号——文字，（三）声音和声音连接的关系——文法。……修辞便是在这六条件上下的功夫。消极的说，是要去掉不好；积极的说，是要表现出好来。我们消极地能对于事理、论理、文字、文法四条件上留心，则结果为'通'。再能积极地对于心理、声音两条件上用意，则结果为'工'。"[①]并据此把修辞分为消极修辞与积极修辞两种。也就是说，无论是消极地去掉不好还是积极地表现出好来，其最终目的都是求"达"，一是求文辞通达，二是求达于人心。"文章能够明晰，看的人自然可以懂得，而且可以清清楚楚地懂得，不致发生甚么误解；但只注意这一点，却是难说看的人必定不厌倦，必定不会感动。如果看的人要厌倦，不感动，这便无论说得怎样明晰，也只能把作者底意思传达出来，却不能传达到别人心神底深密处。……所以文章有了明晰的美质，也还应该逼进一步，使彼能够栩栩动人，能够咄咄逼人。要人不能不看，不能不注意地看；看了又不能不信任，不能不感动。"[②]

孔子是深谙修辞之道、修辞之妙的。他生活的时代，正是诸侯割据、战乱迭起、群雄争霸、政治混乱的大变革、大动荡时期，外交活动频繁，思想表述趋于缜密，言语表达的要求很高。那时的王侯将相、纵横学士、诸子百家等也都非常重视言语表达，有的准确犀利，有的委婉含蓄，有的柔中带刚、刚柔兼济，均想通过美巧、得体的语言表达宣传贯彻其思想主张。他们的言语实践令孔子警醒，明白了语言表达在对外交往中所起的至关重要的作用，一言可兴邦，一言也可丧邦。另一方面，作为《周礼》的积极维护者，孔子也不得不注意语言表达，所以在说什么、怎么说、何时说、对何人说等方面他都提出了许多精辟的见解（具体详见本书第二章）。

孔子有丰富的言语理论，还有具体的言语实践。我们今天所见到的孔子言语，简约经济，精警深刻，朗朗上口，平易晓畅。简约中蕴含丰富，平实中暗藏绚丽，孔子真正做到了"辞达而理举，姑无取乎冗长"[③]。在内容的表达方面，孔子

① 陈望道：《修辞学在中国之使命》，复旦大学语言研究室编：《陈望道语文论集》，上海教育出版社 1980 年版，第 153～154 页。

② 陈望道：《作文法讲义》，复旦大学语言研究室编：《陈望道语文论集》，上海教育出版社 1980 年版，第 134 页。

③ 陆机：《陆士衡集附札记》，商务印书馆 1936 年版，第 2 页。

既运用了平易、质朴的消极修辞，也不乏生动、形象的积极修辞方式的运用；既有直截了当的表述，也有委婉含蓄的旁敲侧击。尤其是孔子对比喻、对偶、排比、对比、顶真等富有形式美的表达方法的运用，使听读者过耳不忘、过目成诵，在反复咏诵中体味其中的意蕴和道理。诵读孔子的语言，既觉平易、质朴，又觉深奥、优美，是一种平易后的绚烂。苏轼在《与二郎侄书一首》中曾论及少年与老者文字的不同，说："凡文字，少小时须令气象峥嵘，采色绚烂，渐老渐熟乃造平淡；其实不是平淡，绚烂之极也。"就听读者而言，其年龄、身份、学识修养等尽管有一定差别，但大都能明了、理解孔子所欲表达之意，并能做到不同程度的举一反三。

第四，从《春秋》笔法来看，孔子的"辞达"也不是一般意义上的明白、通达。

从《论语》中的孔子言语来看，孔子的"辞达"是平易自然、具体形象，他没有刻意求工，却也不排斥文采，相反，还运用了大量形象化、艺术化的修辞手法。从《春秋》笔法来看，孔子的"辞达"也不是一般意义上的明白、通达。

孔子编撰《春秋》，形成了他独特的《春秋》笔法。对此，司马迁《史记·孔子世家》曰："笔则笔，削则削，子夏之徒不能赞一辞。"刘勰也在《文心雕龙·宗经》中评价说："《春秋》辨理，一字见义。"从《春秋》的编撰风格我们可以看出，孔子崇尚的是简约、简要。简约、简要不是简略，更不是简陋，它是构筑于明白、晓畅基础之上的言约意丰、言简意赅，是明白与简约的结合。这种简约、简要曾得到后世许多学者的大力推崇，如刘知几《史通·叙事》云："夫国史之美者，以叙事为工；而叙事之工者，以简要为主。简之时义大矣哉！……文约而事丰，此述作之尤美者也。"①陈骙《文则》曰："且事以简为上，言以简为当。言以载事，文以著言，则文贵其简也。"刘大櫆《论文偶记》则云："文贵简。凡文笔老则简，意真则简，辞切则简，理当则简，味淡则简，气蕴则简，品贵则简，神远而含藏不尽则简，故简为文章尽境。"事实上，用较少的笔墨叙述较多的事情，并不是一件容易的事情，它需要深厚的文化修养、高超的语言驾驭技巧，需要独特的见解和胆识。由此我们可以看出，孔子的"辞达"绝非一般意义上的通顺、明白，而是蕴涵丰富的简约、简要。

孔子提出"辞达而已矣"，定有其言说动机和具体的言说环境，只是我们现在已无法查考。杨慎曾经指出，孔子说这句话的目的是提醒人们不要只顾修辞

---

① 刘知几撰，黄寿成校点：《史通》，辽宁教育出版社 1997 年版。（以下引文，版本同此）

而忘记修行:“孔子云:‘辞达而已矣。’恐人之溺于修辞而忘躬行也,故云尔。”[①]结合孔子的思想学说,杨慎的这种分析不无道理。孔子重修辞,更重道德品质的培养,德行在孔门四科中高居首位:“仲尼四科,德行为首”,“人之立身,虽百行殊涂,准之四科,要以德行为首”。[②] 只有不断加强道德修养,锤炼自己的道德意志,培养自己的道德品性,说话做事才能合乎礼义,“有德者必有言”,为文时才能“道充于中,事触于外,而形乎言,不能不成文尔”。圣王贤哲做到了这一点,故能说话得体恰当,并有言论传之后世,诚如宋濂《朱葵山文集序》所言:“圣贤之经,其所不言也,益以片辞则多矣;其所言也,删其一言则略矣。”孔子反对少德或无德的花言巧语,认为修辞应建立在忠信的基础上,立言首先立德,那么他的“辞达”应是回应那些“鲜亦德”或“乱德”之“巧言”的,而不是言语只要能够表情达意即可的意思。

综上所论,我们认为,孔子的“辞达”绝非单一的传达、表达或通达、明白之意,是“达其所欲达以期于达”的简略表述,它涵盖了言语动机、方式方法、目的效果等多个层面,蕴含了传情达意、表达流畅、讲求修饰、表意明白、通晓易懂等多个意思。我们要在思想内容的主导下、在具体的语言环境中确定其内涵。“辞达”与“辞巧”不仅不矛盾,而且还有着相通之处,它们都是内容主宰下的语言表现形式,始终都要为表达思想内容服务。

三、“情信辞巧”——儒家论言说内容与形式的谐和统一

在语言表达中,思想内容占主导地位,表达形式也不可或缺,二者相辅相成,不可偏废。如果只重思想内容,语言表达就会滞于实证,了无趣味;如果只重言说形式,语言表达就会流于空谈,难以令人信服。思想内容只有与言说形式相互契合、有机统一,才能取得理想的、令人满意的效果。儒家充分认识到了这一点,认为思想内容与表达形式兼备,才能达到和谐一致、尽善尽美的境界。《尚书·舜典》:“诗言志,歌永言,声依永,律和声。八音克谐,无相夺伦,神人以和。”诗歌是用以表现人们的思想感情、抱负志向的,在吟咏时要注意“歌”、“声”、“律”的配合协调,不得扰乱次序。只有配合和谐、人神合一、浑然天成,听者才会感到无比的快乐和愉悦。孔子曾以此为标准评价《韶》乐与《武》乐,认为

---

① 杨慎:《丹铅续录》,中华书局1985年版,第75页。

② 转引自吴林伯:《论语发微》,文化艺术出版社1989年版,第136～137页。

《韶》"尽美矣,又尽善也",《武》"尽美矣,未尽善也"。"美"指形式优美,"善"指内容充实、完美,二者指称不同的层面。《韶》是虞舜登上帝位的音乐,唐尧礼让天下,开启了礼乐治国的第一声;《武》则是歌颂周武王打败商纣王取得胜利的乐曲。同是古代帝王,虞舜与武王并不相同:舜因品德高尚而由尧禅让登位,武王则以武力伐纣得到天下。儒家以仁爱为本,主张仁政礼让,反对武力征伐,所以孔子认为《韶》乐在内容和形式上都很完美,而《武》乐只具形式美,内容上则有所欠缺。孔子对《韶》的欣赏,说明他是主张内容与形式兼备的。

《国语・晋语五》记载了宁嬴氏的一段话。在谈及阳处父时,他说:

> 吾见其貌而欲之,闻其言而恶之。夫貌,情之华也;言,貌之机也。身为情,成于中。言,身之文也。言文而发之,合而后行,离则有衅。今阳子之貌济,其言匮,非其实也。若中不济,而外疆之,其卒将复。中内外易矣,若内外类,而言反之,渎其信也。夫言以昭信,奉之如机,历时而发之,胡可渎也!

阳处父(? ～前 621 年),春秋时晋国大夫,曾主导震惊当时的人事异动,即所谓"易中军",并卷入"三易中军帅"权力斗争的旋涡,最后身死名裂。在嬴氏看来,阳处父这个人虽然相貌堂堂、举止不凡,但其智慧、言语却十分不堪,徒有其表。成语"华而不实"就来源于此。人之情、貌、言三位一体,应该和谐一致;若只有华丽的外表而没有美好的情操、良善的言辞,只能是"金玉其外,败絮其中"而已。阳处父"貌济"、"言匮","非其实",导致其悲惨的结局。这充分说明,睿智者的言说,其神态一定要严肃、端正,情感一定要真挚、纯粹,言辞要很好地表现情感,只有情感、容貌、言辞三方面和谐统一,其言说才会打动人、感染人。现代著名作家老舍先生曾对情与辞、内容与形式的关系作了精辟论述,他在《我怎样学习语言》中说:

> 一篇作品须有个情调。情调是悲哀的,或是激壮的,我们的语言就须恰好足以配备这悲哀或激壮。比如说,我们若要传达悲情,我们就须选择些色彩不太强烈的字,声音不太响亮的字,造成稍长的句子,使大家读了,因语调的缓慢、文字的暗淡而感到悲哀。反之,我们若要传达慷慨激昂的情感,我们就须用明快强烈的语言。语言像一大堆砖瓦,必须由我们把它们细心地排列组织起来,才能成为一堵墙,或一间屋子。语言不可随便抓来就用上,而是经过我们的组织,使它能与思想感情发生骨肉相连的关系。

老舍先生的论述十分到位,具体形象,通俗易懂,有助于人们更准确地理解情与辞、内容与形式的密切关系。

(一)"文质彬彬,然后君子"

孔子对内容与形式关系的认识,后世很多文论家都喜欢用"文质彬彬,然后君子"一语来概括,修辞学界的部分学者也把"文质"论看作孔子乃至儒家的修辞学思想或修辞标准。如易蒲、李金苓先生认为,儒家的修辞观是"文质兼备";袁晖、宗廷虎先生谓之"文质并重"①;陈光磊、王俊衡先生也把"文质"说作为儒家修辞思想的内容之一进行了论述②。也有研究者持反对意见,如池昌海先生认为,将孔子的修辞观概括为"文质并重"不够全面,孔子对言语表达形式的态度并不是简单的,而是以"文"所表达的"质"的内容是否有利于他的儒学价值观为条件的。"文"、"质"相符是首要的,但当"文"可能害"质"时,他宁取"质"而弃"文"。③

事实上,"文"、"质"是多义词,它最初指人的外在修养与内在道德,后被人用于文学创作与文学评论,分别指称表达形式与思想内容,有时则指文采、质朴两种表达风格,所以用"文质"来概括儒家的修辞思想只是一种援引借用,并不十分准确。

"文"与"质"本是两个独立的概念。如《周易·系辞下》:"《易》之为书也,原始要终以为质也。""道有变动,故曰爻;爻有等,故曰物;物相杂,故曰文;文不当,故吉凶生焉。"二者并无对应关系,对它们最早进行对举使用的是孔子。《论语·雍也》:"子曰:'质胜文则野,文胜质则史。文质彬彬,然后君子。'"自此,产生了"文质"命题,但后世对"文"、"质"的理解并不相同。经学家有经学家的解释,如马融释曰:"文者,古之遗文也。"认为"文"指的是《诗》、《书》、《礼》、《乐》、《易》、《春秋》六经。郑玄注曰:"义以为质谓操行。"皇侃疏云:"义,宜也。质,本也。"清刘宝楠《论语正义》:"礼,有质有文。质者,本也。礼无本不立,无文不行,能立能行,斯谓之中。"认为"质"指的是道德。语言学家有语言学家的理解,如周振甫先生阐释说:"质胜过文,内容可取,文辞表达不够,显得粗野。文胜质,文辞好,内容不确切,像史的语言,不免讳饰,不符合实际。文质彬彬,文辞

---

① 袁晖、宗廷虎:《汉语修辞学史》,山西人民出版社 1995 年版,第 12 页。

② 参见陈光磊、王俊衡:《中国修辞学通史·先秦两汉魏晋南北朝卷》,吉林教育出版社 1998 年版,第 30 页。

③ 参见池昌海:《孔子的修辞观》,《浙江大学学报(人文社会科学版)》2000 年第 1 期。

和内容都切合实际,然后像成德的"君子"。"[①]易蒲、李金苓先生解释说:"所谓'质',即语言要明白、朴素,要信实而确切地表达思想感情。所谓'文',即语言表达要生动、华美、有文采。所谓'野',即粗俗、鄙野。所谓'史',在古文字中引申为'虚华无实'、'多饰少实'之意。只有既有'文',又有'质',做到'文质彬彬',在言辞、文辞上达到文质兼美的境界,才能成为'君子'。"[②]陈光磊、王俊衡先生则从"儒家把礼乐看作文,仁义看作质,要求两者配合适当"层面作了解释:"质实多于文采,就不免粗野;文采多于质实,又不免虚浮。文采和质实配合恰当,才能成为一个君子。"[③]并认为这就指明了一条修辞的基本原则,即文质兼美。

考察中国古代思想文化发展史我们发现,"文质"命题的产生、发展、演变经历了一个漫长的发展过程,表现为以"文质"论史、以"文质"论人与以"文质"论文三种不同的形态。以"文质"论史、以"文质"论人都肇始于孔子。孔子最早把"文质"用于对夏、商、周三代文化历史形态的表述。《礼记·表记》记载,孔子曰:"虞夏之质,殷周之文,至矣。虞夏之文不胜其质,殷周之质不胜其文。"孔颖达疏曰:"此一节总明虞、夏、殷、周四代质文之异。"虞、夏、殷、周的历史文化形态的确是文质相异,对此汉代董仲舒曾有详细论述。他在《三代改制质文》一文中说:"王者以制,一商一夏,一质一文。商质者主天,夏文者主地,《春秋》主人。"[④]刘勰概括曰:"黄唐淳而质,虞夏质而辨,商周丽而雅。"[⑤]朱熹在《论语集注》中曰:"文质,谓夏尚忠,商尚质,周尚文。"他们的说解印证了孔子所言是正确的,同时也可以看出,孔子早在春秋时期就看到了夏、商、周三代历史文化形态的差异及中华民族的文化传统由质而文的渐进过程,这是非常难得的。

孔子在宏观上以"文质"论史,在微观上则以"文质"论人。孔子曰:"质胜文则野,文胜质则史。文质彬彬,然后君子。"孔子之所以以"文质"论人,是因为他生活的春秋时期,正处于礼乐崩坏、天下大乱之际。在这种情况下,孔子倡导儒学,提倡克己复礼,目的在于恢复周时礼乐隆盛的局面,培养"仁"、"义"、"礼"、"知(智)"、"信"兼备的"君子"。古时的天子、诸侯、卿大夫、士等都可称"君子",指在位者,也指有德者,他们名实不符的情形非常严重。针对这种情况,孔子从

---

① 周振甫:《中国修辞学史》,商务印书馆2004年版,第11页。
② 易蒲、李金苓:《汉语修辞学史纲》,吉林教育出版社1989年版,第41页。
③ 陈光磊、王俊衡:《中国修辞学通史·先秦两汉魏晋南北朝卷》,吉林教育出版社1998年版,第30页。
④ 苏舆撰,钟哲点校:《春秋繁露义证》,中华书局1992年版,第204页。
⑤ 刘勰:《文心雕龙·通变》。

正名出发,以培养仁人君子为终极目标提出了“文质”命题。正如刘宝楠所说:“当时君子非质胜文,即文胜质,其名虽称君子,其实则曰野、曰史而已。夫子为之正其名,究其义,曰‘文质彬彬,然后君子’,言非文质备,无以为君子矣。”①可见,孔子话语中的“文”、“质”是有特定内涵的。

在儒家看来,“礼”是约束一个人言行举止的伦理道德规范,也是体现一个人礼仪修养的细节、关键所在。所以就“礼”而言,它自有“文”与“质”:“礼有质有文。质者,本也。礼无本不立,无文不行。”②“礼”的“质”是忠信,“礼”的“文”是礼仪、制度、细节等。《礼记·礼器》云:“先王之立礼也,有本有文。忠信,礼之本也;义理,礼之文也。无本不立,无文不行。”朱熹也认为忠信是“礼”之“质”:“礼以忠信为质。”具体到人而言,他的“质”就是自然本性、道德品质,“文”是诗、书、礼、乐等知识修养。康有为在《论语注》中说:“盖学者,或近于质,或近于文,性各有偏,皆当损有余,补不足,令文质各半,以忠信之资,文以礼乐,斯为中和,则成德矣。”康有为认为,孔子所说的“质”就是忠信,“文”就是礼乐。司马光也曾对“文”予以界定,他在《答孔文仲司户书》中说:“古之所谓文者,乃诗书礼乐之文,升降进退之荣,弦歌雅颂之声。”这些解释都基本符合孔子的本意。孔子曰:“君子义以为质,礼以行之,孙以出之,信以成之。君子哉!”③“义”是道德,作为根本的“质”,指内在仁德。孔子在回答子路“成人”问题时说:“若臧武仲之知,公绰之不欲,卞庄子之勇,冉求之艺,文之以礼乐,亦可以为成人矣。”④孔子认为,“文”的内容就是礼乐。对此,朱熹曰:“成人,犹言全人。……言兼此四子之长,则知足以穷理,廉足以养心,勇足以力行,艺足以泛应。而又节之以礼,和之以乐,使德成于内,而文见于外,则材全德备,浑然不见一善成名之迹;中正和乐,粹然无复偏倚驳杂之蔽,而其为人也亦成矣。”⑤就是说,“成人”必须具备两个要素:内质与外文。内质指包含“义”与“忠信”在内的德,外文指礼乐。孔子“成人”的标准就是内外兼备、质文兼具,“文质彬彬,然后君子”,这与孔子所言“兴于诗,立于礼,成于乐”的人生修养三部曲高度契合一致,都强调了自然天性与外在修养的相得益彰,“质”是首要的,“文”也不可或缺。诚然,一个人的

① 刘宝楠撰,高流水点校:《论语正义》,中华书局1998年版,第233页。

② 刘宝楠撰,高流水点校:《论语正义》,中华书局1998年版,第233页。

③ 《论语·卫灵公》。

④ 《论语·宪问》。

⑤ 朱熹:《论语集注》,齐鲁书社1992年版,第142页。

成长必须经过由懵懂无知到知书达理这样一个阶段，经过一个由内蕴而外露、由朴质到文明的变化过程。内外兼具、文质兼备者就是孔子所欲求的仁人君子。朱熹《论语集注》引杨时语："甘受和，白受采。忠信之人，可以学礼。苟无其质，礼不虚行，此'绘事后素'之说也。""文质不可以相胜。然质之胜文，犹言甘可以受和，白可以受采也。文胜而至于灭质，则其本亡矣。虽有文，将安适乎？然则与其史也，宁野。"①

由此可知，孔子论人的"质"、"文"是指人的内在本性与外在修养而言的。《礼记·仲尼燕居》："敬而不中礼谓之野。""礼是文，野人有质无文，故言'鄙格'。"一个人只"质"不"文"，就会粗野、鄙略。相反，一个人如果只注重外在仪表而缺乏仁德，就会徒有其表、华而不实。

孔子以"文质"品人论世有着特定的社会历史背景，后世也沿此路向进行了论说，如董仲舒《春秋繁露·玉杯》曰："质文两备，然后其礼成。"刘向《说苑·修文》曰："文质修者谓之君子，有质而无文谓之易野。"刘勰《文心雕龙·才略》曰："文质相称，固巨儒之情也。"等等。不可忽视的是，从汉代扬雄开始，把孔子的"文质"观念引入了文章写作领域。《太玄·玄莹》："文以见乎质，辞以睹乎情。"《法言·吾子》："君子事之为尚。事胜辞则伉，辞胜事则赋，事辞称则经。足言足容，德之藻矣。""事"即事理，"辞"即文辞，扬雄以"文质"论文从而赋予"文质"以新的含义。王充也把"文质"观念运用于文章写作，他在《论衡·书解篇》中说："夫人有文，质乃成。物有华而不实，有实而不华者。……故曰：德弥盛者文弥缛，德弥彰者人弥明。"汉以后各代都有不同的"文质"统一论，如刘勰的"文质相称"、"文质辨洽"，萧绎的"文而有质，约而有润"②，姚鼐的"文与质备，道与艺合"③，刘熙载的"质而文，直而婉，《雅》之善也"④，王夫之的"文以质立，质资文宣"⑤等。他们的"文质"论，既是对孔子"文质彬彬"说的继承，又有自己的创造性发挥。

必须注意的是，汉代以降的文质论背离了孔子文质的原意而被赋予了新的含义。或指称言语表达作品的内容与形式，如刘勰的文质论；或形容威仪言辞的华丽与质朴，如李恭注《论语·雍也》章云："质，质朴；文，文采；皆指行礼之威

① 转引自朱熹：《论语集注》，齐鲁书社 1992 年版，第 22、56 页。

② 萧绎：《内典碑铭集林序》，《全梁文》卷一七，中华书局影印本。

③ 姚鼐撰，周义祥整理：《荷塘诗集序》，《惜抱轩文集》卷四，山东画报出版社 2004 年版，第 35 页。

④ 刘熙载著，王气中笺注：《艺概笺注》，贵州人民出版社 1986 年版，第 151 页。

⑤ 王夫之评选，张国星点校：《古诗评选》，河北大学出版社 2008 年版，第 268 页。

仪言辞也。”“文质”观念被引用于修辞学领域，则始自现代修辞学奠基人陈望道先生。陈望道先生提出了修辞的两大分野理论，把修辞分为消极修辞与积极修辞，认为消极修辞以明白通顺为主，“这是古话所谓‘质’的部分”；积极修辞则力求形象、生动、感人，这是“古话所谓‘文’的部分”。[①] 自此以后，尤其是现代部分修辞学史著作，在论述先秦时期的修辞思想时常用文质命题概括儒、墨、道、法家的修辞思想，如易蒲与李金苓的《汉语修辞学史纲》、袁晖与宗廷虎的《汉语修辞学史》、陈光磊与王俊衡的《中国修辞学通史·先秦两汉魏晋南北朝卷》等。事实上，“文质彬彬”并不能看作孔子或儒家的修辞观。修辞学者愿以“文”“质”关系概述孔子及儒家的修辞思想，主要原因大概可以归纳为如下四种：第一，孔子的“质”与“文”指称人的内在品性与外在修养，可对应于文章的思想内容与表现形式；另外，“文”的内容诗书礼乐，也包括言语修养，正如孔子所谓“不学诗，无以言”。后世研究者把“文质”演化为文采与质朴，大概是因为孔子“言之无文，行而不远”中的“文”作文采讲的缘故。如此，现代修辞学史著作中的“文”“质”关系表现为说话或写文章中的内容与形式、表达风格的文采与质朴了。第二，孔子“文质彬彬”和谐统一的思想体现了孔子及儒家的美学观和修辞观。儒家一贯重视中和，认为“礼之用，和为贵”，“过犹不及”，所以相得益彰的“文质”论非常符合儒家的中和观念。第三，孔子对“文质”关系的看法同修辞学关于思想内容与表达形式关系的认识高度一致。古今都认为，“质”处于首要地位，“文”是“质”的负载，不可无“质”，也不可无“文”，所谓“文犹质也，质犹文也”，缺一不可。思想内容与表达形式也是如此，内容是主脑、是主干，处于主导地位，语言形式是思想内容的载体，不可或缺。这种认识的高度一致，使人们误以为孔子及儒家的修辞观是“文质彬彬”。最后，孔子及儒家在中国思想文化史上的独尊地位也是后世以“文质”概述其修辞学思想的一个不可忽视的主要原因。孔子思想深刻，语言精警，汉时的“独尊儒术，罢黜百家”使其获得了至高无上的地位，后人常引起话语来佐证自己的观点。所以，孔子的文质论被纳入文艺学、修辞学的范畴，被用以概述其文艺学、修辞学主张也是非常自然的事情。

“文质”与形式、内容，“文质”与华丽、质朴的对应关系，为人们简要概括先秦诸子的修辞思想提供了便利。修辞学者们常用它来概述先秦诸子的修辞思想，并因他们对“文质”关系的不同认识而得以把他们相互区别开来。如易蒲、

---

① 陈望道：《修辞学发凡》，上海教育出版社 1979 年版，第 5 页。

李金苓两先生从言辞、文辞与思想内容的关系角度探讨了先秦诸子的修辞观，认为儒家是文质兼备，墨家是“尚质后文”，道家是“重质轻文”，法家是“尚质反文”等。[①] 但在具体解释“文质”含义时，他们又是从言语表达的风格特点角度进行的。如此可以看出，修辞学史家们对“文质”理解前后歧异，或者说“文质”的含义具有一定程度的不确定性。

虽然“文质”论不是儒家的修辞学思想，但它与内容、形式的一致性，与质朴、华饰的一致性，则可佐证儒家重内容也重形式、重通达也重文采修饰的修辞观点。这是我们研究儒家修辞所不能忽视的。

（二）“情欲信，辞欲巧”

孔子对内容与形式关系的看法，最为恰切的表述应是“情信辞巧”。前文已述，“辞巧”指言辞的和顺美巧，与缺德少仁的“巧言”大相径庭。孔子重视内容，也重视形式，主张内容主导下的话语修饰。孔子看到了“情”与“辞”、内与外、思想内容与表达形式之间的密不可分及高度统一性，所以提出了“情欲信，辞欲巧”的主张。同“修辞”必先“立诚”一样，“辞巧”也要有前提，其前提就是“情信”。这是对内容与形式二者关系的一个相当深刻、相当透彻的认识，它规定了中国言语表达、文学创作的路向，使后世的文论家得以正确地认识内容与形式的关系。如汉代王充将其发展为“外内表里，自相副称”论，他在《论衡·超奇篇》中说：“有根株于下，有荣叶于上；有实核于内，有皮壳于外。文墨辞说，士之荣叶、皮壳也。实诚在胸臆，文墨著竹帛，外内表里，自相副称，意奋而笔纵，故文见而实露也。”王充把“文墨辞说”比作荣叶皮壳，把“胸臆”比作根株实核，形象地说明了内外表里的相互依附关系。刘勰则直接继承了孔子的思想，特别强调思想内容的重要性。他在《文心雕龙·情采》中说：“夫铅黛所以饰容，而盼倩生于淑姿；文采所以饰言，而辩丽本于情性。故情者，文之经，辞者，理之纬；经正而后纬成，理定而后辞畅，此立文之本源也。”刘勰认为，情理就像文章的经线，文辞就像文章的纬线，经线正了纬线才能织上去，情理定了文辞才能畅达。刘勰主张“为情造文”，反对“为文而造情”，把思想内容摆在首位，并强调这才是立文之本。同时，他也强调表达形式的必不可少，认为语言表达形式是思想内容的载体。在《文心雕龙·附会》中，刘勰形象地说明了“情”与“辞”的相伴关系，强调作文要“以情为神明，事义为骨髓，辞采为肌肤，宫商为声气”，使它们各

① 参见易蒲、李金苓：《汉语修辞学史纲》，吉林教育出版社 1989 年版，第 39～50 页。

安其位又相得益彰，使思想内容与表达形式和谐一致，做到“志足而言文，情信而辞巧”，全面发挥了孔子的“情信辞巧”理论。

另外，孔子的“修辞立其诚”、孟子的“言近而指远”、荀子的“情文俱尽”论等，也都在一定程度上体现了儒家重内容也重形式的主张。孔子“修辞立其诚”的“修辞”指话语修饰，“诚”指表里如一的诚实、合于客观事实的真实、忠诚守信、谦卑恭敬等。对一个人或一篇言语作品来说，“辞”是外在的，“诚”是内在的，“修辞”要以“诚”为前提和基础，从“诚”出发，服从并服务于“诚”。“诚”与“辞”的关系，可以说，就是内容与形式的关系。

自古以来，人们特别强调含蓄、蕴藉，如诗歌讲求“神韵”，绘画追求“气韵”，书法注重“意韵”，等等。韵即“于简易闲淡之中寓深远无穷之味”，是用尽可能少的语言表达尽可能多的意思，做到辞约意丰，言简意赅，“言有尽而意无穷”。《周易·系辞下》中的“其称名也小，其取类也大，其旨远，其辞文，其言曲而中，其事肆而隐”，说的就是这个意思。对此，孟子用“言近而指远”进行了概括。《孟子·尽心下》：“言近而指远者，善言也；守约而施博者，善道也。君子之言也，不下带而道存焉；君子之守，修其身而天下平。”孙奭疏：“言辞之近而指意已远者，乃为善言者也。”朱熹曰：“古人视不下于带，则带之上乃目前常见至近之处也。举目前之近事，而至理存焉，所以为言近而指远也。”[①]在孟子看来，“君子”之言看似简单平凡实则蕴含深刻，要细细研究、揣摩才能领会。语言浅近而意义深远是善言的表现，是言说表达的最高境界，这与黑格尔所说的意义上的真正无限性有相同之处。孟子的“言近而指远”与《周易·系辞下》“其旨远，其辞文”一脉相承，都是主张以浅近的言语表达深远的旨意，意在言外。表面上看，“言近”与“旨远”存在着一定的背离，事实上这是艺术化的一种表达手段，是内容与形式统一基础上的更优化表达。

荀子在论述“礼”时曾论及“情”与“文”的关系。《荀子·礼论》：“凡礼，始乎棁，成乎文，终乎悦校。故至备，情文俱尽；其次，情文代胜；其下，复情以归大一也。”荀子指出，“礼”在开始时都比较简略，然后逐渐形成礼节仪式，最后达到令人满意的程度。而达到最完备程度的“礼”，就是把要表达的感情和礼节仪式都充分地表达出来；稍次一级的“礼”，要么是所要表达的感情胜过礼节仪式，要么是礼节仪式胜过所要表达的感情，两个方面存在一定的偏差；最次的“礼”，是只重视

① 朱熹：《孟子集注》，齐鲁书社1992年版，第219页。

所要表达的感情而使它回复到太古时代质朴混沌的状态。在荀子看来，感情是内在的，礼节仪式是外在的，感情是内容，礼节仪式是表现内容的形式；情与文的关系就是内与外、内容与形式的关系。“情文俱尽”也就是内容与形式的和谐统一。所以《荀子·礼论》云：“文理繁，情用省，是礼之隆也；文理省，情用繁，是礼之杀也；文理、情用相为内外表里，并行而杂，是礼之中流也。”又《大略》：“文貌情用，相为内外表里，礼之中焉。”文繁情省是隆重的礼，文省礼繁是简省的礼，而“文”、“情”、“用”三者如果相互构成内外、表里关系，并行不悖又相互配合，那就是适中的礼，也就是“情文俱尽”之礼。这和孔子的“尽善尽美”可谓异曲同工。

儒家主张修辞内容与形式的并重、统一。孔子、孟子、荀子虽然各自的表述不同，或明确或隐约，但他们的观点、主张确都一脉相承，充分体现了儒家修辞内容与形式并重的特点。

第四节　“言有节”、“言而当”——儒家论修辞原则

一切的说写，都是给别人听别人看的。作为一种言语交际行为，修辞必须遵循社会有关的道德伦理规范，考虑各种因素的影响与制约，做到因时而宜、因地而宜、因人而宜，通过语言材料的取舍配置有效地提高语言的表达效果，便于听读者的理解和接受。对此，先秦儒家早有认识。《尚书·毕命》：“政贵有恒，辞尚体要，不惟好异。”孔颖达《尚书正义》：“为政贵在有常，言辞尚其体实要约，当不惟好其奇异。”言辞要“尚实体约”，可以说这是我国最早提出的语言表达要求。荀子在《儒效》篇中则对“君子”言行直接提出了要求。荀子曰：

> 君子言有坛宇，行有防表，道有一隆。言政治之求，不下于安存；言志意之求，不下于上；言道德之求，不二后王。道过三代谓之荡，法二后王谓之不雅。高之下之，小之巨之，不外是矣，是君子之所以骋志意于坛宇宫庭也。故诸侯问政不及安存，则不告也；匹夫问学不及为士，则不教也；百家之说不及后王，则不听也。夫是之谓君子言有坛宇，行有防表也。

“坛宇”即界限、范围；“防表”指标准。“言有坛宇，行有防表”是荀子对“君子”言行提出的要求。什么该说、什么不该说，“君子”言说必须依循一定的原则；什么该做、什么不该做，“君子”做事必须有一个标准。具体说来，先秦儒家对立言修辞的要求，有以下三个方面：

一、"言而当"的得体原则

得体原则也就是适合题旨情境原则。陈望道先生说:"凡是成功的修辞,必定能够适合内容复杂的题旨,内容复杂的情境,极尽语言文字的一切可能性,使人觉得无可移易。"[①]适宜得体是修辞追求的最终目标,也是修辞的理想境界。关于得体,荀子谓之曰"言而当"、"言有节"。《荀子·非十二子》:

言而当,知也;默而当,亦知也。故知默犹知言也。故多言而类,圣人也;少言而法,君子也;多少无法而流湎焉,虽辩,小人也。

"当"是荀子论述言语表达的一个重要概念,如他所言,一切"唯其当之为贵"。所谓"言而当",就是言说要合乎法度,即上文所说的"类"和"法";不论言多言少,得体、适宜即可。在荀子看来,智慧有两种,话说得恰当是智慧,沉默得恰当也是智慧。懂得沉默就好像懂得说话一样。以此为据,荀子把言说者分为"圣人"、"君子"和"小人"三种:"圣人"说得多且合乎礼义,"君子"说得少而合乎法则,"小人"无论说多说少都不合法度。所以,"圣人"、"君子"之言最为荀子推崇。在《正名》篇中,荀子特别称道"君子"之言,曰"君子之言,涉然而精,俛然而类,差差然而齐。彼正其名,当其辞,以务白其志义者也。""圣人"、"君子"之言为什么最值得推崇呢?荀子一语中的,指出了问题的关键所在:既广泛又精细,既中肯又有法度,既参差多变又始终统一,名称使用准确无误,词句运用恰当得体,把努力使人明白自己的思想学说作为不懈的追求。这样的言说无懈可击,相当完美,舍它其谁?

荀子多次强调言说的恰当得体、合乎法度。荀子认为,"圣人"、"君子"言说之所以充满智慧,就在于其言说合乎法度。《荀子·性恶论》:"多言则文而类,终日议其所以,言之千举万变,其统类一也,是圣人之知也。少言则径而省,论而法,若佚之以绳,是士君子之知也。"其实,"圣人"的智慧与"士君子"的智慧,并不在于他们言说的多寡,而在于言说合乎法度。也就是说,不论是长篇大论还是简明扼要,不论是迂回曲折还是直截了当,都必须有一个中心、一个主题,都要合乎法度,中规中矩。当然,荀子所说的合法度是指符合儒家的礼义法则。

荀子的"言有节,稽其实"[②],也是针对言说得体问题的。在荀子看来,说话

---

① 陈望道:《修辞学发凡》,上海教育出版社1979年版,第11页。

② 《荀子·成相》。

一定要有节制，有分寸，要合乎实情，合乎法度。言语合乎法度，既指合乎儒家的王道仁义，也指言语真实可供查考，还指言说的语气轻重、语速快慢等控制得恰到好处。《荀子·非相》：

> 善者于是间也，亦必远举而不缪，近世而不佣，与时迁徙，与世偃仰，缓急嬴绌，府然若渠匽檃栝之于己也，曲得所谓焉，然而不折伤。

荀子认为，善于谈论的人，在旁征博引中一定好举远古的事例，但并不是无根无据，即便举近世的事例也不会平庸一般化，他们都是随着时代的变迁而变迁，顺应社会的变化而变化。这应该就是荀子所说的"圣人"之言。荀子用"渠匽、檃栝"作比，夸赞善于言说者的得心应手、从容不迫，夸赞他们言说的适当得体、恰如其分。我们知道，能收发自如地控制言说的语气、语速者，大都头脑清晰、反应敏捷、经验丰富、语言驾驭能力强。在具体言说时，他们能全面考虑到言说的意旨、目的，注意到言说的对象、时间、地点、场合等种种因素，善于随机应变，使言语表达井然有序、得体适度。

(一)"言必当理"——言说要符合道理

> 鲁人为长府。闵子骞曰："仍旧贯，如之何？何必改作？"子曰："夫人不言，言必有中。"[①]

闵子骞是孔子高徒，德行与颜回并称，七十二"贤人"之一。他崇尚节俭，刚正不阿，在府库改建一事上发表意见，阻止了鲁国不必要的改建行为，杜绝了浪费。为此，孔子对他作了夸赞。"夫人不言，言必有中"这句话，虽然是孔子针对闵子骞个人而说的，却极有道理，有很强的普适性。要么不说，说就要符合主旨、合乎道理，如朱熹所言："言不妄发，发必当理。"[②]任何人都应如此。孔子以此为标准，把人分为"庸人"、"士人"、"君子"、"贤人"和"圣人"五种，力倡"言不务多，务审其所谓"[③]主张。孔子自己说话言简意丰、"微言大义"，也很好地践行了这一点。话不在多，关键在于说的是什么、是否在理、是否说在了点上。不在理的话就是错话，不在点的话则是废话。谁都不愿意听些废话和错话，自己也应尽量杜绝废话，避免说错话。孔子在两千年前就提出了"言必有中"的命题，十分可贵。

言说要合乎道理。对不符合道理的问话，孔子或避而不答，或疾言斥责。

---

① 《论语·先进》。

② 朱熹:《论语集注》，齐鲁书社 1992 年版，第 107 页。

③ 《荀子·哀公》。

《荀子·哀公》记载了鲁哀公三问舜冠于孔子一事：

鲁哀公问舜冠于孔子，孔子不对。三问，不对。哀公曰："寡人问舜冠于子，何以不言也?"孔子对曰："古之王者，有务而拘领者矣，其政好生而恶杀焉，是以凤在列树，麟在郊野，乌鹊之巢可附而窥也。君不此问而问舜冠，所以不对也。"

孔子认为，为政者当心系国家百姓，时时处处为国家百姓的安危着想，而不应整天想着自己的官位、官帽，鲁哀公的询问是不合道理的。所以，他三问而不对，用沉默表达自己的态度。

孔子曰："君子知之曰知之，不知曰不知，言之要也；能之曰能之，不能曰不能，行之至也。言要则知，行至则仁。"[①]做人要老老实实，说话要实事求是，这是"君子"应有的素养，也是有德者的表现。只有老老实实、实事求是，才能避免无中生有、瞎编乱造，才能取信于人。孔子把"知之曰知之，不知曰不知"、"能之曰能之，不能曰不能"作为"君子"言行的纲领，究其实，还是把内在的道德诚信置于首位，强调做人做事、一言一行要以"诚"为本，要诚实可信。孔子这段话与他的"修辞立其诚"可谓殊途同归。

荀子则明确提出了"言必当理"主张。《荀子·儒效》："言必当理，事必当务，是然后君子之所长也。"荀子认为，"君子"应有所擅长，"君子"所擅长的，表现在言行举止方面，就是说话一定符合道理，做事一定合乎要求。在这里，荀子尽管没有明确指出"理"的内容，但从其上下文来看，应指说话的主旨即客观事物自身的规律、社会伦理道德规范等。

"礼"、"义"是儒家修身治国的根本法则，是儒家言说修辞的主要内容之一。荀子立足于儒家的道德伦理，指出修辞必须围绕着"礼"、"义"进行，"礼"、"义"是评判立言修辞优劣高下的尺度、准绳。荀子曰：

辩说譬谕、齐给便利而不顺礼义谓之奸说。[②]

凡言不合先王不顺礼义，谓之奸言，虽辩，君子不听。[③]

在荀子看来，凡是不符合王道礼义的辩说譬喻，无论怎样迅速敏捷，都是奸佞邪恶之说；违背"礼"、"义"的奸言、奸说，必将为人所弃。荀子对奸言、奸说的否定，从侧面进一步强调了言说必须遵循儒家的礼义道德。

---

① 《荀子·子道》。

② 《荀子·非十二子》。

③ 《荀子·非相》。

“言必当理”是言说修辞的首要法则，也是人们日常生活中处理各类事务、关系的重要准则之一。《尚书·洪范》指出，“君子”修身有五事：“一曰貌，二曰言，三曰视，四曰听，五曰思。貌曰恭，言曰从，视曰明，听曰聪，思曰睿。恭作肃，从作乂，明作哲，聪作谋，睿作圣。”貌、言、视、听、思是“君子”修身必须注意的五个方面。人类社会是一个庞大、复杂的关系网络，一个人生活其中，必须约束、规范自己的种种行为，尊敬年长者，尊重位高者，爱护年幼者，善待位低者，妥善处理好人与人之间的各种关系，即必须做到貌恭、言从、视明、听聪、思睿。其中，貌恭与言从两事不仅会体现出个人素养的优劣，还事关他人的反应好坏。俗话说：“人敬我一尺，我敬人一丈。”“尊者他人就是尊重自己。”你态度恭敬，他人自然就会严肃对待。《尚书·旅獒》：“志以道宁，言以道接。”[①]蔡沈释曰：“己之志，以道而宁，则不至于妄发；人之言，以道而接，则不至于妄受。”你言说正当、合乎正道，他人自然就容易信服，容易理解和接受。事关他人，要认真对待。这是以礼待人的要求，也是创造和谐社会的必须。

（二）“言有序”、“言有章”——言说要有条理

“语言是思想的直接现实。”先说什么，后说什么，总有一个先后次序。先秦时期虽然还没有语法学的概念，但对这一问题却相当重视。《周易》最早提出了“言有序”问题。《周易·艮》六五：

艮其辅，言有序，悔亡。

“艮”，《彖》、《说卦》、《杂卦》皆训为“止”，阻止、停止的意思。“辅”，借为“酺”，颊腮，也就是嘴巴。“序”，主要指话语表达的先后次序。艮六五爻辞的意思是，控制自己的嘴巴，使说出的话有条不紊，就不会有悔恨。“有序”之言思维清晰，表达有条理，逻辑上连贯，能够把所欲表达之意准确、明白地表达出来。这样的话语既不会产生歧义或误解，更不会引起麻烦或灾祸，自然也就没有悔恨了。“言有序”主张蕴含着一定的语法意识，告诫人们言说表达要合乎语法规范，要准确、恰当。这一观点，被清代桐城派文学家方苞予以继承、发展，他提出了“义法”主张，“义”即“言有物”，“法”即“言有序”。

言说要有条理，《诗经》、《左传》谓之“有章”。《诗经·小雅·都人士》：“彼都人士，狐裘黄黄，其容不改，出言有章。”郑玄笺：“吐口言语，又有法度文章。”《左传·襄公三十一年》：“故君子在位可畏，施舍可爱……动作有文，言语有章，

① 《尚书·旅獒》。

以临其下,谓之有威仪也。"杨伯峻注:"有章,犹今言有条理。"语言表达要有先有后,条理井然,这样听读者才能听得明白、读得轻松。

关于语言表达要有条理的问题,《公羊传》、《穀梁传》在注解《春秋》时曾有具体分析。如《春秋·僖公十六年》记述了陨石坠落一事:"春王正月戊申朔,陨石于宋五。是月,六鹢退飞过宋都。"对此,《公羊传》、《穀梁传》各有不同的解释。《公羊传》解释说:"曷为先言陨而后言石?陨石记闻。闻其磌然,视之则石,察之则五";"曷为先言六而后言鹢?六鹢退飞,记见也。视之则六,察之则鹢,徐而察之则退飞"。《穀梁传》解释说:"先陨而后石,何也?陨而后石也。于宋四竟之内曰宋;后数,散辞也,耳治也","六鹢退飞过宋都,先数,聚辞也,目治也"。《公羊传》以观察顺序解释词序,《穀梁传》则兼以语法功能解释词序。它们对《春秋》记事次序的分析,是对"言有序"、"言有章"的精准诠释。

亚里士多德说:"凡物之美者,无论它是一种有生命力的,还是一个由部分构成的整体,其组成部分不仅要排列有序,而且必须具备量度,因为美是由量度和有序的安排组成的。"[①]物之美在于有序的安排,有序的安排成就了美。口头言说要有序,书面表达更要有序,话语的先后、话语的连贯、话语的衔接等都是"有序"的要求,表达有序了,意味着言语表达具备了初步的美感。

(三)"与世迁徙,与世偃仰"——言说要适应情境

对表达者来说,题旨内容固然重要,言说环境对修辞的制约或影响也不可低估。具体地说,言说对象、时间、地点、场合、氛围等都直接影响着表达者对语言材料的取舍,影响着话语形式的选择,影响着修辞手法与技巧的运用,影响着语气、语调、语速等的采用等。所以,适宜得体的修辞,必定契合复杂而具体的语言环境。在这个问题上,孔子、孟子、荀子都有具体论述。

1."时然后言"——修辞要注意时机

《旧唐书·徐彦伯传》:"夫不可言而言者曰狂,可言而不言者曰隐。"就是说,"不可言而言"与"可言而不言"都不足取,正确的做法应该是"时然后言"。"时"即说话的时间、时机。针对宰我关于"社"的"夏后氏以松,殷人以柏,周人以栗,曰使民战栗"的言论,孔子曰:

> 成事不说,遂事不谏,既往不咎。[②]

---

① [古希腊]亚里士多德:《诗论》,苗力田主编:《亚里士多德全集》第9卷,中国人民大学出版社1990年版,第652页。

② 《论语·八佾》。

在孔子看来，准确把握言说时机非常重要，若不合时宜，多说无益。所以他认为，对已经做过的事就不要再解释了，对已经办妥的事就不要再规劝了，已经过去的事就不要再追究了。的确如此。对已经做过的事没必要反复解释，错了就是错了，不要找借口，不要推卸责任；对了就是对了，不要再大说特说，处处邀功炫耀。对已经完成的事情就不要再劝说了，于事无补，最好在事情还未发生的时候去关心，不要做事后诸葛亮。至于过去的事情，更不能再去追究，不能老是抓住别人的小辫子不放，要得饶人处且饶人。俗话说："人非圣贤，孰能无过。"大度与宽容，是人际交往中的制胜法宝。孔子这句话对人们的日常交际有重要的启发意义。

说话要因时而宜，要注意时间、时机对言语的制约作用及对交际效果的影响；否则，言辞无论怎么正确、美善，也是适得其反。《战国策》曾记载了这样一个故事：

> 卫人迎新妇，妇上车，问："骖马，谁马也？"御曰："借之。"新妇谓仆曰："拊骖，无笞服。"车至门，扶，教送母："灭灶，将失火。"入室见臼，曰："徙之牖下，妨往来者。"主人笑之。此三言者，皆要言也。然而不免为笑者，蚤晚之时失也。[①]

孤立地看，新娘子的话并没有错，她之所以遭人讥笑，就在于说得不是时候。可见，择时而言是多么重要而且必要。择时而言，事关事情成败与个人得失。对此，孔子总结了三种不适时而言容易犯的错误：

> 侍于君子有三愆：言未及之而言，谓之躁；言及之而不言，谓之隐；未见颜色而言，谓之瞽。[②]

不该说的时候说了，是急躁；该说的时候不说，是隐瞒；不看君子的脸色就贸然说话，则是盲目。"躁"、"隐"与"瞽"这三种过错，都直接与言语时机有关，故尹焞曰："时然后言，则无三者之过也。"[③]

荀子直接继承了孔子的上述观点并作了进一步的阐发。《荀子·劝学》：

> 礼恭而后可与言道之方，辞顺而后可与言道之理，色从而后可与言道之致。故未可与言而言谓之傲，可与言而不言谓之隐，不观气色而言谓之瞽。故君子不傲，不隐，不瞽，谨顺其身。

---

① 刘向编集，贺伟、侯仰军点校：《战国策》，齐鲁书社 2005 年版，第 369 页。

② 《论语·季氏》。

③ 转引自朱熹：《论语集注》，齐鲁书社 1992 年版，第 169 页。

“礼恭”、“辞顺”、“色从”是请教者的态度，也是荀子判别交谈内容、谈“道”深浅的时机。荀子认为，谈话不把握适当的时机，同样会犯急躁、隐瞒之类的错误。

由此可知，选择适当的时机是使说话适宜、得体的一个重要因素。时机有大小之分，大到所处的时代背景，小到谈话的具体时间，都必须好好把握。因为同样一件事，说话的时机不同，结果也会完全不同。那么，什么时候说话、怎样说话才是适时、正确的呢？孔子认为，国家政治清明与国家政治黑暗时的言语策略应有所区别：“邦有道，危言危行；邦无道，危行言孙。”①尹焞曰：“君子之持身不可变也，至于言则有时而不敢尽，以避祸也。然则为国者使士言孙，岂不殆哉？”②就是说，国家政治清明的时候，正言、直言、疾言都不致惹祸上身；而国家黑暗的时候，正言、直言、疾言则可能招来杀身之祸。韩非在《说难》一文中，讲述了郑人袭胡与智子疑邻的故事，给我们以极大启发。关其思和邻家老人说的话都是恰当的，但前者被杀掉，后者被怀疑，这是为什么呢？其关键就在于，他们选错了说话的时机，不该将实话说出来。清代学者王先慎《韩非子集解》解释说：“夫说者，有逆顺之机，顺以招福，逆而制祸，失之毫厘，差之千里。以此说之，所以难也。”历史上之所以多文字狱，大都与当时的政治环境有关。如宋代著名文学家苏东坡的“乌台诗”因与当权者政见不合被指“撰作诗文字讥讽”，此案牵连了 39 人，被查的诗多达 100 多首；他本人因“报到九泉无曲处，世间惟有蛰龙知”的咏桧诗句，而被指为隐刺皇帝遭受牢狱之灾。清代翰林院庶吉士徐骏的“清风不识字，何事乱翻书”、“明月有情还顾我，清风无意不留人”诗句被雍正认为是存心诽谤，而遭斩立决。不一而足。

《孔子家语・六本》：“发言不逆，可谓知言矣。言而众向之，可谓知时矣。”从总体上、大局上看，发表言论而不违背众人的意愿、自己说话而大众响应，是宣讲思想学说、赢得人心的一个重要时机，“振臂一呼、应者云集”说的就是这个道理。儒家学派的创立，一方面是儒家学说契合了当时的社会需要，另一方面是孔子、孟子、荀子等不遗余力地宣讲，他们的宣讲使得儒家思想学说更深入人心。儒家一向注重经世致用，孔子此说当有很强的针对性。

即便是日常生活，说话也有一个当不当、该不该的问题。《论语・乡党》：“食不语，寝不言。”杨时曰：“肺为气主而声出焉，寝、食则气窒而不通，语、言恐

① 《论语・宪问》。

② 转引自朱熹：《论语集注》，齐鲁书社 1992 年版，第 139 页。

伤之也。”[1]从养生角度看，这有益于身心健康，理所应当；而从言说角度看，“食语寝言”是不合时宜。朱熹注曰：“答述曰语，自言曰言。范氏曰：‘圣人存心不他，当食而食，当寝而寝，言语非其时也。’”[2]孔子旨在强调，说话必须注意时机、场合。

关于适时而言，孔子不仅有具体论述，还有躬身实践。“孔子……朝，与下大夫言，侃侃如也；与上大夫言，訚訚如也。君在，踧踖如也，与与如也。”[3]在君未视朝时，孔子与下大夫言、上大夫言的表现是不一样的；君视朝时，孔子则是另外一种表现。时机不同，对象不同，言说的表现自然不同。孔子温良恭俭让，礼貌得体，“时然后言，人不厌其言”[4]，赢得世人的普遍尊敬。孔子善于随机应变、见机行事，他在夹谷会盟中的出色表现成为历史上的一段佳话。据《孔子家语·相鲁》记载，公元前 500 年，齐景公邀鲁定公在齐鲁交界的夹谷会盟，孔子任相礼随鲁定公前往。会盟时，齐景公手下想用武力劫持鲁侯以达到不可告人的目的，孔子义正词严，及时识破了其阴谋。在将要盟誓之时，齐人又想以献乐助兴为由羞辱鲁定公。孔子则依周公礼法进行了合理反击，并严惩了齐国乐公，迫使齐景公在修好盟书上签字，并归还了过去侵占的鲁国土地。这次会盟，孔子展现了一个外交家的卓越才华，有理、有利、有节地使鲁国取得了一次重大的外交胜利。

在合适的时间说合适的话，就是遵礼、合礼，就是正确的言说，就是有修养的表现。在这方面，《礼记》的论述尤其多。如《曲礼上》云：“从于先生，不越路而与人言。遭先生于道，趋而进，正立拱手。先生与之言则对，不与之言则趋而退。”“长者不及，勿儳言。正尔容，听必恭。毋剿说，毋雷同。必则古昔，称先王。侍坐于先生，先生问焉，终则对。”“入竟而问禁，入国而问俗，入门而问讳。”《曲礼下》：“居丧不言乐，祭事不言凶，公庭不言妇女。”《王制》：“公家不畜刑人，大夫弗养，士遇之途，弗与言也。”在什么时候说什么话、怎么说，儒家都有严格的规定。

关于择时而言，墨子谓之“言之时”。《墨子·佚文》记载：

子禽问曰：“多言有益乎？”墨子曰：“虾蟆蛙蝇，日夜而鸣，舌干擗然而

① 转引自朱熹：《论语集注》，齐鲁书社 1992 年版，第 99 页。

② 朱熹：《论语集注》，齐鲁书社 1992 年版，第 99 页。

③ 《论语·乡党》。

④ 《论语·宪问》。

不听。今鹤鸡时夜而鸣，天下振动。多言无益？唯其言之时也。”

虾蟆蛙蝇日夜鸣叫，人们却熟视无睹，其原因在于它们的鸣叫对人们毫无用处；雄鸡黎明方啼，天下振动，其原因在于它们的叫声于人有益。墨子告诉我们，话不在多少，关键在于是否适时。如果适时，一言胜似万语；如果不合时宜，千言也不抵一语。关于言语时机，儒家的论述更多的是概括性命题，墨子则通过比较虾蟆蛙蝇与鹤鸡的不同鸣叫作了形象化的描述，殊途同归。

2.修辞要适应场合

鲁迅先生在《野草·立论》中描绘了这样一个画面：三个客人应邀去祝贺孩子满月，他们分别对孩子的将来作出了预测和展望，一个说“这孩子将来要发财的”，他得到一番感谢；一个说“这孩子将来要做官的”，他收回几句恭维；一个说“这孩子将来要死的”，他则遭到一顿痛打。故事中的“我”以小学生的身份想既不骗人，也不遭打，请教老师该怎么说，老师告诉他：“那么，你得说：‘啊呀！这孩子呵！您瞧！多么……阿唷！哈哈！Hehe！He，hehehe！’”主人为孩子庆生，前两位客人说了好听的话，所以赢得了感谢；后一位客人说的虽是实情却不符合场合，所以招致痛殴。至于老师的答词，则是典型的世俗圆滑，也不可取。可见，在什么样的场合就应该说什么样的话，恰当适切是最重要的。

修辞要适应场合，在这方面孔子并没有直接论述，而是主要通过他具体的言语活动体现出来。如在不同的场合，孔子有不同的言语表现。《论语·乡党》：

> 孔子于乡党，恂恂如也，似不能言者。其在宗庙朝廷，便便言，唯谨尔。
>
> 朝，与下大夫言，侃侃如也；与上大夫言，訚訚如也。君在，踧踖如也，与与如也。

邢昺疏：“与与，威仪中适之貌。既当君在之所，故恭敬使威仪中适，不敢解惰也。”中适，即中正适当。“乡党”是父兄所在的地方，“宗庙朝廷”是祭祀祖先、处理政事的地方。这些不同的地点、场合，对言说都有不同的要求。孔子因地制宜，表现十分得体。《孔子家语·曲礼》：

> 子路问于孔子曰：“鲁大夫练而杖，礼也？”
>
> 孔子曰：“吾不知也。”
>
> 子路出，谓子贡曰：“吾以为夫子无所不知，夫子亦徒有所不知也。”
>
> 子贡曰：“子所问何哉？”
>
> 子路曰：“由问：‘鲁大夫练而杖，礼与？’夫子曰：‘吾不知也。’”
>
> 子贡曰：“止，吾将为女问之。”遂趋而进，曰：“练而杖，礼与？”

孔子曰:“非礼也。”子贡出,谓子路曰:“子谓夫子而弗知之乎?夫子徒无所不知也。子问非也。礼,居是邦,则不非其大夫。”

孔子洞悉周朝所有的礼制礼仪,自然知道“练而杖”的不合礼制之处。当子路问鲁大夫“练而杖”是否合礼时,孔子却避而不答,闪烁其词,曰“不知也”。孔子并不是真的不知道,而是他知道说话要注意场合,知道住在一个国家就不能非议这个国家的大夫这个道理。所以当子贡只问“练而杖”时,孔子心无顾虑,回答就无所避忌,而直截了当、斩钉截铁地说:“非礼。”对孔子前后不同的回答,子贡的概括是很正确的,说明孔子非常注意说话的地点、场合。

言说必须注意地点、场合,《礼记》从礼制角度作了多次强调。如《经解》篇谈到天子、百官各适其宜的问题:“天子……其在朝廷,则道仁圣礼义之序;燕处,则听《雅》、《颂》之音;行步,则有环佩之声;升车,则有鸾和之音。居处有礼,进退有度,百官得其宜,万事得其序。”作为万人之尊的天子,在等级秩序井然的古代社会,更要讲究一言一行、一举一动的适宜有度,这既是“礼”的要求,也是贵为天子的修为体现。《曲礼》:“从于先生,不越路而与人言。遭先生于道,趋而进,正立拱手。先生与之言则对,不与之言则趋而退。从长者而上丘陵,则必乡长者所视,登城不指,城上不呼。将适舍,求毋固。将上堂,声必扬。户外有二屦,言闻则入,言不闻则不入。”“君命,大夫与士肄,在官言官,在府言府,在库言库,在朝言朝。朝言不及犬马。辍朝而顾,不有异事,必有异虑。故辍朝而顾,君子谓之固。在朝言礼,问礼,对以礼。”孔颖达《礼记正义》:“官谓板图文书之处。府谓宝藏货贿之处也。库谓车马兵甲之处也。朝谓君臣谋政事之处也。”“此以下明在朝言朝之事,朝既如此,则官及府、库可知也。朝是谋于政教之处也,不宜私亵辩论以及犬马也。”在什么场合、处什么位置就应该说什么样的话,否则就不合礼制要求。俗语说:“入乡随俗”、“到什么山上唱什么歌”,就是要根据具体场合的需要灵活运用语言,不能胡言乱语,不能喋喋不休,要合礼有节,讲究场合和礼仪。如此,才能营造出和谐有序的社会环境。

3.修辞要适应交际对象

交际对象是交际过程不可或缺的一方。他对话语的准确理解和接受,是沟通畅通的保证,是交际得以顺利进行的前提。任何一个说写者都必须顾及交际对象,否则就成了自言自语;每一次说写都必须适应交际对象,否则就会无的放矢。中国伟大的革命家、军事家毛泽东说:“射箭要看靶子,弹琴要看听众,写文章做演说倒可以不看读者不看听众么?我们无论和什么人做朋友,如果不懂得彼此的心，不知道彼此心里面想些什么东西，能够做成知心朋友么？做宣传工作的人对于自己的宣传对象没有调查，没有研究，没有分析，乱讲一顿，是万万不行的。”[①]了解、适应交际对象，是修辞得体的当务之急。

(1)修辞要注意交际对象的年龄、身份、知识水平等

言说修辞必须适应交际对象，做到“因人而言”。关于这个问题，孔子、孟子、荀子都作了明确论述。孔子曰：“可与言而不与之言，失人；不可与言而与之言，失言。知者不失人，亦不失言。”[②]康有为《论语注》曰：“言与不言皆无所失，必穷理甚深，阅世甚熟，知人甚哲，而后能也。然此为事机关系，言之失人，则失机，失言，则偾事，故不可不择人而言。”失机则意味着失去同志朋友，失言则意味着会招致祸患，所以聪明有智慧的人懂得这个道理，知道在什么情况下、对什么样的人，要说什么、说多少。“见人说人话，见鬼说鬼话”说的就是这个道理。说话要分清对象，要“择人而言”，这样才能做到“不失言”。

交际对象有年龄、身份、职业、经历、性格、爱好、文化修养、见识情趣、处境心情等的区别，言说表达必须因人而异，才能取得较好的效果。首先，交际双方应有共同的思想志趣、共同的话题。在这方面，孔子作了多次论述。孔子曰：“士志于道，而耻恶衣恶食者，未足与议也。”[③]“道不同，不相为谋。”[④]“道”是一个外延较广的概念，可指人生志向，也可指思想观念、学术主张等。在孔子看来，士人的志向是追求真理，若他以穿破旧衣服、吃粗劣食物为耻，就不是真正的士，不是真正的读书人。对这种人，是不可以谈道论理的。宋欧阳修《春日西湖寄谢法曹韵》云：“酒逢知己千杯少，话不投机半句多。”俗话说：“人各有志，不能勉强。”既然彼此思想主张并不相同，也就没有相互交谈商议的必要与可能。孔子对交谈对象作了质的规定与要求。

其次，要注意区分交际对象的能力水平、个性特点等。孔子曰：“中人以上，可以语上也；中人以下，不可以语上也。”[⑤]刘宝楠注曰：“中人为中知，则上谓上知，下谓愚也。……孔子罕言利、命、仁、性与天道，弟子不可得闻，则是不可语上。观所答弟子、诸时人语，各有不同，正是因人才知量为语之，可知天子循循

---

① 《毛泽东选集》第1卷，人民出版社1991年版，第793～794页。

② 《论语·卫灵公》。

③ 《论语·里仁》。

④ 《论语·卫灵公》。

⑤ 《论语·雍也》。

善诱之法。若夫性质既愚，又不能自勉于学问，是夫子所谓‘下愚’，非惟‘不可语上’，且并不可语之矣。”[①]世人资质存在一定的差异，这种差异，有的是“先天”因素造成的，有的是“后天”因素造成的，上知、中知、下知仅是粗略的划分而已。其实，即便都是上知或中知，每个人也还是互不相同的。认知能力不同，表达能力不同，其理解和接受能力也不同。与不是同一个层次的人交流，其困难可想而知。孔子因此把听众区分出上、中、下三等，然后因材施教，授之以不同的内容。《论语·颜渊》：

> 颜渊问仁。子曰：“克己复礼为仁。一日克己复礼，天下归仁焉。为仁由己，而由人乎哉？”颜渊曰：“请问其目。”子曰：“非礼勿视，非礼勿听，非礼勿言，非礼勿动。”颜渊曰：“回虽不敏，请事斯语矣。”
>
> 仲弓问仁。子曰：“出门如见大宾，使民如承大祭。己所不欲，勿施于人。在邦无怨，在家无怨。”仲弓曰：“雍虽不敏，请事斯语矣。”
>
> 司马牛问仁。子曰：“仁者，其言也讱。”曰：“其言也讱，斯谓之仁已乎？”子曰：“为之难，言之得无讱乎？”
>
> ……
>
> 樊迟问仁。子曰：“爱人。”

颜渊即颜回，孔子最得意的弟子，极富学问，孔子对其多次赞赏：称赞他“一箪食，一瓢饮，在陋巷，人不堪其忧，回也不改其乐”；称赞他谦逊好学，“不迁怒，不贰过”；称赞他德行高尚，“贤哉回也”、“回也，其心三月不违仁”。所以对颜渊的询问，孔子的回答是“克己复礼为仁”。“克己复礼为仁”，就是通过自我的道德修养来自觉遵守“礼”的规定。“仁”是内在的，但不是先天就有的，而是后天修身、“克己”的结果。“仁”必须以“礼”为规约，“礼”则应以“仁”为旨归。对颜渊这样各方面俱佳的人来说，克制自己、让一言一行符合礼就是“仁”了。仲弓即冉雍，以德行著称，曾做过季氏私邑的长官，为政“居敬行简”，主张“以德化民”。孔子非常欣赏他，夸赞说：“雍也可使南面”，“贤哉雍也，过人远也”。所以对仲弓的问“仁”，孔子的回答不是“克己复礼”的对己，而是“出门”、“使民”的对人，包括两方面内容：一是敬重他人，与人为善，将心比心；二是要宽容豁达，任劳任怨，尽职尽责。做到这两个方面，就逐渐接近“仁”了。司马牛，宋国人，相传为宋国大夫桓魋的弟弟，他的哥哥桓魋参与宋国叛乱失败后逃跑，司马牛也被迫

① 刘宝楠撰，高流水点校：《论语正义》，中华书局1990年版，第236页。

离宋逃亡到鲁。《史记·仲尼弟子列传》提到过他，说他“多言而躁”。所以司马牛问“仁”时，孔子对他说，“仁”就是说话慎重、言语得体。樊迟，七十二“贤人”中的重要人物，从小贫穷，但兴趣广泛，读书刻苦，还懂种田，其重农重稼思想在历史上具有进步意义。相较于他人，樊迟天资显然不够聪敏，因此孔子只给他讲最基本的道理，只教他“仁”的最基本概念——“爱人”，具有普适性。孔子对“仁”的不同回答，充分体现了他因材施教的教育理念，体现了他根据不同交际对象而言说的修辞主张。

《论语·为政》：

> 孟懿子问孝。子曰：“无违。”
>
> 樊迟御，子告之曰：“孟孙问孝于我，我对曰，无违。”樊迟曰：“何谓也？”子曰：“生，事之以礼；死，葬之以礼，祭之以礼。”
>
> 孟武伯问孝。子曰：“父母唯其疾之忧。”
>
> 子游问孝。子曰：“今之孝者，是谓能养。至于犬马，皆能有养；不敬，何以别乎？”
>
> 子夏问孝。子曰：“色难。有事，弟子服其劳；有酒食，先生馔，曾是以为孝乎？”

同是问“孝”，孔子却作出了不同的回答。其间有何区别？在这里，孔子因人而宜，根据不同询问者的身份、地位、学养、品行等对“孝”作出了不同的解释。孟懿子是鲁国大夫，与叔孙氏、季孙氏共同把持鲁国朝政，孔子对其较为反感，因此对他的询问，孔子只答以“无违”两字。樊迟天资欠佳，孔子则作了进一步解说。子游、子夏均善文学，是孔门十哲之一，深得孔子喜爱，所以对他们的问询，孔子更深一层，从孝的形式论及人的内心。孟武伯是鲁国大夫孟懿子的儿子，骄奢淫逸，有声色犬马诸多切身之疾。所以对他的问“孝”，孔子的“父母唯其疾之忧”有相当强的针对性。在孔子看来，为人子，有诸多不义的行为是最大的不孝。孔子借武伯问孝的机会，对他进行了婉转的批评教育。

“仁”、“孝”本身固然有多个层面的意义，可从不同角度予以理解、解释，但孔子的回答却是充分考虑到了询问者的身份、地位、资质、修养以及个性特点的。因此，同一个问题，不同的人就从孔子那儿得到了不同的答案，同时也是极富针对性、极适合每个人个性特点的答案。孔子不仅根据不同的对象作出了不同的回答，而且详略不同，甚至说话的句式、语气也都不同。[①]

《论语·先进》：

> 子路问："闻斯行诸？"子曰："有父兄在，如之何其闻斯行之？"
>
> 冉有问："闻斯行诸？"子曰："闻斯行之。"
>
> 公西华曰："由也问闻斯行诸，子曰，'有父兄在'；求也问闻斯行诸，子曰，'闻斯行之'。赤也惑，敢问。"子曰："求也退，故进之；由也兼人，故退之。"

这是孔子又一个因材施教的范例。子路和冉有同样问"闻斯行诸"，孔子的回答却截然不同。子路耿直鲁莽，好勇力多才艺，敢于提出批评意见并勇于改正错误，事亲至孝，深得孔子器重。孔子称赞说："子路好勇，闻过则喜。"但他性格过于爽直率真，做事有时不免轻率，所以孔子要他在听到一件该做的事情前最好先请示父兄。冉有虽然跟子路一样多才多艺，拥有政治才华，但其个性迥然不同。他不像子路那样果敢、果决，而是比较谦和退让。针对他的这种个性，孔子希望他做事果断迅速些，所以要他在听到一件该做的事后立刻去做。一"退"一"进"，快慢由人，一方面可使他们避免过与不及的毛病，一方面则充分体现了孔子因人而异、因材施教的言说主张和教育思想。

孔子对子贡、齐景公、子张、季康子、子路、仲弓、叶公、子夏等问"政"的不同回答[②]，也充分体现了他因人而异的言说主张。

对言说要注意区分交际对象的问题，孔子曾作了形象化的比喻。他说："非其地而树之，不生也；非言人而语之，弗听也。"[③]"橘生淮南则为橘，生于淮北则为枳。"不在适宜的土壤上播种，谷物自然不可能顺利生长。人与人之间的谈话亦是如此：不与适宜的人交谈，就会有"话不投机"之感、"对牛弹琴"之嫌；话不投机，交流就会受阻，交际就可能中断。孔子用世人皆知的事实作比，形象地说明了说话要注意交际对象的重要性和必要性。

面对不同的言语对象，孔子言说时相当注意措辞用字，能随时调整说话的语气、态度。《论语·乡党》记载，孔子"朝，与下大夫言，侃侃如也；与上大夫言，訚訚如也。君在，踧踖如也，与与如也。""侃侃"指温和而快乐的样子，"訚訚"指正直而恭敬的样子。孔子面对不同言语对象的不同表现，身体力行了他的修辞主张。

---

① 参见钟志平、胡艳云：《孔子的言语得体观》，《江西教育学院学报（社会科学版）》2004 年第 4 期。

② 参见《论语·颜渊》、《论语·子路》。

③ 《说苑·杂言》。

孟子也很注意交际对象的不同。《孟子·离娄上》：

不仁者可与言哉？安其危而利其菑，乐其所以亡者。不仁而可与言，则何亡国败家之有？

自暴者，不可与有言也；自弃者，不可与有为也。言非礼义，谓之自暴也；吾身不能居仁由义，谓之自弃也。仁，人之安宅也；义，人之正路也。旷安宅而弗居，舍正路而不由，哀哉！

何谓"自暴"？孟子解释道："言非礼仪，谓之自暴也。"孟子尊崇儒家之道，提倡仁义，主张以礼行事。所以，"自暴者"、"自弃者"与"不仁者"都是孟子反对的谈话对象。在孟子看来，与这些人交谈，是虚掷光阴，浪费生命，甚至还有亡国败家的危险。常言道："近朱者赤，近墨者黑。"若与那些不愿意居仁心、行正义还诋毁礼义的人为伍，是自甘卑贱、自甘堕落。孟子因此反对与自暴者交谈、与自弃者共事，厌恶与不仁者交往，依然具有极大的现实意义。在这里，孟子连用"不仁者可与言哉？"与"不仁而可与言，则何亡国败家之有"两个反问句，并上升到王国败家的高度，申明了自己"不仁之人不足与谋"的坚定态度。

孟子还从旁观者的角度提出了区分交际对象的重要性。《孟子·尽心下》：

士未可以言而言，是以言餂之也；可以言而不言，是以不言餂之也，是皆穿踰之类也。

《集韵·忝韵》："餂，取也。"在这里指用甜言蜜语诱取、探取之意。在孟子看来，一个人应该光明正大、坦坦荡荡，该说的就一定要说出来，不该说的则坚决缄口不言，而不应该用言语或沉默来诱惑别人；否则，与挖洞跳墙的"小人"无异。孟子的这种看法与孔子"可与言而不与之言，失人；不可与言而与之言，失言"可谓殊途同归，旨在强调说话因人而异的重要性。不同的是，孔子要求人们做智者，孟子则更倾向于要求人们做仁者。

孟子不仅这样说，更是这样做，他在言语交际中时时刻刻贯彻着因人而异的言说主张。《孟子·尽心上》：

公都子曰："滕更之在门也，若在所礼，而不答，何也？"

孟子曰："挟贵而问，挟贤而问，挟长而问，挟有勋劳而问，挟故而问，皆所不答也。滕更有二焉。"

滕更是滕国国君的弟弟，孟子本应以礼相待，可他并没有回答滕更的问题。面对公都子的询问，孟子的回答发人深省。孟子自言有五种人的发问他不予回答，分别是依仗自己的权势而发问的人、依仗自己的贤能而发问的人、依仗自己年长而发问的人、依仗自己有功而发问的人、依仗自己是老交情而发问的人。这五种人的发问被孟子排斥或拒绝，充分说明孟子对言语对象的区分是相当明确的。同时，这也充分表现了他“富贵不能淫，贫贱不能移，威武不能屈”的大丈夫气概。正因如此，孟子能够“说大人，则藐之，勿视其巍巍然。堂高数仞，榱题数尺，我得志，弗为也。食前方丈，侍妾数百人，我得志，弗为也。般乐饮酒，驱骋田猎，后车千乘，我得志，弗为也。在彼者，皆我所不为也；在我者，皆古之制也。吾何畏彼哉？”①

荀子对言语对象也有一定的要求。《荀子·大略》：

> 言而不称师谓之畔，教而不称师谓之倍。倍畔之人，明君不内，朝士大夫遇诸涂不与言。

“一日为师，终身为父。”对特别重视“仁”、“义”、“礼”、“智”的儒家来说，更是如此。所以荀子认为，弟子应该以师言为准则，并时时通过称引的方式表现出自己对老师的遵从，否则就是对老师的背叛。敢于背叛老师，说明此人的品行有问题。明君重用的人都是德才兼备的，自然不应让这样的人进入朝堂之内，士大夫也不应与这样的人说话。《荀子·劝学》云：

> 问楛者勿告也，告楛者勿问也，说楛者勿听也，有争气者勿与辩也。故必由其道至，然后接之，非其道则避之。

在这里，荀子把言说者区分为“问楛者”、“告楛者”、“说楛者”三种。这三种人的“问”、“告”、“说”，只是表达方式上的不同，其言说内容都是不合礼法之事。问、告、说不合礼法之事，就严重违背了儒家的言说原则，所以荀子主张“勿告”、“勿问”、“勿听”，以避免或杜绝不合礼法之事的传播、蔓延。荀子以礼制规范为标准选择合适的交谈对象，接待“由其道”者，回避“非其道”者，强调指出言说必须选择适宜的交际对象。

言说修辞要适应交际对象的身份、地位等问题，《礼记》也有很多论述。《乐记》：“不知声者不可与言音，不知音者不可与言乐。”与不懂音、乐的人对话、交流，无异于对牛弹琴，“知音”一词由此产生。在这方面，《曲礼下》、《杂记》等篇的论述尤为详尽。言说对象的身份、地位不同，言说者的自我称呼也就不同。《礼记·曲礼下》：

---

① 《孟子·尽心下》。

诸侯见天子曰“臣某侯某”，其与民言，自称曰“寡人”。

大夫见天子曰“某士”；自称曰“陪臣某”；于外曰“子”；于其国曰“寡君之老”。

夫人自称于天子，曰“老妇”；自称于诸侯，曰“寡小君”。自称于其君，曰“小童”。自世妇以下，自称曰“婢子”。

周朝实行“分封制”，周天子是名义上的天下共主，诸侯是分封的各国国君，大夫则受封于诸侯。从国家的隶属方面说，天子与诸侯、诸侯与大夫是君臣关系；从家族血缘角度说，他们是大宗与小宗的关系。所以，诸侯在天子面前应当自称为“臣某”、“侯某”，大夫在天子面前当自称为“某士”；而在他分封的领土上，又是一家之长，所以可谦称为“寡君之老”。“夫人”指诸侯国君之妻，她在天子、诸侯面前等的自我称呼自然不同。只有这样，才合乎礼的要求。

问询内容涉及者的身份、地位等不同，回答也要因人而异。《礼记·曲礼下》：

问天子之年，对曰：“闻之，始服衣若干尺矣。”问国君之年，长，曰：“能从宗庙社稷之事矣。”幼，曰：“未能从宗庙稷社之事也。”问大夫之子，长，曰：“能御矣。”幼，曰：“未能御也。”问士之子，长，曰：“能典谒矣。”幼，曰：“未能典谒也。”问庶人之子，长，曰：“能负薪矣。”幼，曰：“未能负薪也。”

问国君之富，数地以对，山泽之所出。问大夫之富，曰：“有宰食力，祭器衣服不假。”问士之富，以车数对，问庶人之富，数畜以对。

同样是问“年”，但对不同人要采用不同的回答。“天子之年”要答之以“始服衣若干尺矣”；“国君之年”需分长幼，是“长”，要答之以“能从宗庙社稷之事矣”，是“幼”则要答之以“未能从宗庙稷社之事也”；……同样是问“富”，不同的人有不同的“富”，回答自然不同。

生者要因人而异，死者也要区别对待。《礼记·杂记上》：

凡讣于其君，曰：“君之臣某死。”父、母、妻、长子，曰：“君之臣某之某死。”君，讣于他国之君，曰：“寡君不禄，敢告于执事。”夫人，曰：“寡小君不禄。”大子之丧，曰：“寡君之适子某死。”

大夫，讣于同国适者，曰：“某不禄。”讣于士，亦曰：“某不禄。”讣于他国之君，曰：“君之外臣寡大夫某死。”讣于适者，曰：“吾子之外私寡大夫某不禄，使某实。”讣于士，亦曰：“吾子之外私寡大夫某不禄，使其实。”

士，讣于同国大夫，曰：“某死。”讣于士，亦曰：“某死。”讣于他国之君，曰:"君之外臣某死。"讣于大夫,曰:"吾子之外私某死。"讣于士,亦曰:"吾子之外私某死。"

死者的身份、地位不同,讣告措辞不同;发讣告的人不同,其讣告措辞也不相同。由此可以推论,任何言说都要注意交际对象,要根据交际对象的不同情况选择合适的言语表达方式,或言或默,只有适合特定交际对象的言说才是正确的,才是合"礼"的。儒家的种种规定要求,尽管是出于遵循礼制的角度,有繁琐、严苛的一面,但言说一定要注意交际对象的具体情况,则有重要的借鉴意义。

(2)立言修辞要注意交际对象的心理

言语交际是由说者与听者共同参与的活动,缺一不可。这就要求必须知己知彼,充分考虑到对方的身份、地位、文化修养、兴趣爱好以及情绪心理等各方面因素,才能保证交际的畅通,获得满意的交际效果。而要提高言说表达的针对性和有效性,言说者则必须注意揣度听者的情绪、心理。比较而言,交际对象的年龄、身份、地位、职业、经历等因素客观易知,而其文化修养、情趣爱好、思想态度等较为隐蔽,尤其是其情绪、心理等难以明了。"凡说之难:在知所说之心"①、"画虎画皮难画骨,知人知面难知心"等,说的就是这个道理。

心理是大脑对客观现实的主观反应。人们通过各种感官认识外部世界,通过大脑思考事物的因果关系,并伴随着喜怒哀乐等不同的情感体验。这个心理过程,包括知、情、意三个方面,看不见、听不到、摸不着,因此人们常把它比喻为"黑箱"。尽管它隐蔽、神秘,但常常会通过人的眼睛、言行等表现出来。在这方面,中国古代的先哲圣贤早有揭示。如《左传·文公十二年》:"使者目动而言肆,惧我也。"又《成公十五年》:"右师视速而言疾,有异志焉。""眼睛是心灵之窗",通过人的眼神可以探知其所思所想;"言为心声",通过人的言辞同样可以探知其心理活动。眼神和言辞是反映人内心世界最关键的两个点,言说者抓住了这两个点并把它们连在一起,得以探知对方"惧我"、"有异志"的心理,得以及时采取有效的应对措施,从而取得了主动。

大凡社会中人,都有七情六欲。"大丈夫喜怒不形于色",是一种成熟,是一种境界,但一般人常会喜怒形于色。"喜色犹然以出,怒色茀然以侮,欲色妪然以愉,惧色薄然以下,忧悲之色瞿然以静。"②心中高兴,神色就显得轻松;心中生

① 高华平、王齐洲、张三夕译注:《韩非子·说难》,中华书局2010年版。(以下引文,版本同此)

② 黄怀信:《逸周书校补注译》,西北大学出版社1996年版,第334页。

气，神色就显得武断；心存私欲，神色就显得苟且；心存恐惧，神色就显得畏缩；心存忧虑，神色就显得拘谨。心理情绪会通过神色表现出来，同样，心理情绪也可直接通过一个人的言辞表现出来：高兴时，言语轻松、欢快；难过时，言语伤感、压抑；生气时，言语急促、沉重……《周易·系辞下》："将叛者其辞惭，中心疑者其辞枝，吉人之辞寡，躁人之辞多，诬善之人其辞游，失其守者其辞屈。"背叛之人，违背事实与良心，心中有愧，其辞必惭；心中疑惑、没有定见之人，其辞必枝蔓芜杂；有德之人不尚表现自己，故其辞寡；急躁之人，说话多，语速快；污蔑他人的人，总想掩饰又掩饰，所以其言辞游疑不定；至于失职之人，其言辞则多含自责之义。神色、言辞表现心理，不同的神色、言辞对应不同的心理，所以从神色、言辞可探知一个人的心理变化。有鉴于此，中国古代司法官常常采用"五听"的方法，通过观察当事人的心理活动来审理案件。"五听"即辞听、色听、气听、耳听、目听。《周礼·秋官·小司寇》："一曰辞听，辞不直则烦；二曰色听，色不直则赧；三曰气听，气不直则喘；四曰耳听，耳不直则惑；五曰目听，目不直则眊然。"司法官在审理案件时，如果注意当事人的陈述是否有道理、陈述时的神情是否从容、气息是否平和、精神是否恍惚、眼睛是否有神，并据此综合判断其陈述是否真实，就可对案情作出合理、正确的判断。

神色、言语可透露一个人的心理变化，所以不仅诉讼断案要察言观色，日常交际也要察言观色，根据对方表现出来的喜怒哀乐适当调整言说方式。而论辩说理更是一场心理战，掌握对方心理是论辩取胜的秘密武器。在这方面，《国语》记载了很多典型事例，如齐桓公向鲁国索要管仲的论战。鲍叔牙向齐桓公举荐了管仲，齐桓公接受了推荐并意图重用管仲，可是管仲尚在鲁国，并且鲁国的施伯不易对付。鲁国知道管仲的济世之才，也知道齐国的意图，怎么会轻易放管仲回齐国呢？管仲甚至会有生命危险。于是，鲍叔牙便以"寡君有不令之臣在君之国，欲以戮之于群臣"为借口，向鲁国索要管仲，最后如愿以偿。再如，骊姬陷害太子申生一事。他们在设计陷害前，先对申生的心理作了分析："其为人也，小心精洁，而大志重，又不忍人。精洁易辱，重偾可疾，不忍人，必自忍也。辱之近行。"根据这一心理分析，骊姬在献公面前采取诽谤、离间策略，导致自尊自爱、心地敦厚而志向远大的申生受献公猜忌厌恶，最后"乃雉经于新城之庙"。骊姬之流尽管是危害国家、陷害他人的阴险小人，但他们对申生的心理分析是准确的，也是他们如愿陷害的重要前提。反之，如果不充分考虑对方的心理、心思，论辩就会失利或失败，甚至会招致灭顶之灾。如伍子胥自恃功高勋重而未能看清君主的心思，直言上谏招致吴王夫差的不满，最后被迫自杀。总之，只有准确地把握住对方的心理，针对对方的心理需求而言说，做到“有的放矢”，才能打动对方、说服对方，才能顺遂如愿。孔子在谈及忠臣谏君时提出了“度主而行之”的主张。《孔子家语·辩政》：“忠臣之谏君，有五义焉：一曰谲谏，二曰戆谏，三曰降谏，四曰直谏，五曰风谏。唯度主而行之，吾从其风谏。”“谲谏”、“戆谏”、“降谏”、“直谏”和“风谏”是五种不同的劝谏方式，各有不同的特点：“谲谏”是委婉地进谏，“戆谏”是迂腐鲁莽地进谏，“降谏”是和颜悦色、平心静气地进谏，“直谏”是直截了当地进谏，“风谏”是婉言隐语进谏。进谏方式不同、特点不同，进谏的效果自然也大不相同。作为人臣，在劝谏时绝对不能仅凭个人感情、意气，而必须揣摩君主的心理、情绪，有选择地运用劝谏方式，方能使君主乐于倾听、采纳自己的建议。孔子的“度主而行之”主张，极富现实指导意义。

人臣劝谏要“度主而行之”，人们在日常谈话中也应如此。孔子在向弟子子张解释“闻”与“达”的区别时说：“夫达也者，质直而好义，察言而观色，虑以下人。在邦必达，在家必达。夫闻也者，色取仁而行违，居之不疑。在邦必闻，在家必闻。”[①]在孔子看来，“闻”只是表面上好“仁”，“达”则是本质上好“仁”。本质上好“仁”，就能严于律己、宽以待人，充分考虑他人的感受。所以孔子认为，品质正直，遇事讲理，善于分析别人的言语，观察别人的脸色，从思想上愿意对别人退让，才是真正的“达”。孔子把“察言而观色”作为“达”的衡量尺度之一，说明了“察言观色”在人们生活中的重要位置。在人与人的社会交往中，一个人如能善于分析别人的言语，观察别人的脸色，就会心中有数而随机应变，妥善处理好各方面的关系，永远立于无危无咎的不败之地。

荀子则主张根据人的内在表现选择是否言说与言说内容。《荀子·劝学》：

> 礼恭而后可与言道之方，辞顺而后可与言道之理，色从而后可与言道之致。故未可与言而言谓之傲，可与言而不言谓之隐，不观气色而言谓之瞽。故君子不傲，不隐，不瞽，谨顺其身。

恭顺有礼、言辞谦逊、乐意听从，是“君子”修为的三个不同阶段，三者由浅入深，由表及里，步步深入。在修为的不同阶段，一个人会有不同的表现。荀子主张，要根据人在不同阶段的表现告诉他相应的内容，不能越级，也不能隐瞒。荀子反对不看对方的面色、神情而与之交谈，强调了察言观色的重要性。

---

① 《论语·颜渊》。

关于立言修辞要顾及对方心理的问题,汉代徐干有所继承和发展。在《中论·贵言》中,徐干进一步发挥说:"君子将与人语大本之源而谈性义之极者,必先度其心志,本其器量,视其锐气,察其堕衰,然后唱焉以观其和,道焉以观其随。随和之徵,发乎音声,形乎视听,著乎颜色,动乎身体。"言说对象的心志、器量、神态等对言语交际都有重要影响,只有充分考虑到对方的心志、器量、神态等因素,言说才能有的放矢,具有针对性,才能取得更好的表达效果。"导人必因其性",古今同理。

关于言语要区分时间、场合、对象及对象的心理等问题,现代语言学家、修辞学家等更加重视,以"情境"、"语境"为论题展开深入讨论,进行反复申说、再三强调,认为修辞必须适合题旨情境,并提高到一个总原则、总纲领的高度:"修辞以适应题旨情境为第一义。"[①]这一原则,可以说是对儒家关于修辞适应时间、地点、场合、对象主张的一个高度概括和发展。

二、道德原则

"不以规矩,不能成方圆。"[②]作为社会意识形态之一,道德是人们共同生活及其行为的准则和规范。它约束着人们的社会生活,也约束着人们的言语行为。关于道德对言语行为的约束作用,早在先秦时期,我国的哲学家、思想家就已有认识,提出了许多独到的见解。其中,先秦儒家最为突出。

儒家以"仁"为核心,建立了一整套道德准则和道德规范。在儒家道德思想体系中,"仁"、"义"、"礼"、"知(智)"、"信"等是核心内容。儒家把"仁"、"义"、"礼"、"知(智)"、"信"等伦理道德置于首位,并以之为标准,规范、调整人们的言语行为。具体到言说表达方面,儒家主张,应遵循如下几个原则:

1."言谈者,仁之文也"——言说要合于"仁"

"仁"是儒家道德的最高理想,是儒家言说的主要内容,同时也是儒家立身行事、品评人物的基本准则。如孔子常以"仁"为标准,辨别、评判一个人的优劣,当其弟子宰我不能理解克己而服三年之丧时,他斥责曰:"予之不仁也!子生三年,然后免于父母之怀。夫三年之丧,天下之通丧也,予也有三年之爱于其

---

① 陈望道:《修辞学发凡》,上海教育出版社1979年版,第11页。

② 《孟子·离娄上》。

父母乎？"[1]孔子十分重视"仁"，说："人而不仁，如礼何？人而不仁，如乐何？"[2]

"仁"包括多方面的内容，有多方面的体现。《礼记·儒行》："温良者，仁之本也。敬慎者，仁之地也。宽裕者，仁之作也。孙接者，仁之能也。礼节者，仁之貌也。言谈者，仁之文也。歌乐者，仁之和也。分散者，仁之施也。儒皆兼此而有之，犹且不敢言仁也。""仁"的这八个方面，即做人的八个基本原则。孔子曰："有德者必有言，有言者不必有德。仁者必有勇，勇者不必有仁。"《论语集释》引李充说："甘辞利口，似是而非者，佞巧之言也。敷陈成败，合连纵横者，说客之言也。凌夸之谈，多方论者，辨士之言也。德音高合，发为明训，声满天下，若出金石，有德之言也。故有德必有言，有言不必有德也。""德"在孔子的思想体系中是一个含义丰富的概念，包括"仁"、"义"、"礼"、"智"、"信"、"忠"、"孝"等多方面的内容，其中"仁"是核心，是重中之重。一个人首先具备了仁德，才能出善言、做善事。所以孔子认为，"有德者必有言"，有仁德的人一定有善言善行，一定有勇有谋。

荀子则直接以"仁"为标准区别"君子"与"小人"的不同。《荀子·非相》：

> 小人辩言险而君子辩言仁也。言而非仁之中也，则其言不若其默也，其辩不若其呐也；言而仁之中也，则好言者上矣，不好言者下也。故仁言大矣。

在荀子看来，"仁"是"小人辩"与"君子辩"的主要区别所在。"君子"是儒家理想人格的代表，所以"君子""言必有中"、言必合"仁"。如果其言说不符合儒家的"仁"德要求，那么说不如不说，善辩不如木讷；如果言说符合儒家的"仁"德要求，那么好言者与不好言者就有高尚、低下之分：好言者高尚，不好言者低下，因为"好言者"的好言有助于"仁"的大力弘扬。荀子从维护儒家伦理道德的需要出发，把"仁"作为言说的重要标准，作为判别言与不言、言优与言劣的重要价值参数，作为衡量"君子"与"小人"的重要尺度。这正是儒家修辞的特色之所在。

"仁"是正确言说的基本准则，在"仁"与口才之间，儒家当"仁"不让。《论语·公冶长》：

> 或曰："雍也仁而不佞。"子曰："焉用佞？御人以口给，屡憎于人。不知其仁，焉用佞？"

---

① 《论语·阳货》。
② 《论语·八佾》。

孔子倡导文饰,欣赏好的口才,前提是必须符合儒家道德。如果不符合“仁”的规定和要求,言辞即便美好巧妙,孔子认为也不足取,应该取“仁”舍“佞”。“焉用佞?”反问加反复,表达了孔子明确而坚定的态度:任何言说表达都要以“仁”为上,都要合于“仁”。总之,儒家认为,“仁”是言语表达必须依循的首要的道德准则。

2.“非礼勿言”——言说要合于“礼”

孔子创立儒学的目的在于恢复周朝的礼制,实现“天下归仁”的理想。《礼记·乐记》:“乐者,天地之和也,礼者,天地之序也。和,故百物皆化;序,故群物皆别。”“礼”是社会的典章制度,也是维护社会等级秩序的道德规范,对人们的言语行为具有强大的约束作用。儒家特别重视礼的这种约束作用,要求人们严格恪守礼的有关规定。

儒家命名要求严格遵循礼的有关规定,要有所避讳。《礼记·曲礼》:

> 名子者不以国,不以日月,不以隐疾,不以山川。

《左传·桓公六年》:

> 公问名于申繻。对曰:“名有五:有信,有义,有象,有假,有类。以名生为信,以德名为义,以类命为象,取于物为假,取于父为类。不以国,不以官,不以山川,不以隐疾,不以畜牲,不以器币。周人以讳事神,名,终将讳之。故以国则废名,以官则废职,以山川则废主,以畜牲则废祀,以器币则废礼。晋以僖侯废司徒,宋以武公废司空,先君献、武废二山,是以大物不可以命。”

周代礼法规定,神的名字要避讳,而国君等重要人物死后为神,将进入祖庙接受祭祀,所以其名字必须避讳。另外规定,用国命名就废除国名,用官命名就更改官职之名,用山川命名就改变山川之名,用牲畜命名就废除祭祀。总之,命名要遵循礼法规定,否则就有违“礼”的规定,犯了忌讳。事实上,现代人们命名尽管没有严格规定,但也有一定要求,如人的大名、学名一般也都尽量避开个人隐疾等。

礼是维护社会等级秩序的制度法规,是约束人们生活方式、思想情操的规范。礼对人们的言行举止具有强大的约束作用,人们的一言一行都要合乎礼的规定与要求。在这方面,《礼记》有详细记述。《冠义》:“凡人之所以为人者,礼义也。礼义之始,在于正容体,齐颜色,顺辞令。容体正,颜色齐,辞令顺,而后礼义备。”《曲礼》:“礼不妄说人,不辞费。礼不逾节,不侵侮,不好狎。修身践言，谓之善行。行修言道，礼之质也。”《礼器》：“出言不以礼，弗之信矣。”

一个人懂得礼义，首先要从日常生活中的小事开始，要做到容貌体态端正、神色表情合宜、言辞合顺得体。做到了容貌体态端正、神色表情合宜、言辞合顺得体等，也就懂得礼义之道了。具体到言说得体，即人们说话要合乎道理，要诚实守信，要“恶言不出于口，忿言不反于身”①，要不枝不蔓、不多不少，恰当合宜。

孔子最讨厌三类事，一是“恶紫之夺朱”，二是“恶郑声之乱雅乐”，三是“恶利口之覆邦家”②。朱色是红色，是所谓的正色；紫色由红色与青色混合而成，是所谓的闲色(杂色)。③ 朱代表正统，紫代表非正统，孔子崇古、反对篡逆，所以他“恶紫之夺朱”。郑声是郑国音乐，雅乐是先王中正和平之乐，郑国音乐淫哀，与雅乐相违。人们喜欢郑声，是以淫乱雅，所以孔子“恶郑声之乱雅乐”。“利口之人，多言少实，苟能说媚时君，倾覆国家。”④伶牙俐齿之人，颠倒黑白，无理辩三分，极易倾覆国家，所以孔子“恶利口之覆邦家”者。孔子之所以厌恶这三类事，主要是因为它们都不合礼的规范和要求。孔子提出：“非礼勿视，非礼勿听，非礼勿言，非礼勿动。”⑤视、听、言、动四种行为，人们可以自主作出选择，合礼的就接受，不合礼的就拒绝，关键在于自己对礼的了解与把握是否到位、自己的情志是否坚定。对不合礼的事情，能够做到不听不看、不言不动或视而不见、充耳不闻，说明其克制能力强、道德修养水平高。可以说，孔子的“非礼勿言”是人们正确言说的一个基本准则，“非礼勿视，非礼勿听，非礼勿言，非礼勿动”是考量一个人道德修养水平高低的重要标准。

孔子认为，无论何时何地，言说表达都要符合“礼”的规定。他还把言语本身当作“礼”。《论语·八佾》载：

> 子入太庙，每事问。或曰：“孰谓鄹人之子知礼乎？入太庙，每事问。”子闻之，曰：“是礼也。”

尹焞曰：“礼者，敬而已矣。虽知亦问，谨之至也，其为敬莫大于此。谓之不知礼者，岂足以知孔子哉？”⑥孔子熟知祭事中的礼乐仪式以及礼器陈设之事，但他仍

---

① 《礼记·祭义》。

② 《论语·阳货》。

③ 《礼记·玉藻》：“衣正色，裳闲色。”皇侃云：“正，谓青、赤、黄、白、黑五方正色也；不正，谓五方闲色也，绿、红、碧、紫、骝黄是也。”

④ 何晏集解，邢昺疏，梁艳华整理：《论语注疏》，山东画报出版社2004年版，第231页。

⑤ 《论语·颜渊》。

⑥ 转引自朱熹：《论语集注》，齐鲁书社1992年版，第25页。

然逐一询问。知而犹问，表现了孔子的勤学好问，也表现了孔子对他人的尊重。换句话说，“入大庙，每事问”本身就是“礼”，“问”是一种恰当的言语行为。孔子在宗庙朝廷与在乡党的不同言语表现，和上大夫、下大夫的交谈，都严格遵循了“礼”的规定，而不越雷池一步。在孔子看来，违反了“礼”的规定就是“失礼”，“失言”是失礼，“失人”也是失礼。[①] 只有“知者”，才能做到不失言也不失人，才是礼数周到之人。事实上，现代社会的人们也非常注重礼节、礼数，并以是否合乎礼法、礼制衡量一个人的言行举止，考察一个人的礼貌程度。合乎礼法、礼制的就肯定、赞扬，不合礼法、礼制的就予以贬斥、否定。依“礼”行事是中华民族自古以来的优良传统。

孟子也相当重视“礼”，认为礼的作用大至关系国家兴亡，小至关乎个人修养，不可或缺。《孟子·离娄上》：“上无礼，下无学，贼民兴，丧无日矣。”如果在上者缺少礼仪，在下者没有教养，就距离国家沦丧不远了。孟子把缺少礼仪与国家兴亡联系起来，强调了“礼”的重要性。《孟子·万章下》：“夫义，路也；礼，门也。”就个人修身而言，“礼”是一个人能够成为“君子”的必经之门。

孟子认为，人们应严格遵循礼制的有关规定。《孟子·离娄下》记载了这样一件事：

> 公行子有子之丧，右师往吊。入门，有进而与右师言者，有就右师之位而与右师言者。孟子不与右师言，右师不悦曰：“诸君子皆与驩言，孟子独不与驩言，是简驩也。”孟子闻之，曰：“礼，朝廷不历位而相与言，不逾阶而相揖也。我欲行礼，子敖以我为简，不亦异乎？”

引文中的右师子敖是齐国权臣，位高权重，仗势而骄，认为人们应该时时尊重他。孟子依礼而行，没有主动与他打招呼而受到他的指责。孟子认为，在朝堂上不越过位次相互交谈、不隔着台阶相互作揖，是符合礼仪的做法，以此对子敖类“有位而无德”之人进行了批评。

《孟子·离娄上》：“言非礼义，谓之自暴也；吾身不能居仁由义，谓之自弃也。”依孟子之见，言谈不符合礼义的行为是自暴，是自我戕害。“天作孽，犹可违；自作孽，不可活。”自暴自弃之人，难以有修为、有成就。

荀子继承孔子思想并发扬光大，对“礼”尤为推崇。《荀子·富国》：“礼者，贵贱有等，长幼有差，贫富轻重皆有称者也。”在荀子看来，贵贱、长幼、亲疏、贫

① 参见陈汝东：《论汉民族先秦时期的言语道德思想》，《语文建设》1997年第6期。

富等差别，各有其次序，人们应认真对待。严格依照这种区分去做，就是遵循了礼。“《礼》者，法之大分，类之纲纪也，故学至乎《礼》而止矣。夫是之谓道德之极。”①荀子把“礼”看作人道之极，强调学习应“始乎诵经，终乎读礼”。

荀子认为，“礼”在修身、治国、安邦等方面具有全方位的作用。《荀子·修身》：“礼者，所以正身也。”《议兵》：“礼者，治辨之极也，强国之本也，威行之道也，功名之总也。”《王霸》：“国无礼则不正。礼之所以正国也，譬之犹衡之于轻重也，犹绳墨之于曲直也，犹规矩之于方圆也，既错之而人莫之能诬也。”荀子把“礼”提高到一个前所未有的政治高度，认为“礼”关乎个人的生存、行事的成败、国家的安宁。《荀子·修身》：

> 凡用血气、志意、知虑，由礼则治通，不由礼则勃乱提僈；食饮、衣服、居处、动静，由礼则和节，不由礼则触陷生疾；容貌、态度、进退、趋行，由礼则雅，不由礼则夷固僻违，庸众而野。故人无礼则不生，事无礼则不成，国家无礼则不宁。

荀子把血气、志意、知虑、食饮、衣服、居处、动静、容貌、态度、进退、趋行等方面的运行、安排，都纳入“礼”的范畴。在他看来，凡是符合礼制规范的，都是好的、美的、正确的；反之，都是坏的、丑的、错误的。较之孔子和孟子，荀子把“礼”的作用无限扩大化、绝对化了。

“礼”具有如此重要的作用与功能，人们必须“饰动以礼义”，严格恪守“礼”的规定。《荀子·不苟》：

> 君子行不贵苟难，说不贵苟察，名不贵苟传，唯其当之为贵。故怀负石而赴河，是行之难为者也，而申徒狄能之；然而君子不贵者，非礼义之中也。山渊平，天地比，齐、秦袭，入乎耳、出乎口，钩有须，卵有毛，是说之难持者也，而惠施、邓析能之；然而君子不贵者，非礼义之中也。盗跖吟口，名声若日月，与舜、禹俱传而不息；然而君子不贵者，非礼义之中也。故曰：君子行不贵苟难，说不贵苟察，名不贵苟传，唯其当之为贵。《诗》曰：“物其有矣，唯其时矣。”此之谓也。

荀子以“礼”为标准来评价“君子”的修身实践，认为“君子”之可贵就在于他一切遵循礼而且符合礼的要求，而不是随“行”而动、随“说”而动、随“名”而动。

荀子“唯其当之为贵”、“礼义之中”的主张，曾具体到何人可以为师的问题

---

① 《荀子·劝学》。

上。《荀子·致士》：

> 师术有四，而博习不与焉：尊严而惮，可以为师；耆艾而信，可以为师；诵说而不陵不犯，可以为师；知微而论，可以为师。故师术有四，而博习不与焉。

“师者，传道、授业、解惑者也。”作为稷下学宫最有学问的人，荀子定然熟悉这个道理。但他认为，博学不是成为老师的必要条件。表面上看，匪夷所思、不可思议，实际上这正体现了儒家的思想行为特点。孔子曾教导人们“入则孝，出则悌”，“谨而信，泛爱众，而亲仁”，“行有余力，则以学文”，认为人要在学会了孝悌、仁爱之后再去学习文献知识。可见，儒家是把做人放在第一位、做事放在第二位的。儒家施行的是育人政策，而承担育人职责的老师，自然更应该成为道德的楷模、行动的标杆。荀子一脉相承，所以不仅要求为师者要尊而有威、年高有信，而且要求为师者解说经典不僭越、不背礼，把道德教育置于首位。

综上，“中礼”是儒家思想言行的重要准则。一个人要做到仁义、恭敬、勇敢、诚信，要以“礼”为原则，言行要“中礼”；否则，就属于“野”、“给”、“逆”之类。何谓“野”、“给”、“逆”？“敬而不中礼谓之野，恭而不中礼谓之给，勇而不中礼谓之逆。”①这种“不中礼”的“野”、“给”、“逆”，是儒家极力反对与避免的。

3.“言思忠”、“修辞立其诚”——言说要诚信

忠信是儒家立言修辞的又一道德准则。《左传·文公十八年》：“孝敬忠信是吉德，盗贼藏奸为凶德。”诚信是一种品格、一种操守，是一种涵养、一种境界。无论是对国家、民族还是对每一个人来说，诚信都是一种宝贵的品质。“人无信不立，国无信则衰。”《左传·僖公二十五年》：“信，国之宝也，民之所庇也。”诚信是做人做事的标准，自然也是言说的标准。

儒家十分重视言说的诚信原则，认为不忠不信之言为“嚚”。《左传·僖公二十四年》：

> 耳不听五声之和为聋，目不别五色之章为昧，心不则德义之经为顽，口不道忠信之言为嚚，狄则皆之，四奸具矣。

“奸”与“德”相对。与“四德”（庸勋、亲亲、昵近、尊贤）相比，不辨颜色、不分好坏、不尚德义、言而无信的“聋”、“昧”、“顽”、“嚚”四种奸邪，是人君治国之大敌，

---

① 《礼记·仲尼燕居》。

也是祸乱所生的根源。“即聋从昧，与顽用嚚，奸之大也。弃德崇奸，祸之大也。”①

《说文解字·㗊部》：“嚚，语声也，从㗊臣声。”“㗊，众口也。”《广雅·释诂》：“嚚，愚也。”“嚚”即“愚”、“恶”之意，显然是奸邪一类。奸邪类的言说行为，不符合人类正道，更不符合儒家仁义道德，它会招灾惹祸，自然应该避免、杜绝。

作为立言修辞的标准，“诚”一方面指言语符合客观事实的真实可信，一方面指人们的真诚守信。言语忠于事实，就真实可信，真实可信就能远离灾祸。《周易·困》卦辞有“有言不信”之语，《彖传》解释为“尚口乃穷也”。讲话别人不相信，起因在于崇尚空谈，不务实际，以致无人信任，趋于穷困。这说明空洞无物的虚言不能赢得他人的信任，言辞只有与实际一致，切实可行，才能恒久无碍。《周易·象》云：“君子以言有物而行有恒。”《左传·昭公八年》：“君子之言，信而有征，故怨远于其身。小人之言，僭而无征，故怨咎及身。”说的就是这个道理。

大到国家小至个人，都不可失却诚信。诚信是立身之本，“言而有信”就能使人心悦诚服，就具有感召力、说服力。曾子曰：“孝子言为可闻，行为可见。言为可闻，所以说远也；行为可见，所以说近也。近者说则亲，远者说则附。”②孔子说“修辞立其诚，所以居业也”，即修辞要以“诚”为出发点和立足点，要围绕着“诚”修饰、调整自己的言语方式、表达策略，这样才能成功。孔子还把言辞之信与正名说联系在一起，曰：

> 名不正，则言不顺；言不顺，则事不成；事不成，则礼乐不兴；礼乐不兴，则刑罚不中；刑罚不中，则民无所错手足。故君子名之必可言也，言之必可行也。君子于其言，无所苟而已矣。③

孔子相当重视名分，认为名分是政治权力的象征、国家存亡的关键。“唯器与名，不可以假人，君之所司也。名以出信，信以守器，器以藏礼，礼以行义，义以生利，利以平民，政之大节也。若以假人，与人政也。政王，则国家从之，弗可止也已。”④在孔子看来，名分不可以出借，当然更不可出错。孔子正名的目的，旨在劝告人们要做符合礼法道义的事情，不要做违背礼法之事。他对言辞的这种

---

① 《左传·僖公二十四年》。

② 《荀子·大略》。

③ 《论语·子路》。

④ 《左传·成公二年》。

态度昭示人们:言说一定要切合实际,一定要真实可信。如此,才能顺利、圆满地做好一件事情。吕不韦发展了孔子的正名理论,说:“名正则治,名丧则乱。使名丧者,淫说也。说淫则可不可而然不然,是不是而非不非。故君子之说也,足以言贤者之实、不肖者之充而已矣,足以喻治之所悖、乱之所由起而已矣,足以知物之情、人之所获以生而已矣。”①

有鉴于此,孔子十分重视言语的忠信原则。他认为,忠信之言具有强大的威力,可以使人畅行无阻:“言忠信,行笃敬,虽蛮貊之邦,行矣。言不忠信,行不笃敬,虽州里,行乎哉?”②的确如此。一个人如果能够把“言忠信,行笃敬”作为座右铭牢记在心,并能时时处处做到“言忠信,行笃敬”,那还有什么地方、什么人能阻挡他呢?真可谓“有理走遍天下,无理寸步难行”。孔子强调说,“君子”要慎重考虑九件事情:“视思明,听思聪,色思温,貌思恭,言思忠,事思敬,疑思问,忿思难,见得思义。”③如能做到耳聪目明、言忠事敬、貌恭色温,就离成功不远了。诚信是“君子”修为的必修课,一日不可缺少。

孟子则把追求诚信作为做人的最高目标和境界,认为“朋友有信”、“思诚”是人之根本。《孟子·离娄上》:

> 居下位而不获于上,民不可得而治也。获于上有道,不信于友,弗获于上矣。信于友有道,事亲弗悦,弗信于友矣。悦亲有道,反身不诚,不悦于亲矣。诚身有道,不明乎善,不诚其身矣。是故诚者,天之道也;思诚者,人之道也。

在孟子看来,一个人要想在社会上安身立命、获得上上下下的信任,就必须时时反思自己的诚意。若能以诚待人、以诚处事,就能“获于上”、“信于友”、“悦亲”、“诚身”。孟子做人做事的“思诚”原则,自然包含了对言说的要求。《孟子·离娄下》:

> 言无实不祥。不祥之实,蔽贤者当之。

赵岐以“善”解“祥”,以“直”解“当”,认为凡言说皆当有其实,曰:“孝子之实,养亲是也;善之实,仁义是也……不善之实何等也?蔽贤之人直于不善之实也。”④在孟子看来,真正的善需有其实,要言而有实。言而不实是不祥之说,它会造成人们的思想混乱,必须清除。

---

① 吕不韦著,张双棣译注:《吕氏春秋译注·正名》,吉林文史出版社1986年版。(以下引文,版本同此)
② 《论语·卫灵公》。
③ 《论语·季氏》。
④ 赵岐:《孟子注疏·离娄下》,中华书局1957年版,第348页。

关于言说的诚信原则，荀子从言语符合实际层面作了论述。《荀子·性恶论》：

善言古者必有节于今，善言天者必有征于人。凡论者，贵其有辨合，有符验。故坐而言之，起而可设，张而可施行。

荀子此论是对墨子“言有三表”说的继承与发展。墨子曰：“言必有三表。何谓三表？子墨子言曰：有本之者，有原之者，有用之者。于何本之？上本之于古者圣王之事；于何原之？下原察百姓耳目之实；于何用之？废以为刑政，观其中国家百姓人民之利。”[①]墨子认为，言论要推本溯源，经得起考察、检验。荀子肯定了墨子此说，强调言论贵在辨合、符验。实践是检验真理的唯一标准。一个人的言论是否正确，必须从各方面去验证，如时间的、空间的、事实经验的等。荀子以辨合、符验为喻，强调言论必须符合客观实际。

言论符合实际，就是要做到名实相符。《荀子·正名》：“名足以指实，辞足以见极，则舍之矣。”荀子认为，名实相符，内容与形式一致就可以了。关于这一点，后世学者有进一步阐释。如董仲舒《春秋繁露·深察名号》：“不法之言，无验之说，君子之所外，何以为哉？”扬雄《法言·问神》：“君子之言，幽必有验乎明，远必有验乎近，大必有验乎小，微必有验乎著。无验而言之谓妄。君子妄乎？不妄。”徐干《中论·贵验》：“事莫贵乎有验，言莫弃乎无征。言之未有益也，不言未有损也。水之寒也，火之热也，金石之坚刚也，此数物未尝有言而人莫不知其然者，信著乎其体也。使吾所行之信，若彼数物而谁其疑我哉？”……

总之，言说必须客观真实，“辩而不辞”，而不能卖弄华丽的辞藻，更不能轻易乱说，“易言曰诞”[②]。只有客观真实，才能取信于人。诚信是先秦儒家的修辞原则，也是我们现代社会的修辞原则。千百年来，中华民族重诚守信，恪守中华民族的优良美德，构建文明、美好、和谐的社会。

4.“言之必可行也”——言行要一致

比较而言，“言必信”主要着眼于言说层面，指言说与客观实际相符的心口如一；“言之必可行也”则主要着眼于实践层面，指言说与实际行动一致的言行合一。言语的终端是行动，不能落实到行动上的言语是虚言。因此，言行一致是儒家对言说的又一重要原则。

---

① 《墨子·非命上》。

② 《荀子·修身》。

儒家认为，一个人要说到做到，言行一致。言行不一，就会失信于人；失信于人，就难以在社会上立足，就会产生一系列不良后果。《国语》："言，身之文也。言文而发之，合而后行，离则有衅。"对此，吕不韦有更进一步的发挥，曰："凡言者以谕心也。言心相离，而上无以参之，则下多所言非所行也，所行非所言也。言行相诡，不祥莫大焉。"[①]在儒家看来，真正的"君子"都是言行一致之人，"君子耻其言而过其行"。在这方面，孔子多次进行了强调。《论语·子路》：

君子名之必可言也，言之必可行也。

《礼记·缁衣》：

大人不倡游言。可言也，不可行，君子弗言也；可行也，不可言，君子弗行也。则民言不危行，而行不危言矣。

君子道人以言，而禁人以行。故言必虑其所终，而行必稽其所敝，则民谨于言而慎于行。

言从而行之，则言不可饰也；行从而言之，则行不可饰也。故君子寡言而行以成其信，则民不得大其美而小其恶。

《礼记·中庸》：

庸德之行，庸言之谨，有所不足，不敢不勉，有余，不敢尽，言顾行，行顾言，君子胡不慥慥尔。

郑玄注"危"曰："危，犹高也。言不高于行，行不高于言，言行相应也。"在孔子看来，言语体现在行动上，是无法掩饰的，"君子"当谨言慎行，要说到做到、言行一致。《论语·为政》：

子贡问君子。子曰："先行其言而后从之。"

又《宪问》：

子曰："君子耻其言而过其行。"

"言"与"行"的关系，可分为下列几种：一是先行后言，二是先言后行，三是边言边行，四是行而不言，五是言而不行。孔子认为，自己"以言取人，失之宰予"，并且由此改变了自己的不足，说："始吾于人也，听其言而信其行；今吾于人也，听其言而观其行。于予与改是。"[②]宰予是孔子的著名弟子，能言善辩，但孔子认为他言行不一。孔子认为，"君子"应"敏于事而慎于言"。"言"最终落实、

① 《吕氏春秋·淫辞》。

② 《论语·公冶长》。

体现在“行”上，可见“行”比“言”更重要。所以仁人君子可以先行后言、行而不言，也可以先言后行、边言边行，但不能言而不行。言行一致是衡量“君子”人格的重要标准。曾子也提出过类似看法，曰：“行必思言之，言之必思复之，思复之必思无悔言，亦可谓慎矣！人信其言，从之以行。人信其行，从之以复。”[①]强调言说的可行性，主张言行合一。

儒家相当尊崇言行一致的人。如孔子认为，如果一般人做到了言行一致，也可算得上一种士了。《论语·子路》：

> 子贡问曰：“何如斯可谓之士矣？”
>
> 子曰：“行己有耻，使于四方，不辱君命，可谓士矣。”
>
> 曰：“敢问其次。”
>
> 曰：“宗族称孝焉，乡党称弟焉。”
>
> 曰：“敢问其次。”
>
> 曰：“言必信，行必果，硁硁然小人哉！——抑亦可以为次矣。”

从孔子对子贡的回答中可以看出，“士”有三种：第一种是“行己有耻，使于四方不辱君命”者；第二种是被“宗族称孝”、“乡党称弟”者；第三种是“言必信，行必果”者。做到了“言必信，行必果”，也就做到了言行合一。在这里，孔子把“小人”归为次一等的士，可见“小人”并非指品格卑劣之人，而是指地位较低、境界不高的普通人。对他们来说，能做到“言必信，行必果”，就已经很可贵了。

当然，儒家也不是绝对要求言行一致，他们认为应以儒家的仁义道德为前提。孟子指出：“大人者，言不必信，行不必果，惟义所在。”孟子认为，要根据具体情况通权达变，而通权达变的标准就是“义”。“言必信”是指导人们言说的基本原则，“义”则是更高的原则，“言必信”应该服从、服务于“义”。

荀子也特别注重知行合一、言行一致，曰：“小人不诚于内而求之于外……不足于行者说过，不足于信者诚言。”[②]荀子把知行合一、言行一致之人视为国宝。《荀子·大略》：

> 口能言之，身能行之，国宝也。口不能言，身能行之，国器也。口能言之，身不能行，国用也。口言善，身行恶，国妖也。治国者敬其宝，爱其器，任其用，除其妖。

---

① 《大戴礼记·曾子立事》。

② 《荀子·大略》。

在这里，荀子把人分为四类：第一类人既能说也能做，能够知行合一，言行一致，是国家的依靠，是栋梁之材；第二类人虽然不善言谈却能够身体力行、率先垂范，或说得少做得多，是国家可以倚重之人；第三类人善谈却不能干，可用其所长避其所短；第四类人当面一套背后一套，巧言令色，表里不一，是国妖，是害群之马，当处之而后快。所以大到国家，小到公司，都应该把荀子之言作为用人的准则，知人而善任。

先秦时期，人们崇尚“立德”、“立功”、“立言”三不朽的境界。而从当时的实际情况看，人们所立之“言”无一不是有德之言，无一不是合于儒家“仁”、“义”、“礼”、“信”等道德规范之言。在儒家道德规范的衡量下，巧言、谗言、伪言、谮言等都是应该抛弃的，因为它们或缺乏真情实感，或掩盖事实真相，只工于形式，而有悖于言语传情达意的本质，有悖于儒家做人做事的原则，如刘向所言：“巧言使信废”①，“谗谀乱正心”②。这方面的事例不胜枚举。另外，“讪言”和“道听途说”之言也当被摒弃。《论语·阳货》记载，子贡问曰：“君子亦有恶乎？”子曰：“有恶：恶称人之恶者，恶居下流而讪上者，恶勇而无礼者，恶果敢而窒者。”“讪”即毁谤，是一种利用言语对他人进行人身攻击的不道德行为。而“道听途说”之言多为缺乏事实根据的无稽之言，是一种背离道德准则的行为，自然也应被摒弃。如《尚书·大禹谟》记载：“允执厥中。无稽之言勿听，弗询之谋勿庸。”《论语·阳货》：“道听而塗说，德之弃也。”对这句话，皇侃的解释相当精辟。他说：“记问之学，不足以为人师。师人必当温故而知新，研精久习，然而乃可为人传说耳。若听之于道路，道路乃即为人传说，必多谬妄，所以为有德者所弃也，亦自弃其德也。”③道听途说者自弃其德，自然应该为有德者所弃。

荀子坚决反对没有根据的话。他认为，凡是没有根据之言，都应谨慎对待。《荀子·致士》：

> 凡流言、流说、流事、流谋、流誉、流愬，不官而衡至者，君子慎之。闻听而明誉之，定其当而当，然后士其刑赏而还与之，如是则奸言、奸说、奸事、奸谋、奸誉、奸愬莫之试也，忠言、忠说、忠事、忠谋、忠誉、忠愬莫不明通，方起以尚尽矣。夫是之谓衡听、显幽、重明、退奸、进良之术。

---

① 刘向：《说苑·指武》。

② 刘向：《说苑·指武》。

③ 转引自刘宝楠撰，高流水点校：《论语正义》，中华书局1990年版，第694页。

杨倞注："流者，无根源之谓。"荀子认为，"君子"应当对所有的"流言、流说、流事、流谋、流誉、流愬"慎重对待，对一切"奸言、奸说、奸事、奸谋、奸誉、奸愬"予以杜绝，对全部的"忠言、忠说、忠事、忠谋、忠誉、忠愬"公开表达宣传。荀子把"流言"、"奸言"与"忠言"并置而谈，旨在贬抑前者、褒扬后者。

言语要遵守"仁"、"义"、"礼"、"信"等道德规范，儒家这一言说原则对我们仍有积极的现实意义。在建设社会主义物质文明和精神文明的今天，我们依然要遵循诚实守信、言行一致的原则，遵奉上下有别、长幼有序的原则，要友爱、友谅、互助、谦逊、礼让，杜绝言论的假大空，杜绝一切有违社会道德规范的花言巧语、流言蜚语、阿谀奉承之语，构建一个真善美的和谐社会。

三、美学原则

1."允执其中"——言说要适度

辩证唯物主义告诉我们，任何事物都有一定的质和量，任何事物的存在都是质与量的统一。但这种统一不是一成不变的，事物总是通过量变和质变的相互交替，实现由低级到高级、由简单到复杂的发展。此事物与彼事物之间也存在一种既对立又统一的关系，正确地认识和掌握它们间的关系，就要准确地把握一个"度"，防止"度"的超过或不及。遵循辩证唯物主义的适度原则，就能更好地处理问题、解决问题，做到恰如其分、恰到好处、适宜得体。关于这个问题，古代谓之"中"。

"中"，甲骨文作"[illegible]"，"中"像旗杆，上下有旌旗和飘带，旗杆正中竖立，其本义为中心、当中，指一定范围内适中的位置。在中国古代哲学中，"中"代表不偏、中正的意思。《论语·尧曰》：

> 尧曰："咨！尔舜！天之历数在尔躬，允执其中。四海困穷，天禄永终。"舜亦以命禹。

作为四方部落首领，舜仁义孝悌，大公无私，躬耕劳作，勤政爱民，极为贤明。尧非常欣赏舜的为人与品德，在禅位时说了这句话，希望舜能够不偏不倚，用心地治理好天下。对于舜，孔子也有评价，说："舜其大知也与！舜好问而好察迩言，隐恶而扬善，执其两端，用其中于民，其斯以为舜乎！"[①]在孔子看来，舜之所以成为舜，就在于他能够适度地把握好人们认识上过与不及的两端，取中间的意见

① 《礼记·中庸》。

施行于民众。明代学者方孝孺在论述“圣人”之道时也肯定了这一点，他在《夷齐》中说：“圣人之道，中而已矣，尧、舜、禹三圣人为万世法，一‘允执厥中’也。”

关于“中”，朱熹《论语集注》曰：“中者，不偏不倚，无过不及之名。”段玉裁《说文解字注》曰：“中者，别于外之辞也，别于偏之辞也，亦合宜之辞也。”郭沫若《金文诂林·扶风齐家村器群释文》训曰：“中，即射箭中的之中，一圈示的，一竖示众，乃会意字。”可见，“中”即中正不偏、无过无不及、适度适中、恰到好处之意。所以，后人由先王的“执中”发展出“执两用中”一词。所谓“执两用中”，就是正确把握事物的两端，在两端间找出合度的“中”来，使事物保持一种平衡、适度、和谐、稳定，从而避免偏于一端的危险。也就是说，做事要根据不同情况、采取适宜的办法。

“中”为不偏不倚、恰到好处的适度。关于这一点，儒家多次作了论述。《尚书·大禹谟》曰：“人心惟危，道心惟微，惟精惟一，允执厥中。”孔颖达把“中”解释为中正，认为“允执厥中”即“信执其中正之道”。《周易》对“中”的论述尤多，其中有“中正”、“正中”、“得中”、“时中”、“中行”、“中道”、“在中”、“行中”等说，共有 29 种提法，涉及 36 卦，计 43 爻①。

孔子也多次论及“中”。《论语·子路》：“不得中行而与之，必也狂狷乎！狂者进取，狷者有所不为也。”“狂”是勇于进取，“狷”是洁身自好。如果只是一味地进取而不顾及其他，就会失之于“过”；如果只是洁身自好而不进取、不作为，则会失之于“不及”。“过”和“不及”，皆不可取。孔子在评价子张与子夏时作了具体论述。《论语·先进》：

> 子贡问：“师与商也孰贤？”子曰：“师也过，商也不及。”
>
> 曰：“然则师愈与？”子曰：“过犹不及。”

子张与子夏的为人处世与性格脾气大不相同，“子张才高意广，而好为苟难，故常过中。子夏笃信谨守，而规模狭隘，故常不及”②。所以当子贡询问是否子张更好时，孔子回答说“过犹不及”，认为过和不及同样不好。那怎样才是适中合度的呢？孔子认为，“中”就是礼，言行合乎礼的要求、礼的规定，就是适中合度的，就是好的。《礼记·仲尼燕居》：

> 仲尼燕居，子张、子贡、言游侍，纵言至于礼。子曰：“居？女三人者，吾

---

① 参见李巍：《美在〈易〉中寻》，转引自姜澄清：《易经与中国艺术精神》，辽宁教育出版社 1990 年版，第 11 页。

② 朱熹：《论语集注》，齐鲁书社 1992 年版，第 107 页。

语女礼，使女以礼周流，无不遍也。”子贡越席而对曰：“敢问何如？”子曰：“敬而不中礼谓之野，恭而不中礼谓之给，勇而不中礼谓之逆。”子曰：“给夺慈仁。”子曰：“师！尔过而商也，不及。子产犹众人之母也，能食之不能教也。”子贡越席而对曰：“敢问将何以为此中者也？”子曰：“礼乎礼！夫礼所以制中也。”子贡退。言游进曰：“敢问礼也者，领恶而全好者与？”子曰：“然。”

孔子把“礼”视为“中”，以“礼”作为执中、用中的依据，执中即执礼，言行举止要不偏不倚，不改不易，无过无不及，合乎“礼”的规定与要求。荀子十分赞同孔子此说，进一步指出：“曷谓中？曰：礼义是也。”[①]可见，“礼”所要求的就是中正平和、中规中矩，不逾越，不过度。孟子也赞同“执中”，但他更主张“执中有权”。《孟子·尽心上》：

杨子取为我，拔一毛而利天下，不为也。墨子兼爱，摩顶放踵利天下，为之。子莫执中。执中为近之。执中无权，犹执一也。所恶执一者，为其贼道也，举一而废百也。

杨朱吝啬自私，是极端的个人主义者，墨子大公无私，是一个利他主义者。孟子认为，执中比较正确，但最好能做到有所变通，否则就固执一端成为“执一”了。

“中庸之为德也，其至矣乎！民鲜久矣。”[②]儒家把用“中”看作最高的道德标准，并把“中”作为分析问题、解决问题的重要方法。在儒家看来，“中”可灵活运用于社会生活的各个方面：政治上，儒家主张君君、臣臣，要求君、臣各按自己的标准去做，如果离开了各自的标准，过或不及，都不是为君、为臣之道；干禄上，仕与不仕也要把握好“度”，“可以仕则仕，可以止则止，可以久则久，可以速则速”[③]；人伦关系上，主张各守本分，严格遵循为父为子之道，反对“父不父，子不子”；人际关系上，主张“和而不同”、“周而不比”、“群而不党”；行为上，主张持“中行”之道，否则就会导致片面化，或过激或保守，“不得中行而与之，必也狂狷乎！狂者进取，狷者有所不为也”[④]。在文艺批评、文艺审美方面，儒家也坚持了“中”的标准，如孔子认为《关雎》“乐而不淫，哀而不伤”[⑤]；吴公子季札认为《周

① 《荀子·儒效》。
② 《论语·雍也》。
③ 《孟子·公孙丑上》。
④ 《论语·子路》。
⑤ 《论语·八佾》。

南》、《召南》“勤而不怨”，《邶》、《鄘》、《卫》三风“忧而不困”，《王》风“思而不惧”，《豳》风“乐而不淫”，《魏》风“大而婉，险而易行”，《小雅》“思而不贰，怨而不言”，《大雅》“曲而有直体”，古乐《大夏》“勤而不德”，周、鲁、商三《颂》“直而不倨，曲而不屈，迩而不偪，远而不携，迁而不淫，复而不厌，哀而不愁，乐而不荒，用而不匮，广而不宣，施而不费，取而不贪，处而不底，行而不流”①；荀子认为，“《诗者》，中声之所止也”②，“乐中平则民和而不流”③；等等。儒家的中庸之道还体现在对“君子”的要求方面，如儒家要求“君子”“惠而不费，劳而不怨，欲而不贪，泰而不骄，威而不猛”④，“宽而不僈，廉而不刿，辩而不争，察而不激，寡立而不胜，坚强而不暴，柔从而不流，恭敬谨慎而容”⑤。作为仁人君子的典范，孔子本身做到了“温而厉，威而不猛，恭而安”⑥。对这种“……而不……”的表达模式，言说者主要取其“中”，以表达一种中和、适度的观点或看法。

荀子则把中和适度作为调理血气、修养心境的方法，曰：“血气刚强，则柔之以调和；知虑渐深，则一之以易良；勇胆猛戾，则辅之以道顺；齐给便利，则节之以动止；狭隘褊小，则廓之以广大；卑湿、重迟、贪利，则抗之以高志；庸众驽散，则劫之以师友；怠慢僄弃，则炤之以祸灾；愚款端悫，则合之以礼乐，通之以思索。”⑦刚柔相济、调和折中的结果是达到一种和谐美好的状态或境界。另外，荀子对游说之士的批评、对“圣人”的赞赏也是从“中”的角度进行的。《荀子・解蔽》：“墨子蔽于用而不知文，宋子蔽于欲而不知得，慎子蔽于法而不知贤，申子蔽于势而不知知，惠子蔽于辞而不知实，庄子蔽于天而不知人。”荀子认为，墨子、宋子、慎子、申子、惠子、庄子等之所以被蒙蔽，就在于他们只看到了“道之一隅”，没有很好地把握住事物的两端。而“圣人”之所以为“圣人”，就在于他们能全面地看问题，在中间树立了一个正确的标准并加以权衡，“兼陈万物而中县衡焉”⑧。

作为认识问题、处理问题的原则和方法，“执两用中”的适度原则屡屡被儒

① 《左传・昭公二十九年》。
② 《荀子・劝学》。
③ 《荀子・乐论》。
④ 《论语・尧曰》。
⑤ 《荀子・不苟》。
⑥ 《论语・述而》。
⑦ 《荀子・修身》。
⑧ 《荀子・解蔽》。

家当作修辞的标准。孔子云“过犹不及”，荀子云“言而当”，都是说言语表达要适当，要有法度、有节制。考察《论语》、《孟子》、《荀子》等儒家著述我们也会发现，孔子、孟子、荀子在言语实践中是严格贯彻了适度原则的。如孔子主张“辞巧”，以“情信”节之；其“辞达”说，既指言辞的明白、通达，也不反对文饰求工；他在话语中多用平易质朴、通俗易懂的大众语言，却也不乏比喻、排比、对偶、顶真、对比、夸张、反问、设问等修辞技巧。孟子一方面认为“言无实不祥”，一方面在其辩论中时时充满了引人入瓮的机关“陷阱”；一方面说“言必信”，一方面又说“大人者，言不必信，行不必果，惟义所在”。“义者，宜也。”在孟子看来，言信也要因时而宜，要看它是否合于“义”。荀子贵“文”，主张“言语之美，穆穆皇皇”，但并没有一味地追求文章的华美丰赡，而要求以“礼义”节之。由此可见，儒家的言语主张和言语实践充满了辩证统一色彩。

儒家用“中”的目的在于维护封建社会的等级秩序，固然有其局限性，但它给了我们有益的方法论启示。它告诉我们，无论说话还是做事，都不能太绝对，不能偏执一端，而要把握好尺度、分寸，做到恰如其分、恰到好处，达到“增之一分则太长，减之一分则太短，著粉则太白，施朱则太赤”①的理想境界。

2.“发而皆中节谓之和”——言说要和谐

“夫德莫大于和，而道莫正于中。中者，天地之美达理也，圣人之所保守也。”②“中”是基本准则，合理用“中”则可以达到和谐统一、浑然一体的“和”的理想境界。《礼记·中庸》：

> 喜怒哀乐之未发谓之中，发而皆中节谓之和。中也者，天下之大本也；和也者，天下之达道也。致中和，天地位焉，万物育焉。

朱熹注曰：“盖天命之性，万理具焉，喜怒哀乐各有攸当。方其未发，浑然在中，无所偏倚，故谓之中。及其发，而皆得其当，无所乖戾，谓之和。”③在这里，“中”与“和”既有内外、静动的区别，又有你中有我、我中有你的联系。“‘中和’就是以‘中’为标准的、合乎礼义、不偏不倚、不过分又无不及的‘和’。”④

作为一种审美范畴，“和”最早出现于《国语·郑语》。史伯与郑桓公讨论天下时局时指出：

---

① 宋玉：《登徒子好色赋》，吴广平：《楚辞全解》，岳麓书社2008年版，第429页。

② 苏舆撰，钟哲点校：《春秋繁露义证·循天之道》，中华书局1992年版，第444页。

③ 朱熹：《四书纂疏·中庸纂疏》，新兴书局1972年版，第26～27页。

④ 周来祥：《和·中和·中》，《三论美是和谐》，山东大学出版社2007年版，第231页。

夫和实生物,同则不继。以他平他谓之和,故能丰长而物归之;若以同裨同,尽乃弃矣。故先王以土与金木水火杂,以成百物。是以和五味以调口,刚四支以卫体,和六律以聪耳,正七体以役心,平八索以成人,建九纪以立纯德,合十数以训百体。……声一无听,物一无文,味一无果,物一不讲。

史伯认为,周朝衰败的原因是"去和而取同"。所谓"和",是把不同的事物或对立的事物通过一定的方式或规则进行组织、调配而达到有机统一、和谐一致;而"同"只是"以同裨同",同类事物简单地叠加在一起。"和"与"同"具有不同的作用:"和"能促进万物生长,"阴阳和乃万物生","同"只会导致事物的消亡。由此推之,只有一种声音不会产生音乐,只有一种颜色不会产生文彩。一种事物必须与其他事物相成相济才能有成,五声相杂然后成为音乐,五色相杂然后成文彩,五味相合然后有美味。而众多要素的相杂相合有一定之规,只有"以他平他"才能成"和";只有"和"才能生发新的事物,给人耳目一新的美感。对此,晏子作了更具体、更形象的论述。《左传·昭公二十年》:

和如羹焉,水、火、醯、醢、盐、梅以烹鱼肉,燀之以薪。宰夫和之,齐之以味,济其不及,以泄其过。君子食之,以平其心。……声亦如味,一气,二体,三类,四物,五声,六律,七音,八风,九歌,以相成也。清浊,小大,短长,疾徐,刚柔,迟速,高下,出入,周疏,以相济也。君子听之,以平其心。……若以水济水,谁能食之?若琴瑟之专一,谁能听之?同之不可也如是。

在晏子看来,"相成相济"乃成"和"。晏子以烹制鱼肉为喻把"和"的道理作了深入浅出的解释,很有见地。《礼记·乐记》:

五色成文而不乱,八风从律而不奸,百度得数而有常,小大相成,终始相生,倡和清浊,迭相为经。

音乐如此,语言表达也是如此。言说内容必须与表达语气的轻重缓急、语调的高低升降、语速的快慢以及遣词用句、起承转合等多种因素"相成相济",才能收到较好的表达效果。尤其是声音上高低长短、轻重缓急等的巧妙搭配,会产生音乐的美感;抑扬顿挫、朗朗上口的话语更容易打动人、感染人,更容易让人接受。

从表达主体方面说,多种事物的"相成相济"产生了"和";而从接受主体角度看,"和"的事物、"和"的音乐、"和"的言语更易于人们感官的接受。《礼记·经解》篇分析了《诗》、《书》、《乐》、《易》、《礼》、《春秋》的弊端,指出:"《诗》之失愚,《书》之失诬,《乐》之失奢,《易》之失贼,《礼》之失烦,《春秋》之失乱。其为人也，温柔敦厚而不愚，则深于《诗》者也；疏通知远而不诬，则深于《书》者也；广博易良而不奢，则深于乐者也；洁静精微而不贼，则深于《易》者也；恭俭庄敬而不烦，则深于《礼》者也；属辞比事而不乱，则深于《春秋》者也。”《诗》温柔敦厚，同时又失之于愚；《书》疏通知远，同时又失之于诬；乐广博易良，同时又失之于奢；《易》洁静精微，同时又失之于贼；《礼》恭俭庄敬，同时又失之于烦；《春秋》属辞比事，又失之于乱。一正一反，一长一短，有失于“和”。理想状态应当是：温柔敦厚而不愚，疏通知远而不诬，广博易良而不奢，洁静精微而不贼，恭俭庄敬而不烦，属辞比事而不乱。应当取其所长，避其所短，做到中和适度、和谐统一。《论语·学而》：

> 有子曰：“礼之用，和为贵。先王之道，斯为美；小大由之。有所不行，知和而和，不以礼节之，亦不可行也。”

在儒家看来，用礼时要以和为贵、以和为美，但不能为和而和，而应以礼节之。“礼”是手段，“和”是目的。这与儒家的言说道德原则是相一致的。言说表达要以“礼”为准则，以“和”为旨归。只有合“礼”的“和”，才是真正的“和”。可以说，“和”是一种状态，更是一种境界。所以我们认为，荀子的多样统一，归根到底，也是“和”的问题。《荀子·荣辱》：“‘斩而齐，枉而顺，不同而一。’夫是之谓人伦。”在荀子看来，有了不齐才能整齐，有了枉曲才能顺从，有了不同才能同一。不齐而齐、不顺而顺、不同而同的过程，就是多种不同事物根据一定的准则或方法统一的过程、“和”的过程。只有“和”，才能综合发挥各个因素、各个方面的力量，做到攻无不克、战无不胜，如荀子所说：“和则一，一则多力，多力则强，强则胜物。”①

在儒家修辞的诸多原则中，道德原则居于主导地位、根本地位。在道德原则的制约下，立言修辞要符合题旨情境原则、美学的适度原则。符合这三个原则的语言表达，就做到了适宜得体、恰到好处，就能达到尽善尽美的理想境界。

---

① 《荀子·王制》。

第五节 “知言”、“解蔽”——儒家论话语理解

当代汉语修辞学告诉我们，修辞是一个由说写者与听读者共同构成的交际系统，包括了话语建构和话语理解两个双向过程。话语建构关涉信息的编码、传输，话语理解是对话语及相关信息的接收、解析，二者共同参与、相互作用，才能保证言语交际的顺利进行。所以在某种意义上，听比说更重要。因为听读者只有准确、正确地解读说写者的话语，才能及时作出恰当、合理的反馈，使说写者的表达意图得以贯彻、落实。

正确理解话语是新一轮交际顺利进行的前提。在具体的言语表达中，孔子、孟子、荀子常根据接受对象的理解水平及时调整自己的表达策略，并且提出了很多影响深远的重大命题，如“知言”说、“以意逆志”说、“解蔽”说等，为人们正确理解话语提供了很多有益的启示。

一、“知言”

“人者，其天地之德，阴阳之交，鬼神之会，五行之秀气也。故人者，天地之心也，五行之端也，食味，别声，被色，而生者也。”①作为社会的基本构成单位，人是能够有意识地支配自己的行为、使用语言交流的高级动物。但人具有多面性，所以其心理特别难以揣摩。对此，孔子阐明了自己的看法，说：“凡人心险于山川，难于知天。天犹有春秋冬夏旦暮之期，人者厚貌深情。故有貌愿而益，有长若不肖，有顺怀而达。有坚而缦，有缓而钎。”②在孔子看来，相貌有别，人心最为难测。那怎样判别一个人的好坏呢？孔子认为，可采用九种办法，即“远使之而观其忠，近使之而观其敬，烦使之而观其能，卒然问焉而观其知，急与之期而观其信，委之以财而观其仁，告之以危而观其节，醉之以酒而观其侧，杂之以处而观其色”③。这样了解、考察一个人固然不失客观，但这是身居上位者才能做到的事。了解、考察一个普通人应该怎么做呢？孔子曰：“视其所以，观其所由，

---

① 《礼记·礼运》。

② 《庄子·列御寇》。

③ 《庄子·列御寇》。

察其所安。人焉廋哉？人焉廋哉？”[①]在这里，孔子提出了“视”、“观”、“察”三种方法。“视”、“观”、“察”都有“看”的意思，意义基本相同，但它们看的内容并不一样：“视”看的是“其所以”，即这个人的言行；“观”看的是“其所由”，即这个人言行的原因、背景；“察”看的是“其所安”，即这个人的言行动机。在知人一事上，孔子曾有失误，之前他了解一个人是“听其言而信其行”，自从发现宰予言行不一后便改变了观点与做法，主张“听其言而观其行”。可见，了解一个人首先应查看其日常言行，做到“知言”。

所谓“知言”，就是理解话语，孔子是把它作为“知人”的前提条件而提出的。《论语·尧曰》：“不知言，无以知人也。”言语是一个人内心世界的反映。我们固然不能仅凭一个人的言论判断其品质的好坏优劣，但认真倾听、分析、正确理解他的言论，则有助于我们对这个人思想、性格、作风、做派等的了解和掌握。如刘宝楠所说：“言者心声。言有是非，故听而别之，则人之是非亦知也。”[②]并评价说：“孔子‘知言’即知人之学。”孔子的“不知言，无以知人也”，寥寥数语，简明扼要地道出了“知言”以知人的目的与作用。

孟子也论及“知言”。《孟子·公孙丑上》：“我知言，我善养吾浩然之气。”孟子的“知言”，指的是“诐辞知其所蔽，淫辞知其所陷，邪辞知其所离，遁辞知其所穷。”能从“诐辞”、“淫辞”、“邪辞”、“遁辞”四种不同的言语表现中看出它们的弊端所在，实际上是辨别言辞中的是非善恶的一种能力。这种能力，一是源于对言说者心理的揣摩，二是源于对言辞是非善恶辨别标准的掌握。人心不是不可以揣摩，而是像孔子说的难以揣摩，所以能准确把握言说者的心理是一种能力，一种非凡的能力。朱熹曰：“人之有言，皆本于心。其心明乎正理而无蔽，然后其言平正通达而无病。苟为不然，则必有是四者之病矣。”[③]一般而言，人光明磊落、心底坦荡时，说出的话就会客观公正，合乎正理，掷地有声；反之，就会闪烁其词，遮遮掩掩，偏于一隅。言辞能表现一个人的心理，一个人的心理也会在言辞上有所表现，言辞与心理的关系十分密切，如《周易·系辞下》所云：“将叛者其辞惭，中心疑者其辞枝，吉人之辞寡，躁人之辞多，诬善之人其辞游，失其守者其辞屈。”如此种种，不同的心理有不同的言语表现。悉心体察言说者的言辞，就可以了解其心理、把握其心理。

---

① 《论语·为政》。

② 刘宝楠撰，高流水点校：《论语正义》，中华书局1990年版，第769页。

③ 朱熹：《孟子集注》，齐鲁书社1992年版，第40页。

有时候，人的心理还通过说话时的神态表现出来，如眼神的变化等。关于这一点，《左传》在记述历史事件的过程中曾对言说者言说背后的心理活动有所描写和揭示。《左传·文公十二年》："秦伯以璧祈战于河……秦行人夜戒晋师曰：'两君之士皆未憖也，明日请相见也。'臾骈曰：'使者目动而言肆，惧我也，将遁矣。薄诸河，必败之。'"在秦晋河曲之战中，晋国大夫臾骈通过秦使的"目动"与"言肆"一下就看穿了秦国的阴谋。《左传·成公十五年》："鱼石、向为人、鳞朱、向带、鱼府出舍于睢上。华元使止之，不可。冬十月，华元自止之，不可，乃反。鱼府曰：'今不从，不得入矣。右师视速而言疾，有异志焉。若不我纳，今将驰矣。'登丘而望之，则驰。骋而从之，则决睢澨，闭门登陴矣。"卿大夫华元在平息宋国内乱时屡次劝阻鱼石、向为人等人未果，非常气愤。鱼府从华元"视速而言疾"的表现中看到了他们的结局："今不从，不得入矣"，"若不我纳，今将驰矣"。最后的结果也的确如此。华元屡劝不果，遂改变策略。他飞奔而回，决开睢水堤防，关闭城门，登城设防，以致鱼府等人追赶不及，没能回到宋国。也就是说，鱼府的判断是非常正确的，而他这一正确判断则源自对华元"视速而言疾，有异志焉"的观察。由此可见，眼神、言辞与心理有密切关系。孟子在论述眼神、言辞与心理的关系时说："存乎人者，莫良于眸子。眸子不能掩其恶。胸中正，则眸子瞭焉；胸中不正，则眸子眊焉。听其言也，观其眸子，人焉廋哉？"[①]心理会影响一个人的神态及其语言表达，神态、言辞也会反映一个人的心理，它们具有一定程度的对应性。所以，通过一个人的眼神和言辞，完全可以探知其内心活动，了解其所思所想。

孟子"知言"的能力源于对言辞是非善恶辨别标准的掌握。而孟子辨别是非善恶的标准，就是儒家的仁义道德。关于这一点，程子说："心通乎道，然后能辨是非，如持权衡以较轻重，孟子所谓'知言'是也。""孟子知言，正如人在堂上，方能辩堂下人曲直。若犹未免杂于堂下众人之中，则不能辩决矣。"[②]元许谦《读四书丛说》："知言即是知道……知道理明，故能知天下之言之邪正得失。"焦循《孟子正义》："此四者，非通于大道，明于六经，贯乎伏羲、神农、黄帝、尧、舜、文王、周公、孔子之学，鲜克知之。孟子闻而知其趋，则好古穷经之学深矣。"可以看出，他们基本把握了孟子"知言"的精髓，对孟子"知言"的解释是十分正确的。

---

① 《孟子·离娄上》。

② 转引自朱熹：《孟子集注》，齐鲁书社 1992 年版，第 40 页。

孟子以仁义之道作为辨别是非、曲直、善恶、美丑的标准，也就是说，若“知言”必先知“道”。知“道”有助于“知言”，而“知言”则可以更好地从中汲取有益的营养以修身养性，提升自己的品德。这也是儒家修身的重要方法。孟子认为，沟通“道”与“知言”的途径是“养气”。

气是构成人体和维持人体生命活动的最基本物质，它先天来自父母，后天来自五谷，遍布全身，不可或缺。孟子曰：“气，体之充也。”王充曰：“人生于天地也，犹鱼之于渊，虮虱之于人也。因气而生，种类相产。”[①]“气”是人的本质所在，是一个人生命的具体显现。一个人“气”充体内，就会显得生机勃勃；而缺乏这种气或“气馁”，就会显得萎靡不振。然而，孟子所讲的“气”并不是物质层面的气，他要人们培养、积聚的是精神层面的气，是“浩然之气”。什么是“浩然之气”？孟子的回答意味深长。他说：“难言也。其为气也，至大至刚以直养而无害，则塞于天地之间。其为气也，配义与道；无是，馁也。”焦循认为，“以直养”就是以“义”养：“直即义也。缘以直养之，故为正直之气；为正直之气，故至大至刚。”[②]关于“配义与道”，毛奇龄《逸讲笺》解释说：“配义与道，正分疏直养。无论气配道义，道义配气，总是气之浩然者，藉道义以充塞耳。无是者，是无道义也。馁者，是气馁，道义不能馁也。”从他们的解释可以得知，孟子所说的“浩然之气”，是儒家崇尚的那种至大至刚的精神气质、理想人格，是一种内在精神。这种内在精神对人具有重大的影响甚至是主宰作用：“人之精神藏于形体之内，犹粟米在囊橐之中也。死而形体朽，精气散，犹囊橐穿败，粟米弃出也。”[③]

一个人内在的精神品格除了会通过他的外在仪态显现出来，还会通过他的言语声色显现出来：

> 心质亮直，其仪劲固。心质休决，其仪进猛。心质平理，其仪安闲。夫仪动成容，各有态度。直容之动，矫矫行行；体容之动，业业跄跄；德容之动，颙颙卬卬。
>
> 夫容之动作发乎心气，心气之征，则声变是也。夫气合成声，声应律吕。有和平之声，有清畅之声，有回衍之声。夫声畅于气，则实存貌色。故诚仁，必有温柔之色；诚勇，必有矜奋之色；诚智，必有明达之色。夫色见于

① 王充：《论衡·物势篇》，上海人民出版社1974年版，第47页。

② 焦循：《孟子正义·尽心上》，中华书局1987年版，第200页。

③ 王充：《论衡·论死篇》，上海人民出版社1974年版，第316页。

貌，所谓征神。征神见貌，则情发于目。故仁，目之精，悫然以端。勇，胆之精，晔然以强。[①]

也就是说，有什么样的精神品格、气质风度，就会有什么样的仪态、容貌、声音、神色，人的内在精神品质起着决定性的作用。孟子说要“养气”，即要人们经常培养这种以“义与道”为核心的“正直之气”、“浩然之气”，不断加强自己的道德修养，从主观自我上进行修炼。修炼愈久，修养愈佳，其气愈盛。拥有了这种人格精神，就能做到“富贵不能淫，贫贱不能移，威武不能屈”，成为顶天立地的“大丈夫”。

“养气”有助于“知言”，而“知言”也有利于“养气”。正确地理解话语，可以使人明辨是非善恶，提高观察问题、分析问题的能力，可以使人从中汲取有益的营养以修身养性，提升自我品格。二者相辅相成，不可偏废，久而久之，就可形成知言与养气的良性循环。对此，朱熹诠释说：“盖惟知言，则有以明夫道义，而于天下之事无所疑；养气，则有以配夫道义，而于天下之事无所惧。”[②]又曰：“孟子说养气，先说知言。先知得许多说话，是非邪正都无疑后，方能养此气也。”[③]朱熹对“知言”与“养气”二者间关系的诠释，是十分准确的。

“知言”必先“养气”，而“养气”有助于更好地“知言”。孟子把“知言”与“养气”并提，主要是站在修养身心的角度，体现了哲学伦理的意义，与文学理论并没有直接的联系，但后人却常把二者联系在一起来论述。如曹丕把“气”看作为文的关键，提出了“文以气为主”[④]的重要命题，韩愈、魏了翁、方孝孺等也都分别提出了“气盛言宜”、“辞根于气”、“气畅辞达”等观点，从而把儒家的“养气论”这一哲学范畴引入到文艺创作中，将儒家高扬的“君子”品格——“浩然之气”转化为文艺创作的一种内趋力。[⑤] 作为内在的精神品格，“气”固然可以主宰“文”的创作；而“文”的理解和接受，同样也离不开“气”，离不开对表达者内在精神品格的了解和把握，因为中国人一向注重对事物的“了然于心”，注重在“心”上下功夫，如《荀子·解蔽》所说：“人何以知道？曰：心。心何以知？曰：虚一而静。”只有先行认识客观对象，掌握世界万物的本质特点、发展规律，才能正确地理解话语所表达、包蕴的意思，才能扬长避短，为己所用，培养自己的“气”。所以，当

① 刘劭著，刘昞注，杨新平、张锴生注译：《人物志·九征》，中州古籍出版社2007年版，第38～40页。

② 朱熹：《孟子集注》，齐鲁书社1992年版，第39页。

③ 黎靖德编，王星贤点校：《朱子语类》卷五二，中华书局1994年版，第520～521页。

④ 魏文帝撰，孙冯翼辑：《典论·论文》，中华书局1985年版，第1页。

⑤ 参见钟跃英：《气韵论》，上海人民美术出版社2000年版，第25页。

“气”充体内时，人们就会以端正、严谨的态度，耿介、正直的气度去理解话语，从而辨别出话语所蕴含的立场观点、倾向态度、正误是非等，达到“知人”的目的。因此朱熹曰：“知言者，尽心知性，于凡天下之言，无不有以究极其理，而识其是非得失之所以然也。”①

总之，根据言辞的不同特征辨别出与之相对应的内心缺陷，是一种能力，是正确理解话语的能力，也是准确了解一个人的能力。孟子强调“知言”先“养气”，就为人们如何“知言”提供了行之有效的方法。

“知言”是“知人”的一个重要途径。当然，仅仅做到“知言”是不够的。“书不尽言，言不尽意”的客观制约与人们有意识的语言运用，常常会在具体的语言表达中产生不确定因素，给听读者的理解造成偏差。孔子曾看到了言辞中潜藏的弊端，告诫人们不能偏听偏信，“君子不以言举人，不以言废人”，要“观其言而察其行”；孟子则主张，要结合他人评价实地考察，说：“左右皆曰贤，未可也；诸大夫皆曰贤，未可也；国人皆曰贤，然后察之；见贤焉，然后用之。”②换句话说，“知言”只能了解人的一部分。

毋庸置疑，儒家的“知言”理论尤其是孟子的“知言”说为人们如何正确理解话语提供了有益的方法论指导。对此，后世学者给予充分肯定和赞同。如宋魏了翁在《攻媿楼宣献公文集序》中说：“今之文古所谓辞也。古者即辞以知心，故即其或惭、或枝、或游、或屈，而知其疑叛，知其诬善与失守也；即其或诐、或淫、或邪、或遁，而知其蔽陷、知其离且穷也。”清恽静则把孟子的“知言”和孔子的“辞达”联系在一起论述，其《与纫之书》云：“孔子曰：‘辞达而已矣。’孟子曰：‘诐辞知其所蔽，淫辞知其所陷，邪辞知其所离，遁辞知其所穷。’古之辞具在也，其无所蔽、所陷、所离、所穷四者，皆达者也；有所蔽、所陷、所离、所穷四者，皆不达者也。”受孟子启发，他们看到了言辞与心理的密切关系，所论很有见地。

儒家的“知言”理论还对扩大修辞学的研究视野、推进修辞学的发展与繁荣具有十分积极和重要的作用，但也存在一定的局限与不足，如袁辉、宗廷虎先生就曾指出，孟子的“知言”仅仅看到了语言表达形式与思想内容相一致的一面，而没有看到两者之间不一致的另一面。③ 孟子不是语言学家，他的“知言”理论也不是专门论述话语理解的，自然我们不能苛责。

---

① 朱熹：《孟子集注》，齐鲁书社 1992 年版，第 39 页。

② 《孟子·梁惠王下》。

③ 参见袁晖、宗廷虎：《汉语修辞学史》，山西人民出版社 1995 年版，第 15 页。

二、"以意逆志"

针对春秋战国时期社会上流行的"赋诗断章，余取所求"[1]的引诗、用诗现象，孟子在与咸丘蒙的对话中，提出了"不以文害辞，不以辞害志。以意逆志"的解诗主张。《孟子·万章上》：

咸丘蒙曰："舜之不臣尧，则吾既得闻命矣。诗云：'普天之下，莫非王土；率土之滨，莫非王臣。'而舜既为天子矣，敢问瞽瞍之非臣，如何？"

曰："是诗也，非是之谓也；劳于王事而不得养父母也。曰：'此莫非王事，我独贤劳也。'故说诗者，不以文害辞，不以辞害志。以意逆志，是为得之。如以辞而已矣，云汉之诗曰：'周余黎民，靡有孑遗。'信斯言也，是周无遗民也。"

东汉以来，众多学者对孟子的"不以文害辞，不以辞害志。以意逆志，是为得之"进行了注释、疏解，可谓众说纷纭，见仁见智。

（一）众说纷纭的解释

孟子"不以文害辞，不以辞害志。以意逆志，是为得之"的话语理解方法，从理论上讲应该是一种正确的、行之有效的方法。而实际情况是，这句有关话语理解的话语在引起后世学者极大关注的同时，也引发了后世学者的不同理解。历代以来，学者们对这句话的理解各执一词，见仁见智。兹将几种不同解释摘录如下：

汉赵岐《孟子注疏·万章上》：

文，诗之文章，所引以兴事也。辞，诗人所歌咏之辞。志，诗人志所欲之事。意，学者之心意也。孟子言，说诗者当本之，不可以文害其辞，文不显乃反显也；不可以辞害其志。辞曰"周余黎民，靡有孑遗"，志在忧旱。……人情不远，以己之意逆诗人之志，是为得其实矣。[2]

宋朱熹《孟子集注》：

文，字也；辞，语也。逆，迎也。……言说《诗》之法，不可以一字而害一句之义，不可以一句而害设辞之志，当以己意迎取作者之志，乃可得之。若但以其辞而已，则如《云汉》所言，是周之民真无遗种矣。惟以意逆之，则知

---

① 《左传·襄公二十八年》。

② 赵岐：《孟子注疏·万章上》，中华书局1957年版，第393页。

作诗者之志在于忧旱，而非真无遗民也。[1]

清焦循《孟子正义》：

辞则孟子已指明"周余黎民，靡有孑遗"为辞，即"普天之下"四句为辞，此是诗人所歌咏之辞已成篇章者也。……赵氏以文为文章，是所引以兴事即篇章上之文采。如"我独贤劳"，辞之志也。"莫非王臣"，则辞之文也。说诗当以辞之志为本而显之，若不以意逆志，则志宜显而反不显，文不显而反显矣。文字于说诗非所取，故解为诗之文章，诗之文章即辞之文采也。[2]

清吴淇《六朝选诗定论》：

诗有内有外。显于外者曰文、曰辞，蕴于内者曰志、曰意。此"意"字与"思无邪""思"字，皆出于志。然有辨，"思"就其惨淡经营言之，"意"就其淋漓尽兴言之。则志古人之志，而"意"古人之意，故"选诗"中每每以"古意"命题是也。汉宋诸儒，以一"志"字属古人，而"意"为自己之意。夫我非古人，而以己意说之，其贤于蒙之见也几何矣，不知志者，古人之心事，以意为舆，载志而游，或有方，或无方，意之所到，即志之所在。故以古人之意，求古人之志，乃就诗论诗，犹之以人治人也。即以此诗论之，不得养父母，其志也，"普天"云云，文辞也。"莫非王事，我独贤劳"，其意也。其辞有害，其意无害，故用此意逆之，而得其志在养亲而已。[3]

徐复观《徐复观论经学史二种》：

所谓的"文"指的是用字，"辞"指的是由字所组成的句，"志"指的是作诗者的动机及其指向，"意"是读者通过文辞的玩味，摆脱局部文句文字的拘限性，所把握到的由整体所酿出的气氛、感动、了解。由所得到的这种气氛、感动，以迎接出（逆）诗人作此诗之动机与指向，使读者由读诗所得之意，"追体认"到作者作诗时的志，这才真正读懂了，才可以说《诗》。孟子所提出的方法，是含有普遍妥当性的，由此可以了解他对《诗》所下的功力之深。[4]

李泽厚、刘纲纪《中国美学史·先秦两汉卷》：

旧注说，"意"指的是"学者之心意"，这是正确的。"意"是诗读者主观

---

① 朱熹：《孟子集注》，齐鲁书社1992年版，第133页。

② 焦循：《孟子正义·万章上》，中华书局1987年版，第377页。

③ 吴淇著，汪俊、黄进德点校：《六朝选诗定论》，广陵书社2009年版，第34页。

④ 徐复观：《徐复观论经学史二种》，上海书店出版社2005年版，第28页。

方面所具有的东西,"志"是诗人的作品客观具有的,两者应加区别。所谓"以意逆志"就是读者根据自己对作品的主观感受,通过想象、体验、理解的活动,去把握诗人在作品中所要表达的思想感情。①

周光庆《中国古典解释学导论》:

"以意逆志"说,是孟子为纠正流行的"断章取义"、"以辞害志"等错误解《诗》方法而创立起来的一种新的心理解释方法。这种心理解释方法,以"同类相似"、"人性皆善"因而应该"强恕而行"的人学理论为依据,以"不以文害辞,不以辞害志"的语言解释方法为前导,激励解释者怀着自己先在的认识图式、期待视野等"意",以"以心揆心"的方式,以追溯推求的姿态,超越"距离",设身处地,去探求和体验创作者隐寓在诗歌文本中的思想情感,尤其是他对社会生活、政教风俗的见解,在融合同化的过程中生发出新的意义。②

李庆甲、张海珊《中国历代文论选·先秦部分》:

"以文害辞",谓断章取义地割裂个别字眼以曲解其辞句。"以辞害志",就辞句的表面作解释,因而歪曲了作品的原义。③

顾易生、蒋凡《先秦两汉文学批评史》:

"文"是文采。"辞"是言辞。……孟子的意思是说,解说诗歌,不要捉住其中片言只语而望文生义,也不应对某些艺术性夸张修饰作机械理解。④

周裕锴《"以意逆志"新释》:

解说《诗》的人,不要因为文字片断的意义而妨害对篇章整体的意义的理解,不要因为篇章整体的言词义而妨害对作者创作意图的理解;应该采取设身处地的测度方法来考察作者的创作意图,这样才能获得《诗》的本义。⑤

易蒲、李金苓《汉语修辞学史纲》:

孟子主张分析诗时,不能拘泥于个别字眼而曲解其辞句,不能局限于辞句的表面意义而歪曲了作品的原意,应该从整个诗篇的意义来探索作者的意旨。⑥

---

① 李泽厚、刘纲纪主编:《中国美学史》第1卷,中国社会科学出版社1984年版,第194页。

② 周光庆:《中国古典解释学导论》,中华书局2002年版,第360页。

③ 李庆甲、张海珊:《中国历代文论选·先秦部分》,上海古籍出版社1980年版,第32页。

④ 顾易生、蒋凡:《先秦两汉文学批评史》,上海古籍出版社1990年版,第116页。

⑤ 周裕锴:《"以意逆志"新释》,《文艺理论研究》2002年第6期。

⑥ 易蒲、李金苓:《汉语修辞学史纲》,吉林教育出版社1989年版,第62页。

陈光磊、王俊衡《中国修辞学通史·先秦两汉魏晋南北朝卷》认为，孟子对于诗的说解，是“不要为文采修饰所蔽而误解或曲解辞句的意义，也不要为辞句意义所限而误解或曲解作品的本意；要用切身的体验去推断作品的本意，这样才能得其真诠”[①]。

由上可以看出，自《孟子》成书直到当下，学界以注释、阐发、批判、研究、运用等方式展开的对“以意逆志”命题的诠释过程。但无论是文学批评、文学阅读还是哲学阐释、接受美学，无论是古代视域还是现代视野，学界对“以意逆志”的研究、诠释，都涉及其语义理解问题。他们对“文”、“辞”、“志”、“意”等几个关键词的不同理解和认识，是造成解释歧异的主要原因。

不同角度的理解、诠释，使“文”、“辞”、“志”、“意”等几个关键词都具有多义性。如“文”，可解释为文字（词）、文章、文采三种意义。其中，“文”指文字（词）最为普遍。“辞”，则有言辞、语句、篇章三种意义。“志”主要有两种意义：一是指作者的创造意图和思想感情；二是指文本之志，即文本所传达的思想感情。“意”也有两种意义：一是指说诗者（读者）自己的心意；二是指作者之意，即作者的创作意图与思想感情。

对“文”、“辞”、“志”、“意”等的准确理解是正确理解“不以文害辞，不以辞害志。以意逆志，是为得之”的关键。然而，“逆”更是关键中的关键。因为“不以文害辞，不以辞害志”只是“以意逆志”的铺垫，在逻辑上是应被排除的；而“以意逆志”乃“是为得之”的必备前提和重要保证。那么“逆”当怎样理解？是迎取、测度、钩沉抑或推断、推求？本书拟从修辞理解角度作一阐释，以期对“以意逆志”的语义内涵作出完整、准确的理解。

（二）“不以文害辞，不以辞害志。以意逆志”的语义内涵

关于孟子的“以意逆志”，当代著名学者周光庆先生说，这是“中国古典解释学史上第一个具有自觉理论意识和深厚理论内涵的心理解释方法论”[②]。事实上，孟子的“以意逆志”不仅仅是一种诗歌阐释方法、一种文学批评理论，它适用于包括诗歌在内的所有言语作品的解读。比较说来，东汉赵岐的分析更切中肯綮。赵岐指出：“孟子长于譬喻，辞不迫切，而意以独至。其言曰：‘说《诗》者不以文害辞，不以辞害志。以意逆志，为得之矣。’斯言殆欲使后人深求其意以解

---

① 陈光磊、王俊衡：《中国修辞学通史·先秦两汉魏晋南北朝卷》，吉林教育出版社1998年版，第40页。

② 周光庆：《“以意逆志”说考论》，《孔子研究》2004年第3期。

其文，不但施于说《诗》也。”[①]可谓一语中的！就孟子所举诗句而言，“周余黎民，靡有孑遗”并不是事实，而是一种文学描写手法，是修辞学所说的夸张；孟子“不以文害辞，不以辞害志。以意逆志，是为得之”这句话，主要是针对人们如何理解夸张这一问题的。“其实，孟子的本意，是论修辞的，所谓‘以意逆志’是专指对夸张诗句的读法。”[②]也就是说，孟子的“以意逆志”主张，实际是修辞理解的原则和方法。

从孟子与咸丘蒙的对话我们可以看出，孟子的“以意逆志”主张是以对“以文害辞”、“以辞害志”的否定、排除为前提条件的。孟子通过对“以文害辞”、“以辞害志”的否定、排除，突出、肯定了“以意逆志”的必要性。那么，我们首先应弄清“文”、“辞”、“志”的内涵及其相互关系。

1.“文”、“辞”、“志”的内涵及其关系

先秦时期，“文”与“辞”都呈现多义性：“文”可作“文字、文章、文献、文学、文采、文饰”等讲，“辞”则具有“诉讼、口供、文辞、言辞、语辞、卦辞、爻辞、推辞、责让”等意义。在不同的语言环境中，它们具有不同的意义；但在语言表达层面，“文”、“辞”与“言”、“语”等又具有相同的意义或作用，尤其是“言”与“辞”，有时甚至可以无条件地换用，如孟子自己曾两次同时运用了意义相同的“言”与“辞”，一次是《孟子・万章上》：“如以辞而已矣，《云汉》之诗曰：‘周余黎民，靡有孑遗。’信斯言也，是周无遗民也。”一次是《孟子・公孙丑上》：“何为知言？曰：‘诐辞知其所蔽，淫辞知其所陷，邪辞知其所离，遁辞知其所穷。’”而在“不以文害辞，不以辞害志”这句话中，我们可以看到，“文”与“辞”并不处在同一层面上，它们与“志”事实上构成了一种层层递升的语义关系，即“文”→“辞”→“志”。孔子曰：“《志》有之：‘言以足志，文以足言。’不言，谁知其志？言之无文，行而不远。”[③]“言”用以表“志”，反过来就是说，“志”是由“言”、“辞”来表达的。

众所周知，所有“言”、“辞”均由字词构成。“夫人之立言，因字而生句，积句而成章，积章而成篇。”[④]对此，清代著名语言学家段玉裁也有精辟分析。他说：

> “词，意内而言外也。”有是意于内，因有是言于外，谓之词。……意者，文字之义也。言者，文字之声也。词者，文字形声之合也。……词与辛部

---

① 赵岐：《孟子注疏・题辞解》，中华书局1957年版，第15页。

② 郑子瑜：《中国修辞学史稿》，上海教育出版社1984年版，第19页。

③ 《左传・襄公二十五年》。

④ 刘勰著，周振甫注：《文心雕龙注释》，人民文学出版社1981年版，第375页。

之辞，其义迥别。辞者，说也。从𤔲。𤔲犹理辜，谓文辞足以排难解纷也。然则辞谓篇章也。词者，意内而言外，从司言。此谓摹绘物状及发声助语之文字也。积文字而为篇章，积词而为辞。孟子曰："不以文害辞，不以词害辞也。"①

根据段玉裁的分析，有学者指出："'文'就是文字，也就是词(word)；'辞'就是篇章(text)；而'志'就是诗人的志向，即创作意图(intention)。由于'词'(即'文')是'意内而言外'，因此'文'有其意义，同理，由'文'积成的'辞'也有其意义。这样，三者之间的递进关系应是，由文字之义组成篇章之义，由篇章之义显示作者之志。"具体到"不以文害辞"中的"文"与"辞"，又说："这里的'文'不必仅限于个别的字眼，而应理解为整篇'辞'(text)中的一部分，可以是词，也可以是词组(words)甚至句子(sentence)。"②这就值得商榷了。"文"既然是文字也就是词，又何以再为词组或句子呢？还有，"辞"仅指篇章吗？《汉语大辞典》："篇章，篇和章，泛指文章。"事实上，书面文章为"辞"，口头话语也是"辞"。它有长有短，可以是句子，可以是句群，可以是段落，也可以是篇章。换句话说，只要能完整地表达一个意思、一种思想的话语，都是"辞"。如"如以辞而已矣，《云汉》之诗曰：'周余黎民，靡有孑遗。'信斯言也，是周无遗民也"中的"辞"就指句子，而"何为知言？曰：'诐辞知其所蔽，淫辞知其所陷，邪辞知其所离，遁辞知其所穷'"中的"辞"则指话语。由此可见，"不以文害辞"中的"辞"绝不仅仅指篇章。

"辞"具有篇章修辞的功能。这是因为，字、词、句虽是三个不同的语言结构单位，但在具体的语言表达中，言与意并不时时统一、处处一致，许多时候存在"辞面"与"辞里"离异的情形，尤其是运用了一些特殊的表达手段如隐喻、暗示、象征、夸张、双关、婉曲等以后，言辞话语总是表面为一种意思，背后还隐藏着一层意思，即言外之意。话语的表面意思、字面意义，只要通过语言材料的组织形式——字、词、句就可以直接获得，如"你来啦"、"我去吧"、"今天上午下雨了"等所表达的意思一目了然；而话语的深层含义、言外之意，有时通过一个字、一个词(如夸张)、一个段落表现出来，有时则蕴藏在整句话语的背后，需要接受者悉心体察、认真领悟方能得出。成语"朝三暮四"，字面意义是早三晚四；而考察其出处可知，它真正表达的是"反复无常"的意思。"你是萍……凭——凭什么打

① 段玉裁：《说文解字注》，浙江古籍出版社 1998 年版，第 429～430 页。

② 周裕锴：《"以意逆志"新释》，《文艺理论研究》2002 年第 6 期。

我的儿子?"[①]面对自己的亲生儿子周萍,母亲鲁侍萍欲上前相认,又对周萍打自己弟弟鲁大海的举动深感气愤,所以叫了一声"你是萍",又马上以谐音字掩饰:"凭——凭什么打我的儿子?"纠结、矛盾、痛苦、愤恨、失望而又无可奈何,种种感情交织其中,溢于言表。再如:"君知妾有夫,赠妾双明珠。感君缠绵意,系在红罗襦。妾家高楼连苑起,良人执戟明光里。知君用心如日月,事夫誓拟同生死。还君明珠双泪垂,恨不相逢未嫁时。"[②]从诗句字词来看,这首诗描写了一位节妇不为利诱、不为势屈的情形;而从诗的副题《寄东平李司空师道》看,这首诗其实是写给当朝权贵李师道的。李师道凭借手中权势,想笼络官吏文人,张藉不愿为他所用,故借诗回答。张藉以节妇为喻,委婉含蓄又态度坚决,柔中带刚,恰当得体。"辞表"与"辞里"的离异,不仅使话语产生了"言此意彼"、"言近而指远"的"言外之意",而且起到了贯通文脉、塑造人物、结构全篇的作用。

从表达角度看,作者欲表达的"志"是主观的,具体文、辞表达出来的"志"可以是话语的字面意思,一目了然,一听便知,也可以是话语的言外之意,藏之"辞"后,细审方知,具体要依表达者表达时的心境、环境、能力、水平而定。而从理解角度看,"志"是客观存在的,接受者理解话语必须从其语言组织形式——字词、句子入手,考察话语表达的具体语境,考察表达者的思想感情、心境情绪、立场态度、身份地位等各方面因素,结合自己的知识、经验等进行多方面、全方位的分析、综合,然后作出正确、合理的判断。正如著名学者钱锺书先生所说:"乾嘉'朴学'教人,必知字之诂,而后识句之意,而后通全篇之义,进而窥全书之指。虽然,是特一边耳,亦只初桄耳。复须解全篇之义乃至全书之指('志'),庶得以定某句之意('词'),解全句之意,庶得以定某字之诂('文');或并须晓会作者立言之宗尚、当时流行之文风以及修词异宜之著述体裁,方概知全篇或全书之指归。积小以明大,而又举大以贯小;推末以至本,而又探本以穷末;交互往复,庶几乎义解圆足而免于偏枯,所谓'阐释之循环'者是矣。"[③]由此我们可以判定,"不以文害辞,不以辞害志"中的"文"指文字或词,"辞"是包括句、段、篇章在内的语辞(话语),"志"是表达者通过"文"、"辞"所欲表达的思想感情、意志倾向、观点态度等主观意图。孟子"说诗者,不以文害辞,不以辞害志"的意思就

① 曹禺:《雷雨》,人民文学出版社 2010 年版,第 98 页。

② 张籍:《节妇吟·寄东平李司空师道》,彭定求等编:《全唐诗》第 4 卷,中州古籍出版社 2008 年版,第 1942 页。

③ 钱锺书:《管锥编》第 1 册,中华书局 1979 年版,第 177 页。

是，解说诗歌者，不要因为一个字或一个词的表面意思而曲解了整句话的意思，也不要因一句、一段、一篇的意思（表面意思）而曲解了作者所欲表达的主观意图。

2."以意逆志"的内涵

在古代，"意"与"志"具有多义性；在表示心意、情志方面，二者可以互训。但在"以意逆志"中，"意"与"志"则有着明显的区别。从孟子与咸丘蒙的对话我们可以看到，"以意逆志"承续上文而来，省略了言说主体"说诗者"，而"以"主要引介动作行为所凭借的工具、方式，那么"意"自然不可训解为动词"测度"，也不能表示古人之意或表示文本中客观存在的意义，而当指"说诗者"之意。而"说诗者"所欲"逆"的"志"，实际上同时承载了作者所欲表达之"志"与作品实际表达之"志"。当然，这个"志"主要通过具体的"文"、"辞"呈现出来。作者所欲表达之"志"与作品实际表达之"志"二位一体，或立场观点，或思想观点、情感倾向，或情趣兴致，与"说诗者"之"意"显然不同。至于"意"的具体内容，我们可从接受者对修辞文本的理解、阐释过程中一窥究竟。

作为被接受的对象——修辞文本，映入接受者眼帘的或进入接受者大脑的，首先是具体的词句。接受者需通过自己的知识储备，先弄清词句，弄清词句所表达的字面意思，继之查考表达者创作文本时的时代文化背景，查考表达者的身份地位、思想观点、立场态度、情感倾向等，运用自己的学识修养去认识、领会话语蕴含的意义，最后得出自己的见解、判断。与言说表达不同的是，言说表达是一个正向的组词成句、缀段成篇的过程，是信息的编码、建构过程；而理解接受则是一个反向的解词释句、还原话语的过程，是信息的译码、解构过程。也就是说，在表达过程中，作为被表达的对象，"志"隐"辞"后；而在理解过程中，"志"已是客观存在，"意"在"辞"后。理解、阐释的过程就是使接受者的"意"与被表达的"志"融合为一、由已知而未知、"推陈出新"的过程。所以作为理解、接受的主体，"说诗者"说诗实际是对诗句意旨的还原与再创造。而"说诗者"在说诗时既要有对事实材料的客观考证，又要有"说诗者"主观感受的参与。对事实材料的客观考证，可为理解、阐释的客观、正确提供一定的保证；主观感受的积极参与，可赋予理解、阐释以创造性和独特性；而主客观的交融贯通则为理解、阐释的全面与准确奠定了基础，是"得之"的必备前提和重要保证。由此看来，"意"作为"说诗者"主观方面所具有的东西，它既包括"说诗者"对作品本身的认识感受，也包括"说诗者"对作者身份地位、学识修养、心境情绪、创作背景、创作动机、创作角度、倾向态度等的认识感受，以及对已有理解、阐释材料的分析把握（也有学者认为，如此，“意”负担过重。事实表明，在古代，正是这样，才有“微言大义”之说）。最后，“说诗者”从个人认识问题、分析问题的立场角度、价值取向等方面把“意”与“志”融合在一起，从而得出有别于他人的认识和结论。所以，不同的“说诗者”有不同的“意”，用不同的“意”就会“逆”出不同的“志”，“意”是“逆志”的前提，怎样“逆”、从什么角度“逆”、“逆”的广度与深度，既是“得之”的关键，也是“说诗者”个人知识结构、认识能力等的彰显。千百年来众多学者对“以意逆志”的不同理解、阐释，就是一明证。

关于“逆”字，学者们或训为“迎”，或训为“测度”、“钩考”。《说文·辵部》：“逆，迎也。从辵，屰声。关东曰逆，关西曰迎。”“迎，逢也。”“逢，遇也。”可见，“逆”、“迎”是区域用语，是一个方言词（汉扬雄的《方言》亦收录，可证），且二者可互训，是相逢、遭遇之意。孤立地看，“逆”之本义自然可以如此解释，但在具体话语中也如此理解未免机械了些。若训“逆”为“迎”，诚如周裕锴教授所言：“孟子是在谈《诗》的阐释方法问题，如果把‘以意逆志’解为‘以己意迎取作者之志’，那么‘迎取’仅仅意味着读者和作者之间的心灵接触，理解和解释还未开始，所以不能说‘是为得之’。真正的理解和解释有待于‘测度’和‘钩考’。”[①]朱熹虽训“逆”为“迎”，但他还说：“今人观书，先自立了意后方看书，牵古人言语，入做自家意思中来。如此，则是推广得自家意思，如何得见古人意思？须是虚此心，将古人言语放前面，看他意思倒杀向何处去。如此玩心，方可得古人意，有长进处，且如孟子说《诗》，要以意逆志，是为得之。”又说：“逆者，等待之谓也，如前途等待一人，未来时，且须耐心等，将来自有来的时候。他未来，其心急切，又要进前寻来，却不是以意逆志，却是以意捉志也，如此，只是牵古人言语，入做自家一意思中来，终无进益。”[②]在朱熹看来，理解话语时接受者的“以意捉志”不足取。同样，接受者被动地等待己意与作者之志的遇合[③]、忽略接受者的主动参与，也不足取。可见，朱氏训“逆”为“迎”有失全面。

《玉篇·辵部》：“逆，度也。”《周礼·地官·乡师》：“以逆其役事。”郑玄注：“逆，犹钩考也。”基于此，有学者认为“以意逆志”中的“逆”为“度”、“钩考”。

---

① 周裕锴：《“以意逆志”新释》，《文艺理论研究》2002年第6期。

② 转引自黄宗义：《宋元学案》，中华书局1986年版，第1550页。

③ 参见尚永亮、王蕾：《论“以意逆志”说之内涵、价值及其对接受主体的遮蔽》，《文艺研究》2004年第6期。

“度”乃测度，“钩考”犹钩沉，旨在探索深奥的道理或考证佚失的内容。若依此训解，由此“逆”出的结论势必会有层级深浅的区别。具体地说，仅“以己意迎取作者之志”会使“逆”浮于表面；若只注重“测度”，理解、接受则会耽于主观臆测；若仅是“钩考”，又会使得理解、接受滞于逻辑实证。事实上，在具体的话语理解中，任何人、任何时候都需要“测度”和“钩考”，但这并不能成为训“逆”为“测度”、“钩考”的可靠依据。

训“逆”为测度、钩考，因过于注重接受者的主动性和事实材料的客观性，会使理解、接受偏于一隅，并由此忽略了“逆”的另一特质：反向性。《周易稗疏·数往者顺》：“自上而下谓之顺，自下而上谓之逆。”《尔雅·释言》郝懿行义疏：“逆对顺言，故有拒意；逆以迎言，故有逢遇之意。”就是说，反其道而行的都是“逆”。就话语的建构与解构来说，表达者的建构系统是“志→文→辞”；与之相反，接受者的解构系统是“文→辞→志”。孟子的“不以文害辞，不以辞害志。以意逆志，是为得之”所揭示的正是这样一种系统。

“以意逆志”的阐释方法提醒接受者不要为修辞文本的字面意义所蒙蔽，要通过对作者创作背景、创作角度、创作动机、处境心绪等的了解和把握，通过对修辞文本有关信息的认识和分析，辨识文本的修辞技巧，领会其言外之意，自觉地为修辞性话语遮蔽进行解蔽，否则会闹出“周无遗民”的笑话。在与咸丘蒙的对话中，孟子虽然没有明确指出“普天之下，莫非王土；率土之滨，莫非王臣”和“周余黎民，靡有孑遗”句用的是修辞上的夸张手法，但对诗句的修辞艺术显然已有充分认识。事实表明，接受者不仅要对运用了夸张手法的诗句“以意逆志”，而且对运用了其他修辞手法或所有具有言外之意的话语都应“以意逆志”。理解张藉的《节妇吟》，如仅拘泥于字面意思，就会把它当作一首描写节妇情志的诗；用“以意逆志”的方法去读诗，就会真正理解张藉以诗明志、婉拒李师道的用意。再如李商隐的《锦瑟》：“锦瑟无端五十弦，一弦一柱思华年。庄生晓梦迷蝴蝶，望帝春心托杜鹃。沧海月明珠有泪，蓝田日暖玉生烟。此情可待成追忆，只是当时已惘然。”象征、比兴、暗示等多种手法的运用，使得意象迷离惝恍，意境朦胧隐约；而庄生梦蝶等典故的巧妙运用，则使得诗情蕴藉深远。所以接受者对它有不同的解释，有的以为是爱情诗，有的以为是咏瑟诗，有的以为是悼亡诗，有的以为是自伤身世诗等，众说纷纭。[①]

---

① 参见张宝石：《“解诗”与“用诗”》，《北京教育学院学报》2003年第2期。

(三)孟子的“以心揆心”与“知人论世”

从接受者阅读理解的解构系统出发解说“逆”的意义,更合乎孟子的原意,也更符合孟子“以心揆心”的思维方式和“知人论世”的行为方式。

《孟子·告子上》:“口之于味也,有同耆焉;耳之于声也,有同听焉;目之于色也,有同美焉。至于心,独无所同然乎?心之所同然者何也?谓理也,义也,圣人先得我心之所同然耳。”口对于味道,有着相同的嗜好;耳对于声音,有着相同的听觉;眼睛对于容色,有着相同的美感;心对于义、理,也有着相同的感受。所谓人同此心、心同此理。这种“以心揆心”、“推扩此心”,在思维方式上,同“以意逆志”有着内在的一致性。[①] 换句话说,“逆”就是一种典型的“以心揆心”、“推扩此心”。

孟子注重“以心揆心”,而“以心揆心”是建立在知人论世基础上的。孟子曾自豪地说:“我知言,我善养吾浩然之气。”所谓知言,即“诐辞知其所蔽,淫辞知其所陷,邪辞知其所离,遁辞知其所穷”。孟子之所以能够知言,是因为“诐辞”、“淫辞”、“邪辞”和“遁辞”表现出了人们的普遍心理,具有一定的共性,这与《周易·系辞下》所言“将叛者其辞惭,中心疑者其辞枝,吉人之辞寡,躁人之辞多,诬善之人其辞游,失其守者其辞屈”是一个道理。“言为心声”,要知言,首先要知人。孟子在论述交友之道时说:“一乡之善士斯友一乡之善士,一国之善士斯友一国之善士,天下之善士斯友天下之善士。以友天下之善士为未足,又尚论古之人。颂其诗,读其书,不知其人,可乎?是以论其世也,是尚友也。”[②]孟子提倡这种交友方式,也是因为彼此间有共同点,容易沟通。尚永亮、王蕾从文学批评的角度肯定孟子的“知人论世”于文学具有方法论的意义,指出:“‘知人’的核心在于了解作者的心理和人格,即他的思想情感、性格气质、理想追求和艺术修养等有关因素;‘论世’的核心在于了解促成作者人格建构的客观原因,即时代、社会、思潮、风尚等及其给予作者的影响。”并认为,依此法而“循序渐进,顺藤摸瓜,是可以获致对作者之‘志’的更准确的把握的”。[③] 这与国学大师王国维所说的“由其世以知其人,由其人以逆其志,则古诗虽有不能解者,寡矣”[④]有异曲同工之处。通过其世考察其人,通过其人推求其志,这是理解与诠释之正途。这

① 参见张伯伟:《中国古代文学批评方法研究》,中华书局2002年版,第3～15页。

② 《孟子·万章下》。

③ 尚永亮、王蕾:《论“以意逆志”说之内涵、价值及其对接受主体的遮蔽》,《文艺研究》2004年第6期。

④ 王国维:《玉溪生诗年谱会笺序》,《王国维文学美学论著集》,北岳文艺出版社1987年版,第169页。

不仅适用于文学的理解，同样适用于其他表现形式的话语理解。可以说，“知人论世”是“以意逆志”的必要条件。

另外，对“逆”进行客观、科学的分析，同样离不开对孟子“以意逆志”语出背景的考察。春秋时期，“赋诗言志”盛行，在政治外交等场合均要求吟咏《诗》中的诗句，通过赋诗、用诗委婉、含蓄地陈述己意。而“春秋之后，周道浸坏，聘问歌咏不行于列国”①，从而出现了“赋诗断章，余取所求”②之弊端：或不解诗意而断章取义，或有意割裂诗句而引之，有的甚至故意歪曲而用之，等等。针对此等混乱局面，孟子提出“不以文害辞，不以辞害志，以意逆志”的主张，有意识地加以纠正。“说诗者”既然不能“以文害辞”、“以辞害志”，停留于文、辞的表面，那么就要深入进去，用自己的知识、经验、体会及逻辑分析与判断能力，去考察、探求作者的本意、目的或所欲达到的目标，从而实现对作者之志的把握。就接受者对作者、作品的了解、把握而言，他绝不是被动地等待，而是主动地探求；在探求过程中，他也绝不会盲目地、毫无根据地进行主观臆断，而需要先做一番精密、细致的调查研究。正如鲁迅先生所说：“我总以为倘要论文，最好是顾及全篇，并且顾及作者的全人，以及他所处的社会状态，才较为确凿。要不然，是很容易近乎说梦的。”③接受者自是站在自己的立场上，用自己已有的知识经验等去探索、寻求作者之志，而不同的接受者具有不同的年龄、性别、职业、身份、知识修养、经验体会等，对同一个接受对象他们会产生截然不同的感受，会得出不同的甚至是截然相反的结论。鲁迅先生在谈及《红楼梦》时曾有精辟论述。他说，一部《红楼梦》，“单是命意，就因读者的眼光而有种种：经学家看见《易》，道学家看见‘淫’，才子看见缠绵，革命家看见排满，流言家看见宫闱秘事……”④不单是命意，人们对《红楼梦》的其他方面也有纷纭奇异的认识，所谓“有一千个读者，就有一千个哈姆莱特”。理解的千奇百态是客观事实，如何理解完全有赖于接受者个人的素养和能力。由此可见，孟子用一“逆”字，是如何精当地概括了“说诗者”的说诗过程的。

中国古典解释学告诉我们，正确而可靠的话语理解方法是“自下而上”阅读分析法与“自上而下”阅读分析法相结合的“上下推求”法。“自下而上”，由字词

---

① 《汉书·艺文志》。

② 《左传·襄公二十八年》。

③ 鲁迅：《题“未定草”》（七），《且介亭杂文二集》，人民文学出版社 1973 年版，第 180 页。

④ 鲁迅：《〈绛洞花主〉小引》，《鲁迅全集》第 7 集，人民文学出版社 1957 年版，第 419 页。

而句子，由句子而篇章，逐步考察，层层推进，从而获得对话语整体意义的理解；“自上而下”，从社会文化背景和话语的系统性出发，首先“知大体、识大局”，然后由篇而章，由章而句，由句而字词，逐步解决疑难，澄清模糊，进而获得对全句的完整理解。前者主要凸显了文本话语的首要作用，后者则着重凸显了解释者的能动作用。既充分依据话语本身，又充分发挥解释者的能动作用，综合运用这两个因素，就能如愿完成对话语的完整理解，实现对话语信息的整合与建构。如果偏于一端，就会失于全面：仅依据话语本身，得出的结论就会流于片面；仅依据解释主体，就会先入为主，流于主观臆测。[①] 孟子“以意逆志”的“逆”，涵盖面广，表现力强，恰恰包括了“自下而上”与“自上而下”两个方向的解读过程，当可用现代语词“推求”对应之。

另外，与“测度”、“钩沉”相比，“推求”一词也更合乎人们的理解、接受过程，它涵盖了接受者理解、接受的全过程，从已知到未知，从主观到客观。而“测度”，主要侧重于接受者的主观推测，“钩沉”更多地侧重于事实材料的搜集，又偏于客观。孟子提倡“言近旨远”，而且善于“言近而指远”。孟子的“以意逆志”是一种重要的阐释原则和方法，它开启了人们理解言语作品的思路，并由此使学界产生了一大批有价值、有影响的著述。当然，此法的正确使用有赖于解读者实事求是的态度。接受者如果缺乏客观的、实事求是的态度，缺乏必要的逻辑实证，融入太多的主观臆想成分，就会曲解话语，不能得出正确的结论。

三、“解蔽”

儒家学派殿军人物荀子提出的“解蔽”说是一种重要的认识论，也是一种重要的理解诠释方法，它对人们如何正确理解话语，具有重大的指导和借鉴意义。

荀子生活于急剧变动的社会时期。诸侯争战的残酷现实，诸子争鸣的激烈场面，让荀子不得不客观、理性地思考谁对谁错、谁优谁劣等一系列问题。他站在儒家的立场上冷静地剖析各家之优劣长短、利弊得失，撰成了《解蔽》一篇。所以在《解蔽》篇中，荀子主要针对“乱家”[②]，分析了“蔽”产生的原因、“蔽”的危害以及如何解蔽的问题。

荀子认为，“蔽”的产生有三方面的原因：一是认识对象本身的复杂性。荀

① 参见周光庆：《中国古典解释学导论》，中华书局 2002 年版，第 277～279 页。

② 所谓“乱家”，就是诸子百家，即书中提到的墨子、宋子、慎子、申子、惠子、庄子等人或墨、道、法、名诸家。清俞樾注曰：“乱家，包下文诸子而言。”转引自杨柳桥：《荀子诂译》，齐鲁书社 2009 年版，第 584 页。

子认为，认识对象越复杂，就越容易产生蔽。“故为蔽：欲为蔽，恶为蔽，始为蔽，终为蔽，远为蔽，近为蔽，博为蔽，浅为蔽，古为蔽，今为蔽。凡万物异则莫不相为蔽，此心术之公患也。”[①]“欲”与“恶”、“始”与“终”、“远”与“近”、“博”与“浅”、“古”与“今”是事物矛盾的两个方面，人们认识事物时容易只看见其中的一个方面而忽视另一方面，就容易产生“蔽”。二是人的主观片面性。荀子认为，人的主观偏好会导致人产生片面性。“乱国之君，乱家之人，此其诚心莫不求正而以自为也，妒缪于道而人诱其所迨也。私其所积，唯恐闻其也恶也，倚其所私，以观异术，唯恐闻其美也。是以与治虽走而是己不辍也，岂不蔽于一曲而失正求也哉！”[②]人的心理就是这么奇怪：对自己喜欢的东西就尽量呵护，唯恐他人批评；对不同于己的观点就尽量排斥，生怕他人赞同。人的这一心理常常导致主观片面性的产生，最后导致人“蔽于一曲而失正求”。三是客观条件的变化与感官功能的局限性。荀子认为，人的认识会因客观条件的变化而产生错觉，最终失去正确的判断能力，有两种情况：一种情况是人的感官功能在受到各种影响后会产生某些障碍和错觉，所谓“冥冥蔽其明”、“酒乱其神”、“势乱其官”和“用精惑”等；一种情况是客观事物的变化掩盖了其真相而使人产生错觉，所谓“远蔽其大”、“高蔽其长”、“水势玄”等。无论是哪种情况，最终都会妨碍人的正确认识。

关于“蔽”的危害，荀子通过三种“蔽”与“不蔽”历史人物的对比分析作了突出、强调。他指出，历史人物的“蔽塞之祸”突出的有三类：一类是乱国之君，如桀纣，他受了末喜、斯观及妲己、飞廉的蒙蔽，思想糊涂，胡作非为以至身死国亡；一类是乱政之臣，如唐鞅、奚齐，唐鞅为权势所迷而驱逐贤臣，奚齐为帝位所蔽而加害兄长，最后都惨遭杀身之祸；一类是乱家之人，即那些杂家们，均不能正确认识社会的各种问题，各持一端，争执不休，上蒙下骗，既无益于他人，也无益于自己。总之，人君的“丧九牧之地”、“虚宗庙之国”，人臣的“身为刑戮，然而不知”，宾客的“内以自乱，外以惑人，上以蔽下，下以蔽上”，都是蔽塞之祸。

“凡人之患，蔽于一曲而暗于大理。”那怎样解除蔽障呢？荀子提出了解蔽的原则与方法。荀子指出：“圣人知心术之患，见蔽塞之祸，故无欲无恶，无始无终，无近无远，无博无浅，无古无今，兼陈万物而中县衡焉。”[③]“圣人”是荀子也是

① 《荀子·解蔽》。

② 《荀子·解蔽》。

③ 《荀子·解蔽》。

儒家特别尊崇的人。荀子认为，他们聪明智慧，既看到了思想方法上的毛病，也看到了蔽塞之祸，能周全地顾及事物的各个方面，他们把各种不同的事物都排列出来并在中间设立了一个正确的标准然后作出了正确判断。“兼陈万物而中悬衡”，就是解蔽的基本原则。所谓“衡”，就是“道”。什么是“道”？荀子说：“夫道者，体常而尽变。一隅不足以举之。”“道者，古今之正权也，离道而内自择，则不知祸福之所托。”[①]“道”是带有普遍规律性的真理，人们只有理性地、深刻地、全面地认识它才能把握它。认识了“道”，人们才能“精于道者兼物物”，才能全面地认识客观事物，才能做到“众异不得相蔽以乱其伦”。

在荀子看来，要解除蔽障，首先要知“道”，要对“道”有所了解、有所认识。如何“知道”？荀子提出了具体的认识方法，即“虚壹而静”。荀子曰：

> 人何以知道？曰：心。心何以知？曰：虚壹而静。[②]

心是一种重要的感觉器官。孟子曰：“心之官则思。”在古代，人们不了解脑的思维功能，错把心当作思维器官，故有此说。由此荀子认为，心对其他器官具有支配作用，通过心得到的理性认识具有指导作用，“心居中虚，以治五官”[③]，“心有征知。……然而征知必将待天官之当薄其类然后可也”[④]。荀子特别重视心的功能与作用，认为“心者，形之君也，神明之主也”[⑤]，那么解蔽自然离不开心这个器官。只有靠心，才能知“道”。

关于“虚壹而静”，荀子曰：

> 心未尝不臧也，然而有所谓虚；心未尝不满也，然而有所谓一；心未尝不动也，然而有所谓静。人生而有知，知而有志。志也者，臧也。然而有所谓虚，不以所已臧害所将受谓之虚。心生而有知，知而有异，异也者，同时兼知之。同时兼知之，两也，然而有所谓一，不以夫一害此一谓之壹。心，卧则梦，偷则自行，使之则谋。故心未尝不动也，然而有所谓静，不以梦剧乱知谓之静。未得道而求道者，谓之虚壹而静。[⑥]

所谓“虚”，指“不以所已臧害所将受”，即不要以已有的记忆、见识妨碍对新知识、新见解的接受；所谓“壹”，指“不以夫一害此一”，即不要对彼事物的认识来

---

① 《荀子·正名》。
② 《荀子·解蔽》。
③ 《荀子·天论》。
④ 《荀子·正名》。
⑤ 《荀子·解蔽》。
⑥ 《荀子·解蔽》。

妨碍对此事物的认识；所谓"静"，指"不以梦剧乱知"，即不要以梦中的想象和胡思乱想来干扰认识。在虚心、专心、静心的状态下，人就能清楚、全面、客观地认识道、掌握道，就能达到"明参日月，大满八极"的"大人"、"大法明"境界。在这种情况下，"蔽"自然就逃遁无形了。

荀子对"解蔽"的诠释告诉我们，认识事物一定要全面，方法一定要正确。人们的话语理解又何尝不是如此？我们知道，思想认识一旦存有偏颇，言语表达和言语理解就都会出现一定的失误。轻微的偏离尚不会造成可怕的危害，严重的偏离则会造成极大的影响甚至会造成不可估量的损失。孟子就已认识到主观片面性的危害，告诫人们在理解话语时不能"以文害辞"，也不能"以辞害志"，要"以意逆志"，即在理解话语时要全面、综合考虑表达者的主客观因素、上下文语境及其他种种因素，要结合已知探求未知，勇于推陈出新，最后得出正确的结论。在这方面，孔子也提出了"夫言岂一端而已哉？亦各有所当也"的看法。《孔子家语·曲礼》：

> 孔子曰："济济者，容也远也；漆漆者，自反。容以远，若容以自反，何神明之及交？必如此，则何济济漆漆之有？反馈乐成，进则燕俎，序其礼乐，备其百官，于是君子致其济济漆漆焉。夫言岂一端而已哉？亦各有所当也。"

当子贡问孔子"夫子之言祭也，济济漆漆焉。今夫子之祭，无济济漆漆，何也"时，孔子说了上面这段话。孔子认为，说话不能只看到一个方面，应该从各个方面找出适当的意义。这就是说，对一句话、一件事的正确理解，要考虑各方面的因素，不可执此一端；否则，就会得出片面的结论。

荀子的"解蔽"观为后世的话语理解提供了有益的启示。他告诉我们，理解话语时同样不应被已有的认识所束缚，应避免主观片面性，应综合考虑各方面因素，最后得出正确、合理的结论。

第六节 "近取譬"——儒家论修辞现象

一、儒家论"譬"

比喻的运用由来已久，商周时期的甲骨文、金文中都有运用，《诗经》中更比比皆是。据明谢榛《四溟诗话》统计，三百篇中有“比”110 处。“比”即比喻。

比喻的广泛运用，使人们很早就对这种修辞手法、修辞现象有所认识。《诗经·大雅·抑》：“取譬不远，昊天不忒。”郑笺：“今我为王取譬，喻不及远，维近耳。王当如昊天之德有常，不差忒也。”这说明，那时的人们已看到了时人在喻体选择上的一些特点并作了粗线条的概括。到了春秋时期的孔子，则有了进一步的阐述。他在论及“仁”时说：

> 夫仁者，己欲立而立人，己欲达而达人。能近取譬，可谓仁之方也。[①]

在这里，孔子指出了比喻运用的一个基本原则“近取譬”，即以身边熟悉之物设喻说明道理。尽管孔子没作具体阐述，但这一观点却具有极大的启发意义，比喻中的以熟悉喻陌生即由此而来。

孔子对比喻的谈论不多，但在具体的言语实践中却有频繁而精准的运用。如他在与子贡论及玉石与珉石的区别时说：

> 子贡问于孔子曰：“君子之所以贵玉而贱珉者，何也？为夫玉之少而珉之多邪？”孔子曰：“恶！赐，是何言也？夫君子岂多而贱之、少而贵之哉！夫玉者，君子比德焉，温润而泽，仁也；栗而理，知也；坚刚而不屈，义也；廉而不刿，行也；折而不桡，勇也；瑕适并见，情也；扣之，其声清扬而远闻，其止辍然，辞也。故虽有珉之雕雕，不若玉之章章。《诗》曰：‘言念君子，温其如玉。’此是之谓也。”[②]

在这里，孔子抓住了玉的不同特性对“君子”的“仁”、“知”、“义”、“行”、“勇”、“情”、“辞”等品质作了比附，以此说明“君子”贵玉而贱珉的原因，具体形象，通俗易懂。孔子一口气用了 7 个比喻，十分难能可贵。显然，孔子已认识到了喻体具有不同的侧面、不同的特性，进而运用到自己的言语实践中。

一次连用多个比喻，谓之博喻。《礼记·学记》云：“君子知至学之难易，而知其美恶，然后能博喻，能博喻然后能为师。”又：“不学博依，不能安诗。”可见，博喻不是人人能用并能用好的。孔子、孟子、荀子等言语中都有很多博喻的用例，尤其荀子更为擅长。通过博喻的恰当运用，增强了议论的说服力和感染力。

荀子曾多次谈及比喻。有时称“譬称”，有时谓“比方”，有时用“譬喻”等，分别论及了比喻运用的一些问题。如在《正名》篇中，荀子指出：

---

① 《论语·雍也》。
② 《荀子·法行》。

凡同类、同情者，其天官之意物也同，故比方之疑似而通。是所以共守约名以相期也。

对此，冯广艺先生指出："这虽然是谈'正名'，但涉及了比喻的客观基础这一实质问题。"[①]的确如此。关于比喻，黑格尔曾经指出："在比喻里有两个因素要浮现在我们眼前，首先是一般性的观念，其次是具体的形象。"[②]这里的"一般性的观念"与"具体的形象"必是两种不同的事物，而又有某些相似点。唯其是两种不同的事物，比喻才有意义；唯其有相似点，比喻才成为可能。世界上的事物千差万别又存在千丝万缕的联系，而比喻作为一种修辞手法、一种认知手段，被人们广泛运用，它所依赖的就是客观事物间的相似点。荀子讲"比方之疑似而通"，说明他一方面看到了两客观事物的不同特征，一方面看到了两者的相似、相通之处，于是构成了比喻。

在谈到论辩的语言艺术时，荀子则指出了比喻的作用或目的。《荀子·非相》：

谈说之术，矜庄以莅之，端诚以处之，坚强以持之，分别以喻之，譬称以明之。

荀子认为，运用比喻的目的在于"喻之"、"明之"，即把道理讲明白、说清楚，方便人们理解和接受。关于这一点，惠施的看法可资佐证。刘向《说苑·善说》：

客谓梁王曰："惠子之言事也善譬，王使无譬，则不能言矣。"王曰："诺。"明日见谓惠子曰："愿先生言事则直言耳，无譬也。"惠子曰："今有人于此而不知弹者，曰弹之状何若？应曰弹之状如弹，则谕乎？"王曰："未谕也。"于是更应曰："弹之状若弓，而以竹为弦，则知乎？"王曰："可知矣。"惠子曰："夫说者，固以其所知，谕其所不知，而使人知之。今王曰无譬，则不可矣。"王曰："善。"

惠施通过与梁惠王的对话界定了比喻的含义，认为比喻是"以其所知，谕其所不知，而使人知之"。这个定义涵盖了比喻的全过程，并指出了比喻"使人知之"的作用。显然，他的论述比荀子更具体、更显豁，从而使得梁惠王放弃了"直言，无譬"的要求。

在比喻的运用上，荀子则从其思想主张出发提出了具体标准和要求。《荀

① 冯广艺：《汉语比喻研究史》，湖北教育出版社 2002 年版，第 23 页。

② 黑格尔：《美学》第 2 卷，商务印书馆 1982 年版，第 13 页。

子·非十二子》：

辩说譬喻，齐给便利，而不顺礼义，谓之奸说。

“礼”、“义”是儒家道德思想的核心内容，也是荀子立言修辞的重要标准。在他看来，“不顺礼义”之言是不可取的，应该摈弃。我们且不论其标准是否正确，但他指出了比喻运用的原则问题，很有见地。如果比喻运用得不好，就会适得其反。如子夏之徒的“狗豨犹有斗，恶有士而无斗矣”的比喻，就遭到了墨子“伤矣哉！言则称于汤文，行则譬于狗豨，伤矣哉！”[①]的批评。可见，比喻的构成及运用必须有一个准则，诚如刘勰所说：“比类虽繁，以切至为贵。”[②]

二、儒家论夸张

夸张这种修辞现象，也是自古就有。《诗经》就曾运用了大量的夸张手法，如它不直言高，而夸张说“崧高维岳，骏极于天”[③]；不直言狭小，而夸张说“谁谓河广？曾不容刀”[④]；不直言多，而夸张说“子孙千亿”[⑤]；不直言少，而夸张说“周余黎民，靡有孑遗”[⑥]；等等。据资料记载，孔子也对夸张手法有所运用。《大戴礼记·五帝德》：

宰我问于孔子曰：“昔者予闻诸荣伊言，黄帝三百年。请问黄帝者人邪？抑非人邪？何以至于三百年乎？”孔子曰：“生而民得其利百年，死而民畏其神百年，亡而民用其数百年，故曰三百年。”由孔子之言论之，黄帝三百年，饰词也。

这里的“百年”均言其时间长，故后人总结说“饰词也”。刘勰曾看到了前人言语中的夸张现象，曰“文辞所被，夸饰恒存”[⑦]。

对夸张手法，儒家具体运用多而理论阐述少，孟子注意到了《诗经》中的夸张现象，并从解诗、说诗角度提出：对诗句的理解要“以意逆志”，要从整体上把握，而不能拘泥于字词表面作支离破碎的片面理解。可以说，这是儒家对夸张修辞现象的最早论述。

---

① 《墨子·耕柱》。
② 刘勰：《文心雕龙·比兴》。
③ 《诗经·大雅·崧高》。
④ 《诗经·卫风·河广》。
⑤ 《诗经·大雅·假乐》。
⑥ 《诗经·大雅·云汉》。
⑦ 刘勰：《文心雕龙·夸饰》。

三、儒家论“避讳”

避讳有广义与狭义两种：广义的避讳包括名讳和日常生活中的其他禁忌（如避免使用灾难凶祸等不祥词语）；狭义的避讳指名字避讳。修辞学所说的避讳，指的是狭义的名字避讳。

古人在交往中，名一般用作谦称、卑称，或上对下、长对幼的称呼。平辈之间，相互称字。下对上、卑对尊写信或呼唤时，可以称字，但不能称名，尤其不能提君主或父母长辈的名。否则，就是“大不敬”或叫“大逆不道”。“避讳”由此而产生，大体可分两类：一是公讳，即国家强令臣民所作的避讳，如避本朝皇帝名等；二是私讳，指文人士大夫对其长辈之名所作的避讳。

儒家特别崇尚礼制，要求人们时时处处都要严格遵守礼的有关规定，所以避讳是遵礼的表现。儒家的避讳有名讳，也有事讳。对此，儒家文献多有记载与论述。《左传・桓公六年》：“周人以讳事神，名，终将讳之。”孔颖达疏：“自殷以往，未有讳法，讳始于周。”“周人以讳事神。生子三月，为之立名，终久必将讳之。故须预有所辟。终将讳之，谓死后乃讳之。”可见，周朝时就已有了避讳，但周朝的避讳仅限于讳名而已。

孔子宗周崇礼，主张尊亲有别、长幼有序，“君君，臣臣，父父，子子”，所以在删订《春秋》时非常注意避讳的使用，隐、桓、庄、闵、僖、文、宣、成、襄、昭、定、哀凡十二代，皆有所讳，讳事之多，不胜枚举。《公羊传・闵公元年》指出：“《春秋》为尊者讳，为亲者讳，为贤者讳。”事实上，《春秋》中的讳主要是为君讳恶。如隐公元年即位，按例当书，然而《春秋》却未书。为什么不书？《左传》记之“摄也”，相当简略；《公羊传》则具体分析了其原因，曰：“隐长而贤，何以不宜立？立适以长不以贤，立子以贵不以贤。”即是说隐公虽长而贤，但庶出位卑，故不宜立。孔子不书即位，是为了避讳。再如僖公二十八年晋侯召周襄王，《春秋・僖公二十八年》记之为“天王守于河阳”，《穀梁传》曰：“全天王之行也，为若将守而遇诸侯之朝也。为天王讳也。”晋侯召周襄王，以臣召君，非礼，所以讳称“守（狩）”。再如宣公七年的黑壤之书，《春秋・宣公七年》记之为“冬，公会晋侯……于黑壤”，《宣公八年》记之曰“春，公至自会”。对它们的叙述，《左传・宣公七年》曰：“晋人止公于会。盟于黄父，公不与盟，以赂免。故黑壤之盟不书，讳之也。”等等。

为维护君主的统治地位，为君讳恶是避讳的一个重要内容。有时，儒家还通过称谓的不同显示避讳的不同程度。如人的地位不同，其死亡有不同的称谓："天子曰崩，诸侯曰薨，大夫曰卒，士曰不禄。"[①]天子之死为什么称为"崩"？《穀梁传·隐公三年》有详细解释："高曰崩，厚曰崩，尊曰崩。天子之崩，以尊也。其崩之何也？以其在民上，故崩之。"

关于避讳，《礼记》有更为详尽的规定，主要包括以下六个方面：一是要求人们必须有避讳意识。《曲礼上》："入竟而问禁，入国而问俗，入门而问讳。"告诫人们到一个地方或一个国家、一户人家，一定要弄清楚其风俗习惯，不要犯了忌讳。二是把避讳作了区分，即分为公讳与私讳两种。《曲礼上》："君所无私讳，大夫之所有公讳。"《玉藻》："于大夫所，有公讳，无私讳。"郑玄注："公讳，君讳也。"孔颖达疏："谓于大夫之所，止得避公家之讳，不得避大夫讳。"也就是说，"公讳"所讳的是国君的名字，人人均须回避，故又称"国讳"。"公讳"之外的是"私讳"，又称"家讳"，即避讳父、祖的名字。大夫面前有君讳，君主面前则无私讳。三取名的避讳。《曲礼上》："名子者不以国，不以日月，不以隐疾，不以山川。"《内则》："凡名子，不以日月，不以国，不以隐疾。"为子取名要有所避讳，不能用国名、日月名、疾病名、山川名。四是名讳的使用。《曲礼下》："诸侯不生名。"孔颖达疏："诸侯，南面之尊；名者，质贱之称。诸侯相见，只可称爵，不可称名。"意思是说，诸侯之间不得称名。诸侯地位相等，应相互尊敬。女士也应以礼相待，国君、大夫、士等要避讳下属女眷之名。《曲礼下》："国君不名卿老、世妇，大夫不名世臣、侄、娣，士不名家相、长妾。"人死为大，对死者的名字也要避讳。《曲礼上》："卒哭乃讳。"《杂记下》："卒哭而讳，王父母、兄弟、世父、叔父、姑、姊、妹，子与父同讳。母之讳，宫中讳。妻之讳，不举诸其侧。与从祖昆弟同名，则讳。"一旦犯了避讳，要立即修正。《杂记下》："过而举君之讳，则起。与君之讳同，则称字。"告诫人们，如果误犯了国君名讳当起立改过，所谓"知错能改，善莫大焉"。

当然，也不是时时处处都要避讳。《礼记·曲礼上》："礼不讳嫌名，二名不偏讳。逮事父母则讳王父母，不逮事父母则不讳王父母。君所无私讳，大夫之所有公讳。诗书不讳，临文不讳，庙中不讳。夫人之讳，虽质君之前，臣不讳也。妇讳不出门。大功、小功不讳。"《檀弓下》："二名不偏讳。夫子之母名征在，言在不称征，言征不称在。"《玉藻》："凡祭不讳，庙中不讳，教学临文不讳。"即是说，不避讳名字的同音字；若有二名，只避其一即可，而不必一一避讳；没来得及

---

① 《公羊传·隐公三年》。

侍奉父母的人，可以不避讳祖父母的名字；诵读典籍的时候、撰写文章的时候、祭祀的时候、在庙里的时候都可以不用避讳；在教学过程中，也可以不避讳；等等。

孟子则对讳名原因作了分析，曰："讳名不讳姓，姓所同也，名所独也。"[①]孟子认为，姓是相同的，而名字却独一无二，所以可讳名不讳姓。孟子的这种分析虽有一定道理，却只是其中之一，更为重要的当是儒家遵礼的需要，维护统治阶级君主统治的需要。

自秦以后，避讳为统治阶级所重并日益制度化、法律化。如秦始皇名"政"，于是下令全国改正月为端月，秦始皇父亲名"楚"，"楚"字于是被改称为"荆"；汉代律法规定，凡臣民上书言事，不得触犯帝王名讳，否则属于犯罪；晋代则严格规定，"授官与本名同宜改"、"山川与庙讳同应改"等；到了唐代，避讳则成为政府颁布的法律；宋代避讳最严，仅庙讳就多达50字；清代，除皇帝名之外，"胡"、"夷"、"虏"、"狄"等字都在避讳之列，一旦违反会招致满门抄斩。直到辛亥革命后，避讳才被彻底废除。

避讳在中国存在了三千多年。先秦时期，人们对避讳的使用遵从了礼的规定与需要，有助于人际交往；秦至清代，人们对避讳的使用更多的是保全性命的需要。比较而言，儒家对避讳的使用要求有其合理的成分。

第七节 "微而显"——儒家论言语风格

言说者在综合运用调音、遣词、择句、设格、布局谋篇等各种修辞手段后会产生一系列的言语表达特点，这些言语表达特点则最终体现了言说者的言语风格。言说者的表达习惯、表达特点不同，其言语风格也各不相同。

孔子曾对儒家著述作了风格方面的大致分类，但他不是直接谈论它们的风格，而是通过民众的教养、为人间接来谈的。"孔子曰：入其国，其教可知也。其为人也，温柔敦厚，诗教也；疏通知远，书教也；广博易良，乐教也；洁净精微，易教也；恭俭庄敬，礼教也；属辞比事，春秋教也。"[②]"温柔敦厚"有柔婉的因素，"疏

---

① 《孟子·尽心下》。

② 《礼记·经解》。

通知远”有疏畅的因素，“广博”平易繁丰，“洁净精微”意蕴简洁，而“俭”则蕴含着简约[①]，只有“属辞比事”不属于风格的范畴。可以说，孔子最早对《诗》、《乐》、《书》、《易》、《礼》的风格进行了简要概括。

孔子作《春秋》。孔子一向微言大义，所以《春秋》形成了简约、含蓄的风格。关于《春秋》的风格特点，左丘明有简要概括。《左传·成公十四年》：

《春秋》之称，微而显，志而晦，婉而成章，尽而不汙，惩恶而劝善。非圣人谁能修之？

《左传·昭公三十一年》：

《春秋》之称微而显，婉而辨。

关于“微而显，志而晦，婉而成章，尽而不汙，惩恶而劝善”，晋杜预分别作了阐释，提出了“五例”说。杜预注曰：

一曰“微而显”，文见于此，而起义在彼，“称族，尊君命；舍族，尊夫人”、“梁王”、“城缘陵”之类是也。二曰“志而晦”，约言示制，推以知例，参会不地、与谋曰“及”之类是也。三曰“婉而成章”，曲从义训，以示大顺，诸所讳避、璧假许田之类是也。四曰“尽而不汙”，直书其事，其文见义，丹楹刻桷、天王求车、齐侯献捷之类是也。五曰“惩恶劝善”，求名而亡，欲盖而彰，书齐豹“盗”、三叛人名之类是也。[②]

另外，杜预还进一步注解说，“微而显”是“辞微而义显”、“文微而义著”；“婉而辩”是“辞婉而旨别”；“志而晦”是“约言以纪事，事叙而文微”；“婉而成章”是“曲屈其辞，有所辟讳，以示大顺而成篇章”；“尽而不汙”是“直言其事，尽其事实，无所污曲”；“惩恶而劝善”是“善名必书，恶名不灭，所以为惩劝”。可见，“微”、“晦”、“婉”、“不汙”意思相近，都具有幽微、含蓄之意；“显”、“辩”、“成章”、“尽”的意思大体相同，都具有明显、显豁之意。也就是说，《春秋》用委婉、简约的言辞表达显明的意思，以惩恶劝善。正如敏泽先生所说：“‘微而显’以下的四点，属修辞学方面的特点；最后一点‘惩恶而劝善’，则是社会的功能。”[③]

关于《春秋》的风格特点，汉司马迁有精辟分析和概括。他说：

(孔子)乃因史记作《春秋》，上至隐公，下讫哀公十四年，十二公。据鲁，亲周，故殷，运之三代。约其文辞而指博。故吴楚之君自称王，而《春秋》贬之

---

① 参见周振甫：《中国修辞学史》，商务印书馆2004年版，第28页。

② 孔颖达等撰：《春秋左传正义》，北京大学出版社1999年版，第20页。

③ 敏泽：《试论“春秋笔法”对于后世文学理论的影响》，《社会科学战线》1985年第3期。

曰“子”；践土之会实召周天子，而《春秋》讳之曰“天王狩于河阳”：推此类以绳当世。贬损之义，后有王者举而开之。《春秋》之义行，则天下乱臣贼子惧焉。

……为《春秋》，笔则笔，削则削，子夏之徒不能赞一辞。弟子受《春秋》，孔子曰：“后世知丘者以《春秋》，而罪丘者亦以《春秋》。”①

唐刘知几则对《春秋》文字的“简要”直接进行了赞美。《史通·叙事》：

夫国史之美者，以叙事为工；而叙事之工者，以简要为主。简之时义大矣哉！历观自古，作者权舆，《尚书》发踪，所载务于寡事；《春秋》变体，其言贵于省文。……文约而事丰，此述作之尤美者也。

……显也者，繁词缛说，理尽于篇中；晦也者，省字约文，事溢于句外。然则晦之将显，优劣不同，较可知矣。夫能略小存大，举重明轻，一言而巨细咸该，片语而洪纤靡漏，此皆用晦之道也。

……夫《经》以数字包义，而《传》以一句成言，虽繁约有殊，而隐晦无异。

现代修辞学奠基人陈望道先生根据内容与形式的比例、气象的刚强和柔和、话里辞藻的多少、检点工夫的多少把言语风格分为简约和繁华、刚健和柔婉、平淡和绚丽、谨严和疏放四组八种。② 由此可见，《春秋》的“微而显，志而晦，婉而成章，尽而不汙”也就是现代修辞学中的简约与委婉风格。

关于《诗经》的风格特点，《礼记·乐记》篇曾有间接论述。《礼记·乐记》：

其哀心感者，其声噍以杀；其乐心感者，其声啴以缓；其喜心感者，其声发以散；其怒心感者，其声粗以厉；其敬心感者，其声直以廉；其爱心感者，其声和以柔。

心情影响声音，不同的声音形成不同的风格：“哀心”对应“杀”，“乐心”对应“缓”，“喜心”对应“散”，“怒心”对应“厉”，“敬心”对应“廉”，“爱心”对应“柔”。喜、怒、哀、乐、敬、爱等不同的心情如实地反映在声音上，就产生了不同风格的音乐：急促的、宽缓的、舒散的、粗粝的、廉直的、柔和的，等等。古代诗、乐、舞三位一体，均统摄于内心情感之下：“诗，言其志也；歌，咏其声也；舞，动其容也。三者本于心，然后乐器从之。是故情深而文明，气盛而化神，和顺积中而英华发外，唯乐不可以为伪。”③不同风格的音乐，自然应当与不同风格的诗歌相结合。

① 《史记·孔子世家》。

② 参见陈望道：《修辞学发凡》，上海教育出版社 1976 年版，第 257 页。

③ 《礼记·乐记》。

"宽而静、柔而正者,宜歌《颂》;广大而静、疏达而信者,宜歌《大雅》;恭俭而好礼者,宜歌《小雅》;正直而静、廉而谦者,宜歌《风》。"[①]这样,就把《风》、《雅》、《颂》的风格给区分出来了。可以说,这是对《诗经》风格的最早论述。

另外,《礼记·乐记》篇还论述了音乐与诗歌风格的形成和社会政治环境的密切关系:

> 凡音者,生人心者也。情动于中,故形于声,声成文,谓之音。是故治世之音安以乐,其政和;乱世之音怨以怒,其政乖;亡国之音哀以思,其民困。声音之道与政通矣。

也就是说,政治祥和、人民富足之时,音乐、诗歌的风格会倾向于舒缓、柔静;社会动荡不安、民众怨声载道之际,音乐、诗歌也会发出愤慨、激昂、不平之音。反之,亦然。反映社会生活、真情实感的音乐、诗歌,与社会政治环境相辅相成。把社会政治环境作为音乐、诗歌风格形成的一个重要因素,这在中国文学史和修辞学史上都是第一次。

综上可以看出,儒家对言语风格的论述都是间接的、含混的。这毫不奇怪,因为当时他们关注的只是他们的思想学说,而不是语言的运用。至于语言运用的风格特点,当然更不是他们关注的对象。

---

① 《礼记·乐记》。

第三章 先秦儒家言语修辞美学

第一节 概 说

一、立言修辞的审美价值

修辞是说写者根据特定的题旨情境有意识地组织、调配语言的一种积极活动，其最终目的是追求表达效果的最佳化。而最佳表达效果的实现，离不开说写者的表达和听读者的理解接受。作为言语交际活动的两端，说写者的表达和听读者的理解、接受缺一不可。事实上，在说写和听读之间不但存在着交流思想的交际关系，而且对交际所使用的语言(话语文章)具有一种审美关系。① 说写者对语言有意识、有目的地选择、组织、调配至言语生成的整个过程，是一个修饰、加工的过程，也是一个审美的过程；听读者对言语的理解接受是对话语文章的意义进行整合、再创造、复原的过程，同样也是一个审美的过程。尽管说写者与听读者的审美角度、审美标准存在一定的差异，但对交际所使用的语言(话语文章)而言，这种审美关系是不容忽视的。

"繁有美恶，简有美恶，难有美恶，易有美恶，惟求其美而已。"②"言辞当求美也。"③言说的目的一是准确、明白地表达自己的思想感情、立场态度、取舍倾向，让对方正确理解；二是在准确的基础上，力求话语的优美、生动，让对方乐于接

---

① 参见陈光磊：《修辞论稿》，北京语言文化大学出版社 2001 年版，第 13 页。

② 杨慎：《丹铅杂录》，中华书局 1985 年版，第 75 页。

③ 参见杨树达：《汉文文言修辞学》，中华书局 1980 年版，第 2 页。

受。所以词语的选择、句式的调配、话语的衔接等所有组织、调配语句的过程都要以话语的优美、动听为自己的追求目标，“修辞价值的实现主要体现为审美价值的实现”[①]。具体地说，修辞的价值主要通过具有审美特质的语言体现出来。关于语言的审美特质，陈望道先生曾有详细论述。他将文章的美质（即语言的美质）区别为三种：第一是别人看了就明白，第二是别人看了就会感动，第三是别人看了会有兴趣。第一是关于知识的，叫明晰；第二是关于感情的，叫遒劲；第三是关于审美的，叫流畅。[②] 把意思清清楚楚地传达给别人，使人一看就明白的明晰，是语言表达的最基本任务，也是感动和审美的前提和基础。如果话说得不明不白，就不可能引起人的注意而打动人、感染人，就不可能给人以美的享受。对此，陈望道先生明确指出：“文章在传达意思的职务上能够尽职就是美，能够尽职的属性，就是美质。这个美质，也并不一定要显现在文章上，如显现在言语上也未始不可能。”[③]显然，言语同文章一样，也具有这三种美质。

修辞创造了美的语言，美的语言方能体现修辞的价值。我们研究儒家修辞，就应研究儒家在语言运用中所表现出来的美，探讨它们的修辞价值所在。

二、先秦儒家著述修辞美学概观

先秦文献有宗教文献、政教文献、史职文献和诸子文献四种类型，宗教文献如甲骨卜辞、《周易》卦爻辞、图画文献等；政教文献如《尚书》、《春秋》等；史职文献如《左传》、《国语》、《逸周书·周祝解》、《老子》、《论语》等；诸子文献如《墨子》、《孟子》、《庄子》、《荀子》、《韩非子》等。[④] 作为先秦文献的主要组成部分，先秦儒家著述可谓众体具备，囊括了先秦文献的所有类型。

先秦儒家著述文献类型不同，成书年代不一，语言表达范式不同，由此表现出来的语言艺术特色也各不相同。如《诗经》，多种多样的用韵，使表达抑扬顿挫、节奏鲜明，极富音乐的美感；叠音词的大量运用，使表达形象生动，富有表现力和感染力；句式的整散参差，使表达灵活多变、错落有致；比喻、比拟、借代、夸张、反复、对比、对偶、排比、层递、设问、反问、顶真、回环、双关、反语等的巧妙运

① 谭学纯：《接受修辞学》，安徽大学出版社2000年版，第2～3页。

② 参见陈望道：《作文法讲义》，《陈望道文集》第2卷，上海人民出版社1980年版，第223页。

③ 陈望道：《作文法讲义》，《陈望道文集》第2卷，上海人民出版社1980年版，第223页。

④ 参见过常宝：《先秦散文研究——早期文体及话语方式的生成·绪言》，人民出版社2009年版，第3页。

用，进一步增强了表达的形象化、生动化。《诗经》语言给人以生动形象、诗意盎然的深刻印象。

“左史记言，右史记事，事为《春秋》，言为《尚书》。”[①]作为我国的第一部记事著作，《春秋》的语言简洁、精练，具有微言大义、言简意赅的特点。“春秋三传”则因各自的侧重点不同而具有不同的语言特色：《左传》以叙述《春秋》的历史事件为主，注重事件情节的描写，语言准确精练、鲜明生动、委婉含蓄；《公羊传》和《穀梁传》以解释《春秋》的经文为主，侧重阐述对某一事件的看法，语言表达相对繁富、缜密。东晋范宁在《春秋穀梁传集解・序》中对“三传”作了综合比较，指出：“《左氏》艳而富，其失也巫；《穀梁》清而婉，其失也短；《公羊》辩而裁，其失也俗。”

《国语》与《左传》同样记录了春秋时代的历史事件，但与《左传》的主要叙事不同，它采用了“言”与“事”相兼的叙述策略，所以其语言运用有所不同。清章学诚在论及记言与叙事的不同要求时说：“叙事之文，作者之言也。为文为质，惟其所欲，斯如其事而已矣。记言之文，则非作者之言也。为文为质，期于适如其人之言，非作者所能自主也。”[②]《国语》记言兼记事，其语言通俗易懂又形象生动，幽默诙谐又逻辑严密，具有很强的说服力和艺术感染力。

《尚书》是我国散文的鼻祖，它呈现出的是另外一番风貌。《尚书》语言简朴自然而古奥艰涩，给人以佶屈聱牙、难以卒读之感。

《周易》由经、传两部分组成，言辞简约、意义丰富是其最显著的语言特色。它因象设言，语意隐晦，给人留下了极大的想象空间和诠释空间；一词多义、互文见义、省略双关等，则使得表达言简意赅、凝练精美；句式的长短不拘、行文的韵散结合使得表达清新自然、富有变化。对此，刘勰有高度评价。他说：“易之文系，圣人之妙思也；序乾四德，则句句相衔；龙虎类感，则字字相俪；乾坤易简，则宛转相承；日月往来，则隔行悬合：虽句字或殊，则偶意一也。”[③]可以说，《周易》文辞简约精美，语意深刻隽永，古今中外未有出其右者。

《礼记》是儒家礼学思想的重要文献，用词简洁、明了，使表达含蓄蕴藉、典雅凝练；长短交错、整散交替，使表达错综多变，富有变化美；多种修辞手法综合运用，尤其是比喻、排比等的运用出神入化、巧夺天工，使表达极富艺术表现力

---

① 《汉书・艺文志》。

② 章学诚：《文史通义》，中华书局1956年版，第173页。

③ 刘勰：《文心雕龙・丽辞》。

和感染力。吕思勉先生认为,它"文字极茂美"[①]。

……

先秦儒家著述大多是师徒授受,并非成于一人之手,我们不必一一分析。但有目共睹,简约质朴是其共同特色。作为先秦儒家的代表人物,孔子、孟子、荀子的言语修辞也具有简约质朴的特点,但又自成一家、各具特色,有极大的审美价值。本章我们将着重分析孔子、孟子、荀子立言修辞的审美特质。

第二节 孔子、孟子、荀子立言修辞的审美特质

孔子、孟子与荀子,不仅是伟大的思想家,还是顶级的语言大师。他们有着高超的驾驭语言文字的技巧,通过声韵、节奏的悉心调配,通过字、词、句的精心组合,通过辞式、辞趣的巧妙运用,最大限度地发挥了语言的功能,使其言语作品成为代代流传、亘古不衰的美文。著名美学家朱光潜先生说:"话说得好就会如实地达意,使听者感到舒适,发生美感,这样的说话就成了艺术。"[②]毋庸置疑,孔子、孟子、荀子的言说不仅成了艺术,而且还成为言说艺术的典范。千百年来,记载着他们思想言论的《论语》、《孟子》、《荀子》之所以一直被奉为经典,固然与儒家的尊崇地位有密切关系,但它们自身所具有的审美特质也是一个不可忽视的重要因素。

孔子、孟子、荀子立言修辞的审美特质,主要表现在形、音、义三个方面。具体地说,就是音节的和谐悦耳、形式的均衡匀称和意蕴的丰富深刻。

一、抑扬顿挫的音韵美

清代作家姚鼐在《尺牍与陈硕士》中说:"大抵学古文者,必要放声疾读,其久之自悟;若但能默看,即终身作外行也。"其实,不止学习古文,就是欣赏其他文章,也要放声疾读,从声音韵律上来感受。对此,俄国文艺理论家 T. H. 波斯彼洛夫也说:"在原则上,艺术语言永远不应令人只通过视觉,只通过手稿或印刷文字去领会,而要从听觉上,从其生动的、可以直接感受的抑扬顿挫的声音上

---

① 吕思勉:《经子解题》,华东师范大学出版社 1995 年版,第 13 页。

② 朱光潜:《谈美书简》,浙江文艺出版社 2006 年版,第 66 页。

来接受。”[①]

语言的音乐美，是通过语词音节、声韵、节奏等符合乐律的组合、安排形成的。汉语的音节乐音占优势，有四声的高低变化，有声韵的同异联系；汉语的词，有单音词、复音词，有双声词、叠韵词、叠音词，词和词有同音异义，还有异音同义的联系，等等。这就为选炼语音、实现语言的音乐美提供了充分的条件，从而决定了汉语富于音乐美的民族特点。[②] 关于这一点，春秋战国时期的孔子、孟子与荀子定然不会作出具体的论述，因为他们毕竟不是语言学家，先秦的语言学研究也还没有开始。然而，他们在具体言说中却很好地做到了这一点，其言说实践充分体现了语言的音乐美。在言说表达中，他们非常讲究音节的调配、韵脚的安排以及叠音词的运用等，从而使其言语作品声韵和谐、抑扬顿挫，读之朗朗上口，听之优美悦耳，具有一种百读不厌、百听不倦的审美效果。

孔子、孟子与荀子言语的音乐美，主要体现在以下几个方面：

（一）音节协调的匀称美

选词组句必须讲究音节的匀称。音节搭配得当，就匀称和谐，朗朗上口；反之，则读起来拗口，听起来别扭。先秦时期的汉语以单音词为主，但也出现了相当数量的双音词和双音词组。单双音节的合理安排，给人一种严整、匀称的美感。

(1)子张学干禄。子曰：“多闻阙疑，慎言其余，则寡尤；多见阙殆，慎行其余，则寡悔。言寡尤，行寡悔，禄在其中矣。”[③]

(2)庖有肥肉，厩有肥马，民有饥色，野有饿莩，此率兽而食人也。[④]

(3)行而供冀，非渍淖也；行而俯项，非击戾也；偶视而先俯，非恐惧也。然夫士欲独修其身，不以得罪于比俗之人也。[⑤]

例(1)中，孔子告诉子张学习俸禄的方法是：一要“多闻”、“慎言”，二要“多见”、“慎行”。见闻广泛就会去除疑惑，见识深厚就会去除危险。如此，言行就会少过失，过失少自然就会有禄在身。孔子话语中，“多闻”对“多见”，“阙疑”对“阙殆”，“慎言”对“慎行”，“寡尤”对“寡悔”，“言”对“行”，双对双、单对单，音节匀

---

① ［俄］T. H. 波斯彼洛夫：《文艺学引论》，邱榆若、陈宝维、王先进译，湖南文艺出版社 1987 年版，第 401 页。

② 参见武占坤：《现代汉语读本》，北京语言学院出版社 1986 年版，第 527 页。

③ 《论语·为政》。

④ 《孟子·梁惠王上》。

⑤ 《荀子·修身》。

称，易懂易记。例(2)中，“庖有肥肉，厩有肥马，民有饥色，野有饿莩”，四字一句，音步一致，音节整齐，节奏分明，易读易记，令人一瞬间就体会到“王”与“民”的巨大反差，印象非常深刻。例(3)是荀子对读书人行走时的三种不同表现进行的描写。三个句子的字数基本相等，结构与语气完全相同，构成了排比句，呈现出音韵的和谐美、句式的整饬美。

音节整齐是语言音律美形成的重要因素。为使音节整齐，孔子、孟子、荀子较多地运用了增饰字词或节缩词语的方法。如：

(4)子曰：“周监于二代，郁郁乎文哉！吾从周。”①

(5)域民不以封疆之界，固国不以山溪之险，威天下不以兵革之利。②

(6)山渊平，天地比，齐、秦袭，入乎耳，出乎口，钩有须，卵有毛，是说之难持者也。③

例(4)中，孔子在“郁郁”与“文”之间增衬了“乎”字。例(5)中，孟子在句中分别增加了“之”字，构成了“封疆之界”、“山溪之险”、“兵革之利”四字结构。例(6)中，荀子在“入”与“耳”、“出”与“口”中间增衬了“乎”字，使之成为三音节词。这样，前后语句的音节就对等匀称了。

检视《论语》、《孟子》、《荀子》中的语句我们发现，增衬虚字是孔子、孟子、荀子调谐音节的主要方法，增衬的虚字则有“之”、“者”、“也”、“乎”、“兮”、“矣”、“哉”、“焉”、“已”、“而”等。这些虚字增饰于语句中，在均衡音节结构的同时，还有助于“咏言”。如：

(7)子贡曰：“贫而无谄，富而无骄，何如?”子曰：“可也；未若贫而乐道，富而好礼者也。”④

(8)万取千焉，千取百焉，不为不多矣。⑤

(9)施薪若一，火就燥也；平地若一，水就湿也。⑥

例(7)中，单说“可”字显得干脆，而加上的“也”字，语音则明显延长，语气和语言风格也随之大变。例(8)中的“焉”字、例(9)中的“也”字，则兼具平衡音节和延长语音两方面的作用。音节的匀称和语音的延长，使语句更符合人们的审美习惯。

---

① 《论语·八佾》。
② 《孟子·公孙丑下》。
③ 《荀子·不苟》。
④ 《论语·学而》。
⑤ 《孟子·梁惠王上》。
⑥ 《荀子·劝学》。

孔子、孟子、荀子还使用重叠音节的办法使音节均衡整齐。如：

(10)子曰："质胜文则野，文胜质则史。文质彬彬，然后君子。"①

(11)孟子曰："道在迩而求诸远，事在易而求诸难：人人亲其亲、长其长，而天下平。"②

(12)快快而亡者，怒也；察察而残者，忮也。③

例(10)中的"彬"，古文作"份"。《说文解字》："份，文质备也。""文质彬彬"即"文质份份"，指文采、质地都具备。"彬"的重叠，语义上未有改变，但音节上与"文质"相等了。例(11)中的"人人"即每个人，音节的重叠满足了古汉语节奏的基本形式：两字一顿。例(12)中的"快"、"察"重叠后成为两音节词，这样与"亡者"、"残者"的音节一致，读起来就更顺口了。

合音兼词也使音节整齐。如：

(13)哀公问曰："何为则民服?"孔子对曰："举直错诸枉，则民服；举枉错诸直，则民不服。"④

(14)孟子："道在迩而求诸远，事在易而求诸难。"⑤

(15)积土成山，风雨兴焉；积水成渊，蛟龙生焉；积善成德，而神明自得，圣心备焉。⑥

例(13)(14)中的"诸"、例(15)中的前两个"焉"，均是"之于"的合音。一字兼两词，既照顾了音节的整齐一致，也使表达简约经济，可谓一箭双雕。

孔子、孟子、荀子对某些成分的省略，也使得音节整齐均衡。如：

(16)知者乐水，仁者乐山。⑦

(17)天时不如地利，地利不如人和。⑧

(18)行衢道者不至，事两君者不容。⑨

例(16)中，"乐水"、"乐山"的中间均省略了介词"于"。例(17)中，"天时"、"地

① 《论语·雍也》。

② 《孟子·离娄上》。

③ 《荀子·荣辱》。

④ 《论语·为政》。

⑤ 《孟子·离娄上》。

⑥ 《荀子·劝学》。

⑦ 《论语·雍也》。

⑧ 《孟子·公孙丑下》。

⑨ 《荀子·劝学》。

利”、“人和”中间均省略了助词“之”。例(18)中,“行衢”、“事两”中间皆省略了介词“于”。这些虚词的省略,使得音节整齐匀称,节奏爽快分明,非常方便吟诵记忆。关于这一点,马建忠在谈及例(17)中“之”字的省略时有所论述。他说:“犹云‘天之时’,‘地之利’,‘人之和’也。而偏正各次皆奇,合而为偶,故不参‘之’字,便于口诵。”[①]

两字一顿是一个音步,两个音步形成一个四字句。四字句音节整齐、匀称、平稳,所以古代言语作品节奏的基本形式就是两字顿、两音步,多用四字句。如《诗经》的四字句占92%以上,《论语》、《孟子》、《荀子》的句型虽然参差变化,但也是以两字顿为基本节奏,而且四字句占有相当的数量。[②] 孔子、孟子、荀子对多种音节调配手段的利用,使音节严整、均衡的同时又富于变化,非常符合汉民族的心理习惯。

(二)韵脚相押的回环美

“韵”指几个字的主要元音和韵尾相同或相近。主要元音和韵尾相同或相近的几个字,在上下语句中重复出现或在邻近语句中有规律地交替出现,既使语句前后呼应、联结紧密,也会产生循环复沓的美感。所以自古以来,人们就相当重视韵的使用。唐宋律诗对韵的要求之严格自不必说,即便先秦时期的《诗经》、《楚辞》也对押韵有一定的讲究,以致顾炎武以来的许多音韵学家都把《诗经》作为研究古韵的最好根据,同时也参照《易经》、《楚辞》以及先秦诸子散文中的韵语。[③] 这说明韵脚相押现象早在先秦时期就已经存在了。

先秦时期言语作品中存在着大量的押韵现象,后人对《诗经》、《楚辞》、《周易》等用韵情况所作的系统而深入的分析足以证明之。当然,由于古今音变的缘故,古代押韵,现在可能不再相押;古代不押韵,现在可能相押了。虽然我们不能、也没有必要用古音来念古代诗文,然而我们却不能忽视古代诗文中存在的韵脚相押的音韵美。

尽管与《诗经》、《楚辞》的频繁用韵不同,但孔子、孟子、荀子言语中的确存在相当多的韵语,很多语句都押韵。如:

(1)默而识之,学而不厌,诲人不倦,何有于我哉?[④]

---

① 马建忠:《马氏文通》,商务印书馆1983年版,第91页。

② 参见楚永安:《古汉语表达例话》,中国青年出版社1994年版,第85~94页。

③ 参见王力:《汉语音韵》,中华书局2003年版,第160页。

④ 《论语·述而》。

(2)老吾老,以及人之老;幼吾幼,以及人之幼。[1]

(3)强自取柱,柔自取束。[2]

例(1)中,“厌”的韵母属“谈部”,“倦”的韵母属“元部”。主要元音相同,谈、元对转。例(2)中,“老”与“幼”的韵母都属“幽部”,同韵相押。例(3)中,“柱”的韵母属“侯部”,“束”的韵母属“屋部”。主要元音相同,侯、屋对转。上下两句的尾字相押,使语句流畅自如、顺口入耳。

孔子、孟子、荀子的言语中,有大量句句相押的排韵,也有隔句相押的隔句韵。比较而言,句句相押的排韵居多。如:

(4)君子喻于义,小人喻于利。[3]

(5)从流下而忘反谓之流,从流上而忘反谓之连,从兽无厌谓之荒,乐酒无厌谓之亡。[4]

(6)忧忘其身,内忘其亲,上忘其君,是刑法之所不舍也,圣王之所不畜也。[5]

例(4)中,“义”的韵母属“歌部”,“利”的韵母属“质部”。主要元音相近而韵尾不同,旁对转。例(5)中,“荒”与“亡”都属阳韵,同韵相押。例(6)中,“身”与“亲”同属“真部”,“君”属“文部”。主要元音相近且韵尾相同,真文旁转。这些韵同或韵近字词的重复出现,就使语句产生了一种回环复沓的美感。

古今语音的改变,使很多古代押韵的字词在今天已很难一眼看出。所以,我们感觉押韵最明显的语句是那些以同音同字结尾的句子。如:

(7)生,事之以礼;死,葬之以礼,祭之以礼。[6]

(8)恻隐之心,人皆有之;羞恶之心,人皆有之;恭敬之心,人皆有之;是非之心,人皆有之。恻隐之心,仁也;羞恶之心,义也;恭敬之心,礼也;是非之心,智也。[7]

---

① 《孟子·梁惠王上》。
② 《荀子·劝学》。
③ 《论语·里仁》。
④ 《孟子·梁惠王下》。
⑤ 《荀子·荣辱》。
⑥ 《论语·为政》。
⑦ 《孟子·告子上》。

(9)是故质的张而弓矢至焉，林木茂而斧斤至焉，树成阴而众鸟息焉，醯酸而蜹聚焉。[①]

例(7)、例(8)、例(9)分别以“礼”、“之”、“也”、“焉”收尾。以同字收尾，就使得语句顺畅，气势贯通，富有感染力。所以，这种同字收尾、同音相押的表达方式，更多时候见于反复、排比及宽式对偶中。这种情形在孔子、孟子、荀子的言语中可谓俯拾即是，从而形成了他们言语表达的一个显著特点。

另外，孔子、孟子、荀子在言语中还运用了隔句相押的押韵方式。如：

(10)君子食无求饱，居无求安，敏于事而慎于言。[②]

(11)庖有肥肉，厩有肥马，民有饥色，野有饿莩。[③]

(12)彼臭之而嗛于鼻，尝之而甘于口，食之而安于体，则莫不弃此而取彼矣。[④]

例(10)中，“安”、“言”同属“元韵”。例(11)中，“马”属“鱼部”，“莩”属“霄部”，元音相近，旁对转。例(12)中，“鼻”属“质部”，“体”属“脂部”，主要元音相同而韵尾发音部位不同，质脂通转。它们隔句相押，使语句出现一种回环的美感。

事实上，这种隔句或隔行押韵，尤其是在较长的语句、段落中时，虽然很不明显，但它却使话语前后呼应，有机联系起来。此时的韵脚好比贯珠的串子，它把涣散的声音联络贯穿起来，使之成为一个完整的曲调。[⑤] 不仅如此，韵还使语意的表达更加紧凑集中，所谓“一句之内，字系于韵而不离散，段落之中，句系于韵而成一气。音响上的完整感，也有助于加强内容上的完整感”[⑥]。

(三)音节重叠的乐律美

汉语有着鲜明的节拍、节奏，同一音节、同一声韵的重叠形成明显的声韵律节奏周期。所以音节重叠所产生的音乐美，比单纯的声母重叠、韵母重叠更加鲜明。同时，音节的复沓回环所造成的繁音现象，用来表情达意，便显得更为情深意切；用来拟声状物，则显得传音尽态；如果用以渲染气氛、描绘意境，则显得

---

① 《荀子·劝学》。

② 《论语·学而》。

③ 《孟子·梁惠王上》。

④ 《荀子·荣辱》。

⑤ 参见朱光潜：《朱光潜美学文集》第2卷，上海文艺出版社1982年版，第175页。

⑥ 转引自王占福：《古代汉语修辞语用美感形态分析》，《河北大学学报(哲学社会科学版)》2000年第5期。

气氛更加浓郁，意境更加深邃。[①] 诚如刘勰所说："写气图貌，既随物以宛转；属采附声，亦与心而徘徊。故灼灼状桃花之鲜，依依尽杨柳之貌；杲杲为日出之容，瀌瀌拟雨雪之状；喈喈逐黄鸟之声，喓喓学草虫之韵。……并以少总多，情貌无遗矣。"[②]

叠音词的运用由来已久，如中国最早的诗歌总集《诗经》中就曾大量运用叠音词来写景状物。孔子、孟子、荀子在言语表达中也不乏运用，但其运用频率明显不同。比较而言，孔子言语用字最少，叠音词也就用得最少，只有"郁郁"、"彬彬"、"洋洋"、"悾悾"、"巍巍"、"空空"、"硁硁"等几个；荀子言语用字最多，篇幅最长，所以叠音词也就用得最多，仅《非十二子》篇描写"士君子"之容和"学者"之容的两个段落就用了 27 个叠音词，如"恢恢"、"广广"、"昭昭"、"荡荡"、"缀缀"、"瞀瞀"、"填填"、"狄狄"、"莫莫"等。

孔子、孟子、荀子言语中的叠音词主要有两类：一类是名词的重叠，其中一个名词属词类活用；一类是词或词素的重叠，构成叠音词。如：

(1)齐景公问政于孔子。孔子对曰："君君，臣臣，父父，子子。"[③]

(2)小弁之怨，亲亲也。亲亲，仁也。[④]

(3)故丧祭、朝聘、师旅一也，贵贱、杀生、与夺一也，君君、臣臣、父父、子子、兄兄、弟弟一也，农农、士士、工工、商商一也。[⑤]

例(1)中的第二个"君"、"臣"、"父"、"子"，例(2)中的第一个"亲"，例(3)中的"君"、"臣"、"父"、"子"、"兄"、"弟"、"农"、"士"、"工"、"商"，它们均为名词活用，意即"像君"、"像臣"、"像父"、"像子"等。这些词重叠后，均成两音节，非常符合两字一顿的节奏，又句式整饬，简约经济，增强了语言的音律美。

(4)子曰："吾有知乎哉？无知也。有鄙夫问于我，空空如也，我叩其两端而竭焉。"[⑥]

(5)今王鼓乐于此，百姓闻王钟鼓之声，管籥之音，举欣欣然有喜色而相告曰："吾王庶几无疾病与？何以能鼓乐也？"[⑦]

---

① 参见王占福：《古代汉语修辞学》，河北教育出版社 2001 年版，第 289 页。

② 刘勰：《文心雕龙·物色》。

③ 《论语·颜渊》。

④ 《孟子·告子下》。

⑤ 《荀子·王制》。

⑥ 《论语·子罕》。

⑦ 《孟子·梁惠王下》。

(6)世俗之沟瞀儒，嚾嚾然不知其所非也，遂受而传之，以为仲尼、子弓为兹厚于后世。[①]

例(4)中的“空空”、(5)中的“欣欣”、(6)中的“嚾嚾”均是词素的重叠。它们重叠后具有形容、描绘的性质，成为形容词：“空空”指空的样子，“欣欣”指高兴的样子，“嚾嚾”指吵闹的样子。运用这样的叠音词于言语中，明显增强了语言表达的形象性和生动性。

另外，排比、对偶、顶真、回环、反复等修辞方式的运用，也是孔子、孟子、荀子言语富有音乐美的重要手段，更是形成言语形式美的重要手段，我们将在下文予以分析。

二、均衡整齐、参差错落的形式美

从表现形式上看，言语有口头和书面之分。口头言语表现为语音，诉诸人们的听觉；书面言语表现为文字，诉诸人们的视觉。凭借听觉或视觉所获得的美的感受，应该说，都是言语形式美的内容。而这里所指的形式，主要是就句子的形体结构而言。

语言的形式美，主要有两种表现形式：一是均衡美，二是变化美。[②] 句子形体结构整齐对称，会给人以均衡感；句子形体结构参差错落，则会给人以变化感。语言形式美的这两种表现形式，在孔子、孟子、荀子的言语中都有充分体现。

(一)形体结构的均衡美

孔子、孟子、荀子言语的均衡美，主要通过对偶、排比、顶真、反复、回环等修辞手法的运用而表现在句子结构形式的整齐一律、均匀对称方面。

1. 两两相对，均衡对称

把字数相等、句法相似的词组或句子成双作对地排列在一起，以表达相似、相关或相对的内容，就构成了对偶。对偶句的两两相对，既符合力学中的平衡原则，也非常符合美学中的对称原则，是形成语言形式美的最重要的方法。整齐的音节，匀称的结构，使表达形式整齐均衡，内容凝练概括，从而给人以音律的和谐美与形式上的均衡美，令人“记忆匪艰，讽诵易熟”[③]。

---

① 《荀子·非十二子》。

② 参见郑远汉：《语序与修辞》，《修辞风格研究》，商务印书馆 2004 年版，第 212～225 页。

③ 刘勰撰，范文澜注：《文心雕龙注》，人民文学出版社 1958 年版，第 590 页。

对偶讲究语言表达形式的整齐、对称。所以无论是内容上的正对还是反对，其外在形式大都是匀称均衡的。如：

(1)法语之言，能无从乎？改之为贵。巽与之言，能无说乎？绎之为贵。[①]

(2)入以事其父兄，出以事其长上。[②]

(3)故言有招祸也，行有招辱也。[③]

从内容上说，这三例都是正对。例(1)中，孔子从“改”与“绎”两个角度说明了分析、辨别话语的重要性。例(2)中，孟子从“入”与“出”即家里、家外两个方面指出，一个人时时处处都要恪守上下尊卑伦理之道。例(3)中，荀子从“言”与“行”两个角度指出，为人处世一定要谨慎。前后两句的并举使内容相互补充，表达出了一个整体意义。

(4)先进于礼乐，野人也；后进于礼乐，君子也。[④]

(5)得道者多助，失道者寡助。[⑤]

(6)汤武存则天下从而治，桀纣存则天下从而乱。[⑥]

这三例的前后两句内容完全相反，形成了强烈对比，是对偶中的反对。形式上，它们与正对一样，前后两句的字数、结构、语气等完全相同，整齐、匀称、均衡。这种对偶同时又是对比，前后意思相互映衬、对比鲜明，从而表达出了一个更加完整的意义。

从上述诸例可以看出，孔子、孟子、荀子言语中的对偶，尽管外部形式整齐一致，但并不同于《诗经》、《离骚》、唐宋诗歌等韵文中的对偶。它们不严格要求语音、语法及语义上的配对，字数、结构大致相同即可，甚至允许使用共同的字词。如：

(7)尔爱其羊，我爱其礼。[⑦]

(8)春省耕而补不足，秋省敛而助不给。[⑧]

---

① 《论语·子罕》。

② 《孟子·梁惠王上》。

③ 《荀子·劝学》。

④ 《论语·先进》。

⑤ 《孟子·公孙丑下》。

⑥ 《荀子·荣辱》。

⑦ 《论语·八佾》。

⑧ 《孟子·告子下》。

(9)夫富贵者则类傲之,夫贫贱者则求柔之。①

这三例对偶的字数、结构、语气等都相同,并且都使用了相同的字词,如例(1)中的“爱”、“其”,例(2)中的“省”、“而”、“不”,例(3)则是两个相同的“夫……者,则……之”句式。这些共同字词的出现,不但没有影响对偶形式的整齐均衡美,相反,还造成了韵律的反复,增强了语言的表现力和感染力,成为孔子、孟子、荀子言语对偶的显著特色。

精练概括的语言,整齐匀称的形式,和谐悦耳的音韵,精警深刻的见解,使孔子、孟子、荀子的很多对偶句成为流传千古的名言警句,如“君子坦荡荡,小人长戚戚”、“非礼勿视,非礼勿听,非礼勿言,非礼勿动”、“顺天者存,逆天者亡”、“穷则独善其身,达则兼善天下”、“骐骥一跃,不能十步;驽马十驾,功在不舍。锲而舍之,朽木不折;锲而不舍,金石可镂”、“与人善言,暖于布帛;伤人之言,深于矛戟”等。

2.平列铺陈,紧凑连贯

作为对偶的扩大形式,排比也是形成语言形式美的重要手段。排比的运用,既能体现出说写者对事物认识的全面与深刻,也能表现出说写者驾驭语言文字的水平与技巧。内容相同或相关、结构相似、语气一致的多个词组、句子、段落的有机排列和组合,常常给人以形式整齐、结构紧凑、语气连贯、气势雄浑的美感,给人的听觉和视觉以极大的冲击力。排比用于叙事,则全面周详;用于描写,则具体形象;用于抒情,则绵密深厚;用于议论说理,则深刻有力。

对这种语言形式美的重要构成手段,孔子、孟子、荀子都曾大量运用且娴熟得当,使言语表达形式整齐、音韵和谐,读之上口,听之入耳。如:

(1)上好礼,则民莫敢不敬;上好义,则民莫敢不服;上好信,则民莫敢不用情。②

(2)由是观之,无恻隐之心,非人也;无羞恶之心,非人也;无辞让之心,非人也;无是非之心,非人也。③

(3)君子宽而不僈,廉而不刿,辩而不争,察而不激,寡立而不胜,坚强而不暴,柔从而不流,恭敬谨慎而容。④

---

① 《荀子·不苟》。

② 《论语·子路》。

③ 《孟子·公孙丑上》。

④ 《荀子·不苟》。

例(1)中，孔子讲述了君主必备之德——礼、义、信的重要性。孔子认为，当政者如果能够“好礼”、“好义”、“好信”，老百姓自然就会臣服。构成排比的三个句子，表面上是孔子对求仕者不必学稼问题所作的全面分析，实际是劝说当政者要以“礼”、“义”、“信”为重。例(2)中，孟子运用四个排比句阐述了自己的看法，认为人应有恻隐心、羞恶心、辞让心和是非心。字数相等、结构相同的四个句子，依次排列，语气贯通，气势强劲，富有表现力。例(3)中，荀子用排比手法对“君子”作了界定。八个结构、语气完全相同的词组的顺序排列，给人一气呵成、酣畅淋漓之感。另外，上述三例排比句中相同词语的重复出现，产生了一种节律上的循环复沓，又给人以韵律美、节奏美。

检视孔子、孟子、荀子言语中的排比，我们发现，它们有词组的排比、句子(包括单句和复句)的排比，也有段落的排比(段落排比是句子排比的扩大形式)；有整句的排比，也有散句的排比。整句排比往往兼用对偶，形成独具特色的排偶句；散句排比则在行文上有所变化，避免了呆板，显得灵活有力。

(4)古之狂也肆，今之狂也荡；古之矜也廉，今之矜也忿戾；古之愚也直，今之愚也诈而已矣。①

(5)君之视臣如手足，则臣视君如腹心；君之视臣如犬马，则臣视君如国人；君之视臣如土芥，则臣视君如寇雠。②

(6)故闻之而不见，虽博必谬；见之而不知，虽识必妄；知之而不行，虽敦必困。③

这三例都是整句排比——排偶。它们音节相等，结构相同，句式整饬，语句流畅，给人以排山倒海般的震撼力和感染力。

(7)吾十有五而志于学，三十而立，四十而不惑，五十而知天命，六十而耳顺，七十而从心所欲，不逾矩。④

(8)城非不高也，池非不深也，兵革非不坚利也，米粟非不多也；委而去之，是地利不如人和也。⑤

(9)天地为大矣，不诚则不能化万物；圣人为知矣，不诚则不能化万民；

---

① 《论语·阳货》。

② 《孟子·离娄下》。

③ 《荀子·儒效》。

④ 《论语·为政》。

⑤ 《孟子·公孙丑下》。

父子为亲矣，不诚则疏；君上为尊矣，不诚则卑。①

这3例则在行文上具有一定的变化，音节多少不等，避免了排比句长而工整所造成的呆板，在变化中显示气势。清代学者魏际瑞在《与子弟论文书》中云："诗文句句要工，便不在行。"诗歌如此，散文更是如此，整齐的排比如果适当变化，就显得更加灵活有力。

排比是先秦儒哲常常采用的表达手段。排比句的运用，使表达流畅，语势连贯，尤其是用以阐述事理时，表达更显细致、周全、透彻、清楚、富有条理，从而给人一泻千里、酣畅淋漓、气势磅礴之感。但受思想内容、语言环境、个人表达风格的影响，孔子、孟子、荀子对排比的运用又各有特点。如孔子是口头表达，其排比句一般比较简短，排比成分多四言、五言；荀子是书面表达，其排比句较长，排比成分多七言、八言。另外，荀子对排比的运用最频繁，尤其善于运用排偶。他几乎在每个段落都使用了排比或排偶句，而且其排比或排偶句的音节基本相等，句式大体一致，形式相当整齐。句子铺陈成排，比较适于写作，因为书写有更多的时间让人斟酌、修改，而口语都是转瞬即逝，不容人们有太多时间去思考、修改，所以荀子的排比书面语气息较浓，孔子、孟子的排比口语化色彩较重。

3.上递下接，气势畅通

蝉联又称"顶真"、"顶针"、"连珠"。上句结尾字作下句开头字，邻接的句子头尾蝉联，这种上递下接的表达形式，不仅可以阐明事物或现象间的密切联系，而且使语气连贯，气势畅通，富有表现力。西晋文学家傅玄在《文叙》中形象解释连珠得名及作用曰："历历如贯珠，易睹而可悦，故谓之连珠。"

从蝉联的成分看，蝉联有词的蝉联、词组的蝉联和句子的蝉联等。词的蝉联如：

(1)父母在，不远游。游必有方。②

(2)天下之本在国，国之本在家，家之本在身。③

(3)诚心守仁则形，形则神，神则能化矣。④

例(1)中，"游"作为共同词语，在上下文意义方面起到了重要的关联作用。孔子

---

① 《荀子·不苟》。

② 《论语·里仁》。

③ 《孟子·离娄上》。

④ 《荀子·不苟》。

提倡“入则孝，出则弟”，父母在世，要尽忠尽孝，尽量不要远游；实在迫不得已，就要告知父母所去的地方。通过“游”这个共同的关联词语，使叙述步步深入，同时也体现了孔子思考的缜密、逻辑的严谨和表达的连贯。例(2)中，孟子运用“国”、“家”的上承下接，阐述了“天下”、“国”与“家”三者间的密切关系。例(3)中，荀子通过“形”与“神”的连接，精辟阐述了“诚心守仁”的重要作用，言简意赅。

词组的蝉联如：

(4)知之者不如好之者，好之者不如乐之者。①

(5)天时不如地利，地利不如人和。②

(6)不闻不若闻之，闻之不若见之，见之不若知之，知之不若行之。③

例(4)的“好之者”，例(5)的“地利”，例(6)的“闻之”、“见之”和“知之”，它们作为前后句子的共有成分，都起到了衔接语句的重要作用，并使句式整齐，语气连贯，给人深刻的印象。

句子的蝉联如：

(7)名不正，则言不顺；言不顺，则事不成；事不成，则礼乐不兴；礼乐不兴，则刑罚不中；刑罚不中，则民无所错手足。故君子名之必可言也，言之必可行也。君子于其言，无所苟而已矣。④

(8)舜尽事亲之道而瞽瞍厎豫，瞽瞍厎豫而天下化，瞽瞍厎豫而天下之为父子者定，此之谓大孝。⑤

(9)用强者，人之城守，人之出战，而我以力胜之也，则伤人之民必甚矣。伤人之民甚，则人之民恶我必甚矣；人之民恶我甚，则日欲与我斗。人之城守，人之出战，而我以力胜之，则伤吾民必甚矣。伤吾民甚，则吾民之恶我必甚矣；吾民之恶我甚，则日不欲为我斗。⑥

孔子非常重视名分，强调用词的准确和恰当，但他没有空洞地说教。在例(7)中，他把五个意义相关的句子蝉联在一起，在给人语气连贯、气势恢弘感的同时，进一步突出了所欲表达的内容，并显得理由充足，无可辩驳。步步深入、环

---

① 《论语·雍也》。
② 《孟子·公孙丑下》。
③ 《荀子·儒效》。
④ 《论语·子路》。
⑤ 《孟子·离娄上》。
⑥ 《荀子·王制》。

环相扣的说理，使各项间的联系更紧密，结构更严谨，音律更和谐，语流更畅达。“如决江河，而注之海，不劳余力，顺流直趋，终焉千里。势之所触，裂山转石，襄陵荡壑。鼓之如雷霆，蒸之如烟云，登之如太空，攒之如绮縠。回旋曲折，抑扬喷伏，而不见艰难辛苦之态，必至于极而后止。”①这“续续相生，连跗接萼”②之语，读来有一泻千里之感。例(8)中，孟子运用蝉联方式深刻阐明了“舜”、“瞽瞍”与“天下”三者环环相因的密切关系。例(9)中，荀子连续运用两次句子蝉联，分别阐明了“我以力胜之”与“伤人之民甚”、“人之民恶我甚”、“日欲与我斗”以及“伤吾民甚”、“吾民之恶我甚”、“日不欲为我斗”间环环相扣、步步推进的逻辑关系，语气连贯，气势畅通，给人以紧锣密鼓、无以回旋感。

不论是词、词组还是句子的蝉联，孔子、孟子、荀子在运用中都比较注意句式的整齐一致。如例(4)、(5)，是蝉联兼对偶，例(6)则是蝉联兼排比。它们既有蝉联的连贯语气，又有对偶、排比的整齐句式，朗朗上口，易记易诵。蝉联的恰当运用，大大提高了孔子、孟子、荀子言语的表现力和感染力，它们“义明而词净，事圆而音泽，磊磊自转”③，令人耳目一新，美不胜收。

4.有意反复，齐一归整

重复使用同一词语或句子，以突出语意内容、表达强烈情感，是人们在语言表达中常常运用的一种方法，也是美化语言形式的一种重要方法。对此，陈望道先生说:“反复的法则同时又可为齐一的法则，这种齐一或反复的法则，原本是一个极简单的法则，但颇可以随处用它，以取得一种简纯的快感。如同样的街树排行地种植了，便有了道路的美观；许多穿制服的学生排行地站立了，也就显示了个别地站立时所不能有的新气象。往往一个分离时以为全无价值的东西，一经反复排列起来，便也有一种趣味。如散看毫无趣味的钉，成了帽架也便有趣；只有一辆停着时没有什么趣味的电车，停车时几十辆连续着，也便觉得可看的就是其例。”④

从反复成分所处的位置看，反复可分为连续反复和间隔反复。连续反复指反复成分连续出现。如：

---

① 方孝孺:《与舒君》，方孝孺著，徐光大校点:《逊志斋集》，宁波出版社 1996 年版，第 379 页。

② 沈德潜编，苗洪注:《古诗源》，华夏出版社 2001 年版，第 461 页。

③ 吴纳、徐师曾著，于北山、罗根泽校点:《文章辨体序说·文体明辨序说》，人民文学出版社 1962 年版，第 139 页。

④ 《陈望道文集》，上海人民出版社 1980 年版，第 237 页。

(1)子曰："觚不觚，觚哉！觚哉！"①

(2)子贡曰："有美玉于斯，韫椟而藏诸？求善贾而沽诸？"子曰："沽之哉！沽之哉！我待贾者也。"②

例(1)中，"觚"是古代盛酒的器皿，腹部与足部均作四条棱角，孔子所见可能不是上圆下方、有四条棱角的觚。孔子一向重视名实相符，故发此慨叹。"觚哉"的连续反复，表达了孔子对"觚不觚"的强烈不满。例(2)中，"沽之哉"的连续反复，勾勒出孔子急于实践自己政治主张的迫切心情。

间隔反复指反复的成分被其他话语成分间隔开了。如：

(3)子曰："贤哉，回也！一箪食，一瓢饮，在陋巷，人不堪其忧，回也不改其乐。贤哉，回也！"③

(4)孟子曰："君子有三乐，而王天下不与存焉。父母俱存，兄弟无故，一乐也；仰不愧于天，俯不怍于人，二乐也；得天下英才而教育之，三乐也。君子有三乐，而王天下不与存焉。"④

例(3)中，"贤哉，回也！"重复出现在孔子言语的起首和末尾，中间是孔子对颜回贤德的具体描述。同一话语的首尾反复，抒发了孔子对颜回"贫贱不能移"高尚情操的赞扬、肯定之情。例(4)中，孟子首先表明观点，然后具体说明，最后同语重复，意在肯定自己的看法。

可以看出，反复的恰当运用，都有突出思想、强化感情的重要作用，而思想的突出、情感的强化则源于同一词语或句子的重复使用。内容借助于形式，形式凸显了内容，形式上的反复有助于更好地表达内容。

5.往复盘绕，首尾呼应

以词为单位、以颠倒词序为特征(一般只能顺读)的回环，也是形成语言形式美的一种重要方法。如：

(1)学而不思则罔，思而不学则殆。⑤

(2)君子周而不比，小人比而不周。⑥

---

① 《论语·雍也》。
② 《论语·子罕》。
③ 《论语·雍也》。
④ 《孟子·尽心上》。
⑤ 《论语·为政》。
⑥ 《论语·为政》。

(3)君子和而不同,小人同而不和。[①]

这三例回环,令人耳目一新。形式上,它们音节相等,结构相同,句式一致,具有一种整齐均衡的美。语音上,相同词语如“学”与“思”、“周”与“比”、“和”与“同”等首尾呼应,造成语音链上相同语音单位有规律的重复出现,使语句具有一种音乐美。不仅如此,词序的颠倒还使二者产生鲜明的对比,反映出彼此的不同。

另外,词序的有意识、有规律变化,还使前后意思联系得更加紧密。如:

(4)仕而优则学,学而优则仕。[②]

(5)举直错诸枉,则民服;举枉错诸直,则民不服。[③]

(6)始则终,终则始。[④]

例(4)中,“仕”与“学”位置的改变,表达了二者间的辩证关系。例(5)中,“错”与“枉”位置的颠倒,则完全改变了事物的性质,其结果要么是“民服”要么是“民不服”。例(6)中,荀子通过“始”与“终”位置的互换,说明了“始”与“终”的辩证关系。

形式整齐匀称,音律循环往复,是回环的主要特征。孔子、荀子对回环的恰当运用,使语言具有优美的韵律和整齐的乐感。

另外,运用互文等方法组成的语句,其结构形式也比较整齐。如:

(1)多闻阙疑,慎言其余,则寡尤;多见阙殆,慎行其余,则寡悔。[⑤]

(2)未有仁而遗其亲者也,未有义而后其君者也。[⑥]

(3)仁之实,事亲是也;义之实,从兄是也。[⑦]

例(1)中,“阙疑”与“阙殆”意同,上句作“阙疑”,下句作“阙殆”。“疑”与“殆”是同义词,互文见义。例(2)中,孟子形式上对亲言“仁”,对君言“义”,实际上是“仁”、“义”互文。意思是怀仁义者既不遗弃他们的父母,也不会怠慢他们的国君。例(3)中,“仁之实”为“事亲”,“义之实”为“从兄”。孟子提倡“入以事其父兄,出以事其长上”,可以看出,“仁”、“义”互文。

① 《论语·子路》。
② 《论语·子张》。
③ 《论语·为政》。
④ 《荀子·王制》。
⑤ 《论语·为政》。
⑥ 《孟子·梁惠王上》。
⑦ 《孟子·离娄上》。

这种“两物各举一边而省文”[①]的互文表达方式，既避免了行文的重复，又使前后两句字数相等、结构相同，构成了形式严整的对偶，富有整齐美。

(二)参差错落的变化美

李涂《文章精义》云：“文字须有数行齐整处，须有数行不齐整处。”这是对前人说话作文经验教训的精辟概括。的确如此。如果一味追求整齐划一、均衡匀称，就会使人感觉单调乏味。而“单调(诸感觉完全一模一样)最终使感觉松弛(对周围注意力的疲惫)，而官感则被削弱。变化使感官更新”[②]。因此，人们说话作文在追求均衡美的同时，又都讲求适当的变化，同中求异，异中求同，参差错落，和谐一致。

句子是话语的基本单位。而句子有长有短，有松有紧，有整有散，有主动有被动，有肯定有否定，有陈述有疑问，有常位有变位。不同的句子具有不同的表达效果，如长句严密周详、具体明确，短句简洁明快、生动活泼；松句层次清楚、语气轻松舒缓，紧句紧凑有力、严密集中；整句形式整齐，气势贯通，散句自由灵活，形式不拘；主动句、肯定句、陈述句直截了当，被动句、否定句、疑问句或突出强调或缓和语气；常位句平铺直叙，变位句有利于突出重点；等等。这些组合形式、表达语气、表意强度和修辞效果各不相同的句式，在交错运用、有机统一时会互相补充、互相衬托，更好地提高语言的表达效果，加深人们的印象。

通过对孔子、孟子、荀子言语的考察，我们发现不论是词语的选择还是句式的运用，它们都恰当贴切、灵活自然，富于变化。

1.错综表达，避复求变

在同一句话中，有意识地变换使用同义词语或近义词语，或者有意识地把均齐规整的语言变成参差错落的表达，可以使言语表达富于变化而避免重复和单调。这种表达方式就是错综。从错综的成分来看，有词面错综和句式错综两种。词面错综指同义或近义词语的变换。如：

(1)子张问明。子曰：“浸润之谮，肤受之愬，不行焉，可谓明也已矣。”[③]

(2)视其所以，观其所由，察其所安，人焉廋哉？人焉廋哉？[④]

(3)惟仁者为能以大事小，是故汤事葛，文王事昆夷。惟智者为能以小

---

① 贾公彦撰：《仪礼注疏》，中华书局1936年版，第1093页。

② [德]康德著，邓晓芒译：《实用人类学》，上海人民出版社2012年版，第476页。

③ 《论语·颜渊》。

④ 《论语·为政》。

事大,故太王事獯鬻,句践事吴。①

例(1)中的“谮”与“愬”意思相近。朱熹注曰:“谮,毁人之行也。”“愬,愬己之冤也。”②诋毁、诬告都是不良行为,抽换词面,就避免了重复。故邢昺疏曰:“诉,犹谮也,变其文耳。”例(2)中的“视”、“观”、“察”意思相同,都指看,只是“三字有浅深之次序。视从一节看,观从大体看,察从细微处看”③。同义词语的变换,使表达活泼有变化。例(3)中,“昆夷”是古西戎国名,“獯鬻”即昆夷。王国维《观堂集林》卷一三《鬼方昆夷玁狁考》云:“孟子易以獯鬻者,以上文云‘文王事昆夷’,故以异名同实之獯鬻代之。临文之道,不得不尔也。”

句式错综指句式的有意识改变。如:

(4)邦有道,危言危行;邦无道,危行言孙。④

(5)尧以不得舜为己忧,舜以不得禹皋陶为己忧。夫以百亩之不易为己忧者,农夫也。⑤

(6)强本而节用,则天不能贫;养备而动时,则天不能病……本荒而用侈,则天不能使之富;养略而动罕,则天不能使之全;倍道而妄行,则天不能使之吉。⑥

例(4)中,上句“危言危行”,下句“危行言孙”,言、行的位置改变了。另外,“危行”与“言孙”结构上也不对应。例(5)中,“尧以不得舜为己忧,舜以不得禹皋陶为己忧”两句为叙述句,后一句则改为判断句。句式的改变,使语气随之而改变。例(6)中,前后句子的意思相同。前句是从正面说,后句是从反面说。但结构不同:“贫”、“病”、“祸”是使动用法,而“使之富”、“使之全”、“使之吉”则变为兼语式的使动句。句式的改变,使表达错落有致。⑦

错综的恰当运用,有效地避免了表达上的单调、呆板,而使语言准确、生动、活泼,具有变化美。

---

① 《孟子·梁惠王下》。

② 朱熹:《论语集注》,齐鲁书社1992年版,第118页。

③ 钱穆:《论语新解》,三联书店2005年版,第36页。

④ 《论语·宪问》。

⑤ 《孟子·滕文公上》。

⑥ 《荀子·天论》。

⑦ 楚永安:《古汉语表达例话》,中国青年出版社1994年版,第179~185页。

2.转化词类,新鲜活泼

某词属于某类是固定的,所谓"词有定类,类有定词"[①]。但在特定的语言环境中,可根据需要临时把甲类词转化为乙类词来使用,从而获得超越常规的特殊表达效果。这种词类活用(即转类),清人袁仁林在《虚字篇》中谓为"实字虚用,死字活用"。他说:"实字虚用,死字活用,此等用法,虽字书亦不能遍释,如'人其人,火其书,庐其居'、'墟其国,草其朝'、'生死而肉骨'、'土国城漕'之类。上一字俱系死实字,一经为此用之,顿成虚活,而反觉意味无穷。大抵经文士驱遣,凡实皆可虚,凡死皆可活,但有用不用之时耳。从其体之静者,随分写之,则为实为死;从其用之动者,以意遣之,则为虚为活。用字之新奇简练,此亦一法。"可以说,这是对词类活用修辞现象最为精辟的总结和概括。

新奇、简练是词类活用现象的突出特点。这在孔子、孟子、荀子言语中有充分的体现。孔子、孟子、荀子言语中存在大量的词类活用现象,有名词、动词、形容词、数词等多种,其中又以名词、动词、形容词的活用居多。

(1)齐景公问政于孔子。孔子对曰:"君君,臣臣,父父,子子。"[②]

(2)假舟楫者,非能水也,而绝江河。[③]

(3)友风而子雨。[④]

这三例均是名词的活用。例(1)中,第二个"君"、"臣"、"父"、"子"被临时活用为动词,意即"像君"、"像臣"、"像父"、"像子"。这样名词活用为动词,就使话语变得简洁经济,语义内容变得丰富充盈。例(2)中,名词"水"被活用为动词"游水",从而使前后音节相等、形式整齐。例(3)中,把风当作朋友,把雨当作孩子,属于名词的意动用法。荀子使用名词的意动用法,显然附加了自己的主观意愿、情感喜好,使表达具有主观、主动、激越的审美特征。[⑤]

(4)工师得大木,则王喜,以为能胜其任也。匠人斫而小之,则王怒,以为不胜其任矣。[⑥]

---

① 孙思信:《谈谈词类活用的修辞作用》,《聊城师范学院学报(哲学社会科学版)》1995 年第 4 期。

② 《论语·颜渊》。

③ 《荀子·劝学》。

④ 《荀子·赋篇》。

⑤ 参见张振弼:《古汉语中词类活用的修辞审美效果》,《宁德师专学报(哲学社会科学版)》1994 年第 4 期。

⑥ 《孟子·梁惠王下》。

(5)孔子登东山而小鲁,登太山而小天下。①

(6)舜使益掌火,益烈山泽而焚之,禽兽逃匿。②

这三例中的形容词被活用为动词,又有不同:例(4)中的"小"是使动用法,例(5)中的"小"为意动用法,例(6)中的"烈"活用为动词。它们活用为动词后,不仅具备了动词的特性,而且使语言表达生动形象。透过这些字眼,人们似乎可以看到大木变小的过程、孔子放眼四望的情形、烈火熊熊的场景,在联想中丰富了语言表达的内容。

(7)君子成人之美,不成人之恶。③

(8)然则小固不可以敌大,寡固不可以敌众,弱固不可以敌强。④

这二例中的形容词被活用为名词。例(7)中,"美"指好事,"恶"指坏事。例(8)中,"小"、"大"、"寡"、"众"、"弱"、"强"分别指小的国家、大的国家、人少的国家、人多的国家、弱小的国家、强大的国家。这些词词性的临时改变,使音节整齐,表达简练,对比显豁,丰富了语言的表现力。

(9)君子有三戒:少之时,血气未定,戒之在色;及其壮也,血气方刚,戒之在斗;及其老也,血气既衰,戒之在得。⑤

(10)陈相见许行而大悦,尽弃其学而学焉。⑥

这二例是动词的活用。例(9)中,"戒"活用为名词,指"禁戒的事情"。例(10)中,"学"活用为名词,指陈相以前所学的儒道。文字简约经济,信息量却增加了。

另外,还有数词的活用。如:

(11)季文子三思而后行。子闻之,曰:"再,斯可矣。"⑦

一般情况下,数词用于表示事物的数量。例(11)中,孔子把"再"临时用为动词,除表示"再"的本义外,还赋予其"思"义。或者说"再"是"再思"的省略形式,但只用一"再"字显然更简洁。

在具体的语言环境中,孔子、孟子、荀子都非常注意词语、句式的选择运用,特

---

① 《孟子·尽心下》。
② 《孟子·滕文公上》。
③ 《论语·颜渊》。
④ 《孟子·梁惠王上》。
⑤ 《论语·季氏》。
⑥ 《孟子·滕文公上》。
⑦ 《论语·公冶长》。

别讲究句法、语气等的交错配置。他们常在言语中交错运用长句与短句、整句与散句、陈述句与疑问句、肯定句与否定句等，使得语言表达灵活多变、新鲜活泼。

3. 长短句错置，机动灵活

从形体上看，汉语的句式有长有短：长句的字数多，形体长，结构比较复杂；短句字数少，形体短，结构相对简单。就表达作用而言，长句内涵丰富，便于周密详尽地阐述事理，准确明晰地说明问题，委婉细腻或气势磅礴地抒发感情，绘声绘色地描述事物；短句便于抒发激越的感情，表达急促的语气，描写紧张的场面。[①] 二者各有所长，也各有所短：一味用长句，会使表达臃肿拖沓；一味用短句，则会使表达散乱琐碎。另外，这也不符合人们的听说心理和习惯。在一般的语言表达中，常常是有长句也有短句，交错运用，都是如此。当然，长句与短句是相对的。

孔子、孟子、荀子言语中有长句也有短句。他们对长短句的交错并用，使表达灵活多变，具体表现在：一是交替使用长句与短句；二是先用长句叙述，后用短句小结；三是先用短句简述，后用长句申述；四是先用短句总提，然后用长句申说，最后再用短句总括。下面将分别举例明示之：

(1)子曰："何事于仁！必也圣乎！尧舜其犹病诸！夫仁者，己欲立而立人，己欲达而达人。能近取譬，可谓仁之方也已。"[②]

(2)孟子曰："规矩，方员之至也；圣人，人伦之至也。欲为君，尽君道；欲为臣，尽臣道。二者皆法尧舜而已矣。不以舜之所以事尧事君，不敬其君者也；不以尧之所以治民治民，贼其民者也。"[③]

(3)故非礼，是无法也；非师，是无师也。不是师法而好自用，譬之是犹以盲辨色、以聋辨声也，舍乱妄无为也。故学也者，礼法也。[④]

这三例都交替使用了长句与短句。句子有长有短，长短交错，使表达灵活自如。

(4)樊迟出。子曰："小人哉，樊须也！上好礼，则民莫敢不敬；上好义，则民莫敢不服；上好信，则民莫敢不用情。夫如是，则四方之民襁负其子而至矣，焉用稼？"[⑤]

---

① 参见刘继超、高月丽：《修辞的艺术》，石油工业出版社 2002 年版，第 73 页。

② 《论语·雍也》。

③ 《孟子·离娄上》。

④ 《荀子·修身》。

⑤ 《论语·子路》。

(5)文王之囿方七十里，刍荛者往焉，雉兔者往焉，与民同之。民以为小，不亦宜乎？①

例(4)中，孔子先用三个排比长句说明当政者应具备的素养，然后用短句概括其结果。先长后短，合理自然。例(5)中，孟子先对文王之囿详加描述，后用反问短句进行概括，语气肯定，不容置疑。

(6)或问禘之说。子曰："不知也；知其说者之于天下也，其如示诸斯乎！"指其掌。②

(7)孟子去齐，居休。公孙丑问曰："仕而不受禄，古之道乎？"

曰："非也；于崇，吾得见王，退而有去志，不欲变，故不受也。继而有师命，不可以请。久于齐，非我志也。"③

(8)百发失一，不足谓善射；千里蹞步不至，不足谓善御；伦类不通，仁义不一，不足谓善学。学也者，固学一之也。④

例(6)中，孔子先说自己"不知也"，然后加以补充。口语实录，活灵活现。例(7)中，面对公孙丑的询问，孟子先说结论，简短明了，然后详细说明。循循善诱，语重心长。例(8)中，荀子先用三个排比句作比，然后用一个短句概括学习之道。论证充实，说服力强。

(9)孟子曰："予岂好辩哉？予不得已也。天下之生久矣，一治一乱。当尧之时，水逆行，泛滥于中国，蛇龙居之，民无所定；下者为巢，上者为营窟。……我亦欲正人心，息邪说，距诐行，放淫辞，以承三圣者。岂好辩哉？予不得已也。能言距杨墨者，圣人之徒也。"⑤

在这段论述中，孟子先说结果，后说原因。他用一个短句说明自己不得不辩的结果，而后用一系列长短句反复申述自己好辩的原因。摆事实、讲道理，论证严谨，辩驳有力，义正词严，气势磅礴，给人以极强的震撼力。

(10)学莫便乎近其人。《礼》、《乐》法而不说，《诗》、《书》故而不切，《春秋》约而不速。方其人之习君子之说，则尊以遍矣，周于世矣。故曰学莫便乎近其人。⑥

---

① 《孟子·梁惠王下》。
② 《论语·八佾》。
③ 《孟子·公孙丑下》。
④ 《荀子·劝学》。
⑤ 《孟子·滕文公下》。
⑥ 《荀子·劝学》。

在这段议论中，荀子先提出论点“学莫便乎近其人”，然后分述《礼》、《乐》、《诗》、《书》、《春秋》的利弊，最后回到论点。总述一分论一总论，长短交替，前后照应，严谨有序，逻辑性强。

句子长短与音节多少相一致。长句、短句的交错形成了音节的错落有致，在增强语言表达形式美的同时也增强了它的音律美。

4. 整散句结合，错落有致

从韵律结构上看，汉语句式有整句、散句之分。整句长短划一，形式整齐，音节匀称，如对偶句、排比句、回环句等；散句长短不等，形式多样，音节参差不齐。二者各有利弊：“偶句之妙在凝重，奇句之长在流利。然叠用偶句，其失也单调而板滞；叠用奇句，其失也流转而无骨”（偶句即整句，奇句即散句）。而整句与散句的交错运用，则会“气振而骨植，且无单调之病，而有变化之妙”①。

孔子、孟子、荀子言语中虽有大量的整句如对偶、排比、反复、顶真、回环等（前文已述），但更多时候是整句与散句的交错并用。如：

> (1)孔子曰：“求！君子疾夫舍曰欲之，而必为之辞。丘也闻有国有家者，不患寡而患不均，不患贫而患不安。盖均无贫，和无寡，安无倾。夫如是，故远人不服，则修文德以来之。既来之，则安之。今由与求也，相夫子，远人不服，而不能来也；邦分崩离析，而不能守也；而谋动干戈于邦内。吾恐季孙之忧，不在颛臾，而在萧墙之内也。”②

孔子不满冉有的辩解，对冉有再次进行了批评。先一声呼告引起听者的注意，然后用散句“君子疾夫舍曰欲之而必为之辞”表明自己的态度，继之长短句并用、整散句交替来陈情述理。孔子表面上是批评冉有，实际是在分析季氏讨伐颛臾的利害得失，有理有据，说理充分，情真意切，感人肺腑，有极强的针对性和说服力。整句和散句的交替运用，使表达波澜起伏，变化多姿。

> (2)孟子曰：“鸡鸣而起，孳孳为善者，舜之徒也；鸡鸣而起，孳孳为利者，跖之徒也。欲知舜与跖之分，无他，利与善之间也。”③

孟子先用对比兼对偶说明“舜之徒”与“跖之徒”的区别所在，然后用“欲知舜与跖之分，无他，利与善之间也”进行总结概括，先整后散，行文灵活。

> (3)请问为国？曰：闻修身，未尝闻为国也。君者，仪也，仪正而景正；

① 金兆梓：《实用国文修辞学》，中华书局 1934 年版，第 119 页。

② 《论语·季氏》。

③ 《孟子·尽心上》。

> 君者，槃也，槃圆而水圆；君者，盂也，盂方而水方。君射则臣决。楚庄王好细腰，故朝有饿人。故曰：闻修身，未尝闻为国也。①

在这段议论中，荀子在开头结尾两次曰"闻修身，未尝闻为国也"，既是论点的展开也是论证的结束，前后反复便于人们记忆。段中的"君者，仪也"等排比兼对偶句，简洁精练，内容丰富。"君射则臣决"和"楚庄王好细腰，故朝有饿人"2个散句，语气、风格随之一转，整个行文有张有弛、富有变化。

5.常式句与变式句并用，变中求新

常式句与变式句的交互并用，也是形成语言表达变化美的重要手段。

在古今汉语中，主—谓—宾、定—状—补是基本的词语顺序，主句+从句是正常的句子顺序，其位置大都比较固定。词序或句序一旦改变，句子的意义立刻会产生相应的变化：或者是语意不通，或者是语意大变，或者是句子的意思不变，但其附带意义、感情色彩等发生一定的变化。前两种情形比较常见，变化也比较明显，自然无须赘述；后一种情形则具有特殊的修辞效果，是修辞学重点研究的对象。

词语或句子正常顺序的改变，都是变式句，修辞学谓之倒装。例如：

> (1)子欲居九夷。或曰："陋，如之何?"子曰："君子居之，何陋之有?"②

孔子话语的正常词语顺序应是"君子居之，有何陋?""何陋"后加"之"构成四言反问句，加强了语气，并使得前后音节相等，节奏鲜明，抑扬顿挫，朗朗上口。

> (2)孟子曰："有人曰，'我善为陈，我善为战。'大罪也。……王曰：'无畏！宁尔也，非敌百姓也。'若崩厥角稽首。征之为言正也，各欲正己也，焉用战?"③

"厥"，顿。"角"，额角。正常语序应是"厥角稽首，若崩"，孟子把"若崩"前置，先声夺人，给人以听觉上的重响，继后引起人的联想，使人们似乎看到了万千百姓匍匐在地、齐齐叩首的壮观场面，从而突出强调了百姓对周武王的感激之情。

> (3)盆成括仕于齐，孟子曰："死矣盆成括！"④

儒家一贯崇尚"君子"之道，而盆成括却不了解"君子"之大道，只会耍小聪明。鉴于此，当盆成括到齐国做官时，孟子断言他大难临头。孟子先说"死矣"后说

---

① 《荀子·君道》。
② 《论语·子罕》。
③ 《孟子·尽心下》。
④ 《孟子·尽心下》。

"盆成括",非常符合当时的言说环境和孟子的心理。或者说,当时的言说环境和孟子的情感态度决定了"死矣,盆成括!"的脱口而出。

(4)子张问:"士何如,斯可谓之达矣?"子曰:"何哉,尔所谓达者?"[①]

"何哉"的前置则比较符合人们的口头表达习惯。在日常的口语交际中,人们常常如此。这样表达灵活自然,贴近生活。

(5)子曰:"孰谓微生高直?或乞醯焉,乞诸其邻而与之。"[②]

孔子先用一个反问句说明自己对微生高的看法,然后具体说明理由。这种前置,等于在句末重复自己前面的观点,如同"贤哉,回也!一箪食,一瓢饮,在陋巷。人不堪其忧,回也不改其乐。贤哉,回也!"[③]中的间隔反复,有强调作用。

从上述诸例我们可以看出,无论是词序的倒置还是句序的倒置,它们都在一定程度上活跃了表达,给人灵活多变、耳目一新的感觉。而这一点是在与常式句的交错并用中显示出来的,因为只有常式才能凸显变式,当然,变式同时也映衬常式。

另外,肯定句与否定句、疑问句的交替运用,也使语言表达富有变化。

根据表达语气的不同,汉语的句子有肯定句、否定句、疑问句、感叹句等。肯定句的语气坚决果断,否定句的语气舒缓婉转,疑问句中有疑而问的语气相对较弱,无疑而问的语气相对较重,感叹句的语气激越、强烈。孔子、孟子、荀子把它们交错运用于语言表达中,使其表达有起有落,跌宕有致。如:

(1)佛肸召,子欲往。

子路曰:"昔者由也闻诸夫子曰:'亲于其身为不善者,君子不入也。'佛肸以中牟畔,子之往也,如之何!"

子曰:"然,有是言也。不曰坚乎,磨而不磷;不曰白乎,涅而不缁。吾岂匏瓜也哉?焉能系而不食?"[④]

面对子路的询问,孔子先行承认,后陈述己见,表达自己"仁"天下的志向。孔子说话的语气随言说内容和态度而起伏变化,随意自然。

(2)不得于心,勿求于气,可;不得于言,勿求于心,不可。[⑤]

---

① 《论语·颜渊》。
② 《论语·公冶长》。
③ 《论语·雍也》。
④ 《论语·阳货》。
⑤ 《孟子·公孙丑上》。

"不得于心,勿求于气"与"不得于言,勿求于心"是两种截然不同的处理办法,一者正确,一者错误。孟子用肯定句和否定句表明取舍,态度明朗。

(3)假舆马者,非利足也,而致千里;假舟楫者,非能水也,而绝江河。君子生非异也,善假于物也。[①]

"非……而……"本身先否定后肯定。荀子采用这种句式,旨在说明,"君子"的优异在于他善于凭借外物。否定是为了肯定,双重肯定则加强了肯定,提高了论证说理的力度。

考察孔子、孟子、荀子的言语,我们发现,肯定句与否定句的对举并用,使二者相互补充,相互衬托,突出了重点,加强了语意;陈述句(肯定或否定)与疑问句、感叹句的交错运用,避免了平铺直叙,使表达富有变化。可以说,各种句式的交互运用,是形成先秦儒哲言语多姿多彩特色的一个重要原因。

三、内蕴丰富的意义美

如果说言语的声音韵律主要诉诸人们的听觉,言语的形体结构主要诉诸人们的视觉,人们主要凭借其听觉与视觉来感受言语的音乐美和形式美,那么对言语丰富意蕴的把握则需要调动多个感官,依靠联想和想象来进行,因为言语的深层含义、情感态度等均隐藏于语表的背后,需要一个悉心体味、充分理解、正确接受这样一个由外而内的过程。

儒家思想学说博大精深,孔子、孟子、荀子言语都具有丰富的哲理和深厚的意蕴。在表达这些丰富哲理和深厚意蕴的过程中,孔子、孟子、荀子无不借用了比喻、引用、对比、层递、对偶等修辞手法,使语意内涵充盈而饱满。因此,我们在理解、接受这些丰赡的意义时,同样必须以比喻、引用、对比、层递、对偶这些修辞手法为媒介,借助联想和想象,来全面感受孔子、孟子、荀子言语的丰富内涵。

(一)比喻使语义内涵更丰富

"为着避免平凡,尽量在貌似不伦不类的事物之中找出相关联的特征,从而把相隔最远的东西出人意料地结合在一起。"[②]比喻的构成就是如此。两种性质根本不同的事物,在特定的语言环境中,被巧妙地、有机地结合在一起,不仅避

---

① 《荀子·劝学》。

② [德]黑格尔著,朱光潜译:《美学》第3卷,商务印书馆1982年版,第231页。

免了平凡,而且使“语辞呈现一种动人的魅力”。

比喻素称“语言艺术之花”,是古往今来运用最广泛、最普遍的一种修辞方法。恰当的比喻,总是深入浅出地陈情说理,具体形象地描绘事物,使人触类旁通、易知易晓。所以早在先秦时期,孔子、孟子、荀子就大量地运用比喻,或说理,或劝谏,或抒发感情、表明态度,作为宣传、弘扬儒家思想学说的有力武器,帮助人们认知表达本体、理解和接受儒家的思想观点。

1. 比喻有效地帮助人们认知表达本体

“譬喻为致知之具,穷理之阶。”[①]比喻的本质功能就是通过打比方,使未知变已知、陌生变熟悉、抽象变具体、深奥变浅显,帮助人们迅速地认识世界。如:

> (1)子曰:“为政以德,譬如北辰居其所而众星共之。”[②]

为什么要以德为政呢?孔子以“北辰”作比,使“为政以德”的结果具体化、明朗化了。看到这则比喻,读者一下子就可以感知到或勾勒出以德治国的美好景象,还会用一系列的联想和想象来补充它、丰富它。显然,这比空洞说教或单纯强调更有效。

> (2)孟子曰:“逃墨必归于杨,逃杨必归于儒。归,斯受之而已矣。今之与杨、墨辩者,如追放豚,既入其苙,又从而招之。”[③]

与杨墨辩论的是何许人?三言两语,难以说清。孟子用“追放豚,既入其苙,又从而招之”作比,就把他们给具体化、熟知化了。借助联想,人们可以轻松地感知辩者的表情、手势、感情等,还可以用已有的知识和经验塑造出一个个形态各异、栩栩如生的辩者形象。

> (3)君子曰:学不可以已。青,取之于蓝而青于蓝;冰,水为之而寒于水。[④]

荀子借助靛青和冰的生成过程,形象地说明了“学不可以已”这个道理。而读者借助对靛青和冰的生成过程的了解,就可以迅速地理解学习不可以停止的道理。言简意明,含蓄隽永。

> (4)子在川上曰:“逝者如斯夫!不舍昼夜。”[⑤]

---

① 钱锺书:《管锥编》第1册,中华书局1979年版,第12页。

② 《论语·为政》。

③ 《孟子·尽心下》。

④ 《荀子·劝学》。

⑤ 《论语·子罕》。

"水"是大千世界不可或缺之物，也是人们熟视无睹之物。孔子以流水为喻感慨时光的流逝，勉励自己自强不息，新颖贴切又一语中的。对此，方存之《论语评点》曰："只是点染咏叹，不多着言语……而道理自存。"

2.比喻使劝谏委婉含蓄

孔子一生温、良、恭、俭、让，其言说雍容徐缓，语重心长；荀子"最为老师"，常常不厌其烦地反复说明、申述同一个道理；孟子以气势见长，但在具体的议论辩争中，也非常讲究措词遣句，注意表达的方式方法。在臣谏君问题上，孔子曾明确提出"风谏"主张，指出劝谏有多种方法，要善于揣摩对方的心理然后选择合适的劝谏方式。他说："忠臣之谏君，有五义焉：一曰谲谏，二曰戆谏，三曰降谏，四曰直谏，五曰风谏。唯度主而行之，吾从其风谏。"①"风谏"，王肃注曰："依违远罪避害者也"，即用委婉的态度和言辞，通过比喻、暗示等方法来劝谏。劝谏的成败取决于谏之时机与技巧。在与位尊者的讨论中，孔子、孟子常常借助比喻含蓄表达自己的观点、看法。

(1)季康子问政于孔子曰："如杀无道，以就有道，何如?"孔子对曰："子为政，焉用杀？子欲善而民善矣。君子之德风，小人之德草。草上之风，必偃。"②

在这里，孔子用了三个比喻：他把"君子"之德比作风，把"小人"之德比作草，把君民关系比作风与草的关系。众所周知，风来草动，草随风动。孔子用人们熟知的风草关系比喻君民关系，旨在使对方迅速领悟以德治国、实行仁政的积极意义。当权者要以德治国，用优良的道德品行感化百姓，上行下效，"子欲善而民善矣"。另外，也委婉指出，你(季康子)作为当权者，应该"为政以德"，不能动辄以杀。

(2)戴盈之曰："什一，去关市之征，今兹未能，请轻之，以待来年，然后已，何如?"

孟子曰："今有人日攘其邻之鸡者，或告之曰：'是非君子之道。'曰：'请损之，月攘一鸡，以待来年，然后已。'——如知其非义，斯速已矣，何待来年?"③

攘邻之鸡是人所不齿的卑鄙行为。对这等不义行为，要断然制止；听之任之、坐

① 《孔子家语·辩政》。

② 《论语·颜渊》。

③ 《孟子·滕文公下》。

等消失的做法，显然愚不可及。孟子以攘邻之鸡为喻，间接指出了戴盈之在去除关市之征做法上的不妥。态度明朗，表达含蓄，适宜得体。

3.比喻有助于表明感情、态度

受汉民族文化心理的影响，世间万物及反映客观万物的词语、句子大都具有或隐或显的感情色彩。选用感情色彩明显的事物作喻体，其比喻就表达出与之对应的感情倾向、取舍态度，或褒奖或贬抑，或肯定或否定。如：

(1)子贡问曰："赐也何如?"子曰："女，器也。"曰："何器也?"曰："瑚琏也。"①

"瑚琏"是古时宗庙中盛黍稷的器物，竹制，以玉装饰，既贵重又华美。子贡是孔子高等弟子、七十二"贤人"之一，孔子以"瑚琏"比之，喜爱、赞赏之情溢于言表。

(2)宰予昼寝。子曰："朽木不可雕也，粪土之墙不可杇也；于予与何诛?"②

宰予也是孔门高等弟子之一，与子贡肩齐。期望越高，失望就越大。所以对他大白天睡觉的行为，孔子十分生气。孔子责其志气昏惰，故以"朽木"、"粪土之墙"比之，"恨铁不成钢"之复杂感情见诸言端。

(3)杨氏为我，是无君也；墨氏兼爱，是无父也。无父无君，是禽兽也。③

孟子以"正人心，息邪说，距跛行，放淫辞，以承三圣"为己任，认为杨墨学说荒谬不堪，是歪理邪说，进而对杨墨学说进行了毫不含糊的批驳。例(3)中的喻体"禽兽"就明确表明了孟子的否定态度。

在儒家思想中，"君子"与"小人"截然对立，"君子"是赞美、称颂的对象，而"小人"则一贯遭人贬抑、指责。因此，儒家常常以美好的事物比附"君子"，以丑陋之物形容"小人"。如：

(4)故君子务修其内而让之于外，务积德于身而处之以遵道。如是，则贵名起如日月，天下应之如雷霆。④

(5)小人反是，致乱而恶人之非己也，致不肖而欲人之贤己也，心如虎狼、行如禽兽而又恶人之贼己也。⑤

---

① 《论语·公冶长》。

② 《论语·公冶长》。

③ 《孟子·滕文公下》。

④ 《荀子·儒效》。

⑤ 《荀子·修身》。

例(4)中，荀子以“日月”形容“君子”的尊贵名声，以“雷霆”描绘天下人的一呼百应，字里行间饱含赞美、仰慕。例(5)中，荀子则以“虎狼之心”、“禽兽之行”描绘“小人”，极力渲染了“小人”的可憎可恨，鄙弃、厌恶之情溢于言表。

综观孔子、孟子、荀子言语中的比喻，可以看出，比喻不仅使表达形象具体、通俗易懂，而且极大地激发了听读者的联想，拓展了人们想象的艺术空间，丰富了话语内涵，提高了其审美价值，给人以强烈的艺术感染力。正因为如此，他们言语中的很多比喻句成为流传千古的格言警句。如《论语·子罕》:“岁寒，然后知松柏之后凋也。”“逝者如斯夫！不舍昼夜。”《颜渊》:“君子之德风，小人之德草。草上之风，必偃。”《阳货》:“割鸡焉用牛刀?”《公冶长》:“朽木不可雕也，粪土之墙不可杇也。”《孟子·公孙丑下》:“古之君子，其过也，如日月之食，民皆见之；及其更也，民皆仰之。”《告子上》:“鱼，我所欲也，熊掌亦我所欲也；二者不可得兼，舍鱼而取熊掌者也。生亦我所欲也，义亦我所欲也；二者不可得兼，舍生而取义者也。”《荀子·劝学》:“若挈裘领，诎五指而顿之，顺者不可胜数也。不道礼宪，以《诗》、《书》为之，譬之犹以指测河也，以戈舂黍也，以锥飡壶也，不可以得之矣。”《荣辱》:“虽有戈矛之刺，不如恭俭之利也。”“与人善言，暖于布帛；伤人之言，深于矛戟。”《非相》:“赠人以言，重于金石珠玉；观人以言，美于黼黻文章；听人以言，乐于钟鼓琴瑟。”《儒效》:“贵名起如日月，天下应之如雷霆。”《王制》:“君者，舟也；庶人者，水也。水则载舟，水则覆舟。”《儒效》:“四海之内若一家”……而亘古不衰、传诵不已的美文——《劝学》几乎通篇由比喻连缀而成。由此可知，比喻在儒家那儿，不仅是达意传情的有效方式，更是宣传、弘扬儒家思想学说的有力武器，是表意深刻、精警的有效途径。

(二)引经据典使论证说理更加可信

在中国修辞学史上，“用古事、引成辞”一直被视为一种十分重要的表达方式，《庄子》中的“重言”、《文心雕龙》中的“事类”以及唐宋以降古文论中的“用事”、“用典”、“引语”、“引辞”、“引用”等，指的都是“用古事、引成辞”现象，且有详论。如刘勰撰写的《事类》一文，就对这种引用现象进行了分析、论述，认为“事类”是一种“文章之外，据事以类义，援古以证今”的表达方法，人们频频用古事、引成辞，是因为它们内涵丰富，意义深奥，富有智慧又简洁精练，“经典沈深，载籍浩瀚，实群言之奥区，而才思之神皋也”。古事、成辞的恰切运用，在话语表达上能产生积极作用，即“征义”、“明理”；反之，则会有害无益，因小失大，所谓

"用旧合机,不啻自其口出;引事乖谬,虽千载而为瑕"。[①] 古事、成辞的引用成败,关键在于是否恰当。

理论源于实践。在话语中大量引用古事、成辞以佐证自己观点的做法,是汉民族的一贯传统,也是一种行之有效的论证说理方法。只是时代越早,可资引用的材料就越少,而时代越晚,可资引用的材料就越多、越丰富。如孔子生活于春秋末年战国初期,可称引的只有《周易》、《诗经》、《尚书》等文献和尧、舜、禹、周文王、周武王等先王、"圣人"的言论、事迹;孟子生活于战国中期,荀子生活于战国晚期,他们可引用的材料明显增多,范围明显扩大,如他们都多次引用了孔子的言论,荀子援引了孟子的观点。这是历史的必然。

从孔子、孟子、荀子言语中的引用情况看,他们引用最多的是《诗经》和《尚书》。《诗经》是我国第一部诗歌总集,包括了公元前 11 世纪至公元前 6 世纪即西周初年至春秋中叶的周代诗歌,且语言精练,寓意深刻,形式优美,朗朗上口,具有极高的思想价值和艺术价值。所以在周初,《诗经》便成为各国贵族子弟受教育的必修课程。[②] 春秋时期,不论是诸侯会盟还是两国交往,都喜欢援引《诗经》以表情达意,所谓"春秋观志,讽诵旧章"[③],"古者礼会,因古诗以见意"[④]。儒家对此更为重视,孔子认为,读学《诗经》有助于陶冶人们的情操,提高语言表达能力,"不学诗,无以言";读学《诗经》还可以帮助人们正确地处理各种关系,认识各种事物,所谓"《诗》,可以兴,可以观,可以群,可以怨。迩之事父,远之事君。多识于鸟兽草木之名"[⑤]。孔子教导他的弟子要学《诗》、学好《诗》、会用《诗》,曰:"小子!何莫夫学《诗》?""诵《诗》三百,授之以政,不达;使于四方,不能专对,虽多亦奚以为?"鉴于此,儒家把《诗》作为修身必备的教科书来对待,认为人"兴于《诗》,立于礼,成于乐"[⑥],主张人人从学《诗》开始,陶冶、提升自己并能够学以致用。所以对于《诗经》,他们了如指掌,并能够娴熟自如、得心应手地运用于自己的言语中。如:

---

① 刘勰:《文心雕龙·事类》。

② 参见陆晓光:《中国政教文学之起源——先秦诗说论考》,华东师范大学出版社 1994 年版。

③ 刘勰:《文心雕龙·明诗》。

④ 《春秋左传集解》第 1 册,上海人民出版社 1977 年版,第 338 页。

⑤ 《论语·阳货》。

⑥ 《论语·泰伯》。

(1)三家者以《雍》彻。子曰："'相维辟公，天子穆穆'，奚取于三家之堂？"[①]

(2)老吾老，以及人之老；幼吾幼，以及人之幼。天下可运于掌。诗云："刑于寡妻，至于兄弟，以御于家邦。"言举斯心加诸彼而已。[②]

(3)目不能两视而明，耳不能两听而聪。螣蛇无足而飞，鼫鼠五技而穷。《诗》曰："尸鸠在桑，其子七兮。淑人君子，其仪一兮。其仪一兮，心如结兮。"故君子结于一也。[③]

例(1)中，针对仲孙、叔孙、季孙三家祭祀祖先时也唱着《雍》诗撤除祭品的不合"礼"行为，孔子借用《诗经·雍》的语句，指出三家用礼不当，是一种委婉的批评。例(2)中，孟子引《诗》以佐证自己推恩及人的观点。例(3)中，荀子援引《诗经》中的语句对自己前述观点进行总结、概括，简洁精练，深化了意义的表达。

《尚书》记载了虞夏商周时期王室的诰语、誓词及重要谈话，是我国最早的一部政治文献。春秋战国时期，《尚书》就是贵族教育的必读书目[④]，所以先秦的文献典籍几乎都有引用。刘起钎先生统计说，《诗》引用1次，《论语》引用9次，《国语》28次，《左传》86次，《墨子》47次，《孟子》38次，《荀子》22次，《管子》6次，《庄子》3次，《韩非子》7次，《战国策》6次，《周礼》4次，礼记43次，《吕氏春秋》14次，《逸周书》13次，《大戴记》2次，《孝》3次，《公羊传》、《穀梁传》、《尸子》各1次，共计20种文集335次。[⑤] 引用的范围非常广，引用的频率相当高。作为儒家最重要的典籍之一，孔子、孟子、荀子及儒门弟子自然是常常引用。

(4)或谓孔子曰："子奚不为政？"子曰："《书》云：'孝乎惟孝，友于兄弟，施于有政。'是亦为政，奚其为为政？"[⑥]

(5)孟子对曰："……古之人与民偕乐，故能乐也。汤誓曰：'时日害丧？予及女偕亡。'民欲与之偕亡，虽有台池鸟兽，岂能独乐哉？"[⑦]

---

① 《论语·八佾》。

② 《孟子·梁惠王上》。

③ 《荀子·劝学》。

④ 参见陈梦家：《尚书通论》，河北教育出版社2000年版，第14页。

⑤ 参见刘起钎：《尚书学史》，中华书局1989年版，第49页。

⑥ 《论语·为政》。

⑦ 《孟子·梁惠王上》。

(6)《书》曰:“无有作好,遵王之道;无有作恶,遵王之路。”此言“君子”之能以公义胜私欲也。[1]

例(4)中,面对别人“奚不为政”的询问,孔子以《伪尚书·君陈》中的“孝乎惟孝,友于兄弟,施于有政”之语作答,意在说明不在位的人如果笃行道德,也能影响在位者以德治国,这也就等于亲自从政了。以一当十,概括精练!例(5)中,“时日害丧,予及女偕亡”是《尚书·汤势》关于民众怨恚夏桀类君主的记载,它揭示了夏桀的暴虐成性、荒淫无度,也反映了民众对夏桀的无比怨恨。孟子借用这句话,意在强调说明自己的观点:君主必须行仁政,不行仁政则难以独自快乐。例(6)中,荀子引用了《尚书·洪范》中的话,旨在说明“君子”能用公理道义来战胜个人的欲望。

除《诗经》、《尚书》外,孔子、孟子、荀子还引用了《周易》、古今圣贤之语、当时流行的谚语、歌谣及一些神话传说、历史人物故事等来佐证自己的观点或看法。如:

(7)子曰:“伯夷、叔齐不念旧恶,怨是用希。”[2]

(8)子曰:“凤鸟不至,河不出图,吾已矣夫!”[3]

例(7)中的伯夷、叔齐是殷朝末年孤竹君的两个儿子。父亲死后,兄弟二人互相让位而都逃到周文王那里。周武王起兵攻讨商纣,他们认为此乃不忠不孝的行径,于是拦住车马劝阻。周朝一统天下后,他们“不食周粟”,逃至首阳山,最终饿馁而死。孔子援用这个故事,旨在说明这样一个道理:自己不念旧仇,别人也就少怨恨。例(8)中的的“凤鸟”、“河图”得于古代传说。据传,凤鸟是一种神鸟,祥瑞的象征,曾在大舜和文王时代出现,它的出现象征着圣王出世和天下太平。河图,传说伏羲时,黄河中有龙马背负八卦图而出。即“圣人”受命,黄河就出现图画。孔子借用古代传说,用“凤鸟不至,河不出图”说明当时的天下黑暗、清明无望。等等。

基于人们对权威时贤的崇敬心理,言说者在言语表达中或明或暗地引用一些文献典籍或圣人时贤的言论观点,有助于加强论证和判断,增强自己观点的权威性和说服力,诚如陈骙《文则》所言:“一以断行事,二以证立言。”而有选择地援引一些历史人物、故事,一方面可激发听读者的联想,一方面使言语具有文

---

① 《荀子·修身》。

② 《论语·公冶长》。

③ 《论语·子罕》。

化意蕴和历史的厚重感。当然，有意识地援引一些历史人物、故事，还可反映言说者的主观意识和情感态度，进一步完善其语用思维和表达。因此，自古至今，人们都喜欢引经据典。孔子、孟子、荀子是伟大的思想家、哲学家，他们对古事、成辞的恰切引用，使表达更具权威性和说服力。而他们富有哲理的言语，又成为后人援用的材料。对此，刘勰曰："论文必征于圣，窥圣必宗于经。"①

(三)反诘激问增强了语势，丰富了语义

反诘，又称"反问"、"激问"，即对一个明显的事实或道理，采用疑问的形式、反问的语气来加以肯定或否定，实际是表达陈述的内容。因此一般认为，反诘是一种否定的方式，反诘句里没有否定词，其用意就在否定；反诘句里有否定词，其用意就在肯定。② 对这种表达方法，孔子、孟子、荀子都有广泛应用，或以肯定表否定，或以否定表肯定，使所欲表达的思想内容得到强调或突出。

以肯定表否定，就是以肯定的反问形式表达否定的意思。例如：

(1)子曰："吾未见刚者。"或对曰："申枨。"子曰："枨也欲，焉得刚？"③

(2)如有不嗜杀人者，则天下之民皆引领而望之矣。诚如是也，民归之，由水之就下，沛然谁能御之？④

(3)谄谀者亲，谏争者疏，修正为笑，至忠为贼，虽欲无灭亡，得乎哉？⑤

例(1)中，为批驳对方申枨刚毅的观点，证明自己的看法正确，孔子运用了一个"焉"字反问句。"焉+得+形容词"的反问形式，语表是询问某人具备某种性质的条件，相当于"怎样"。"得"与"能"相对，表示客观条件的可能。"焉得"否定了人具备某种条件的可能性。⑥ 孔子用肯定的语表形式表达了否定的意义，进一步证明了他"吾未见刚者"的结论。例(2)中的反问句，孟子以疑问代词"谁"作主语，表示任指的人，没有例外。肯定的形式表达了否定的意义，语气强烈，不容置疑。例(3)中"得乎哉"的反问形式，以肯定表否定，语气不容置疑。

以否定表肯定，就是以否定的反问形式表达肯定的意思。例如：

---

① 刘勰：《文心雕龙·征圣》。

② 参见吕叔湘：《中国文法要略》，商务印书馆 1982 年版，第 290 页。

③ 《论语·公冶长》。

④ 《孟子·梁惠王上》。

⑤ 《荀子·修身》。

⑥ 参见宋晓蓉：《〈论语〉特指式反问句初探》，《喀什师范学院学报》1996 年第 1 期。

(4)季康子问政于孔子。孔子对曰:“政者,正也。子帅以正,孰敢不正?”①

(5)圣人治天下,使有菽粟如水火。菽粟如水火,而民焉有不仁者乎?②

(6)失之己,反之人,岂不迂乎哉?③

例(4)中,“政”就是端正。孔子认为,自己带头端正了,其他人自然都会跟着端正,所谓“正人先正己”。孔子用疑问代词“孰”作主语表示全部、无一例外,而用“孰+不”的否定结构形式表示了肯定的意思,强调为政者要率先垂范,起模范带头作用。例(5)中的反问句,表面是“焉+不”的否定结构形式,实际上表示了肯定的意思。俗话说:“民以食为天。”老百姓丰衣足食,自然不会去做偷鸡摸狗的勾当,而会行仁义、做善事。例(6)中的“岂不……”句是典型的否定式反问。荀子运用否定反问的目的在于表达肯定的意思:过失发生在自己身上,却去责求别人,两者距离实在太远了。

从上述分析可以看出,孔子、孟子、荀子言语中的反问句在表示否定的同时,还在一定程度上反映出他们的主观态度或评价,具有提醒听者思考、表达语气、加强语势等附加功能。它们所表达的全是判断而不是问题,所包含的信息也都是与表层形式的肯定、否定相反的已知信息,但与非问的同义句子相比,它们所蕴含的内容更丰富,所表现出来的判断语气更强烈,给读者的印象更深刻。鉴于此,孔子、孟子、荀子常常连用两个或多个反问句,以进一步加强说话的气势和力量。例如:

(7)子曰:“苟正其身矣,于从政乎何有?不能正其身,如正人何?”④

(8)当在宋也,予将有远行。行者必以赆;辞曰:“馈赆。”予何为不受?当在薛也,予有戒心;辞曰:“闻戒,故为兵馈之。”予何为不受?若于齐,则未有处也。无处而馈之,是货之也。焉有君子而可以货取乎?⑤

(9)夫妄人曰:“古今异情,其所以治乱者异道。”而众人惑焉。彼众人者,愚而无说、陋而无度者也。其所见焉,犹可欺也,而况于千世之传也!妄人者,门庭之间,犹可诬欺也,而况于千世之上乎!⑥

---

① 《论语·颜渊》。
② 《孟子·尽心上》。
③ 《荀子·荣辱》。
④ 《论语·子路》。
⑤ 《孟子·公孙丑下》。
⑥ 《荀子·非相》。

例(7)中,孔子连用了两个反问句。这两个反问句,实际是为政者治理国家的两个方面,表面并列,却暗含递进和转折,二者并置连用,加强了语意,给人以强大的震撼力。例(8)中,孟子连用了三个反问句,语气强,语势足,给人以理直气壮、咄咄逼人之感。例(9)中,荀子把语义递升的两个反问句连用一起,进一步加强了批驳的力量,提高了说服力。

(四)对比映照使语义互补

"山欲高,尽出之则不高,烟霞锁其腰,则高矣。水欲远,尽出之则不远,掩映断其脉,则远矣。"[①]有比较才有优劣高低。语言表达也是如此。如想强调突出被表达的事物或事物的一个方面,就必须把互相对立的两个事物或同一事物的两个不同方面进行比较、对照,使它们相得益彰,美的愈美、丑的愈丑。综观孔子、孟子、荀子的言语就会发现,对比、映照是他们常用的一种修辞手段。

从内容来看,孔子、孟子、荀子言语中的对比有两体对比和一体两面对比两种。两体对比指两种相对事物的对比,如:

(1)尔爱其羊,我爱其礼。[②]

(2)劳心者治人,劳力者治于人。[③]

(3)故明君者,必将先治其国,然后百乐得其中;闇君者,必将急逐乐而缓治国。[④]

例(1)是你我双方的对比,也是两种不同价值取向的比较。"羊"与"礼"孰轻孰重,一目了然。例(2)中的"劳心者"与"劳力者",他们本身没有高低贵贱之分,其区别在于"治人"与"治于人",前者高高在上,握有生杀予夺的主动权,后者则低眉俯首,处于被动接受的地位。孟子把他们并置对比,显然是肯定"劳心者",否定"劳力者"。当然,孟子这种唯心思想已经受到人们的批判。例(3)是"明君"与"暗君"的比较。明智的君主总是先治国后享乐,昏聩的君主却是先享乐缓治国。处世态度、方法不同,结果自然不同:"明君"会坐拥天下,"暗君"则自取灭亡,自古皆然。荀子把二者并置对比,旨在肯定、赞美明君的做法,给当权者以警醒。

在儒家思想中,"君子"是一个相当重要的概念,或指有道德的人,或指在高

① 郭熙著,周远斌点校纂注:《林泉高致・山水训》,山东画报出版社 2010 年版,第 56 页。

② 《论语・八佾》。

③ 《孟子・滕文公上》。

④ 《荀子・王霸》。

位的人，常与“小人”对比出现。先秦儒家把他们组合在一起反复评说，构筑了一个较为完善的“君子”体系。如：

(4)君子喻于义，小人喻于利。①

(5)其君子实玄黄于匪以迎其君子，其小人箪食壶浆以迎其小人。②

(6)君子能则人荣学焉，不能则人乐告之；小人能则人贱学焉，不能则人羞告之。③

例(4)中，孔子指出，“君子”与“小人”的区别，主要是就其道德品质而言的。他们的区别在于其追求不同：“君子”追求“义”，“小人”追求“利”。“义”是儒家崇尚的道德，“利”是一般人追求的物质。孔子将二者对比，目的是弘扬儒家的“义”进而肯定“君子”，贬斥“利”进而否定“小人”。例(5)中的“君子”与“小人”的区别，主要是就其社会地位而言的。“君子”指当权者，“小人”指老百姓。同样是迎来送往，当权者筐奉丝绸，老百姓箪食壶浆。当权者与老百姓的差异，显而易见。孟子把地位、财富、处世方法悬殊的双方进行对比，暗含对当权者的批评。例(6)中，“君子”与“小人”的区别，不在于有没有能力，关键在于待人的不同态度。荀子把对立的双方进行比较、对照，进一步突出了“君子”的美好品质。

一体两面对比，是把同一事物相反或相对的两个方面互相比较、对照。如：

(7)其身正，不令而行；其身不正，虽令不从。④

(8)胸中正，则眸子瞭焉；胸中不正，则眸子眊焉。⑤

(9)凡知说，有益于理者为之，无益于理者舍之。⑥

例(7)中，“正”与“不正”是人的两个不同方面。做派不同，结果自然不同。例(8)中，孟子论述了眼睛与内心的密切关系。眼睛是心灵的窗户，内心的美和丑，都会通过眼睛表现出来。例(9)中，荀子对“知说”的不同作用进行了对比，说明不同的情况应采取不同的态度。这样把同一事物的不同方面进行比较、对照，就揭示出了事物的本质，使人们能够全面地分析和认识事物，增强了语言的鲜明性和表现力。

---

① 《论语·里仁》。

② 《孟子·滕文公下》。

③ 《荀子·不苟》。

④ 《论语·子路》。

⑤ 《孟子·离娄上》。

⑥ 《荀子·儒效》。

五、层层推进使语义逐步深化

孔子、孟子、荀子在言说时，非常讲究前后语句思想内容的相互关系，把层递作为宣传儒家思想学说的有效办法。先秦儒家注重君臣伦理观念，强调“仁者爱人”，倡导“礼”、“义”、“知(智)”、“诚”、“信”等。具体到语句的安排上，他们总是精心地排列各项，由大及小，由近及远，由重到轻，或由小及大，由远及近，由轻到重。如：

(1)子曰：“志于道，据于德，依于仁，游于艺。”①

关于“道”、“德”、“仁”、“艺”，吴林伯先生曾有精辟分析。他说：“道者，百事之纲领，小、大由之，故必向往之，则信道笃矣；德者，道之为用，故必据守之，则执德弘矣；仁者，道之核心，故必依从之；艺者，道之所在，故必游泳之，则博学于文矣。”②可见，“道”、“德”、“仁”、“艺”在孔门儒学中占有不同的地位。所以，孔子由高到低作了上述排列。

(2)子路问君子。子曰：“修己以敬。”

曰：“如斯而已乎?”曰：“修己以安人。”

曰：“如斯而已乎?”曰：“修己以安百姓。修己以安百姓，尧舜其犹病诸!”③

《孝经》曰：“礼者，敬而已矣。”“礼”以敬为本，“修己以静”即以礼修身。“君子”为政治国，首先要修身，然后才能治人。人有亲疏远近，治人必由亲及疏、由近而远，先和睦“九族”然后安平百姓。④《孟子·离娄上》：“国之本在家，家之本在身。”《礼记·大学》：“欲治其国者先齐其家，欲齐其家者先修其身。”就是说，齐家、治国都要从修身开始。子路不知其中次序，故孔子以此告之。

(3)民为贵，社稷次之，君为轻。是故得乎丘民而为天子，得乎天子为诸侯，得乎诸侯为大夫。⑤

孟子由贵而轻，把百姓、国家、君主依次作了排列，反映了孟子“民贵君轻”的进步思想。如：

---

① 《论语·述而》。

② 吴林伯：《论语发微》，文化艺术出版社1989年版，第99页。

③ 《论语·宪问》。

④ 参见吴林伯：《论语发微》，文化艺术出版社1989年版，第168页。

⑤ 《孟子·尽心下》。

(4)天子不仁,不保四海;诸侯不仁,不保社稷;卿大夫不仁,不保宗庙;士庶人不仁,不保四体。[1]

上述四个"不仁"与四个"不保",其等级次序特别分明。在古代官爵中,天子最大,诸侯次之,卿大夫又次之,士、庶人位次最低。与之相对应,他们管辖的区域也有大小之分,"普天之下,莫非王土;率土之滨,莫非王臣。"孟子把它们依次排列,前后对应,环环相扣,详细说明了"不仁"的危害,对"仁"作了进一步强调:

(5)请问为人君?曰:以礼分施,均遍而不偏。请问为人臣?曰:以礼待君,忠顺而不懈。请问为人父?曰:宽惠而有礼。请问为人子?曰:敬爱而致文。请问为人兄?曰:慈爱而见友。请问为人弟?曰:敬诎而不苟。请问为人夫?曰:致功而不流,致临而有辨。请问为人妻?曰:夫有礼,则柔从听侍;夫无礼,则恐惧而自竦也。此道也,偏立而乱,俱立而治,其足以稽矣。[2]

在这段文字中,荀子依次回答了如何为人君、为人臣、为人父、为人子、为人兄、为人弟、为人夫、为人妻等问题。其间的顺序,充分反映了儒家君臣父子的上下尊卑等级伦理观念。

总之,孔子、孟子、荀子对层递修辞方法的运用,不仅注重话语表层意义的联系,更注重其深层意义的相关,反映出儒家的思想意识、伦理道德观念,"其间的顺序,远不是一般教科书所谓并列、层递所能规范"[3]的。比较而言,孔子更注重儒家思想内容的相关性,孟子和荀子更注重语句排比的议论说理功能。

以上是我们从形、音、义三方面对孔子、孟子、荀子言语修辞审美价值所作的粗略分析。事实上,抑扬顿挫的音韵美和整体匀称、参差错落的形体美又可总括为形式美,因为就一部言语作品来说,形与音是一体的,诉诸听觉的声音和诉诸视觉的形体都属于言语作品的形式。上述分类,只是为使行文更加一目了然而已。

另外,孔子、孟子、荀子言语中的音韵美、形体美和意蕴美都是相互联系、相互依存的,它们相辅相成,共同构筑了其言语修辞审美价值。如对偶、回环等形美、音美、义美兼备,反复、排比等既具有整齐匀称的形体美,也具有复沓、回环的声音美,有时也有强化语意的功能。不一而足。

---

① 《孟子·离娄上》。

② 《荀子·君道》。

③ 徐同林:《〈论语〉格言的修辞艺术》,《泰山学院学报》2004年第1期。

第四章　先秦儒家言语风格

第一节　先秦儒家言语风格概说

一、言语风格概说

言语风格即语言学界通常所说的语言风格。它是表达主体在综合运用调音、遣词、择句、设格、谋篇布局等各种修辞手段以表达思想内容时所产生的一系列言语表达特点体系，是表达主体的个性特点在语言运用中的具体表现。

言语风格是“语言美学形态的升华”，具有一定的审美价值。“语言自身同时具有实用和审美两种功能……表达主体选择什么表达手段和组合方式去构成话语，追求什么样的话语格调是受其审美情趣制约的。接受主体认知话语风格也会受到其审美情趣的影响与制约。因而，表达主体的审美观作用于具有审美功能的风格手段，而营造出来并经接受主体渗入人自身的审美情趣，使之成为现实的语言风格，便是语言美学形态的一种升华。”[①]语言自身固然有各种各样的不同，但表达主体的个性特点、习惯爱好、主观态度和审美取向等更是关键性因素。表达主体的个性特点、习惯爱好、主观态度和审美取向，决定着调音、遣词、择句、设格，决定着表达手段的取舍，决定着话语的情感取向，最终决定着言语风格的形成。当然，接受主体的审美感知也是不可忽视的重要方面。

任何话语的构成都要围绕一定的思想内容，都要符合具体时间、地点、场合

---

① 黎运汉：《汉语风格学》，广东教育出版社 2006 年版，第 7～8 页。

等客观条件的需要,即必须适合题旨情境。所以从表达主体的选择看,话语的构成方式是因人而异、因时而异、因地而异的。如孔子所说的五种劝谏方式,其实就是五种不同的言语风格。在具体的言说环境中,一个人可以选择直言也可以选择婉言,可以选择多言也可以选择少言。时间、场合不同,言说对象不同,其言说方式必须适时、适当变化。所以,言语风格有不同的分类。法家代表人物韩非曾在《说难》篇中列举了六组十二种风格,现代修辞学奠基人陈望道先生则在《修辞学发凡》中将言语风格分为四组八种,即简约和繁丰、刚健和柔婉、平淡和绚烂、谨严和疏放。① 我们认为,从表达所用的语句数量看,言语风格可分为简约和繁丰;从传递信息所用语言的曲直表达方式看,可分为含蓄和明快;从辞彩的浓淡看,可分为藻丽和平实;从气势的强弱刚柔看,可分为刚健和柔婉;从话语的趣味看,可分为庄重和幽默;等等。而具体到每个表达主体来说,其言语风格可以是一种,也可以多种兼备。

我们研究的先秦儒家,是一个以孔子、孟子、荀子为代表,兼含其他儒家人物的整体,代表作有《诗经》、《尚书》、《周易》、《春秋》、《礼记》、《论语》、《孟子》、《荀子》以及"春秋三传"等多种文献。这些文献有诗歌,有散文,有议论文等,既是言语作品,也是文学作品。就其中的组成部分来说,又是文章。作为文章,它们有各自的文章风格;作为文学作品,它们又有不同的文学风格。但是,言语风格与文章风格、文学风格并不是同一概念,所以我们有必要对它们予以区别。

言语风格与文章风格、文学风格,关系密切又有不同。关于它们的同异,黎运汉先生曾作了详细分析。他认为,言语风格与文章风格、文学风格是不同的概念,分属于不同的学科范畴,它们在概念内涵、表现形式、指称范畴等方面均有不同,但彼此之间又有密不可分的联系。黎运汉先生指出:言语风格"是指言语交际主体在主客观因素制导下运用汉语所形成的气氛和格调","文章风格是指文章内容和形式上的各种特点的综合表现","文学风格是文学作品思想内容和艺术形式上的各种特点的综合表现"。言语风格既表现在口头语体中,又表现在书卷语体中,它比文章风格表现的语言形式范围大,比文学风格表现的领域广。但它们都以语言为表现形式,都有简洁、繁丰、含蓄、平实等表现风格,风格类型、术语名称皆有相同之处。② 简言之,言语风格与文章风格、文学风格有

---

① 参见陈望道:《修辞学发凡》,上海教育出版社 1979 年版,第 257 页。

② 参见黎运汉:《汉语风格学》,广东教育出版社 2006 年版,第 9～12 页。

区别又有联系。

本书主要从语言运用角度探讨先秦儒家的言语风格。

二、先秦儒家言语风格

先秦儒家文献如《诗经》、《尚书》、《周易》、《春秋》、《礼记》、《国语》、《论语》等并非成于一人一时，兼之其语体不同，所以它们在语言运用上各具特色。而孔子、孟子、荀子则是具体的言说者，他们在语言运用方面独具风格，自成体系。所以本章将主要分析孔子、孟子、荀子的言语风格，对其他先秦儒家文献的言语风格择要以述。

从历时角度看，先秦儒家的言语风格呈现出由简约而繁丰、由平实而藻丽、由柔婉而刚健的变化态势。

遣词用句比较简约的如《诗经》、《尚书》、《春秋》等，比较繁丰的如《左传》、《公羊传》、《穀粱传》等。简约与繁丰是相对的，我们说某某简约、某某繁丰，只是就其大致而言。如《诗经》与《楚辞》相比，显然《诗经》更简约些。据杨公骥先生统计，《诗经》共使用单字 2949 个，其中许多单字是一字数义，如果按照字义计算，有 3900 多个单字[①]；句式上，主要是四言句，间或杂以二言、三言、五言、六言、七言、八言、九言句等，其中四言句所占比例达 92%[②]。一字多义、四言句等的运用，使得语言表达简洁凝练而意蕴丰赡，给人以一当十的感觉。而《楚辞》，则打破了《诗经》四言句的用句模式，以五言为基础，间或有多言句。较于《诗经》，语句明显长而复杂。语气词“兮”的大量运用，延长了音节，增强了表达的繁复感。

作为“王言之体”[③]，《尚书》也相当简约。一是它运用了大量的多义词。据朱岩教授研究，仅一“惟”字就有 22 种用法。他统计说：“‘惟’字，今文《尚书》出现 396 次，其中表示‘思’义 31 次，表示‘希望’19 次，相当于‘为’81 次，犹‘唯’78 次，表示‘由于’46 次，犹‘以’5 次，犹‘则’、‘乃’30 次，犹‘与’13 次，犹‘虽’13 次，犹‘而’、‘而是’5 次，犹‘凡’6 次，犹‘如果’4 次，犹‘又’11 次，犹‘对于’5 次，犹‘在’9 次，犹‘有’8 次，犹‘能’1 次，犹‘已’1 次，犹‘其’5 次，犹‘之’3 次，犹

① 参见杨公骥：《中国文学》，吉林人民出版社 1957 年版，第 253 页。

② 参见夏传才：《〈诗经〉语言艺术》，语文出版社 1985 年版，第 12 页。

③ 真德秀：《文章正宗・纲目》，文渊阁《四库全书》影印本第 1355 册，上海古籍出版社 1987 年版，第 5 页。

‘所’1 次，句首或句中助词，无义 21 次。”[①]二是有大量省略等。《尚书》中有大量的省略，除承前省略主语、蒙后省略宾语的常规省略外，还超常规省略复句中的连接成分，使许多分句间的关系要靠意会获得[②]，这样就造成了语句的紧缩，使得表达简洁精练。另外，少用虚词也使得表达简约。一般情况下，虚词的运用有助于表达语气、明确语法关系，而《尚书》却较少使用，从而使表达简洁经济。当然，也由此导致了《尚书》的佶屈聱牙、艰涩难读。

相较于《春秋》，“春秋三传”的语言显然繁复些。《春秋》是鲁国国史，它以大事记的方式记述了鲁隐公元年至鲁哀公十四年间的重大历史事件，用语相当简约，形成了著名的“春秋笔法”。所以同样记述一个历史事件，《春秋》只寥寥数字，《左传》则不胜其详。比如历史上著名的“秦晋殽之战”，《春秋・僖公三十三年》记为“夏四月辛巳，晋人及姜戎败秦师于殽”，只用了十五个字就把时间、地点、人物、事件、结果交代得清清楚楚、明明白白；《左传》则用了大量篇幅记述了事件的全过程，从秦穆公听信杞子等人之言、决定攻打郑国，到秦军在返程途中被晋国军队包围于殽、遭遇伏击全军覆没，比较而言更为周详。[③]

《公羊传》与《穀梁传》则是对《春秋》经的解释。相对于《春秋》经，《公羊传》与《穀梁传》的解释用语自然要繁富些。而它们本身，在遣词用句方面也有不同。如对“蔡人杀陈佗”[④]一事，《公羊传》解释说：“陈佗者何？陈君也。陈君则曷为谓之陈佗？绝也。曷为绝之？贱也。其贱奈何？外淫也。恶乎淫？淫于蔡，蔡人杀之。”计 41 字；《穀梁传》则解释说：“陈佗者，陈君也，其曰陈佗，何也？匹夫行，故匹夫称之也。其匹夫行奈何？陈侯喜猎，淫猎于蔡，与蔡人争禽。蔡人不知其是陈君也而杀之。何如知其是陈君也？两下相杀不道。其不地，于蔡也。”计 72 字。关于“陨石于宋五”与“鹢鸟退飞”[⑤]之事，《公羊传》与《穀梁传》均用了 122 字作了解释。《公羊传》的解释是：“曷为先言陨而后言石？陨石记闻。闻其磌然，视之则石，察之则五。是月者何？仅逮是月也。何以不日？晦日也。晦则何以不言晦？《春秋》不书晦也。朔有事则书，晦虽有事不书。曷为先言六

---

① 朱岩：《于高古处觅奇崛——〈尚书〉体语言风格述略》，《扬州大学学报（人文社会科学版）》2013 年第 2 期。

② 参见朱岩：《于高古处觅奇崛——〈尚书〉体语言风格述略》，《扬州大学学报（人文社会科学版）》2013 年第 2 期。

③ 参见《左传・僖公三十二年》、《左传・僖公三十三年》。

④ 《左传・桓公六年》。

⑤ 《左传・僖公十六年》。

而后言鹢？六鹢退飞，记见也。视之则六，察之则鹢，徐而察之则退飞。五石六鹢何以书？记异也。外异不书，此何以书？为王者之后记异也。"《穀梁传》的解释是："先陨而后石，何也？陨而后石也。于宋四竟之内曰宋，后数，散辞也，耳治也。是月者，决不日而月也。六鹓退飞过宋都，先数，聚辞也，目治也。子曰：'石，无知之物；鹓，微有知之物。石无知，故日之；鹓微有知之物，故月之。君子之于物，无所苟而已。石、鹓且犹尽其辞，而况于人乎？故五石六鹓之辞，不设，则王道不亢矣。'民所聚曰都。"其中，《公羊传》采用一问一答方式进行了解释，《穀梁传》则援引了孔子的话作为论据。比较而言，《公羊传》更简约些。当然独立地看，《左传》、《公羊传》、《穀梁传》的言语风格都比较简约。

语言表达比较平实的如《春秋》、《周易》等，比较华美的如《诗经》、《周易·易传》等。质朴平实与华丽优美犹如孪生兄弟，它们相依相存、相辅相成，在对立中各显优势。一般而言，言语作品的文学性越强，其言语风格越华美。《春秋》是中国现存最早的一部编年体史书，它主要如实地记录历史事件，语言相当平实质朴。《诗经》是我国最早的一部诗歌总集，它在用词设格上具有非常鲜明的特色：一是大量运用了叠字以及双声叠韵词。它们的运用，使表达具体形象、韵律优美，极富美感。刘勰评价说："写气图貌，既随物以宛转；属采附声，亦与心而徘徊。故灼灼状桃花之鲜，依依尽杨柳之貌，杲杲为出日之容，瀌瀌拟雨雪之状，喈喈逐黄鸟之声，喓喓学草虫之韵；皎日嘒星，一言穷理，参差沃若，两字连形：并以少总多，情貌无遗矣。"[①]二是大量运用了多种修辞方式，如比喻、比拟、借代、双关、夸张、对比、对偶、排比、反复、顶真、回环等。交错运用这些修辞方式，使语言表达具体鲜明、生动有力。三是大量用韵。除《周颂》中有极少数无韵的诗章[②]外，其余 298 篇诗皆有韵，占 98%以上。[③]《诗经》句句押韵，或隔句押韵，灵活多变，从而使得语言表达节奏自然、韵律和谐，读之抑扬顿挫、朗朗上口，富有音乐美。

《周易》的"经"与"传"，在遣词用句和辞藻浓淡方面各有特色。《易经》常常一字多义，多省略，句子结构紧缩，表意隐晦；《易传》是对《易经》的阐释，从语句形式结构到意义内涵都作了深刻独到的解释，所以比较而言，《易经》简约，《易传》繁丰。对《易经》的特点，《易传·系辞下》概括道："夫《易》，彰往而察来，而

---

① 刘勰：《文心雕龙·物色》。

② 王力：《诗经韵读》，中国人民大学出版社 2004 年版，第 71 页。

③ 参见夏传才：《诗经语言艺术》，语文出版社 1985 年版，第 38 页。

微显阐幽。开而当名辨物，正言断辞则备矣。其称名也小，其取类也大，其旨远，其辞文，其言曲而中，其事肆而隐。”而从辞彩的浓淡来说，《易经》表达平实，《易传》则文辞精美。虽然《易经》中不乏优美语句，但《易传》的精美语句俯拾即是，尤其是《系辞》、《文言》两篇，节奏鲜明、音韵和谐的对偶、排比、蝉联句等比比皆是，流畅优美，堪称美文之最。刘勰在《丽辞》篇中高度评价《易传》文辞的优美，说：“易之文系，圣人之妙思也。序乾四德，则句句相衔；龙虎类感，则字字相俪；乾坤易简，则宛转相承；日月往来，则隔行悬合：虽句字或殊，则偶意一也。”[①]黄侃更是极力推崇《易传》，称赞其语言的优美，说：“诸夏文辞之古，莫古于《帝典》，文辞之美，莫美于《易传》。”[②]所论相当正确。

表达委婉的如《春秋》、《左传》。在《春秋》、《左传》中，因儒家主张“为尊者讳，为亲者讳”，避讳、婉辞等屡屡被运用。避讳、婉辞的大量运用，使得语意幽微、表达含蓄。另外，《左传》中有大量的外交辞令。这些外交辞令表面上谦恭温雅，实际上是外柔内刚、绵里藏针，通过温婉的语言表达坚定、明确的主观态度、情感倾向。如“烛之武退秦师”（僖公三十年）、“吕相绝秦”（成公十三年）、“子产毁垣之对”（襄公三十一年）等都是如此。唐刘知几评论说：“寻《左氏》载诸大夫辞令、行人应答，其文典而美，其语博而奥。述远古则委曲如存，征近代则循环可覆。”[③]综观儒家著述可以看出，委婉含蓄是儒家语言表达的一个突出特点。

作为一部以记言为主的国别史，《国语》“以国分类”，包括《周语》、《鲁语》、《齐语》、《晋语》、《楚语》、《吴语》、《越语》等，它们因各自不同的区域文化而具有不同的风格特征，如“《周语》朴实而含蓄，浑厚而谨严；《鲁语》古朴而凝重，隽永而精练；《齐语》简明而富有条理，疏放而阔达；《晋语》幽默而犀利，华丽而缜密；《楚语》辞藻华丽，雄浑大气；《吴语》感情真挚，富有感染力；《越语》阴郁而柔丽，新奇而俊美”[④]等。但从用词的多少、辞彩的浓淡角度说，《国语》总体上呈现出简约、平实的风格特征。

《礼记》由多篇连缀而成，内容庞杂，或记言记事，或论事说理。总括而言，用词上，它常使用单音节词与叠音词，既简明、概括又准确、生动；句式方面，多

---

① 刘勰：《文心雕龙・丽辞》。

② 黄侃：《文心雕龙札记》，上海古籍出版社2000年版，第12页。

③ 刘知几：《史通・申左》。

④ 师璐露：《国语语言艺术研究・摘要》，辽宁师范大学硕士学位论文，2007年。

用单句、短句，兼以排比铺陈，灵活多样；至于修辞方式，更是多种多样，仅比喻就有明喻、暗喻、借喻、博喻、较喻等多种，另外，还综合运用了对偶、排比、反复、对比、设问、反问、顶真、回环、引用等多种。不同篇章有不同的特色，有的简约，有的繁丰；有的质朴，有的华丽；不一而足。

第二节　孔子、孟子、荀子的言语风格

作为儒家学派的代表性人物，孔子、孟子、荀子的思想主张大致相同，但在语言运用中则带有鲜明的个性特征，形成了各自不同的言语风格。

一、孔子言语风格

孔子的言语风格主要通过他所删订的“六经”及其言语表现出来。孔子整理、编订的《诗》、《书》、《礼》、《乐》、《易》、《春秋》“六经”，均简约精练，尤其是孔子修订《春秋》，形成了著名的“春秋笔法”，为世人称颂。孔子言语主要是应答弟子、时人的一些对话，具有较浓的口语会话色彩，但与一般的日常会话又有不同，它朴素中透着智慧，简约中显示深刻，含蓄中表现雍容，具有鲜明的个性特征。

(一)简约

《春秋》是我国现存的第一部编年体史书，由孔子呕心沥血编订而成。它文笔简约如大事记，形成了“微言大义”的“春秋笔法”。对这种记事方法，后人给予高度概括和赞赏，如左丘明曰《春秋》“微而显，志而晦，婉而成章，尽而不汙，惩恶而劝善”[①]。司马迁说：“《春秋》笔则笔，削则削，子夏之徒不能赞一辞。”[②]班固云：“昔仲尼没而微言绝，七十子丧而大义乖。”[③]刘知几曰：“《春秋》变体，其言贵于省文。”[④]《春秋》至简，是不争的事实。

简约就是用尽可能少的语言表达尽可能多的内容，是言简意赅、“文约而事

---

① 《左传·成公十四年》。
② 《史记·孔子世家》。
③ 《汉书·艺文志》。
④ 刘知几：《史通·叙事》。

丰"[①]。孔子言语的简约,主要表现在以下几个方面:

1.较少使用虚词和修饰限制语等,能简则简

无论是对时人还是对弟子,无论是叙事说理还是状物抒情,无论是谈论庄重严肃的儒家思想还是微不足道的日常生活琐事,孔子都较少使用虚词和修饰限制语。例如:

(1)子贡问曰:"赐也何如?"子曰:"女,器也。"曰:"何器也?"曰:"瑚琏也。"[②]

包咸注:"瑚琏,宗庙之器。夏曰瑚,殷曰琏。周曰簠簋。宗庙之器贵者。"作为宗庙礼器,瑚琏相当尊贵。子贡的才学品德在七十二弟子中出类拔萃,深受孔子赏识。在这里,孔子以"瑚琏"比之,而没有任何的修饰,但喜爱与赞赏之情不言自明。

(2)子曰:"贤哉,回也!一箪食,一瓢饮,在陋巷,人不堪其忧,回也不改其乐。贤哉,回也!"[③]

(3)颜渊死。子曰:"噫!天丧予!天丧予!"[④]

颜渊(前521～前481年),名回,字子渊,又称"颜子",鲁国人,是孔门弟子中德行修为最高者,也是孔子最得意的学生。孔子曾多次称赞他,例(2)是其中的一次。颜渊身居陋巷却自得其乐、勤奋好学,这种"穷且益坚,不坠青云之志"的精神十分可贵。对此,孔子只用一"贤"字表示了自己的赞赏,把深深的赞许之情寓于"贤哉,回也!"的咏叹中。颜渊死后,孔子伤心欲绝,悲痛万分。在例(3)中,孔子以"噫!天丧予!天丧予!"的悲叹抒发自己深深的沉痛感情,寥寥数字却淋漓尽致,历历如在人眼前。

2.多短句

孔子言语中多短句,尤其是三音节、四音节的句子。据统计,孔子言语中的三音节句约占全部句式的12%,四音节句约占所有句式的37%。[⑤] 三音节句,如《论语·雍也》:"齐一变,至于鲁;鲁一变,至于道。"《述而》:"志于道,据于德,依于仁,游于艺。"《泰伯》:"兴于《诗》,立于礼,成于乐。"《先进》:"天丧予!天丧

① 刘知几:《史通·叙事》。

② 《论语·公冶长》。

③ 《论语·雍也》。

④ 《论语·先进》。

⑤ 万久富:《〈论语〉的言语特点》,《南通师范学院学报(哲学社会科学版)》2001年第2期。

予!""未知生,焉知死"。四音节句,如《论语·述而》:"不愤不启,不悱不发。"《子罕》:"知者不惑,仁者不忧,勇者不惧。"《宪问》:"贤者辟世,其次辟地,其次辟色,其次辟言。""君子上达,小人下达"。其他短句如一言、二言、五言、六言句等在孔子言语中也很多,它们交错运用于言语表达中,形式参差错落,意义丰满充盈,给人以行云流水般的顺畅感。

短句与长句是相对的。孔子也用长句,尤其在不同场合面对不同的听众时,孔子会选用不同的句式:他与弟子闲谈时常用参差有致的长短句;在宣传其思想主张时,则常用三言句或四言句等类型的整齐句式。孔子用词少而意蕴深,有以一当十、以繁寓简的功效。

3. 大量运用省略句、无主句、独词句等,简洁干脆

在面对面的交流中,因有手势、表情、特定的语言环境及双方共知的前提、背景等的补充,言语表达会常常省略掉一些成分,如主语、谓语、宾语、定语、状语、补语等。这种省略,无论是句子的哪个成分,都不会令对方产生较大的歧义和误解。如:

(1)子曰:"弟子入则孝,出则悌,谨而信,泛爱众,而亲仁。行有余力,则以学文。"①

(2)子曰:"志士仁人,无求生以害仁,有杀身以成仁。"②

例(1)中,前后两句为并列句,后一句"行有余力,则以学文"承上省略了主语"弟子"。例(2)中的"有杀身以成仁"句,承上省略了主语"志士仁人"。省略主语,尤其是多个分句并列时,表达尤显简洁利索。

(3)子曰:"非礼勿视,非礼勿听,非礼勿言,非礼勿动。"③

孔子认为,克己复礼为"仁",人们要养成仁德,就要以"礼"节制自己的言行。"礼"是人们言行的纲领,孔子用四个紧缩复句从"视"、"听"、"言"、"动"四个方面作了详细说明。假设连词的省略使得结构紧缩,简洁精练。

无主句、独词句的频频使用,使表达干脆果断。如:

(4)子在陈,曰:"归与!归与!吾党之小子狂简,斐然成章,不知所以裁之。"④

① 《论语·学而》。
② 《论语·卫灵公》。
③ 《论语·颜渊》。
④ 《论语·公冶长》。

(5)原思为之宰,与之粟九百,辞。子曰:“毋!以与尔邻里乡党乎!”①

(6)孔子曰:“诺。吾将仕矣。”②

上述例句中的“归与!归与!”、“毋!”、“诺”几个无主句,或感叹或应答,简洁明了,干脆利索,却丝毫不妨碍他人的理解。

4.对偶、对比、回环、比喻、引用等修辞方式的运用,使表达简洁

对偶、对比、回环、比喻、引用等修辞方式是孔子常用的表达方式,也是孔子简约表达的重要方法。孔子常常把“君子”与“小人”对置并举,在对比中突显他们的优劣高下。如:

(1)君子周而不比,小人比而不周。③

(2)君子怀德,小人怀土;君子怀刑,小人怀惠。④

(3)君子坦荡荡,小人长戚戚。⑤

(4)君子之德风,小人之德草。草上之风,必偃。⑥

(5)君子和而不同,小人同而不和。⑦

(6)君子泰而不骄,小人骄而不泰。⑧

(7)君子求诸己,小人求诸人。⑨

孔子抓住“君子”与“小人”二者间的特性,使用对比,突出强调一方;使用对偶,锤炼语言;使用回环,揭示它们相互对立统一的辩证关系。这些语句,简洁概括,寓意深刻,极富表现力和感染力,读之朗朗上口,易诵易记,成为千古名句。

借代、引用使表达简约。如:

(8)射不主皮,为力不同科,古之道也。⑩

(9)卫灵公问陈于孔子。孔子对曰:“俎豆之事,则尝闻之矣;军旅之事,未之学也。”⑪

---

① 《论语·雍也》。
② 《论语·阳货》。
③ 《论语·为政》。
④ 《论语·里仁》。
⑤ 《论语·述而》。
⑥ 《论语·颜渊》。
⑦ 《论语·子路》。
⑧ 《论语·子路》。
⑨ 《论语·卫灵公》。
⑩ 《论语·八佾》。
⑪ 《论语·卫灵公》。

古代称箭靶子为“侯”，有的是布制，有的是皮制。例(8)中，孔子以“皮”指代箭靶子。例(9)中的“俎”与“豆”，是古代祭祀、宴飨时盛食物的两种器皿，后泛指各种礼器。在这里，孔子以“俎豆”指代礼仪的事情。

(10)《诗》三百，一言以蔽之，曰：“思无邪”。①

“思无邪”，原是《鲁颂·駉》中的一句诗：“思无邪，思马斯徂。”在这里，孔子借用来概括《诗经》三百篇，相当简约。“无邪”指符合儒家的“仁”、“义”、“礼”、“智”、“信”等道德规范，所谓“国风好色而不淫，小雅怨诽而不乱”②。朱熹注曰：“凡《诗》之言，善者可以感发人之善心，恶者可以惩创人之逸志，其用归于使人得其情性之正而已。然其言微婉，且或各因一事而发，求其直指全体，则未有若此之明且尽者。故夫子言《诗》三百篇，而惟此一言足以尽盖其义，其示人之意亦深切矣。”③邢昺《论语注疏》曰：“思无邪者，此《诗》之一言。《诗》之为体，论功颂德，止僻防邪，大抵皆归于正，故此一句可以当之也。”以《诗经》之语概括、评价《诗经》本身，典雅经济，有以一当十之效。

比喻只出现喻体，也使表达简约。例如：

(11)岁寒，然后知松柏之后凋也。④

(12)子在川上曰：“逝者如斯夫！不舍昼夜。”⑤

例(11)中，“松柏”指栋梁之材。孔子以松柏比“君子”，荀子进一步引申说：“岁不寒无以知松柏，事不难无以见君子无日不在是。”⑥比较荀子，孔子省略本体只说喻体，显然言简旨远，韵味无穷，让人们自然想起“疾风知劲草，板荡识忠臣”、“路遥知马力，日久见人心”等。例(12)中，孔子以流水为喻感慨时光的流逝，勉励人们自强不息，寓繁于简，一语中的。对此，方存之《论语评点》曰：“只是点染咏叹，不多着言语……而道理自存。”

5.词类活用，使表达简洁

在特定的语言环境中，一个词可以临时改变词性而作另一类词使用。这种词类活用，在赋予该词新含义的同时，使表达简约经济。孔子的言语中有多种活用现象，如：

---

① 《论语·为政》。

② 《史记·屈原贾生列传》。

③ 朱熹：《论语集注》，齐鲁书社1992年版，第9页。

④ 《论语·子罕》。

⑤ 《论语·子罕》。

⑥ 《荀子·大略》。

(1)君子有三戒:少之时,血气未定,戒之在色;及其壮也,血气方刚,戒之在斗;及其老也,血气既衰,戒之在得。[①]

(2)君子有三畏:畏天命,畏大人,畏圣人之言。小人不知天命而不畏也,狎大人,侮圣人之言。[②]

(3)齐景公问政于孔子。孔子对曰:"君君,臣臣,父父,子子。"[③]

(4)举直错诸枉,则民服,举枉错诸直,则民不服。[④]

(5)季文子三思而后行。子闻之,曰:"再,斯可以。"[⑤]

(6)老者安之,朋友信之,少者怀之。[⑥]

(7)君子之德风,小人之德草。[⑦]

例(1)(2)中的"戒"、"畏"是动词活用为名词,指禁戒的事情、畏惧的事情;例(3)中的"君"、"臣"、"父"、"子"是名词活用为动词,意为不君、不臣、不父、不子。"君君,臣臣,父父,子子"这句话,包含了孔子对"礼"的深刻理解。他痛心于当时社会的失序、伦理的失常、名分的不正,希望明君建立一个上下尊卑长幼有序的和谐社会,其著名的正名论即由此而生。孔子把第二个"君"、"臣"、"父"、"子"临时用作动词,省却了许多言语,简洁凝练。例(4)中的"直"、"枉"是形容词活用为名词,意为正直的人、不正直的人。例(5)中的"再"是数次活用为动词,意为想两次。例(7)中的"安"、"信"、"怀"是动词的使动用法,意为使……安、使……信、使……怀。例(8)中的"风"、"草"是名词活用为动词,意即像风、像草。这样,临时改变词性,避免了冗词,锤炼了结构,十分简练。

孔子的言语简约,还表现在他只是提出命题而很少阐发。如齐景公问政于孔子。孔子对曰:"君君,臣臣,父父,子子。"公曰:"善哉!信如君不君,臣不臣,父不父,子不子,虽有粟,吾得而食诸?"[⑧]对为政治国这样的大事,孔子的回答只有8个字,真是惜字如金!孔子是著名的教育大师,他主张"不愤不启,不悱不发",希望人们自己去领悟、去阐发。所以大多数情况下,他都是点到为止,只有

---

① 《论语·季氏》。
② 《论语·季氏》。
③ 《论语·颜渊》。
④ 《论语·为政》。
⑤ 《论语·公冶长》。
⑥ 《论语·公冶长》。
⑦ 《论语·颜渊》。
⑧ 《论语·颜渊》。

结论，没有解释；只有“然”，而没有“之所以然”。对做人做事的道理，人的喜怒哀乐，事情发生、发展的过程以及语言表达、文学艺术创作等，孔子都只有概括性结论、命题式断言。如孔子讲述一个人的成长，仅用了 9 个字，即“兴于《诗》，立于礼，成于乐”；孔子讲“君子”必须具备的道德元素，只用了 16 个字，即“义以为质，礼以行之，孙以出之，信以成之”；论语言表达，只有 5 个字，即“辞达而已矣”；讲内容与形式的关系，只有“情欲信，辞欲巧”6 字。演奏音乐不但需要娴熟的技巧，而且需要领会其蕴含的道理。孔子把演奏音乐的复杂道理概括为“乐其可知也：始作，翕如也；从之，纯如也，皦如也，绎如也，以成”[①]，只有 23 字。我国第一部诗歌总集《诗经》，计 305 篇，涵盖面广，涉及征战、农事、婚恋、音乐等多方面的内容，而孔子只用了“思无邪”来概括。古代诗、乐、舞三位一体，完美的音乐是内容与形式两方面的有机结合、和谐统一。具体到《韶》乐与《武》乐来说，它们表现的是不同帝王的不同事迹，所以孔子的评价是：《韶》乐“尽美矣，又尽善也”，《武》乐“尽美矣，未尽善也”[②]，寥寥数字，就把他对《韶》乐和《武》乐的全部认识表达出来了，极为简练精辟。

孔子思想博大精深，涉及政治、人生、教育、管理、伦理、道德等多个领域、多个方面。但孔子对其思想学说的宣传教化，都采用了异常简短的语句，择其要者而论之。孔子的言简意赅，给后人提供了丰富想象的余地和深入思考的空间，也给后世的语言表达、文学创作提供了最佳范式。关于孔子言语著述的简约，汉司马迁、宋陈骙都进行了缜密论述。司马迁曰：

> 子曰：“弗乎弗乎，君子病没世而名不称焉。吾道不行矣，吾何以自见于后世哉?”乃因史记作《春秋》，上至隐公，下讫哀公十四年，十二公。据鲁，亲周，故殷，运之三代。约其文辞而指博。故吴楚之君自称王，而《春秋》贬之曰“子”；践土之会实召周天子，而《春秋》讳之曰“天王狩于河阳”：推此类以绳当世。贬损之义，后有王者举而开之。《春秋》之义行，则天下乱臣贼子惧焉。
>
> 孔子在位听讼，文辞有可与人共者，弗独有也。至于为《春秋》，笔则笔，削则削，子夏之徒不能赞一辞。弟子受《春秋》，孔子曰：“后世知丘者以《春秋》，而罪丘者亦以《春秋》。”[③]

---

① 《论语·八佾》。
② 《论语·八佾》。
③ 《史记·孔子世家》。

陈骙曰：

> 事以简为上，言以简为当。言以载事，文以著言，则文贵其简也。文简而理周，斯得其简也。读之疑有缺焉，非简也，疏也。《春秋》书曰："陨石于宋五。"《公羊传》曰："闻其磌然，视之则石，察之则五。"《公羊》之义，经以五字尽之，是简之难者也。刘向载泄冶之言曰："夫上之化下，犹风靡草，东风则草靡而西，西风则草靡而东，在风所由，而草为之靡。"此用三十有二言而意方显；及观《论语》曰："君子之德风，小人之德草，草上之风必偃。"此减泄冶之言半，而意亦显。又观《书》曰："尔惟风，下民惟草。"此复减《论语》九言而意愈显。吾故曰是简之难者也。[①]

司马迁、陈骙的分析，可谓正中肯綮。

(二)平实

孔子言语比较平实质朴，主要表现在：

1.直截了当，不加修饰

不论是讲述为政治国的深奥道理，还是阐述做人做事的基本常识，不论是鉴赏文学艺术的雅俗，还是评价人物品行的优劣，孔子所用语汇都通俗易懂，不事雕琢修饰，不尚优美华丽。如孔子讲治国："道千乘之国，敬事而信，节用而爱人，使民以时。"讲做人："弟子入则孝，出则悌，谨而信，泛爱众，而亲仁。行有余力，则以学文。"论做事："先行其言而后从之。"谈学习："温固而知新，可以为师矣。"述君臣之礼："君使臣以礼，臣事君以忠。"品评人物：谓"管仲之器小哉！"，谓公冶长"可妻也。虽在缧绁之中，非其罪也"，谓南容"邦有道，不废；邦无道，免于刑戮"。没有任何的修饰和形容，质朴自然。

2.使用"雅言"与口语词

孔子"有教无类"，因此他的学生来自四面八方，有鲁、齐、秦、晋、郑、卫、宋、陈、楚、吴等地。[②] 地域不同，方言各异。与普通话、标准语相比，方言不但不容易理解和接受，而且会严重影响相互间的交际与交流。正如荀子所说："散名之加于万物者，则从诸夏之成俗曲期，远方异俗之乡则因之而为通。"[③]即是说，普通话、标准语可以有效避免交流的障碍。有鉴于此，孔子积极倡导使用"雅言"

---

① 陈骙、李涂：《文则・文章精义》，人民文学出版社1960年版，第7页。

② 参见《史记・仲尼弟子列传》。

③ 《荀子・正名》。

并身体力行之。“子所雅言,《诗》、《书》、执礼,皆雅言也。”[1]孔子用当时人们的通用语讲话,极大地方便了相互间的交际交流,使对方听得清、听得懂。

在表达交流中,孔子使用了大量的口头语言,用语非常平易。如《论语·述而》:“默而识之,学而不厌,诲人不倦,何有于我哉?”李贽评曰:“何有于我哉,都是说家里话。”这“家里话”就是日常口头语言。孔子的很多语句,都浅显直白如家常话。如《论语·学而》:“学而时习之,不亦说乎?有朋自远方来,不亦乐乎?人不知而不愠,不亦君子乎?”“父在,观其志;父没,观其行。三年无改于父之道,可谓孝矣。”《八佾》:“人而不仁,如礼何?人而不仁,如乐何?”《里仁》:“父母在,不远游,游必有方。”“三年无改于父之道,可谓孝矣。”流畅自然,通俗易懂。

3. 比喻通俗平实

孔子弟子来自四面八方,而且学识修养参差不齐,理解、接受能力各异,因此孔子常常采用“近取譬”的言说方式,即以人们身边的、熟悉的事物作比喻。例如:

(1)子曰:“人而无信,不知其可也。大车无輗,小车无軏,其可以行之哉?”(《论语·为政》)

在孔子生活的春秋战国时期,牛车、马车是最主要的交通工具。牛车是大车,马车是小车,它们的构造基本相同:除车轮、车辕、车衡等大部件外,还有联结车辕与衡轭的关键,牛车称为“輗”,马车称为“軏”。“輗”与“軏”起着连接、转圜作用,不可或缺。在例(1)中,孔子就选用了人们常见、熟知的“輗”与“軏”作喻体。以“輗”与“軏”比喻诚信,平实自然,从而使抽象的道理变得具体形象,方便了人们的理解。比如:

(2)子谓伯鱼曰:“女为《周南》、《召南》矣乎?人而不为《周南》、《召南》,其犹正墙面而立也与?”(《论语·阳货》)

在孔子看来,“君子”人格的养成必须经过诗、礼、乐这三个阶段。而诗、礼、乐这三个阶段,则有着先后顺序、轻重缓急的区别,“兴于《诗》,立于礼,成于乐”。诗在“君子”修养中的作用尤为重要,“《诗》,可以兴,可以观,可以群,可以怨。迩之事父,远之事君。多识于鸟兽草木之名”。所以“君子”必须学诗、懂诗、会用诗,这样才能恰当言说、正确处理外事邦交。“修身必先学诗”,“不学诗,无以言”。不学诗,不是不会说话,而是不会说得体的话、恰当的话。如此,“君子”行

---

① 《论语·述而》。

走于社会，自然不能不学诗。例(2)中，孔子把不学诗的处境比作“正墙面而立”。“正墙面而立”，其结果是寸步难行。孔子以此为喻，形象贴切，平易通俗，显然比抽象空洞的说教更易被理解和接受。

程颐曰：“孔子言语，句句是自然。”所谓自然，即通俗化、口语化。孔子言语的质朴、平实，是一种水到渠成的自然，是一种返璞归真的平淡，是平中见巧，是看似寻常的奇崛。孔子言语中所蕴含的玄妙哲理，两千多年来，一直给人以深深的启迪。

(三)含蓄

孔子是一位睿智、慈爱的长者，主张仁者“爱人”，“己所不欲，勿施于人”；是一位出色的教育大师，他“有教无类”，一视同仁，对弟子善于采取循循善诱的教学方法；更是一位优秀的哲学家，奉行“过犹不及”的“中庸”之道，反对过激的言行，主张“宽猛相济”，并且努力践行，做到“温而厉，威而不猛，恭而安”。孔子温婉和顺、雍容大度，这自然也表现在其言谈话语中。孔子说话委婉含蓄，即便是批评、指责，也较少疾言厉色，充分体现出了他温良恭俭让的一面。例如：

(1)冉求曰：“非不说子之道，力不足也。”子曰：“力不足者，中道而废。今女画。”①

(2)子贡曰：“我不欲人之加诸我也，吾亦欲无加诸人。”子曰：“赐也，非尔所及也。”②

例(1)中的“力不足”，朱熹注曰：“力不足者，欲进而不能。画者，能进而不欲。谓之画者，如画地以自限也。胡氏曰：‘夫子称颜回不改其乐，冉求闻之，故有是言。然使求说夫子之道，诚如口之说刍豢，则必将尽力以求之，何患力之不足哉？画而不进，则日退而已矣，此冉求之所以局于艺也。’”面对颜渊的勤奋不辍，冉求辩解说，自己不是不喜欢，只是能力不够。对冉求的辩解，孔子没有深究、苛责，而是用了“者”这一表示停顿又兼表假设的词，指出冉求存在的问题：你不是力量不够，而是停止不前、半途而废、画地自限。语气温婉平和，易于对方接受。例(2)中，子贡说不想欺人也不想受人欺，这只能耽于幻想。人类社会是一个相当复杂的关系网络，总是存在着矛盾和冲突。孔子历经坎坷，深知现实社会的复杂性和残酷性，但他并没有指出子贡的耽于幻想、不切实际，而是平

① 《论语·雍也》。

② 《论语·公冶长》。

和地说:“赐也,非尔所及也。”语重心长。

(3)孟武伯问子路仁乎?子曰:“不知也。”又问。子曰:“由也,千乘之国,可使治其赋也,不知其仁也。”

“求也何如?”子曰:“求也,千室之邑,百乘之家,可使为之宰也,不知其仁也。”

“赤也何如?”子曰:“赤也,束带立于朝,可使与宾客言也,不知其仁也。”①

“仁”是一个含义极广的概念,也是孔子心目中最高的道德标准。孔子对子路、冉求、公西赤的道德品性、才学能力自然十分熟悉,但他对孟武伯的询问并没有直接作答,而是述以政绩。这种避而不答,表意委婉含蓄,让对方自己去思考、去寻找答案。

(4)子贡方人。子曰:“赐也贤乎哉?夫我则不暇。”②

(5)宰予昼寝。子曰:“朽木不可雕也,粪土之墙不可杇也。于予与何诛?”③

例(4)中的“方人”,即评论别人的优劣长短。子贡喜欢评论别人,对此,孔子没有直接评判其正误,而是反问子贡:你自己是不是都好呢?“人非圣贤,孰能无过?”让子贡自己去反省。例(5)中,孔子也用反问法间接批评了宰予。面对滔滔东去的流水,孔子就曾发出“逝者如斯夫!不舍昼夜”的慨叹,当他看到宰予白天睡觉,岂能视若无睹、无动于衷?自然十分气愤。他用了“朽木”与“粪土之墙”来比喻宰予,表达自己的失望和不满,表达自己的恨铁不成钢心理。这大概是孔子最厉害的一次发火。

鉴于对语言强大的社会功能和政治功能的认识,孔子主张慎言。慎言即要讲究方式方法,所以孔子常常采用婉曲、隐喻、引用等方法表明自己的观点态度。如:

(6)或问子产。子曰:“惠人也。”

问子西。曰:“彼哉!彼哉!”

问管仲。曰:“人也。夺伯氏骈邑三百,饭疏食,没齿无怨言。”④

---

① 《论语·公冶长》。

② 《论语·宪问》。

③ 《论语·公冶长》。

④ 《论语·宪问》。

(7)子贡曰:“有美玉于斯,韫椟而藏诸?求善贾而沽诸?”子曰:“沽之哉!沽之哉!我待贾者也。”①

(8)季氏将伐颛臾。冉有、季路见于孔子曰:“季氏将有事于颛臾。”

孔子曰:“求!无乃尔是过与?夫颛臾,昔者先王以为东蒙主,且在邦域之中矣,是社稷之臣也。何以伐为?”

冉有曰:“夫子欲之,吾二臣者皆不欲也。”

孔子曰:“求!周任有言曰:‘陈力就列,不能者止。’危而不持,颠而不扶,则将焉用彼相矣?且尔言过矣,虎兕出于柙,龟玉毁于椟中,是谁之过与?”②

(9)三家者以《雍》彻。子曰:“‘相维辟公,天子穆穆’,奚取于三家之堂?”③

例(6)中的子产、子西与管仲,都是春秋著名的大臣。孔子对子产与管仲有肯定性评价,但在谈及子西时则顾左右而言他。“彼哉!彼哉!”是外交辞令。“子西,楚公子申。能逊楚国,立昭王,而改纪其政,亦贤大夫也。然不能革其僭王之号。昭王欲用孔子,又沮止之。其后卒召白公以致祸乱,则其为人可知矣。‘彼哉’者,外之之辞。”④杨伯峻则认为:“这是当时表示轻视的习惯语。”⑤其实,孔子不是不清楚子西的贤能,只因为子西是僭窃之臣,不合儒家礼的规定,所以孔子才不置可否、闪烁其词。例(7)中,子贡说的是美玉,孔子说的是自己。孔子的“待贾”,表面上是说等待好价钱,实际是说等待识货的人、赏识他的人。言此指彼,表达了他等待明君的急切心情。例(8)中,冉有、子路把季氏即将攻打颛臾的消息告诉了孔子,孔子没有疾言厉色地批评他们推卸责任,先用“无乃尔是过与?”反问他们;然后摆事实、讲道理,进行了缜密剖析。孔子用“危而不持,颠而不扶,则将焉用彼相矣?”、“虎兕出于柙,龟玉毁于椟中,是谁之过与?”两个比喻,启发他们深入思考君臣间的关系、明白自己的责任。例(9)中的《雍》是《诗经·周颂》中的一篇,古代只有天子祭宗庙完毕撤去祭品时才唱这首诗。而当时的权势人物孟孙、叔孙、季孙三家在祭祀祖先时,竟然僭用天子之礼,唱着

---

① 《论语·子罕》。

② 《论语·宪问》。

③ 《论语·八佾》。

④ 朱熹:《论语集注》,齐鲁书社1992年版,第141页。

⑤ 杨伯峻:《论语译注》,中华书局1980年版,第148页。

《雍》诗来撤除祭品。孔子不满这种僭礼行为却无能为力，他引用《雍》中的诗句“相维辟公，天子穆穆”来表达自己的观点和态度，委婉、含蓄。

文如其人，语如其人。孔子的言语风格，充分体现了其人格魅力。

二、孟子言语风格

与孔子的坐而论道不同，孟子是针锋相对的论辩。孟子的言语具有口头表达的一般特点，更具有论辩的独特之处，其言语风格平易、明快、豪放刚健。

（一）平易

《孟子》一书，是孟子阐述其仁义思想、王道学说的哲学著作，涵盖了政治、经济、文化、教育等多个方面。作为哲学著作，《孟子》一书却没有让人感到艰涩难懂，反而给人以平易晓畅的感觉。刘熙载曾评价说：“孟子之文，至简至易，如舟师执柁中流，自在而推移，费力者不觉自屈。”[①]的确如此，无论是与君主大臣、家门弟子的对话，还是与诸派学人的论辩，孟子言语都晓畅明白、通俗易懂，非常方便对方迅速感知和理解。

孟子平易晓畅的言语风格，主要表现在：

1. 用词通俗，口语化、生活化

《孟子》全书共35402字，2240个词（其中单音词1589个，复音词651个），却派生出了近400个新的复音词和近300条成语。[②] 也就是说，孟子言语中80%以上的词语都是之前已经存在或当时人们通用的词语。其用词通俗浅近，近于生活场景实录。例如：

> （1）母命之，往送之门，戒之曰：“往之女家，必敬必戒，无违夫子！”[③]
>
> （2）孟子曰：“许子必种粟而后食乎？”
>
> 曰：“然。”
>
> “许子必织布而后衣乎？”
>
> 曰：“否。许子衣褐。”
>
> “许子冠乎？”
>
> 曰：“冠。”

---

① 刘熙载著，王气中笺注：《艺概笺注》，贵州人民出版社1986年版，第15页。

② 参见胡继明：《〈孟子〉对汉语文学语言词汇的影响》，《四川三峡学院学报（社会科学版）》1998年第3期。

③ 《孟子·滕文公下》。

曰："奚冠？"

曰："冠素。"

曰："自织之与？"

曰："否。以粟易之。"

曰："许子奚为不自织？"

曰："害于耕。"

曰："许子以釜甑爨，以铁耕乎？"

曰："然。"

"自为之与？"

曰："否。以粟易之。"

"以粟易械器者，不为厉陶冶；陶冶亦以其械器易粟者，岂为厉农夫哉？且许子何不为陶冶，舍皆取诸其宫中而用之？何为纷纷然与百工交易？何许子之不惮烦？"

曰："百工之事固不可耕且为也。"[①]

例(1)中，女儿出嫁之日，母亲送女出门并再次叮咛、告诫，这简直就是当时场景的直录。母亲的话平白如水又情真意切、语重心长，今天读之，其情其景仍觉历历在目。例(2)中，孟子与陈相一问一答，直来直去，没有修饰，没有生僻词，浑如日常闲话。然而，就是这种平白如水的问话，使陈相无力招架，一步一步地接受了孟子的观点。

2. 阐释典故、引语

孟子善于用历史事实、"圣人"言论、典籍名言来议论说理，以增强论说的可信性和说服力。然而在引用历史事实、名言警句时，孟子并不是直接引用，常常根据自己的理解加以解释，使之变得通俗易懂。对此，章沧授先生分析说，孟子用了三种方式对古语进行解释：一是用自己的语言叙述典故，而不是直接摘录引证；二是解释典故；三是注释难字。[②] 如：

(1)白圭曰："丹之治水也愈于禹。"孟子曰："子过矣，禹之治水，水之道也，是故禹以四海为壑。今吾子以邻国为壑。水逆行谓之洚水——洚水

① 《孟子·滕文公上》。

② 章沧授：《论孟子散文的语言风格——先秦诸子散文艺术漫谈之三》，《安庆师范学院学报》1985年第4期。

者，洪水也——仁人之所恶也。吾子过矣。”[①]

(2)孟子见梁惠王。王立于沼上，顾鸿雁麋鹿，曰：“贤者亦乐此乎?”

孟子对曰：“贤者而后乐此，不贤者虽有此，不乐也。《诗》云：‘经始灵台，经之营之，庶民攻之，不日成之。经始勿亟，庶民子来。王在灵囿，麀鹿攸伏，麀鹿濯濯，白鸟鹤鹤。王在灵沼，於牣鱼跃。’文王以民力为台为沼，而民欢乐之，谓其台曰灵台，谓其沼曰灵沼，乐其有麋鹿鱼鳖。古之人与民偕乐，故能乐也。《汤誓》曰：‘时日害丧？予及女偕亡。’民欲与之偕亡，虽有台池鸟兽，岂能独乐哉?”[②]

(3)《太誓》曰：“我武惟扬，侵于之疆，则取于残，杀伐用张，于汤有光。”不行王政云尔；苟行王政，四海之内皆举首而望之，欲以为君；齐楚虽大，何畏焉?[③]

例(1)中，孟子引用了大禹治水的历史事实来批驳白圭的“丹之治水也愈于禹”。关于大禹治水，《尚书·益稷》曰：“予决九川距四海，浚畎浍距川。”孟子则作了自己的解释，他说：“禹之治水，水之道也，是故禹以四海为壑。”显然，孟子的说法更通俗易懂。例(2)中，孟子在引用《诗经·大雅·灵台》诗句后，解释其意思说：“文王以民力为台为沼，而民欢乐之，谓其台曰灵台，谓其沼曰灵沼，乐其有麋鹿鱼鳖”；引用《汤誓》语句后，解释其意思说：“民欲与之偕亡，虽有台池鸟兽，岂能独乐哉?”最后得出“古之人与民皆乐，故能乐也”的结论。这样，就方便了对方的理解。例(3)中，孟子对《尚书·泰誓中》中的“我武惟扬，侵于之疆，取彼凶残；我伐用张，于汤有光”语句进行了解释，意思是“不行王政云尔。苟行王政，四海之内皆举首而望之，欲以为君”。这样，引用《尚书》的用意就十分明显了。

另外，孟子对许多字词的解释也使表达平易晓畅、通俗易懂。例如：

(1)夫明堂者，王者之堂也。[④]

(2)分人以财谓之惠，教人以善谓之忠，为天下得人者谓之仁。[⑤]

(3)彻者，彻也；助者，藉也。[⑥]

---

① 《孟子·告子下》。
② 《孟子·梁惠王上》。
③ 《孟子·滕文公下》。
④ 《孟子·梁惠王下》。
⑤ 《孟子·滕文公上》。
⑥ 《孟子·滕文公上》。

(4)泄泄犹沓沓也。①

(5)责难于君谓之恭,陈善闭邪谓之敬,吾君不能谓之贼。②

(6)规矩,方员之至也;圣人,人伦之至也。③

(7)金声也者,始条理也;玉振之也者,终条理也。始条理者,智之事也;终条理者,圣之事也。④

(8)天子适诸侯曰巡狩。巡狩者,巡所守也。诸侯朝于天子曰述职。述职者,述所职也。⑤

(9)可欲之谓善,有诸己之谓信,充实之谓美,充实而有光辉之谓大,大而化之之谓圣,圣而不可知之之谓神。⑥

在上述例句中,孟子采取了不同方法对字词进行解释。如例(1)(3)(7)中,用"……者……也"方式对"明堂"、"彻"、"助"、"金声"、"玉振"进行了解释;例(2)(5)中,用训诂术语"谓之"对"惠"、"忠"、"仁"、"恭"、"敬"、"贼"进行了解释;例(4)中,用"犹"解释了"泄泄";例(6)中,用"……,……也"解释了"规矩"与"仁人";例(8)中,用"……曰……"方式解释了"巡狩"与"述职";例(9)中,用训诂术语"谓之"解释了什么是"善"、什么是"信"、什么是"美"、什么是"大"、什么是"圣"、什么是"神";等等。孟子的解释通俗而准确,使表达趋于平易浅近,也使人们便于理解和掌握。所以他的一些释义,至今仍被人们普遍使用,如对鳏寡孤独的解释等。

3.就近取譬

孟子善于摆事实、讲道理,更善于通过各种各样的比喻来讲道理。孟子究竟用了多少比喻?李炳英统计说,《孟子》全书261章中,就有93章总共使用着159种比喻。⑦ 而唐洪波则统计说,《孟子》一书使用的比喻不下千处,较为完整的就有300多处。⑧ 孟子长于用喻,有目共睹。

比喻的最基本功能,就是使陌生的事物熟悉化,使抽象的道理具体化,使深

---

① 《孟子·离娄上》。
② 《孟子·离娄上》。
③ 《孟子·离娄上》。
④ 《孟子·万章下》。
⑤ 《孟子·梁惠王下》。
⑥ 《孟子·尽心下》。
⑦ 参见李炳英:《孟子文选·前言》,人民文学出版社1957年版,第9页。
⑧ 参见唐洪波:《论〈孟子〉的比喻论证》,《中国文学研究》2002年第2期。

奥的道理浅显化。孟子取喻广泛，而且喻体大都取自人们身边常见之物、熟知之理。例如：

(1)孟子对曰："民望之，若大旱之望云霓也。归市者不止，耕者不变，诛其君而吊其民，若时雨降。民大悦。"①

(2)孟子对曰："取之而燕民悦，则取之。古之人有行之者，武王是也。取之而燕民不悦，则勿取。古之有行之者，文王是也。以万乘之国伐万乘之国，箪食壶浆以迎王师，岂有它哉？避水火也。如水益深，如火益热，亦运而已矣。"②

(3)孟子曰："仁，人之安宅也；义，人之正路也。"③

(4)民之归仁也，犹水之就下、兽之走圹也。④

(5)孟子曰："鱼，我所欲也，熊掌亦我所欲也；二者不可得兼，舍鱼而取熊掌者也。生亦我所欲也，义亦我所欲也；二者不可得兼，舍生而取义者也。"⑤

(6)孟子曰："逃墨必归于杨，逃杨必归于儒。归，斯受之而已矣。今之与杨、墨辩者，如追放豚，既入其笠，又从而招之。"⑥

例(1)中的"大旱之望云霓"、例(2)中的"水火"、例(3)中的"安宅"和"正路"、例(4)中的"水之就下，兽之走圹"、例(5)中的"鱼"和"熊掌"、例(6)中的"追放豚"这些喻体，可谓路人皆知，世人皆晓。以人们身边的、熟悉的事物为喻，或以生活常理为喻，话语自然明白晓畅、通俗易懂，其观点、道理就容易被人理解和接受了。

再如，他以"挟太山以超北海"和"为长者折枝"为喻说明"不能"与"不为"的区别，深入浅出，对比鲜明，易于对方迅速明了"不能"与"不为"的差异所在。以"五十步笑百步"为喻说明梁惠王治国中所犯的错误与邻国相同，只是程度有所区别罢了。这样，就使得说理具体化、形象化，便于对方的理解和接受。所以汉赵岐评价说："孟子长于用譬，辞不迫切而意已独至。"⑦当代学者谭家健先生评

① 《孟子·梁惠王下》。

② 《孟子·梁惠王下》。

③ 《孟子·离娄上》。

④ 《孟子·离娄上》。

⑤ 《孟子·告子上》。

⑥ 《孟子·尽心下》。

⑦ 赵岐：《孟子注疏·题辞解》。

价说："孟子的比喻，浅近平易而又生动有趣，轻快灵便而又深刻贴切。"①

另外，引用俗语也是孟子言语平易晓畅的一个重要原因。如：

曰："若是，则弟子之惑滋甚。……今言王若易然，则文王不足法与？"

曰："文王何可当也？由汤至于武丁，贤圣之君六七作，天下归殷久矣，久则难变也。武丁朝诸侯，有天下，犹运之掌也。纣之去武丁未久也，其故家遗俗，流风善风善政，犹有存者；又有微子、微仲、王子比干、箕子、胶鬲——皆贤人也——相与辅相之，故久而后失之也。尺地，莫非其有也；一民，莫非其臣也；然而文王犹方百里起，是以难也。齐人有言曰：'虽有智慧，不如乘势；虽有镃基，不如待时。'今时则易然也……"②

在与公孙丑的对话中，孟子引用了齐国俗语"虽有智慧，不如乘势；虽有磁基，不如待时"，以说明时势的重要性。以弟子能够理解和接受的俗语来议论说理，显然更有成效。

(二)明快

孟子言语多是口头对话，所以简洁明快、干脆利落。主要表现在：

1.开门见山，直截了当

孟子耿直爽快，光明磊落。上对君主，下对弟子，他都是直来直去，有一说一，有二说二，不修饰、不掩饰。例如：

(1)滕文公问为国。

孟子曰："民事不可缓也。《诗》：'昼尔于茅，宵尔索绹；亟其乘屋，其始播百谷。'民之为道也，有恒产者有恒心，无恒产者无恒心。苟无恒心，放辟邪侈，无不为已。及陷乎罪，然后从而刑之，是罔民也。焉有仁人在位罔民而可为也？是故贤君必恭俭礼下，取于民有制。阳虎曰：'为富不仁矣，为仁不富矣。'"③

(2)孟子见梁惠王。王曰："叟！不远千里而来，亦将有以利吾国乎？"

孟子对曰："王！何必曰利？亦有仁义而已矣……"④

(3)乐正子从于子敖之齐。

乐正子见孟子。孟子曰："子亦来见我乎？"曰："先生何为出此言也？"

① 谭家健：《先秦散文艺术新探》，齐鲁书社2007年版，第35页。

② 《孟子·公孙丑上》。

③ 《孟子·滕文公上》。

④ 《孟子·梁惠王上》。

曰："子来几日矣？"曰："昔者。"曰："昔者，则我出此言也，不亦宜乎？"

曰："舍馆未定。"曰："子闻之也，舍馆定，然后求见长者乎？"

曰："克有罪。"①

例(1)中，孟子直接告诉滕文公，治国的当务之急是要急民众所急、需民众之需，做好民众最关心的事情。直截了当，开门见山。例(2)中，面对梁惠王的垂问，孟子直接进行了批驳。孟子认为，为君治国之道，应以实行仁道为先，而不是开口闭口就是财货、利益。"何必曰利？"以反问形式表达了自己的明确态度。例(3)中，孟子对乐正子没早来看他很不高兴，见面时直接责备说："子亦来见我乎？"

孟子爱憎分明，直言不讳。他对尧、舜、孔子等前贤圣哲则满怀敬佩之情，直接赞扬曰："伯夷，圣之清者也；伊尹，圣之任者也；柳下惠，圣之和者也；孔子圣之时者也。孔子之谓集大成。集大成也者，金声而玉振之也。"②对不仁不义的当权者，则直接批评斥责，说梁襄王"望之不似人君"③；说梁惠王"不仁哉"④；说"管仲得君如彼其专也，行乎国政如彼其久也，功烈如彼其卑"⑤；痛骂杨氏、墨氏为"禽兽也"⑥；等等。孟子敢于直面社会现实，直接表达对当权者的不满。孟子指出："狗彘食人食而不知检，途有饿莩而不知发"⑦；"凶年饥岁，君之民老弱转乎沟壑，壮者散而之四方者，几千人矣；而君之仓廪实，府库充，有司莫以告，是上慢而残下"⑧；"争地以战，杀人盈野；争城以战，杀人盈城"⑨等等。敢爱敢恨，敢说敢做，立场坚定，态度鲜明。

2.单句与短句使表达简洁明快

在对话中，孟子常用单句、短句来说明事物、分析事理。例如：

(1)子路，人告之以有过，则喜。禹闻善言，则拜。大舜有大焉，善与人同，舍己从人，乐取于人以为善。自耕稼、陶、渔以至为帝，无非取于人者。

---

① 《孟子·离娄上》。
② 《孟子·万章下》。
③ 《孟子·梁惠王上》。
④ 《孟子·尽心下》。
⑤ 《孟子·公孙丑上》。
⑥ 《孟子·滕文公下》。
⑦ 《孟子·梁惠王上》。
⑧ 《孟子·梁惠王下》。
⑨ 《孟子·离娄上》。

取诸人以为善，是与人为善者也。故君子莫大乎与人为善。①

(2)(公孙丑曰)“敢问何谓浩然之气?”

(孟子)曰:“难言也。其为气也，至大至刚，以直养而无害，则塞于天地之间。其为气也，配义与道；无是，馁也。是集义所生者，非义袭而取之也。行有不慊于心，则馁矣。我故曰，告子未尝知义，以其外之也。必有事焉，而勿正，心勿忘，勿助长也。”②

(3)孟子曰:“仁则荣，不仁则辱；今恶辱而居不仁，是犹恶湿而居下也。如恶之，莫如贵德而尊士，贤者在位，能者在职；国家闲暇，及是时，明其政刑。虽大国，必畏之矣。《诗》云……今国家闲暇，及是时，般乐怠敖，是自求祸也。祸福无不自己求之也。《诗》云……”③

例(1)中，孟子在论述“君子”的与人为善时，列举了子路、禹、舜的不同善举。子路是孔子弟子，禹和舜是上古圣王，他们均有赫赫功德，而孟子撮其要而论之，简洁精练。例(2)中的“浩然之气”十分“难言”，孟子用一系列短句对它进行了耐心解释。例(3)中，孟子用寥寥数语论述了实行仁政的重要性，简洁明了。

3.对偶、对比等使表达明快

(1)权，然后知轻重；度，然后知长短。④

(2)古之君子，过则改之；今之君子，过则顺之。古之君子，其过也，如日月之食，民皆见之；及其更也，民皆仰之。今之君子，岂徒顺之，又从为之辞。⑤

(3)天下有道，小德役大德，小贤役大贤；天下无道，小役大，弱役强。斯二者，天也。⑥

(4)得道者多助，失道者寡助。寡助之至，亲戚畔之；多助之至，天下顺之。⑦

(5)穷则独善其身，达则兼善天下。⑧

① 《孟子·公孙丑上》。
② 《孟子·公孙丑上》。
③ 《孟子·公孙丑上》。
④ 《孟子·梁惠王上》。
⑤ 《孟子·公孙丑下》。
⑥ 《孟子·离娄上》。
⑦ 《孟子·公孙丑上》。
⑧ 《孟子·尽心上》。

(6)顺天者存,逆天者亡。[①]

(7)可以取,可以无取,取伤廉;可以与,可以无与,与伤惠;可以死,可以无死,死伤勇。[②]

例(1)中,孟子用对比兼对偶,论述了“行”与“止”、“权”与“度”的不同。例(2)中,孟子运用对比方法,描述了古今“君子”的区别,进而对佞臣、谀臣进行了鞭挞。例(3)中,孟子运用对比手法,使“天下有道”与“天下无道”的区别昭然若揭。例(4)(5)(6)中,孟子用对比兼对偶,阐述了“得道”与“失道”、“穷”与“达”、“顺天者”与“逆天者”的不同,简明扼要。例(7)中,孟子用对比、对偶兼顶真、排比,阐述了“取”和“无取”、“与”和“无与”、“死”和“无死”的关系,告诫人们要审慎对待,不要犯太过与不及的毛病,简要明白。

4.词类活用使表达简明扼要

在言语表达中,孟子常常临时改变一些词的词性而活用为另类词。例如:

(1)为肥甘不足于口与?轻暖不足于体与?[③]

(2)小固不可以敌大,寡固不可以敌众,弱固不可以敌强。[④]

(3)老吾老,以及人之老;幼吾幼,以及人之幼。[⑤]

(4)孔子登东山而小鲁,登太山而小天下。[⑥]

(5)富贵不能淫,贫贱不能移,威武不能屈,此之谓大丈夫。[⑦]

(6)志壹则动气,气壹则动志也。[⑧]

(7)仁义礼智根于心,其生色也睟然,见于面,盎于背,施于四体,四体不言而喻。[⑨]

(8)工师得大木,则王喜,以为能胜其任也。匠人斫而小之,则王怒,以为不胜其任矣。[⑩]

例(1)中的“肥甘”、“轻暖”,例(2)中的“小”、“大”、“寡”、“众”、“弱”、“强”都是形

---

① 《孟子·离娄上》。
② 《孟子·离娄下》。
③ 《孟子·梁惠王上》。
④ 《孟子·梁惠王上》。
⑤ 《孟子·梁惠王上》。
⑥ 《孟子·尽心上》。
⑦ 《孟子·滕文公下》。
⑧ 《孟子·公孙丑上》。
⑨ 《孟子·尽心上》。
⑩ 《孟子·梁惠王下》。

容词活用为名词，意为“肥甘的东西”、“轻暖的东西”、“小的国家”、“大的国家”、“人口少的国家”、“人口多的国家”、“力量弱的国家”、“力量强的国家”。这样就节省了很多笔墨，并使前后语句对应相称，构成对偶、排比。例(3)中的“老”、“幼”，例(4)中的“小”，都是形容词活用为动词，意为“以……为老”、“以……为幼”、“以……为小”，属动词的意动用法。表达凝练概括，言简意丰。例(5)中的“淫”是形容词活用为动词，意为“使之淫”；“移”与“屈”则属于动词的使动用法，意为“使之移”、“使之屈”。三词的活用，使三个语句字数相等、结构一致，构成了排比，简洁精练。例(6)中的“壹”是数词活用为名词，意为专一。例(7)中的“根”是名词活用为动词，意为扎根。例(8)中的“小”，是形容词活用，意为“使之小”，是动词的使动用法。

孟子言语中的词类活用现象，量大面广，丰富多彩。据统计，名词活用有 63 例，其中活用为动词 40 例，使动用法 11 例，意动用法 12 例；形容词活用有 127 例，其中活用为名词 47 例，活用为动词 15 例，使动用法 47 例，意动用法 18 例；动词活用有 63 例，其中活用为名词 22 例，使动用法 41 例；名词用作状语 12 例，数词活用为动词有 7 例。[①] 丰富多彩的词类活用，使表达简约经济、摇曳多姿。

(三)豪放刚健

论辩是一门学问。与书面论辩相比，面对面的对话论辩尤难。辩者必须在瞬间对对方的观点作出回应，抓住论辩的契机驳倒对方。这需要广博的学识、敏捷的思维、正确的判断以及论辩的技巧等。所以一直以来，人们均认为孟子是一位出色的辩论家。

从《孟子》各篇来看，孟子每次论辩的话题都比较集中，基本是一事一议、一理一辩，围绕着一件事情、一个问题步步深入、层层推进，从而达到说服对方的目的。如《梁惠王上》中，孟子与梁惠王的讨论主要围绕仁义展开；《梁惠王下》中，他与齐宣王的每段对话分别针对齐宣王喜好音乐、苑囿、斗勇、宫殿、女色、明堂等而进行；《滕文公上》“滕文公问为国”章，孟子主要讲述了为君之道；在“有为神农之言者许行”章，孟子主要对陈相阐述了事物的差别和社会分工的问；等等。围绕着中心话题，孟子摆事实、讲道理，旁征博引，层层推演，步步推进，注重逻辑，论证严密，因此“无论和谁辩论，孟子都从没有输过”[②]。

① 参见崔冰：《论〈孟子〉中词类活用的修辞效果》，《文教资料》2012 年 9 月号下旬刊。

② 谭家健：《略谈〈孟子〉散文的艺术特征》，1957 年 9 月 8 日、9 月 15 日《光明日报》。

孟子不但没有输过，而且总是占尽上风。他善于抓住对方言论中“所蔽”、“所陷”、“所离”、“所穷”之处大做文章，取其关键，打其要害，运用逻辑推理指出论敌的荒谬，使对方难以自圆其说，从而获得论辩的胜利。如《滕文公上》“有为神农之言者许行”章，为批驳许行“贤者与民并耕而食，饔飧而治”的观点，孟子先向陈相询问了许行的一些生活情况，在得知许行戴的帽子、做饭的锅甑、耕田的铁器皆“以粟易之”后，抓住许行理论主张与实际行为之间的矛盾，连续运用多个反问句诘难陈相，使陈相无以回答，只好自己推翻自己的观点，得出“百工之事，固不可耕且为也”的结论。在这个基础上，孟子又进一步追问说：“然则治天下独可耕且为与?”然后摆事实、讲道理，层层剖析，最后得出结论：“从许子之道，相率而为伪者也，恶能治国家?”达到了说服对方的目的。言之有物，言之有理，言之有序，铿锵有力。

孟子每次论辩皆赢，而且赢得很有气势。无论是与帝王辩还是与其他学派辩，孟子都斗志高昂，激情澎湃，语带锋芒，咄咄逼人，掷地有声，给人以敢作敢当、无所畏惧的大丈夫印象。清代学者林纾说：“文之雄健，全在气势。气不王，则读者固索然；势不蓄，则读之亦易尽。故深于文者，必敛气而蓄势。”[①]刘大杰先生说：“孟子的文章不仅文采华赡，清畅流利，尤以气盛。”[②]孟子之“气盛”从何而来？孟子的雄辩气势，主要来源于他的浩然之气。孟子自云：“我知言，我善养吾浩然之气。”孟子“知言”，而最擅长的则是“养气”。“养气”是指按照人的天赋本心，坚持不懈地修养自我的仁义道德，最终培养出一种至大至刚、充塞于天地之间的“浩然之气”。有了这浩然之气，就可以“说大人，则藐之”[③]，就可以与国君分庭抗礼，就可以“富贵不能淫，贫贱不能移，威武不能屈”，就可以无所畏惧、傲视天下，具有“如欲平治天下，当今之世，舍我其谁”的英雄气概。“气盛，则言之短长与声之高下者皆宜。”[④]“浩然之气”的充溢于胸，使得孟子不卑不亢、无私无畏，从而使得情感激越、语调高昂、词锋犀利、气势磅礴。不论是与梁惠王、齐宣王、滕文公等上位者的讨论，还是与公孙丑、万章、告子等弟子的交谈，孟子都是感情充沛、气概不凡、雄辩滔滔、铿锵有力，极具震撼力和说服力。例如：

---

① 林纾：《春觉斋论文》，人民文学出版社 1998 年版，第 76～78 页。

② 刘大杰：《中国文学发展史》(上)，上海古籍出版社 1983 年版，第 81 页。

③ 《孟子·尽心下》。

④ 屈守元、常思春主编：《韩愈全集校注·答李翊书》，四川大学出版社 1996 年版，第 3187 页。

1.语调高昂,词锋犀利

孟子以“三圣”之徒自居,以“正人心,息邪说,距诐行,放淫辞”为己任,对“杨朱、墨翟之言盈天下”的现状进行了激烈抨击和猛烈批判,慷慨激昂,义正词严,表现出了非凡的胆识与气魄。如下:

(1)杨氏为我,是无君也;墨氏兼爱,是无父也。无父无君,是禽兽也。①

(2)庖有肥肉,厩有肥马,民有饥色,野有饿殍,此率兽而食人也。②

(3)为民父母,行政,不免于率兽而食人,恶在其为民父母也?③

(4)贼仁者谓之贼,贼义者谓之残。残贼之人谓之一夫。闻诛一夫纣矣,未闻弑君也。④

(5)夫天未欲平治天下也;如欲平治天下,当今之世,舍我其谁也?⑤

例(1)中,孟子以“禽兽”指称杨氏与墨氏,批评了杨氏的自私自利与墨氏的兼爱,用词犀利,掷地有声。例(2)中,孟子指出了现实生活中的严重不平等,表达了对当权者不仁不义、置民众痛苦而不顾的恶劣行径的憎恶之情。言之凿凿,铿锵有力。例(3)中,孟子用反问形式表达了对为政不仁者的强烈不满,感情饱满,语调高昂。例(4)中的“一夫”,指商纣。在孟子看来,纣残暴虐民,不仁不义,根本不是君,而是残贼之类。词锋锐利,旗帜鲜明。例(5)中,孟子用一上升调表达了自己“敢为天下先”的万丈豪情和顶天立地的男子汉大丈夫气概,令人想起毛泽东的诗句“谁敢横刀立马?唯我彭大将军”。极悲壮,极雄壮!

2.排比、反复、反问、倒装等的运用,增强了气势

孟子言语多排比。据统计,达75次之多。⑥ 排比的运用,一方面使形式整饬,增强了表达的节奏感、韵律美;另一方面则使语言表达更具气势,给人以雄壮、振奋感。例如:

(1)老而无妻曰鳏,老而无夫曰寡,老而无子曰独,幼而无父曰孤。⑦

(2)从流下而忘反谓之流,从流上而忘反谓之连,从兽无厌谓之荒,乐

---

① 《孟子·滕文公下》。
② 《孟子·梁惠王上》。
③ 《孟子·梁惠王上》。
④ 《孟子·梁惠王下》。
⑤ 《孟子·公孙丑下》。
⑥ 参见孔亚飞:《〈孟子〉修辞研究》,曲阜师范大学硕士学位论文,2011年。
⑦ 《孟子·梁惠王上》。

酒无厌谓之亡。①

(3)左右皆曰贤,未可也;诸大夫皆曰贤,未可也;国人皆曰贤,然后察之;见贤焉,然后用之。左右皆曰不可,勿听;诸大夫皆曰不可,勿听;国人皆曰不可,然后察之;见不可焉,然后去之。左右皆曰可杀,勿听;诸大夫皆曰可杀,勿听;国人皆曰可杀,然后察之;见可杀焉,然后杀之。故曰,国人杀之也。②

(4)由是观之,无恻隐之心,非人也;无羞恶之心,非人也;无辞让之心,非人也;无是非之心,非人也。恻隐之心,仁之端也;羞恶之心,义之端也;辞让之心,礼之端也;是非之心,智之端也。人之有是四端也,犹其有四体也。有是四端而自谓不能者,自贼者也;谓其君不能者,贼其君者也。③

例(1)(2)中,孟子分别用了4个单句排比定义了什么是"鳏"、"寡"、"孤"、"独"与"流"、"连"、"荒"、"亡",简明概括。例(3)中,孟子先后用了12个复句排比,层层叠叠、整齐匀称,构成排偶。排偶句的运用,使孟子论辩如高山瀑布急泻而下,如长河大浪滚滚滔滔,气势恢弘,畅行无阻。例(4)中的8个排比句连贯而下,语气急迫,咄咄逼人,势如破竹,锐不可当。对此,李泽厚先生说:"孟文以相当整齐的排比句法为行式,极力增强它的逻辑推理中的情感色彩和情感力量,从而使其说理具有一种不可阻挡的'气势'。"④

同排比相似,反复也具有增强语势的作用。例如:

(5)庄暴见孟子,曰:"暴见于王,王语暴以好乐,暴未有以对也。"曰:"好乐何如?"孟子曰:"王之好乐甚,则齐国其庶几乎!"

他日见于王曰:"王尝语庄子以好乐,有诸?"王变乎色,曰:"寡人非能好先王之乐也,直好世俗之乐耳。"曰:"王之好乐甚,则齐其庶几乎!今之乐犹古之乐也。"⑤

(6)今之事君者曰:"我能为君辟土地,充府库。"今之所谓良臣,古之所谓民贼也。君不乡道,不志于仁,而求富之,是富桀也。"我能为君约与国,战必克。"今之所谓良臣,古之所谓民贼也。君不乡道,不志于仁,而求为之

---

① 《孟子·梁惠王上》。
② 《孟子·梁惠王下》。
③ 《孟子·公孙丑上》。
④ 李泽厚:《美的历程》,文物出版社1981年版,第60页。
⑤ 《孟子·梁惠王下》。

强战，是辅桀也。由今之道，无变今之俗，虽与之天下，不能一朝居也。[①]

例(5)中，"王之好乐甚，则齐其庶几乎"的第二次重复，显然重于第一次的语意；例(6)中，"今之所谓良臣，古之所谓民贼也。君不乡道，不志于仁"的先后使用，具有强调意味。因语句反复，这两例中的语势均由弱渐强。

反问，更是孟子的惯用手法。孟子常用反问表达自己的主观态度、价值取向。如：

(7)民归之，由水之就下，沛然谁能御之？[②]

(8)当是时也，禹八年于外，三过其门而不入，虽欲耕，得乎？[③]

(9)昔者疾，今日愈，如之何不吊？[④]

(10)王！何必曰利？亦有仁义而已矣。王曰："何以利吾国？"大夫曰："何以利吾家？"士庶人曰："何以利吾身？"上下交征利而国危矣。万乘之国，弑其君者，必千乘之家；千乘之国，弑其君者，必百乘之家。万取千焉，千取百焉，不为不多矣。苟为后义而先利，不夺不厌。未有仁而遗其亲者也，未有义而后其君者也。王亦曰仁义而已矣，何必曰利？[⑤]

这种反问句，在孟子的话语中多达150余处。他常常采用"何必……？"、"何以……？"、"不亦……乎？"、"岂……哉？"等形式，大大加强了其论辩语气。

更多的时候，孟子言语的气势表现在多种修辞手法的综合运用中，如例(1)(2)是对偶与排比的综合运用——排偶；例(3)(4)是反复与排比的综合运用；例(10)是反问与排比的综合运用——排比问。另外还有对偶、倒装与反问等综合运用。如：

(11)王如好货，与百姓同之，于王何有？王如好色，与百姓同之，于王何有？[⑥]

(12)彼以其富，我以吾仁；彼以其爵，我以吾义。吾何谦乎哉？[⑦]

对偶使句式整齐、音韵和谐；倒装使反问所蕴含的语气更肯定、情绪更强烈、气势更强劲。

---

① 《孟子·告子下》。

② 《孟子·梁惠王上》。

③ 《孟子·滕文公上》。

④ 《孟子·公孙丑下》。

⑤ 《孟子·梁惠王上》。

⑥ 《孟子·梁惠王下》。

⑦ 《孟子·公孙丑下》。

3. 逻辑严密,推论严谨

英国著名哲学家培根说:“史鉴使人明智,诗歌使人巧慧,数学使人精细,博物使人深沉,伦理之学使人庄重,逻辑与修辞使人善辩。”的确如此。孟子在论辩中就严格遵循了逻辑思维的基本规律,运用了类比推理、归纳推理、演绎推理(如选言推理、假言推理、二难推理)等多种逻辑技法,使论辩逻辑严密,充满了战斗力和说服力。例如:

(1)(齐宣)王说曰:“……此心之所以和于王者,何也?”

曰:“有复于王者曰:‘吾力足以举百钧,而不足以举一羽;明足以察秋毫之末,而不见舆薪。则王许之乎?’”

曰:“否。”

“今恩足以及禽兽,而功不至于百姓者,独何与?然则一羽之不举,为不用力焉;舆薪之不见,为不用明焉;百姓之不见保,为不用恩焉。故王之不王,不为也,非不能也。”①

(2)孟子谓齐宣王曰:“王之臣有托其妻子于其友而之楚游者,比其反也,则冻馁其妻子,则如之何?”

王曰:“弃之。”

曰:“士师不能治士,则如之何?”

王曰:“已之。”

曰:“四境之内不治,则如之何?”

王顾左右而言他。②

(3)告子曰:“生之谓性。”

孟子曰:“生之谓性也,犹白之谓白舆?”

曰:“然。”

“白羽之白也,犹白雪之白;白雪之白犹白玉之白舆?”

曰:“然。”

“然则犬之性犹牛之性,牛之性犹人之性舆?”③

(4)陈臻问曰:“前日于齐,王馈兼金一百,而不受;于宋,馈七十镒而受;于薛,馈五十镒而受。前日之不受是,则今日之受非也;今日之受是,则

---

① 《孟子·梁惠王上》。

② 《孟子·梁惠王下》。

③ 《孟子·告子上》。

前日之不受非也。夫子必居一于此矣。”

孟子曰：“皆是也。当在宋也，予将有远行，行者必以赆；辞曰：‘馈赆。’予何为不受？当在薛也，予有戒心；辞曰：‘闻戒，故为兵馈之。’予何为不受？若于齐，则未有处也。无处而馈之，是货之也。焉有君子而可以货取乎？”①

例(1)中，孟子先以假言命题设问，然后进行类推，循循善诱地道出了自己的论点。有理有据，论证有力。例(2)中，孟子先以两个设问诱使齐宣王循其思路得出明确的结论，然后依次类推，使齐宣王陷入自我否定的矛盾中无言以对，只好“顾左右而言他”。孟子欲擒故纵，引人入彀，逻辑严密，无可辩驳。例(3)中，孟子按照告子的命题“生之谓性”进行了类推，却得出了一个虚假的结论。层层推演，逻辑缜密，使对方陷于自相矛盾的境地。例(4)中，陈臻诘难孟子“前日之不受是，则今日之受非也，今日之受是，前日之受非也，父子必居一于此矣”，将孟子置于两难境地。孟子则以“皆是也”作答，认为受与不受都有理由、都是正确的选择，前提是受与不受的条件不同。对二难推理的灵活运用，使孟子的论辩处于不败之地。

孟子以善辩著称，尤以气盛。对此，苏洵《上欧阳内翰书》评价说：“《孟子》之文，语约而意尽，不为巉刻斩绝之言，而其锋不可犯。”实中肯之论。

三、荀子言语风格

与孔子、孟子的口头表达不同，荀子言语属书面表达。《荀子》一书今存32篇，除少数篇章外，大部分是他自己所写，总字数有15919个，用字量为1344个。② 其中，单音词有2357个、复音词有1586个③，除偶用齐鲁方言外，大多是当时通用的书面语言。所以在表情达意方面，荀子言语同样具有简约经济、通俗易懂的特点，很好地实践了他的“彼正其名，当其辞，以务白其志义者也”④主张。除此之外，荀子言语还表现得繁丰、华美、浑厚。

(一)繁丰

繁丰又称“繁富”、“繁缛”，是相对简约而言的。“繁丰的语言能突出强调文

① 《孟子·公孙丑下》。

② 参见邓球柏：《国学备览·荀子》，首都师范大学出版社2007年版，第23页。

③ 参见王峥嵘：《〈荀子〉重言辨析》，《黄山高等专科学校学报》1999年第4期。

④ 《荀子·正名》。

中要义，或者全面、周密地论述问题，或者细腻地描绘事物，或者表达丰富情思和优美的意境，从而深化读者的印象。”①

1. 词语丰赡

为突出所述对象，荀子常常使用多个词语进行多方面、全方位的描写。如：

(1)古之所谓士仕者，厚敦者也，合群者也，乐富贵者也，乐分施者也，远罪过者也，务事理者也，羞独富者也。今之所谓士仕者，汙漫者也，贼乱者也，恣睢者也，贪利者也，触抵者也，无礼义而唯权执之嗜者也。古之所谓处士者，德盛者也，能静者也，修正者也，知命者也，著是者也。今之所谓处士者，无能而云能者也，无知而云知者也，利心无足而佯无欲者也，行伪险秽而强高言谨悫者也，以不俗为俗，离纵而跂訾者也。②

(2)夏首之南有人焉，曰涓蜀梁，其为人也，愚而善畏。明月而宵行，俯见其影，以为伏鬼也，卬视其发，以为立魅也，背而走，比至其家，失气而死，岂不哀哉。③

(3)礼之所以正国也，譬之犹权衡之于轻重也，犹绳墨之于曲直也，犹规矩之于方圆也，既错之而人莫之能诬也。④

例(1)中，荀子分别从多个角度描绘了古今仕士、处士的不同品德并将两者进行比较，让人们从比较中认清其根本区别。例(2)中，对涓蜀梁的“愚而善畏”，荀子不厌其烦地细致描写，极言其人的胆小怕事。例(3)中，荀子分别以“权衡之于轻重”、“绳墨之于曲直”和“规矩之于方圆”设喻，说明“礼”对于治理国家的重要性。关于“礼”，前人一直非常重视，如《左传・襄公三十年》：“礼，国之干也。”《左传・襄公二十一年》：“礼，政之舆也。”《国语・晋语四》：“礼，国之纪也。”显然，荀子的论述更繁富。

2. 多用长句与复句

为使论证更加周密，表述更加详尽，荀子常常使用长句、复句。如：

(1)君子能则宽容易直以开道人，不能则恭敬缚绌以畏事人；小人能则倨傲僻违以骄溢人，不能则妒嫉怨诽以倾覆人。⑤

---

① 黎运汉：《汉语风格学》，广东教育出版社 2006 年版，第 243 页。

② 《荀子・非十二子》。

③ 《荀子・解蔽》。

④ 《荀子・王霸》。

⑤ 《荀子・不苟》。

(2)故以桀诈桀，犹巧拙有幸焉，以桀诈尧，譬之若以卵投石，以指挠沸，若赴水火，入焉焦没耳。①

(3)昭昭乎其知之明也，郁郁乎其遇时之不祥也。②

(4)吾所以得三士者，亡于十人与三十人中，乃在百人与千人之中。③

例(1)中，荀子用结构复杂的对比复句阐述了"君子"与"小人"的区别。例(2)中，荀子分别用三个喻体说明"以桀诈尧"的后果，以示强调、突出。例(3)中，荀子将"昭昭乎"、"郁郁乎"作了语序前置并作了对比阐述。例(4)中，荀子先否定后叙说，其表达效果显然与"吾所以得三士者，乃在百人与千人之中"不同。

3.多用排偶与引用等

对某个事物或某个道理，荀子往往多方描述或旁征博引，从而使得语言繁富。如：

(1)无国而不有治法，无国而不有乱法；无国而不有贤士，无国而不有罢士；无国而不有愿民，无国而不有悍民；无国而不有美俗，无国而不有恶俗。④

(2)得之则治，失之则乱；得之则安，失之则危；得之则存，失之则亡。⑤

(3)君人者不可以不慎取臣，匹夫不可以不慎取友。友者，所以相有也。道不同，何以相有也？均薪施火，火就燥；平地注水，水流湿。夫类之相从也，如此之著也，以友观人，焉所疑？取友善人，不可不慎，是德之基也。《诗》曰："无将大车，维尘冥冥。"言无与"小人"处也。⑥

(4)世俗之为说者曰："主道利周。"是不然。……传曰："恶之者众则危。"《书》曰："克明明德。"《诗》曰："明明在下。"故先王明之，岂特玄之耳哉！⑦

例(1)中，荀子主要是说，无论哪一个国家都有好与不好两个方面，但他却把这种情况铺陈开来，表达繁复。例(2)中的"得"与"失"，其结果完全可以简单概括，如"得之则治、安、存，失之则乱、危、亡"，然而荀子却把它们铺排开来，分别

① 《荀子·议兵》。
② 《荀子·赋》。
③ 《荀子·尧问》。
④ 《荀子·王霸》。
⑤ 《荀子·致士》。
⑥ 《荀子·大略》。
⑦ 《荀子·正论》。

进行了说明。例(3)是荀子对“君子”交友问题的阐述。在详尽、全面的论述之后,荀子另引了《诗经》中的诗句予以佐证。例(4)中,为批驳世人“主道利周”的错误,荀子在反复申述论说之后则连续征引了古书、《尚书》和《诗经》。需要注意的是,荀子在使用引用时大都如此,他常常引用文献典籍、名人名言、古话俗语以及历史故事等佐证自己的观点、看法。这样,在增强了议论说理的可信度和说服力的同时,也使表达丰富多彩。

(二)华美

1.韵律优美

作为成熟的议论文,荀子之文音节匀称,音韵协调,音律优美。如:

(1)积土成山,风雨兴焉;积水成渊,蛟龙生焉;积善成德,而神明自得,圣心备焉。故不积跬步,无以至千里;不积小流,无以成江海。骐骥一跃,不能十步;驽马十驾,功在不舍。锲而舍之,朽木不折;锲而不舍,金石可镂。螾无爪牙之利,筋骨之强,上食埃土,下饮黄泉,用心一也。蟹六跪而二螯,非蛇蟺之穴无可寄托者,用心躁也。是故无冥冥之志者无昭昭之明,无惛惛之事者无赫赫之功。行衢道者不至,事两君者不容。目不能两视而明,耳不能两听而聪。螣蛇无足而飞,梧鼠五技而穷。①

这段文字,音节有单有双,单对单,双对双,配置协调,音节整齐匀称,对仗工整鲜明,读来朗朗上口、铿锵悦耳。其中,“积土成山,风雨兴焉;……锲而不舍,金石可镂”各句,主要是四音节结构,均衡匀称;“螾无爪牙之利,筋骨之强……梧鼠五技而穷”各句,则多在五音节以上,但因两两相对,又给人以音节匀称、节奏鲜明、结构整齐、韵律和谐的音乐美。尤其是连续运用的对偶句,贯通气势的排比句,同字相押,平仄相间,均给人以回环复沓、抑扬顿挫之感。而“冥冥”、“昭昭”、“惛惛”、“赫赫”这些叠音词的运用,则形成重响,既使语音拖长,又增加了语言的抒情意味,优美动听。再如:

(2)是故质的张而弓矢至焉,林木茂而斧斤至焉,树成荫而众鸟息焉,醯酸而蜹聚焉。②

(3)不道礼宪,以《诗》、《书》为之,譬之犹以指测河也,以戈舂黍也,以锥餐壶也,不可以得之矣。③

① 《荀子·劝学》。
② 《荀子·劝学》。
③ 《荀子·劝学》。

(4)口能言之,身能行之,国宝也;口不能言,身能行之,国器也。口能言之,身不能行,国用也。口善言,身行恶,国妖也。治国者敬其宝,爱其器,任其用,除其妖。①

它们或以“焉”收尾,或以“也”收尾,同字相押,音韵和谐,富有音乐的美感。

2.叠音词、形貌词的大量运用,使表达绘声绘色、

战国末年,语言文字已极大的丰富,表情性、描绘性词语以及成语、谚语、惯用语、歇后语等大量存在。这在荀子之文中有充分体现。在荀子文章中,各式各样的词语如名词、动词、形容词、代词以及副词、介词、助词、连词、叹词、语气词等多种虚词都有大量运用。仅就副词而言,又有时间副词、范围副词、程度副词、否定副词、肯定副词、语气副词、关联副词、情态副词、频率副词、谦敬副词共10类128个。数大量多频率高,如否定副词“不”就先后出现了2397次。② 比较孟子③,显然荀子对词的使用更广、更全。

而真正彰显荀子语言特色的是他对叠音词、形貌词的运用,如《非十二子》中对“士君子”之容与“学者”之容的描写:

士君子之容:其冠进,其衣逢,其容良,俨然,壮然,祺然,蕼然,恢恢然,广广然,昭昭然,荡荡然,是父兄之容也。其冠进,其衣逢,其容悫,俭然,恀然,辅然,端然,訾然洞然,缀缀然,瞀瞀然,是子弟之容也。吾语汝学者之嵬容:其冠絻,其缨禁缓,其容简连;填填然,狄狄然,莫莫然,瞡瞡然,瞿瞿然,尽尽然,盱盱然,酒食声色之中则瞒瞒然,瞑瞑然;礼节之中则疾疾然,訾訾然;劳苦事业之中则儢儢然,离离然,偷儒而罔,无廉耻而忍謑诟:是学者之嵬也。

在描写中,荀子一口气使用了“俨然”、“壮然”、“祺然”、“蕼然”、“恢恢然”、“广广然”、“昭昭然”、“荡荡然”、“俭然”、“恀然”、“辅然”、“端然”、“訾然”、“洞然”、“缀缀然”、“瞀瞀然”、“填填然”、“狄狄然”、“莫莫然”、“瞡瞡然”、“瞿瞿然”、“尽尽然”、“盱盱然”、“瞒瞒然”、“瞑瞑然”、“疾疾然”、“訾訾然”、“儢儢然”、“离离然”29个形貌词。这等大规模的运用,可谓空前绝后。这些“~然”类形貌词,绘声绘

① 《荀子·大略》。

② 参见黄珊:《〈荀子〉虚词研究》,河南大学出版社2005年版,第4~68页。

③ 《孟子》中的副词只有否定副词、情态副词、时间副词、范围副词、程度副词、谦敬副词共6类72个。否定副词“不”的使用频率只有1082次。(详见崔立斌:《〈孟子〉词类研究》,河南大学出版社2004年版,第195页)

色，使人物栩栩如生，使表达形象生动，大大提高了语言的表现力和感染力。

3.参差错落，富有变化

荀子善于铺陈排比，文章中的对偶、对比、顶真、排比等整句数不胜数、俯拾即是。这使得文章音节匀称、节奏鲜明，同时也容易造成表达的单一呆板。为此，荀子常在整句中穿插运用一些散句，使表达富有变化。例如：

(1)物类之起，必有所始。荣辱之来，必象其德。肉腐出虫，鱼枯生蠹。怠慢忘身，祸灾乃作。强自取柱，柔自取束。邪秽在身，怨之所构。施薪若一，火就燥也；平地若一，水就湿也。草木畴生，禽兽群焉，物各从其类也。[①]

(2)恭敬，礼也；调和，乐也；谨慎，利也；斗怒，害也。故君子安礼乐利，谨慎而无斗怒，是以百举而不过也。小人反是。[②]

(3)故礼者，养也。刍豢稻粱，五味调香，所以养口也；椒兰芬苾，所以养鼻也；雕琢、刻镂、黼黻、文章，所以养目也；钟鼓、管磬，琴瑟、竽笙，所以养耳也；疏房、檖貌、越席、床笫、几筵，所以养体也。故礼者，养也。[③]

例(1)中，在众多的四言句后，荀子用了“物各从其类也”结尾，使语调、语气趋于轻松舒缓。例(2)中，荀子先讲述了“君子”的做法，之后一反常态，没有列举“小人”的具体做法，而以“小人反是”结束。在行文变化的同时，给人以想象的空间。例(3)中，严整的论述寓于语句的前后反复中，长短交错，跌宕变化，极大地提高了表达效果。

4.修辞方式多姿多彩

荀子善于用喻，尤其善于运用一连串的比喻，从不同角度、不同方面反复比喻，构成蔚为壮观的比喻群落。如：

(1)吾尝终日而思矣，不如须臾之所学也；吾尝跂而望矣，不如登高之博见也。登高而招，臂非加长也，而见者远；顺风而呼，声非加疾也，而闻者彰。假舆马者，非利足也，而致千里；假舟楫者，非能水也，而绝江河。君子生非异也，善假于物也。[④]

(2)君者，舟也；庶人者，水也。水则载舟，水则覆舟。[⑤]

---

① 《荀子·劝学》。
② 《荀子·臣道》。
③ 《荀子·礼论》。
④ 《荀子·劝学》。
⑤ 《荀子·王制》。

(3)财货浑浑如泉源,汸汸如河海,暴暴如丘山。[①]

《劝学》篇几乎全由比喻连缀而成,例(1)仅是其中一个片段。一个比喻连着一个比喻,纷至沓来,目不暇接,美不胜收。例(2)中,“君者,舟者”与“庶人者,水也”是比喻连用;“水则载舟,水则覆舟”则是比喻套着比喻。例(3)中的“泉源”、“河海”、“丘山”是不同方面的设喻,构成了博喻。荀子善用博喻,并常常使用“浑浑”、“汸汸”、“暴暴”等描绘性词语,所以其表达非常优美、形象、生动,同时也印证了“能博喻,然后能为师”[②]观点的无比正确性。

荀子更善排比。《荀子》书中几乎每一个段落都充满了排比,而且十分难得的是,无论讲述日常琐事还是阐述道理,无论描述古人古事还是今人今事,无论长句还是短句,无论整句还是散句,无论单句还是复句,荀子都能使得音节整齐,句式一致,结构一致,字数大体相等。如:

(4)快快而亡者,怒也;察察而残者,忮也;博而穷者,訾也;清之而俞浊者,口也;豢之而俞瘠者,交也;辩而不说者,争也;直立而不见知者,胜也;廉而不见贵者,刿也;勇而不见惮者,贪也;信而不见敬者,好专行也。此小人之所务而君子之所不为也。[③]

(5)得之则治,失之则乱;得之则安,失之则危;得之则存,失之则亡。[④]

(6)如是,则彼日积敝,我日积完;彼日积贫,我日积富;彼日积劳,我日积佚。[⑤]

(7)恢恢广广,孰知其极!睪睪广广,孰知其德!涫涫纷纷,孰知其形![⑥]

(8)具具而王,具具而霸,具具而存,具具而亡。用万乘之国者,威疆之所以立也,名声之所以美也,敌人之所以屈也,国之所以安危臧否也,制与在此,亡乎人。王、霸、安存、危殆、灭亡,制与在我,亡乎人。夫威疆未足以殆邻敌也,名声未足下县天下也,则是国未能独立也,岂渠得免夫累乎![⑦]

(9)君子能则宽容易直以开道人,不能则恭敬缚绌以畏事人;小人能则

---

① 《荀子·富国》。

② 《礼记·学记》。

③ 《荀子·荣辱》。

④ 《荀子·致士》。

⑤ 《荀子·王制》。

⑥ 《荀子·解蔽》。

⑦ 《荀子·王制》。

倨傲僻违以骄溢人，不能则妒嫉怨诽以倾覆人。[①]

(10)相形不如论心，论心不如择术。形不胜心，心不胜术。术正而心顺之，则形相虽恶而心术善，无害为君子也；形相虽善而心术恶，无害为小人也。……盖帝尧长，帝舜短；文王长，周公短；仲尼长，子弓短。……且徐偃王之状，目可瞻马；仲尼之状，面如蒙倛；周公之状，身如断菑；皋陶之状，色如削瓜；闳夭之状，面无见肤；傅说之状，身如植鳍；伊尹之状，面无须麋。(《非相》)

在上述例句中，有各种各样的排比成分，这些语句的字数、结构、语气都颇为一致，构成了极具铺陈色彩的排比。更为难得的是，荀子在排比中兼用、连用、套用了其他多种修辞方式，如对偶、对比、比喻、引用、顶真、叠音、转类等，层层叠叠，反反复复。这使得表达多姿多彩、璀璨夺目，富有表现力和感染力。可以说，修辞方式的多种多样是荀子之文富丽华美的重要成因。

(三)浑厚

孟子、荀子都擅长辩论。孟子好辩，自云是“不得已”而为之；荀子则坦言“君子必辩”、“君子之于言无厌”。荀子非常重视论辩，并在《非相》篇中作了专门论述。他看到了“凡说之难”的症结，提出了正确的“谈说之术”和谈说标准，并把论辩者分为“圣人”、“君子”和“小人”等。荀子已充分认识到论辩的必要性和重要性，其论辩也比孟子更自觉、更主动、更坦荡。

1. 善于铺陈排比

与孟子善于设彀、引人如瓮的论辩方式不同，荀子更善于运用铺陈和类比，多角度、全方位地反复申述说明问题。这种方法的运用，使荀子之文如行云流水，畅快自如；又如长江大河，汩汩滔滔，一泻千里、奔涌不止，表现出雄健浑厚之势。

(1)井井兮其有理也，严严兮其能敬己也，分分兮其有终始也，猒猒兮其能长久也，乐乐兮其执道不殆也，炤炤兮其用知之明也，修修兮其用统类之行也，绥绥兮其有文章也，熙熙兮其乐人之臧也，隐隐兮其恐人之不当也，如是，则可谓圣人矣。[②]

(2)无国而不有治法，无国而不有乱法；无国而不有贤士，无国而不有

① 《荀子·不苟》。

② 《荀子·儒效》。

罷士；无国而不有愿民，无国而不有悍民；无国而不有美俗，无国而不有恶俗。两者并行而国在，上偏则国安，在下偏而国危，上一而王，下一而亡。[①]

(3)故齐之技击不可以遇魏氏之武卒，魏氏之武卒不可以遇秦之锐士，秦之锐士不可以当桓、文之节制，桓、文之节制不可以敌汤、武之仁义，有遇之者，若以焦熬投石焉。[②]

例(1)中，荀子在阐述“大儒”、“圣人”时一口气用了10个句子。这10个句子，字数大体相等，结构大体想同，语气基本一致，它们从不同角度、不同侧面详细描述了“大儒”、“圣人”的特征，如波涛层涌、山峦迭出，浩浩荡荡，酣畅淋漓。例(2)中的语句两两相对，正反对比，形式整齐，气势畅达，给人极大的视觉冲击力和心灵的震撼。而这种句式在荀子文章中数不胜数，比比皆是。例(3)是顶真与排比的综合运用。荀子崇尚仁义，推重仁义之兵、王者之志。通过语句的上递下接、头尾相续，荀子将齐、魏、秦、晋之兵逐一比较，语句环环相扣，语义步步推进，深刻揭示了他们与汤、武仁义之兵的本质区别，令人不容置辩。荀子对排比、对偶、顶真等修辞方式的广泛运用，使其文“如霆，如电，如长风之出谷，如崇山峻崖，如决大川，如奔骐骥”[③]，具有雄浑刚健的强大气势和艺术感染力。

与孟子的锋芒毕露、咄咄逼人有所不同，荀子之文的雄健背后是雍容浑厚。他继承了孔子“仁者爱人”的伦理思想，更对“礼”进行了深入阐发。在荀文中，“礼”先后出现了300余处。荀子高度重视“礼”，视“礼”为最高的道德原则并进行了反复阐述与强调，另外还撰《礼论》篇专门探讨。他注重人们后天的学习和努力，欣赏以“礼”为中心的、通过学习“圣人”之道而形成的“君子”人格，追求“穷则必有名，达则必有功，仁厚兼覆天下而不闵，明达用天地、理万变而不疑，血气和平，志意广大，行义塞于天地之间，仁知之极也”[④]的理想境界，主张“血气刚强，则柔之以调和”[⑤]。所以，荀子的论辩是一种从容不迫的雍容，他把雄壮的理想激情融化在“血气和平”、温文尔雅的“君子”理性表达之中。[⑥]

求学、讲学、游说、著说、从政，荀子学识渊博、阅历丰富、德高望重，在稷下学宫享有至高尊崇，“齐襄王时，而荀卿最为老师。齐尚修列大夫之缺，而荀卿

---

① 《荀子・王制》。

② 《荀子・议兵》。

③ 姚鼐:《复鲁絜非书》,《惜抱轩文集》卷六,中国书店1991年版,第71页。

④ 《荀子・君道》。

⑤ 《荀子・修身》。

⑥ 参见管仁福:《孟荀散文艺术比较》,《南京大学学报》1994年第1期。

三为祭酒”[①]。他晚年时，则被楚国的春申君委任为兰陵令。荀子令人景仰的学术地位和特殊身份，使他能够居高临下地全面审视评判诸子百家的思想而又能气势恢弘，从容不迫。表现在他的散文里，则是时时体现出的富有理性和论述的充分严谨。[②]

2.衔接紧密，布局完整

荀子的文章是相当成熟的政论文。就《荀子》各篇看，荀子特别讲究句子的衔接、段落的过渡和全篇的照应，论点明确，论据充分，论证严密，逻辑性、条理性都很强。例如《修身》：

> 君子贫穷而志广，富贵而体恭，安燕而血气不惰，劳倦而容貌不枯，怒不过夺，喜不过予。君子贫穷而志广，隆仁也；富贵而体恭，杀势也；安燕而血气不惰，柬理也；劳倦而容貌不枯，好交也。怒不过夺，喜不过予，是法胜私也。《书》曰：“无有作好，遵王之道；无有作恶，遵王之路。”此言君子之能以公义胜私欲也。

首句是荀子从不同方面对“君子”之德的描述，第二句是荀子承上对“君子”之德产生原因的逐一说明，第三句引用《尚书·洪范》的语句以佐证自己的观点，最后一句是对前文所述内容的总结、概括。这种议论如层层剥笋，有条不紊，井然有序，具有很强的逻辑性。类似的语句承接，几乎布满了荀子文章的每一个段落。

荀子非常讲究布局谋篇。《解蔽》篇是荀子目睹“诸侯异政，百家异说”局面而撰写的一篇议论文。文章开门见山，先从正面提出“凡人之患，蔽于一曲，而暗于大理”的论点，然后列举种种事实从各方面进行阐述，详细说明人们受蒙蔽而产生认识上的片面性的主观原因和客观原因以及避免片面性的途径。全文围绕着“蔽”展开论述，运用对偶、排比、对比、反问、比喻、引用等多种修辞方法，反复申述，步步推进，突出了要全面看问题、正确认识客观事物、防止片面性这个中心。结构谨严，中心突出，波澜起伏，变化多姿。

荀子对语句衔接和布局谋篇的讲究，使他的论述全面周详，条贯分明，洋洋洒洒，酣畅淋漓。他的文章雄健中蕴含温和，深厚中体现着气势，浩瀚博大。

---

① 《史记·孟子荀卿列传》。

② 参见管仁福：《论孟、荀文风异同因素之关键》，《中国矿业大学学报（社会科学版）》1999年第1期。

四、孔、孟、荀言语风格比较

先秦时期的著述，大都具有简洁精练这样一个共同特征。关于这个问题，章学诚曾从著述的物质载体层面作过分析。他在《乙卯札记》中说：“古人作书，漆文作简，或著缣帛，或以刀削，繁重不胜，是以文辞简严，章无剩句，句无剩字，良由文字艰难，故不得已而作书，取足达意而止。非第不屑为冗长，且亦无暇为冗长也。”物质条件可以制约人们的语言表达与发挥，但制约不了人们思想的想象和驰骋，所以章学诚所言只是一个因素，一个很微不足道的因素。言简意赅与当时的语言使用有关。先秦时期的语言还不很发达，人们只能用有限的词汇去表达思想，并赋予词汇以灵活性和丰富性，一字多音、一字多义以及词类活用现象因此而产生。

孔子、孟子与荀子言语的共同特征之一，是言简意丰。除却上述因素外，还当与他们的著书教学经历密不可分。孔子删《诗》、《书》定《春秋》，授徒众多。孟子继承了孔子的思想与做法，“退而与万章之徒，序《诗》、《书》，述仲尼之意，作《孟子》七篇”[①]。而荀子曾长期在齐国稷下学宫讲学且“最为老师”，在言说实践中讲究并总结了一套“谈说之术”。也就是说，荀子语言表达的简练，很大程度上是他本人实践的结果。[②]

言简意丰是相对的。就用词的多少而言，孔子、孟子与荀子的言语又有不同：孔子至简，其言语多是警句格言性质的论断；而孟子论辩的语句相对较长，荀子的议论说理则是长篇大论了。这是因为，与孔子和孟子的口头表达相比较，荀子的书面著述有了更多的时间和更大的空间，可以仔细推敲、反复斟酌，可以铺陈排比、肆意发挥，可以精益求精、锦上添花。

孔子、孟子与荀子言语还有一个共同特征，就是平易晓畅。孔子、孟子是口头表达，自然更多使用口语词、通用词；荀子言语虽是书面表达，但到战国末期时，词汇更加丰富，所以他除偶尔使用一些齐鲁方言外，更多使用当时通用的书面语言。就句式方面说，孔、孟、荀言语中都是单句多，长短交错；就修辞方式说，他们都善于使用比喻，善于“近取譬”，以人们身边熟悉的、具体的事物设喻，从而使得陌生变熟悉、抽象变具体、未知变已知，使得表达明白晓畅、通俗易懂。

---

① 《史记·孟子荀卿列传》。

② 参见郭志坤：《荀子的语言艺术》，《中央民族学院学报》1986年第4期。

孔子、孟子与荀子的言语方式有别。孔子“述而不作”，主要是传授经典，所以喜欢颜回的勤奋好学、苦中寻乐，喜欢颜回的“终日不违如愚”，喜欢对方自己体会、领悟，“不愤不启，不悱不发”。他不喜欢论辩，更多的是情深意切的殷殷教导、语重心长的谆谆告诫。与孔子的坐而论道不同，孟子很喜欢论辩，而且是针锋相对的论辩。他和时人辩，和诸子其他学派辩，和弟子辩，滔滔不绝，气势磅礴，并且“百战百胜”。荀子肯定论辩，主张“君子必辩”，但与孟子的气势凌厉、咄咄逼人不同，他更喜欢旁征博引、铺陈排比，其表达更显严密精细、从容不迫。

“文如其人”，一个人的社会地位、生活经历、学识修养、情感气质等因素决定了其个性特征，其个性特征表现在言说表达上则形成他鲜明的言语风格。孔子、孟子、荀子三圣均德能兼具，但不同的个性特征决定了他们言语风格的差异：孔子温文尔雅，其言说就比较平实含蓄；孟子个性张扬，其言说就无所顾忌、酣畅淋漓；荀子谦逊和顺，其言说就周详全面、雍容浑厚。“言为心声”，透过他们不同的言说风格，我们似乎看到一个个鲜活的人。我们似乎看到了孔子的雍容大度——一位慈爱睿智的长者，循循善诱，语重心长；似乎看到了孟子的刚烈坚毅——一位血气方刚的硬汉，侃侃而谈，雄辩滔滔；似乎看到了荀子的气定神闲——一位满腹经纶的青年才俊，胸有成竹，谈笑自若。若用玉的“五德”来比喻他们的话，孔子可以说是“润泽以温”的仁者；孟子是“不挠而折”的勇者，兼具“鳃理自外，可以知中”的义德；荀子是“其声舒扬，博以远闻”的智者，兼具“锐廉而不忮”的洁德。

当然，人不是铁板一块、一成不变，其言说表达会随着时间、地点、事件、人物以及处境、心情等的改变而改变。孔子温文尔雅，也有生气的时候，如他发现宰予白天睡觉时就十分气愤，斥责宰予“朽木不可雕也，粪土之墙不可圬也”；他有严肃的一面，也有幽默诙谐的时候，如到武城听到弦歌之声后，他对子游莞尔一笑，开玩笑说“割鸡焉用牛刀”。孟子性格刚烈，敢于“说大人则藐之，无视其巍巍然”[①]，但也有温和的一面。在和万章谈论舜得天下问题时，他语调平缓，情深意浓。荀子则综合了孔、孟的优点，其性情近于孔子的温婉谦逊，才能近于孟子的雄辩滔滔。所以，“文如其人”只是就其主导方面而言。

---

① 《孟子·尽心下》。

第五章　先秦儒家修辞的产生及其特色

第一节　儒家修辞产生之缘起

先秦儒家的修辞思想与修辞技巧，产生于现实并直接应用于现实，有着深厚的社会文化背景。一方面，春秋战国时期的百家争鸣，为儒家修辞的产生提供了肥田沃土；另一方面，儒家对自我修养相当重视，它要求人们慎言谨行，注意言说策略、修辞技巧，使儒家修辞具有强烈的主观需求。另外，上古时期的修辞技巧、修辞意识为儒家修辞提供了丰富滋养，同时期道、墨、法家等的修辞技巧与修辞思想则为儒家修辞提供了良好借鉴。

一、客观需要

秦始皇统一中国前的春秋战国时期，是中国历史上一个大变革、大动荡的时期。这种大变革、大动荡，一方面给人民带来了灾难和痛苦，一方面则打破了原有的旧制度、旧秩序，促进了政治、经济、军事的迅速发展，带来了思想的空前活跃和文学艺术的大繁荣。

平王东迁之后，周王室日益衰微，渐渐失去了征召天下诸侯的能力。诸侯国各行其是，纷纷称王称霸。为争夺土地与利益，大鱼吃小鱼的战争连绵不断，以致许多弱小国家如郑、鲁、许、卫、蔡、陈等逐渐消亡，有些国家如吴、越等则相继强大起来，最终产生了“春秋五霸”①。之后，战乱频仍，征伐不断，战国时形成了齐、楚、燕、韩、赵、魏、秦七雄对峙的局面。

诸侯争战旨在争夺霸主地位，而霸主地位的获得与巩固，依赖于其雄厚的经济基础和强大的军事力量。这样，频繁的战争也为诸侯国图谋发展创造了契机。他们时而议和，时而战争，时而合纵，时而连横，上演了一幕幕大国争霸的激烈场面、一幕幕生死存亡的悲喜剧。有鉴于此，一个特殊的阶层——士应运而生。士大都出身低微、地位不高，其成分也比较复杂，有学士，有策士，还有术士和侠士等。但他们或上知天文，下知地理，或通晓治国之术、打仗之法，均有学识、有思想、有谋略、有志向，更有一颗愿为民请命、拯救国家于危难而敢于赴汤蹈火的耿耿忠心，代表人物有孟子、墨子、庄子、荀子、韩非子以及商鞅、申不害、许行、陈相、苏秦、张仪等。所以在春秋战国时期，诸侯卿相争相养士，蔚然成风，“自谋夫说客、谈天雕龙、坚白异同之流，下至击剑扛鼎、鸡鸣狗盗之徒，莫不宾礼”②。当时的魏文侯、齐威王、宣王、燕昭王等纷纷礼贤下士、延揽门客，孟尝君、信陵君、平原君、春申君和秦丞相吕不韦门下食客均号称三千人。从此，士作为政治智囊、军事参谋、外交使节和思想精英登上历史舞台。他们从不同立场出发，代表不同利益，或出谋划策，或摇旗呐喊，各为其主，互不相让，形成了百家争鸣的局面，形成了儒家、道家、墨家、法家、阴阳家、名家、纵横家、杂家、农家、小说家等许多学派。

总之，诸侯割据、战乱频仍，在造成社会动荡不安的同时，也密切了各国间的交流；在给人民带来深重灾难的同时，又打破了学在官府的贵族垄断局面，使人们的思想得到了前所未有的大解放。社会的大动荡、思想的大解放为修辞技巧的产生提供了肥沃土壤；而修辞技巧的恰当运用，则有助于提高表达的说服力和感染力，有助于两国间的密切交往与交流，有助于国家长治久安的实现。

（一）政治外交需要修辞

“邦国多外交。”为了扩大版图、实现称霸天下的雄心壮志，各诸侯国君主非常重视与其他诸侯国的修睦交好，讲究外交礼仪。周朝时就有专司外交事务的“行人”，其中的“大行人”“掌大宾之礼，及大客之义，以亲诸侯”，“小行人”则“掌

① “春秋五霸”的说法历来不一：一说是齐桓公、晋文公、楚庄王、吴王阖闾、越王勾践（初中历史教科书），一说是齐桓公、晋文公、楚庄王、吴王夫差、越王勾践，一说是齐桓公、晋文公、楚庄王、宋襄公、秦穆公。

② 苏轼撰，赵学智校注：《东坡志林·游士失职之祸》，三秦出版社2003年版，第288页。

邦国宾客之礼籍,以待四方之使者”。[1] 春秋时期的行人就像现在的外交官,懂政治、懂经济、懂军事,善于谈辩,善于辞令。而善谈辩、善辞令,更是出使四方者必备的素质和才能,因为外交辞令在很大程度上是决定两国邦交成败的重要因素。

外交辞令既要委婉含蓄又要不卑不亢,更要有礼有节,适宜得体,所以当时的诸侯会盟燕饮,常常以《诗》表达自己的思想主张,把不便直说的问题借诗进行暗示或譬喻,所谓“春秋观志,讽诵旧章”[2]。这种赋诗言志、称诗喻志,既是一种有修养的表现,更是一种重要而有效的言说方式,是鉴别使者贤与不肖、观察国家兴盛衰亡的一把标尺,正如《汉书·艺文志》所云:“古者诸侯卿大夫交接邻国,以微言相感;当揖让之时,必称《诗》以谕其志。盖以别贤不肖而观盛衰焉。”不能赋《诗》或不懂赋《诗》的人,就会闹出笑话甚至导致外交失败。对此,《左传》多有详细记载。

《诗》是当时人们的必学文献,孔子教导孔鲤说:“不学《诗》,无以言。”学《诗》才能正确、恰当地言说,才能出使“专对”,承担重大的政治外交使命,否则诵诗再多亦无益处:“诵《诗》三百,授之以政,不达;使于四方,不能专对,虽多,亦奚以为?”[3]作为当时常用的赋诗言志、委婉其辞的表达方法,引《诗》用《诗》蔚然成风,当时的诸侯、大夫、使者大多精通并善于用《诗》,以丰富自己的政论或在相互交往中从容应对。

外交是重要的政治任务,作为代表国家的行人既要懂《诗》,更要会用《诗》,要能言善辩。只有理由充分、态度恳切、说辞恰当地出使专对,才能迅速使对方心悦诚服,取得外交的成功。如郑国子产就非常善于辞令,他曾两次因应答出色而使晋人无言以对,故孔子叹曰:“……晋为伯,郑入陈,非文辞不为功。慎辞哉!”子产还特别善于任贤使能、集思广益,充分调动行人的积极性,让能“识四国之为”而又“善为辞令”的子羽(公孙挥)参与到国家的政治决策中,从而在对外交往中应对自如,屡屡取得胜利。“子产之从政也,择能而使之。冯简子能断大事。子大叔美秀而文。公孙挥能知四国之为,而辨于其大夫之族姓、班位、贵贱、能否,而又善为辞令。裨谌能谋……郑国将有诸侯之事,子产乃问四国之为于子羽,且使多为辞令。与裨谌乘以适野,使谋可否。而告冯简子,使断之。事

① 郑玄:《周礼注疏·秋官》。

② 刘勰:《文心雕龙·明诗》。

③ 《论语·子路》。

成，乃授子大叔使行之，以应对宾客。是以鲜有败事。”[①]子产制作辞命的过程，即孔子所说的“为命，裨谌草创之，世叔讨论之，行人子羽修饰之，东里子产润色之”[②]。可以看出，辞命的制作相当审慎，不仅要讨论、修改辞令的内容，而且要对其语言表达方式进行修改、润饰，使言语内容与表达形式契合一致。只有这样，在外交中才能得心应手、“鲜有败事”，即“使者必矜文辞，喻诚信，明气志，解结屈申屈，然后可使也”[③]。像烛之武退秦师、屈完面折齐师、吕相绝秦、王孙止楚问鼎等的获胜，无不得益于言辞之功。

外交的成功有赖于巧妙的言说技巧与表达策略，同时也促使当时的行人、大夫更注意、更讲究言说方法、表达策略，因“尤重词命”而努力于“语微婉而多切，言流靡而不淫”[④]。与此同时，言语外交的成功也使行人的政治地位进一步提高，使得各诸侯国更加重视行人的作用，以增强自己的争霸实力。

（二）游说、劝服需要修辞

春秋有行人，战国多策士。春秋战国是一个诸侯兼并、互相攻伐的年代，也是一个合纵连横、游说盛行的年代。在这一时期，孔子为推行自己的政治主张而周游列国，席不暇暖；孟轲宣传仁政、民贵君轻思想，先后说服齐宣王、梁惠王；荀卿兼备儒、法两家，游齐说楚；墨翟、宋钘反对不义战争，劝说楚王罢兵；许行主张“并耕”，自楚至滕说滕文公；纵横家们则奔走在各国之间，兜售、宣传合纵连横主张，所谓“横成则秦帝，从成则楚王”，使谋议与辞说成为最终决定胜负的因素。他们都凭借语言表达的深厚功力获得了成功，但不可忽视的是，春秋时的游说多侧重于礼法信义，战国时的游说则多权谋诡诈；春秋时的游说比较质朴，战国时的游说更喜好夸张渲染。时代的不同要求，使游说发生了相当大的变化：“这时，春秋时的礼法信义，不得不变为权谋谲诈；从容辞令的行人，不得不变为剧谈雄辩的说士。许多谋臣策士的游说和议论，也是春秋时代行人辞令的进一步发展。”[⑤]战国时期的谋臣策士更加详尽、细致而准确地分析利害得失，在事实的基础上进行充分发挥，语言表达更精准概括又明白流畅，有很强的说服力，如苏秦说赵王、张仪说秦王、司马错论伐蜀、虞卿斥楼缓等。他们更善

---

① 《左传·襄公三十一年》。
② 《论语·宪问》。
③ 韩婴撰，曹大中译注：《白话韩诗外传》，岳麓书社1994年版，第374页。
④ 刘知几：《史通·言语》。
⑤ 游国恩等：《中国文学史》(一)，人民文学出版社1981年版，第57页。

于运用比喻、寓言的表达方法，如江乙的以狐假虎威对楚宣王，苏代的以鹬蚌相持说赵惠王、苏阴的以桃梗、土偶谏孟尝君，庄辛的以蜻蛉与黄雀说楚襄王，汗明的以骥服盐车说春申君等，言语简约，表意含蓄，成效显著。有些人则凭借游说技巧而获侯封爵，如商鞅、李斯因游说成功而荣登宰相宝座，毛遂因说楚王与赵合纵有功受到平原君的推重，苏秦凭三寸不烂之舌而获六国相印，张仪因宣传连横之说被秦惠王"封仪五邑"，等等。正如张仪所说："说一诸侯之王，出而乘其车，约一国而反，成而封侯之基。是故天下之游士，莫不日夜搤腕瞋目切齿以言从之便，以说人主。"[①]巧妙的表达策略、高超的修辞技巧，成就了他们的功业；他们的功成名就，则为他人提供了可资借鉴的方法或途径，从而进一步促进了修辞技巧、表达策略的使用与发展。

（三）百家争鸣需要修辞

"在春秋时代，适应着奴隶制的没落和新的封建生产关系的出现，学在官府的局面被打破了，一些私家学派先后出现，形成了百家争鸣的先声……学派之间以及各个学派内部不断出现分化，互相对立又互相渗透，不断地演变创新，另成流派。"[②]从不同阶级和社会集团的利益出发，他们或攻驳辩论，或著书立说，畅所欲言，各显其能，以宣传自己的思想见解与政治主张。在激烈的百家争鸣中，主要形成了儒、墨、道、法、农家、纵横家等学术流派，代表人物有儒家的孟轲、荀卿，墨家的墨翟、宋钘，法家的商鞅、申不害，农家的许行、陈相，纵横家的苏秦、张仪等。他们从不同的立场出发，代表不同的利益，提出不同的政治见解并著书立说，形成了百家争鸣的思想大解放局面。其中儒、墨两家最为活跃，被称为显学，"世之显学，儒、墨也"[③]，"孔、墨之弟子徒属充满天下"[④]，"孔子弟子七十，养徒三千，人皆入孝出悌，言为文章，行为仪表，教之所成也。墨子服役者百八十人，皆可使赴火蹈刃，死不还踵，化之所致也"[⑤]。

先秦诸子代表不同的派别，立足于不同的立场，对同一历史素材的阐发或对同一对象事物的看法自然有所不同，彼此间不可避免地要分争辩论，如孟子在"距杨墨"的过程中，不愿辩论但也不得不辩："予岂好辩哉？予不得已也。"在

---

① 何建章：《战国策注释》，中华书局1990年版，第823页。

② 郭沫若主编：《中国史稿》第1册，人民出版社1976年版，第2页。

③ 《韩非子·显学》。

④ 《吕氏春秋·有度》。

⑤ 《淮南子·泰族训》。

百家争鸣中,诸子莫不好辩,除孟子"不断地在和人辩,和宋钘辩,和淳于髡辩,和告子辩,和许行之徒辩,和墨者辩"外,"荀子在儒家中是参加辩争的最积极的一位代表","庄子也是异常好辩的人",且其辩才"非常犀利"[①],惠施、公孙龙则是诡辩派的代表,其"坚白"论的影响尤其深广。诸子对辩说的认识、方法、态度迥然不同,如孟子认为,"诐辞"、"淫辞"、"邪辞"、"遁辞""生于其心,害于其政;发于其政,害于其事",所以要"正人心,息邪说,距诐行,放淫辞,以承三圣",要"学孔子"从"正名"开始。荀子认为,"析辞擅作名以乱正名"是"使民疑惑,人多辨讼"的原因,须"制名以指实,上以明贵贱,下以辨同异"[②];庄子则认为"桓团、公孙龙辩者之徒,饰人之心,易人之意,能胜人之口,不能服人之心"[③];墨子认为,"夫辩者,将以明是非之分,审治乱之纪,明同异之处,察名实之理,处利害,决嫌疑",应"以名举实,以辞抒意,以说出故"[④];等等。为阐发自己的论点、批驳他人的主张,诸子在争鸣辩论时均不同程度地使用了各种修辞手法、表达技巧,增强了气势,提高了说服力和感染力,如孟子善于用譬,荀子长于排偶、博喻,庄子惯用寓言,老子则更多地运用正言若反的手法,等等。

语言是人们表情言志的重要工具,也是游说辩说的有效武器。春秋战国时期的内政外交、处士横议、百家争鸣,无一例外,都最大限度地运用了语言这一工具而获得了不同程度的成功,所以这一时期的语言较上古时期有了显著变化:词汇更加丰富,语法更加规范,运用更加娴熟,更讲究表达的技巧与方法。而所有这些均为儒家修辞思想和修辞技巧的产生提供了源源不断的动力和深厚的现实基础。

二、主观需求

中国古代社会是一个典型的宗法社会,等级秩序极其严格,人与人之间的关系具有极强的道德色彩。《周易·序卦传》云:"有天地然后有万物,有万物然后有男女,有男女然后有夫妇,有夫妇然后有父子,有父子然后有君臣,有君臣然后有上下,有上下然后礼义有所错。"在这样一个秩序井然的社会环境中,人们推崇礼义,注重礼仪,遵循礼制,所有人的言行举止都要严格按照"礼"的要

---

① 郭沫若:《十批判书·名辩思潮的批判》,中国华侨出版社 2008 年版,第 222、197 页。

② 《荀子·正名》。

③ 《庄子·天下》。

④ 《墨子·小取》。

求、“礼”的规定；否则，轻者招致他人不满，重则招致杀身之祸。所以在“礼”的强制下，在久处乱世的经验教训的积累中，注重言语表达的时机、场合、对象及分寸等，很多时候已成为人们一种积极、主动、自觉的选择。

儒家尤其如此。“修身、齐家、治国、平天下”是儒生的平生大志，其中修身是基础。《礼记·大学》云：“身修而后家齐，家齐而后国治，国治而后天下平。”又：“自天子以至于庶人，壹皆以修身为本。”在儒家看来，修身是完成“齐家、治国、平天下”三大功业的根本保证；身不修，就无以完成“齐家、治国、平天下”三大功业，一切都是空谈。

修身包括多方面的内容，既有道德层面的，也有文化艺术层面的，还有日常生活层面的。一言一行，一举一动，一颦一笑，都可以体现一个人的修养。所以我国古代的士大夫，除加强自我的品德、操守修养外，罕有不谙熟诗、书、琴、画的。据刘永明研究，孔子的修身之学分四个层级，第一层是对于幼学和初学而言的，主要内容是学习做人的基本功。其间又分三个阶段：首先是对父母孝敬、对兄弟友爱的“孝悌”；然后以“谨而信”的诚挚态度将爱心推广到社会上去，广泛地爱护所有的人，亲近有仁德的人；最后是在做好上述基本行为之后，再去学习文化知识。其中，家庭关系中的“孝悌”、做人的“谨而信”、与人交往的“泛爱众，而亲仁”是做人的基本修养。“弟子，入则孝，出则弟，谨而信，泛爱众，而亲仁。行有余力，则以学文。”[①]第二层是对有一定“行”、“学”基础的人而言的，是以积极从事社会道德实践为主体的“忠恕”之道，即“己所不欲，勿施于人”的推己及人。第三层是前者基础上的推进，是在励行忠恕之道中道德的圆满和修身境界的提高，以达到仁人君子的境地，即“己欲立而立人，己欲达而达人”的境界。第四层是修身的最高境界，即“博施于民而能济众”的“圣人”境界。在这四层中，第一层是做人的基本修养，易于完成；第四层是修身的极致，不易达到。孔子论述最多的是具有一定修养的人如何完善自我、做一个仁人君子的问题。[②]

那么如何修养身心、完善自我、成为仁人君子呢？仁人君子的培养包括道德的养成、文化知识的学习、实践行动等几个方面，其中以“仁”为本的道德修养是修身之学中的重中之重。儒家修身之学中的道德修养包括“仁”、“义”、“礼”、“知(智)”、“诚”、“信”、“忠”、“恕”、“恭”、“敬”、“勇”、“让”等多种品德。其中，

---

① 《论语·学而》。

② 参见刘永明：《孔子的修身之学述论》，《西北民族学院学报(哲学社会科学版)》1995 年第 1 期。

"仁"是根本,是核心;"礼"是规范,是标尺。孔子曰:"志于道,据于德,依于仁,游于艺。"[①]就是这个道理。如果没有仁德修养,即使有勇有谋、有胆有识,才干不同寻常,也不足取,"如有周公之才之美,使骄且吝,其余不足观也已"[②]。如果不符合"礼"的要求、"礼"的规定,一切美好的品德如"恭"、"慎"、"勇"、"直"等就都是空谈,"恭而无礼则劳,慎而无礼则葸,勇而无礼则乱,直而无礼则绞"[③]。人人皆需加强仁德修养,且要遵"礼"而行,要做到"非礼勿视,非礼勿听,非礼勿言,非礼勿动"。从个人到群体,从小家到大家,若从思想观念和实践行动两方面都"立于礼"了,也便达到"仁"的要求了。"礼"与"仁"构成表里关系,"仁"是内容,"礼"是形式;"仁"是主导,"礼"是辅助。"礼"服务于"仁",不可或缺。一个人只要树立了"仁"、"礼"等正确的道德观念,把它们付诸行动并一以贯之,其修身之务就大体完成了。

孔子曰:"好仁不好学,其蔽也愚;好知不好学,其蔽也荡;好信不好学,其蔽也贼;好直不好学,其蔽也绞;好勇不好学,其蔽也乱;好刚不好学,其蔽也狂。"[④]"君子有九思:视思明,听思聪,色思温,貌思恭,言思忠,事思敬,疑思问,忿思难,见得思义。"[⑤]道德修养的高低,则与是否好学深思有密切关系。人们要自觉地学习和把握"仁"、"知"、"信"、"直"、"勇"、"刚"这些良好的道德品质,努力避免"愚"、"荡"、"贼"、"绞"、"乱"、"狂"等各种弊端;要不断地思考和省察,见贤思齐,择善而从,见不贤内省,择不善而弃之,使"仁"、"知"、"信"、"直"、"勇"、"刚"这些良好的道德品质融于体内、化为血液,成为一种道德自觉。

道德修养是基础。在道德养成后,人们还需从文化知识中汲取营养,丰富自己、提升自己。儒家修身中文化知识的学习,主要是对《诗》、《书》、《礼》、《乐》、《易》、《春秋》六艺的学习。其中,《诗》、《礼》、《乐》与修身之道的关系最为密切。孔子说:"兴于诗,立于礼,成于乐。"[⑥]为什么"兴于诗"?孔子有进一步的说明。他说:"小子何莫学夫《诗》?《诗》,可以兴,可以观,可以群,可以怨。迩之事父,远之事君。多识于鸟兽草木之名。"[⑦]"不学《诗》,无以言。""诵《诗》三

---

① 《论语·子罕》。
② 《论语·泰伯》。
③ 《论语·泰伯》。
④ 《论语·阳货》。
⑤ 《论语·季氏》。
⑥ 《论语·泰伯》。
⑦ 《论语·阳货》。

百，授之以政，不达；使之四方，不能专对，虽多，亦奚以为？”[①]在孔子看来，学诗有八方面的裨益：一是可以激发志气，启发想象；二是可以观察社会，提高观察力；三是可以养成合群的性情，有助于建立良好的人际关系；四是可以抒发哀怨的情感，平和自己的情绪；五是可以运用所学道理近侍父母、远奉君主；六是可以从中多认识一些鸟兽草木；七是可以锻炼语言表达能力；八是可以培养从事政治活动和外交活动的能力。益处多多，谁能不好好学呢？

儒家研读《礼》，旨在维护古代社会的宗法制度，维护君主的统治地位，维护君君、臣臣、父父、子子的上下尊卑关系。作为一种社会规范和行为准则，“礼”与“仁”一起构筑道德修养的大堤，前已有述，不必赘言。儒家还把欣赏音乐、学习音乐看作培养性情、陶冶情操的重要途径。古代诗、乐、舞三位一体，息息相关：“诗，言其志也；歌，咏其声也；舞，动其容也。三者本于心，然后乐器从之。是故情深而文明，气盛而化神，和顺积中而英华发外，唯乐不可以为伪。”[②]从对音乐的欣赏、学习中，人们可以体会到尽善尽美的美，学习到“君子”广博贤良的美德，从而提升自己的人生境界，促进人格的完善。在修身养性方面，“礼”、“乐”具有不同的功用，“礼”以正形，“乐”以正心，因为形是外在的（表现在言行上），心是内在的（如思想观念、道德操守等）。它们相互影响、相辅相成：欲正其形，必先正其心；心正，形自然正。形正心正、内外兼修便可塑造完美人格，便可达到“从心所欲，不逾矩”的理想境界了。

“以铜为鉴，可以正衣冠；以人为鉴，可以明得失；以史为鉴，可以知兴替。”同理，以儒家“仁”、“礼”为鉴，可知言行之正误、优劣。韩愈认为，品格与言说具有十分密切的关系。他在《答李翊书》中说：“仁义之人，其言蔼如也。”对此，宋李方叔也有深刻认识。他在《答赵士舞德茂宣义论宏词书》中说：“正直之人，其文敬以则；邪谀之人，其言夸以浮；功名之人，其言激以毅；苟且之人，其言懦而愚；捭阖纵横之人，其言辩以私；刻忮残忍之人，其言深以尽。”道德修养决定着立言修辞的深度，而文化修养则决定着立言修辞的广度或美感。“言金由贵家起，文粪自贱室出。”[③]文化修养高，言辞美好、金贵；文化修养低，言辞恶劣如粪土。文化修养的高低对一个人的言说谈吐具有直接的影响。晋代葛洪在《抱朴子·辞义》中说：“夫才有清浊，思有修短，虽并属文，参差万品。”宋魏了翁在《攻

---

① 《论语·子路》。

② 《礼记·乐记》。

③ 王充：《论衡·自纪篇》，上海人民出版社 1974 年版，第 452 页。

媿楼宣献公文集序》中也说："盖辞根于气，气命于志，志立于学。气之薄厚，志之小大，学之粹驳，则辞之险易正邪从之，如声音之通政，如蓍蔡之受命，积中而外形，断断乎不可掩也。"他们所说的"才"、"思"、"学"，指的都是文化修养。"才"、"思"、"学"的差异，直接导致了辞的"参差万品"与"辞之险易正邪"。

那么怎样提高自己的言说水平呢？——唯有不断学习、实践。学习、实践是儒家提高自我修养的必经之途。《论语·子张》："君子学以致其道。"《为政》："温故而知新，可以为师矣。"《泰伯》："士不可以不弘毅，任重而道远。"《卫灵公》："吾尝终日不食，终夜不寝，以思，无益，不如学也。"《孟子·告子下》："天将降大任于是人也，必先苦其心志，劳其筋骨，饿其体肤，空乏其身，行拂乱其所为，所以动心忍性，曾益其所不能。"总之，要想有所成就，就要勤学不懈，要不断为提升自己的知识和能力而努力、再努力。孔子的"为仁由己"，就是倡导把自我修养当作一种自觉需要、一种自觉行为来进行。如果变"要我做"为"我要做"，变被动为主动，那么积极、主动的修习会更有成效。孔子之所以赞赏颜回，就因为他能安贫乐道，"三月不违仁"。一个人能够长时间保持在"仁"的境界中，完全是一种自我追求、自我陶醉，而不是被人强迫、追逼的结果。道德修养如此，文化知识的学习、积累也是如此。这样持之以恒，自然会诸事皆成。

儒家修身是一个先后有序的、有机统一的系统，道德修养在先，文化学习在后，"行有余力，再去学文"；良好的道德修养有助于文化知识的学习、领会，可以帮助人们把所学到的文化知识更好地运用于言语行动中，做到知行合一，从而实现"修身、齐家、治国、平天下"的志向和宏图。所以儒家的修身，是人生的必修课程，又是他们的自觉行为。修辞就是修身！

（三）齐鲁文化的滋润

儒家植根于齐鲁大地，丰富的齐鲁文化给儒家修辞提供了取之不尽、用之不竭的滋养。

《史记·周本纪》："武王……封尚父于营丘，曰齐。封弟周公旦于曲阜，曰鲁。"作为周王朝的封地，齐国与鲁国都是十分重要的国家，但又有不同：它们有着不同的地理环境，有着不同的民俗风情，有着不同的政治经济发展。如齐国，属沿海国家，幅员辽阔，人口众多，经济富足，颇具"泱泱大国"的风范。"齐南有泰山，东有琅邪，西有清河，北有勃海，所谓四塞之国也。齐地方二千余里，带甲数十万，粟如丘山。三军之良，五家之兵，进如锋矢，战如雷霆，解如风雨。即有军役，未尝倍泰山，绝清河，涉勃海也。临菑之中七万户，臣窃度之，不下户三男子，三七二十一万，不待发于远县，而临菑之卒固已二十一万矣。临菑甚富而实，其民无不吹竽鼓瑟，弹琴击筑，斗鸡走狗，六博蹹鞠者。临菑之涂，车毂击，人肩摩，连衽成帷，举袂成幕，挥汗成雨，家殷人足，志高气扬。”[①]“其俗宽缓阔达，而足智，好议论，地重，难动摇，怯于众斗，勇于持刺，故多劫人者，大国之风也。”[②]春秋时，齐国是五霸之一；战国时，齐国是七雄之一。齐国有中国历史上最著名的学府——稷下学宫，并涌现出了许多历史著名人物，如晏婴、邹忌、冯援、鲁仲连、淳于髡等。

鲁国则属于内陆国家。它位于泰山以南，汶、泗、沂、沭水流域，地理位置十分优越。春秋时是周朝的礼乐文化中心，所以很好地保留了周朝的礼仪文化：“二年春，晋侯使韩宣子来聘……观书于大史氏，见《易象》与《鲁春秋》，曰：‘周礼尽在鲁矣。吾乃今知周公之德，与周之所以王也。’”[③]春秋时，鲁国国势渐衰，后期则由鲁桓公后裔季孙氏、孟孙氏、叔孙氏三家执掌政权。战国时成为小国，公元前256年为楚国所灭。

齐、鲁两国分别孕育了齐文化和鲁文化。齐文化重智，鲁文化崇仁。朱熹解释孔子“知者乐水，仁者乐山；知者动，仁者静；知者乐，仁者寿”[④]说：“知者达于事理而周流无滞，有似于水，故乐水；仁者安于义理而厚重不迁，有似于山，故乐山。动静以体言，乐寿以效言也。动而不括故乐，静而有常故寿。孔子之时，齐俗急功利，喜夸诈，乃霸政之余习。鲁则重礼教，崇信义，犹有先王之遗风焉。但人亡政息，不能无废坠尔。道则先王之道也。言二国之政俗有美恶，故其变而之道有难易。”齐文化与鲁文化具有迥然不同的特点：“齐文化具有很强的兼容性……先后容纳了儒家、道家、法家、墨家、阴阳家、纵横家、农家、兵家、术士、方士等等百家之学，成为春秋战国时期百家争鸣和百家融合的主要基地。……鲁文化则是单一性的文化……以儒家思想为宗，排他性特别强；齐文化具有很强的变通性……鲁文化则表现出守常性。……齐文化是智者型文化……鲁文化是仁者型文化。”[⑤]

齐文化和鲁文化在相互接触中冲突、影响、融合，形成了中国特有的齐鲁文

---

① 《史记·苏秦列传》。

② 《史记·货殖列传》。

③ 《左传·昭公二年》。

④ 《论语·雍也》。

⑤ 周立昇、蔡德贵：《齐鲁文化考辨》，《山东大学学报(哲学社会科学版)》1997年第1期。

化。这种绚丽多姿的齐鲁文化给儒家修辞提供了无比丰厚的滋养。

齐国是孔子最早到过且居留时间较长的国家。孔子于鲁昭公二十五年游齐[①],并且居住了大约7年的时间。他周游列国14年,先后到过卫、陈、曹、宋、郑、蔡等国,但都没有在齐国的时间长。孟子也先后两次到过齐国,而且时间也比较长。据钱穆先生推算,孟子第一次游齐至少是18年[②]。荀子出生于赵国但长期生活在齐国。从15岁开始,荀子就游学于齐,并在齐国稷下学宫"三为祭酒",大约70岁时才离开了齐国,长达55年的时间。孔子、孟子本身是鲁国人,荀子是久居齐国的人。另外,孔子弟子也多出于齐、鲁。据匡亚明统计,在孔子弟子中,姓名与国籍可考的共有9国68人,其中鲁国有42人、齐国8人,齐鲁地区合计占了73%。[③] 他们身处齐鲁,自然会受到齐鲁文化的影响。

一方面,齐鲁文化孕育了儒家思想。齐文化给孔子"仁"的思想以积极影响,鲁文化则在重礼、效儒、诵典三方面给孔子以直接影响。作为诸子百家争鸣的中心,齐鲁是成就儒学的文化基地。[④] 儒家时时处处在宣传自己的思想主张,宣传"仁"、"义"、"礼"、"智"、"信"等儒家学说。所以从立言修辞的内容层面说,儒家修辞深受齐鲁文化的影响。

另一方面,齐国稷下学宫的论辩风气给儒家立言修辞以深刻影响。春秋战国时期是一个言论自由、思想活跃的时代,各种思想相互辩驳、交流、融合,形成了百花齐放、百家争鸣的繁荣景象。在诸子百家中,影响较大的除儒家外,还有道家、墨家、法家、阴阳家以及名家。其中墨家、阴阳家、名家均与齐鲁有密切关系。墨家的墨子本身就是鲁国人,阴阳家代表人物邹衍、邹爽都是齐国人,名家代表人物尹文、田巴都是齐人中的稷下学者。其余法家和道家两个学派代表人物虽不是齐鲁之人,但也直接或间接地与齐鲁有关系。如法家代表人物李斯和韩非都是齐国稷下学者荀子的学生,曾受到齐文化的培育;道家代表人物老子和庄子都是楚国人,但黄老学派则产生于齐国的稷下学宫。[⑤] 他们在稷下学宫争鸣辩论,盛况空前。"宣王喜文学游说之士,自如驺衍、淳于髡、田骈、接予、慎到、环渊之徒七十六人,皆赐列第,为上大夫,不治而议论。是以齐稷下学士复

---

① 《史记·孔子世家》:"(孔子年三十五,鲁乱),孔子适齐,为高昭子家臣,欲以通乎景公。"

② 参见钱穆:《先秦诸子系年》,商务印书馆1935年版,第98、112页。

③ 参见匡亚明:《孔子评传·导论》,齐鲁书社1985年版。

④ 王志民:《孔子与齐鲁》,《春秋论坛》2010年第1期。

⑤ 参见王志民:《孔子与齐鲁》,《春秋论坛》2010年第1期。

盛，且数百千人。”[①]正是稷下学宫的存在，使得学者荟萃，争鸣激烈；正是各派的辩论争鸣，给儒家提供了宣传儒学、施展才能的机会，也给儒家提供了学习、借鉴、完善自我的重要机会。

战国时期，游历稷下的学者众多，有淳于髡、彭蒙、宋钘、尹文、兒说、告子、孟轲、季真、接予、田骈、慎到、环渊、王斗、荀况、田巴、徐劫、鲁仲连、邹衍、邹奭等，有儒家，也有道家、法家、名家、阴阳家等。[②] 这些人个个学识渊博、思想活跃、能言善辩。如田骈好议论，口才佳，滔滔不绝，被后人称为“天口骈”；驺衍善谈天地、阴阳，被称为“谈天衍”；邹奭擅长文辞修饰，“修衍之文，饰若雕镂龙文”，被称为“雕龙奭”；淳于髡机智灵敏，左右逢源，被誉为“炙毂过髡”；等等。

淳于髡是稷下学宫早期的学术领袖。他学富五车，机智多谋，能言善谈，“滑稽多辩”[③]，是唯一被称为“博士”的稷下先生。他很重视谈辩，认为“说之不听也，任不独在所说，亦在说者”[④]。他也很擅长谈辩，曾与齐威王、齐宣王、梁惠王、楚肃王辩，也与邹忌、孟子辩；而且其论辩很有特色：他能根据不同的论辩对象采取不同的论辩劝说方式，讲究铺排，注重逻辑，善用隐语、比喻，极富个性。

“齐宣王褒儒尊学，孟轲、淳于髡之徒，受上大夫之禄，不任职而论国事，盖齐稷下先生千有余人。”[⑤]孟子在稷下时，与他同时的有告子、淳于髡、彭蒙、季真、环渊、宋钘、田骈、慎到、尹文、接予等 10 人。孟子与他们多有交游，他与淳于髡曾辩论过“男女授受不亲”[⑥]问题、名实关系[⑦]问题，与告子曾辩论过人性问题[⑧]，与宋钘曾辩论过义利关系问题[⑨]，等等。

荀子曾三游稷下。第一次是他 15 岁求学至齐闵王时期离齐去楚。“年十五始来游学于齐，驺衍之术迂大而闳辩；奭也文具难施；淳于髡久与处，时有得善言。”[⑩]荀子 15 岁游于稷下，跟从驺衍、邹奭、淳于髡等学习，尤其是从淳于髡

---

① 《史记·田敬仲完世家》。

② 参见张秉楠：《稷下钩沉》，上海古籍出版社 1991 年版，第 1 页。

③ 司马贞《史记索隐》引崔浩云：“滑音骨。滑稽，流酒器也。转注吐酒，终日不已。言出口成章，词不穷竭，若滑稽之吐酒。故杨（扬）雄《酒赋》云：‘鸱夷滑稽，腹大如壶，尽日盛酒，人复藉沽’是也。”

④ 《吕氏春秋·报更》。

⑤ 桓宽撰，王利器校注：《盐铁论·论儒》，古典文学出版社 1958 年版。（以下引文，版本同此）

⑥ 参见《孟子·离娄上》。

⑦ 参见《孟子·告子上》。

⑧ 参见《孟子·告子上》。

⑨ 《孟子·告子上》。

⑩ 《史记·孟子荀卿列传》。

身上学到了不少东西。这一时期，与荀子同在稷下的有田骈、慎到、接予等，齐闵王“矜功不休，百姓不堪。诸儒谏不从，各分散，慎到、捷子亡去，田骈如薛，而孙卿适楚”①。第二次是齐襄王即位后至齐襄王末年或齐王建初年。“田骈之属皆已死。齐襄王时，而荀卿最为老师。齐尚修列大夫之缺，而荀卿三为祭酒焉。”②此时，老一辈的稷下先生已去世，荀子因深厚的学术造诣而“最为老师”，成为稷下先生。第三次是在齐王建时。“齐人或谗荀卿，荀卿乃适楚，而春申君以兰陵令。”③荀子与稷下有着浓浓的不解之缘。在稷下期间，他曾多次同人谈辩。“从学派来看，他和儒家、墨家、道家、法家、名家进行辩论；从代表人物来看，他同它嚣、魏牟、陈仲、史鱼酋、墨翟、宋钘、慎到、田骈、惠施、邓析、子思、孟子等进行辩论。”④稷下的学术与论辩都给了荀子以极大影响。如淳于髡对论辩的重视就曾给荀子以影响，荀子也极力倡导论辩。

儒家与道家、墨家、法家等则相互影响与借鉴，我们将在下面予以分析。

四、纵向继承，横向借鉴

（一）纵向继承

先秦时期人们对言语表达功能的认识，多来自于切身的社会体验和人生感受。传说孔子到东周观光，前往瞻仰周太祖后稷的祠堂，发现台阶前有一铜铸人像，人像口部贴了封条，背部刻有铭文。铭文曰：“古之慎言人也，戒之哉！无多言，多言多败；无多事，多事多患。……诚能慎之，福之根也。口是何伤？祸之门也。”⑤这铭文旨在告诉人们：要小心谨慎，三思而后行。孔子随后教导弟子们说：“小子识之，此言实而中，情而信。《诗》曰：‘战战兢兢，如临深渊，如履薄冰。’行身如此，岂以口过患哉？”⑥受此启发，兼之现实社会的残酷，孔子提出了“慎言”主张，他自己一生谨言慎行、小心翼翼，也一再提醒他人要谨慎言行。可以说，后人的修辞意识、修辞技巧均得益于前人的经验教训，是在前人的基础上萌生、发展的。

---

① 桓宽：《盐铁论·论儒》。

② 《史记·孟子荀卿列传》。

③ 《史记·孟子荀卿列传》。

④ 宣兆琦、张杰：《荀子与稷下学宫》，《邯郸师专学报》2001年第1期。

⑤ 《孔子家语·观周》。

⑥ 《孔子家语·观周》。

1. 甲骨卜辞中的修辞意识与修辞技巧给儒家修辞以积极影响

甲骨卜辞是中国商代后期(前 14 世纪～前 11 世纪)贵族王室用以占卜记事而刻写在龟甲和兽骨上的文字，是迄今中国已发现文字中时代最早的文字。它广泛记载了商代的社会生活，包括政治、军事、文化、社会习俗以及家族、祭祀、农业、田猎、天文、历法、灾祸等方面的内容，是研究中国古代社会特别是商代社会历史、文化的重要资料，也是研究中国古代语言文字的第一手资料。

甲骨卜辞简洁、精练，这固然与当时语言文字的发展水平及刻写条件密切相关，但与人们有意识地运用语言也不无关系。商周时期已有各式各样的修饰语："名词的修饰语，有名词、代词、数词、量词、动词、形容词……动词修饰语有副词和时地词……形容词修饰语都是副词……时间词修饰语有数词、动词、指示代词和时间词……副词修饰语以否定副词为常见。"① 人们非常注意其使用，所以甲骨卜辞用词十分准确。例如，甲骨卜辞对程度副词的使用，它在描述雨的大小强弱时，除我们现在常用的"大"、"小"外，还有"烈"字。如《甲骨文合集》第 6589 片："贞：不亦烈雨。贞：其亦烈雨。"第 27219 片："己丑卜，今夕大雨。"第 30214 片："庚小雨，吉。""烈"、"大"、"小"不仅有着大小的区别，还有着强弱的区别，"烈"大概相当于我们今天所说的"暴雨"。再如对时间名词的使用，商周时一天的每个时间段都有特定称法，如"旦"、"食日"、"中日"、"昃"、"郭兮"、"昏"等。天亮时为"旦"；从早晨到正午之间为"食日"；正午为"中日"；太阳偏西，相当于下午 2 点左右为"昃"；下午 4 点左右为"郭兮"；下午 6 点左右为"昏"；等等。所以，卜辞对时间的记述要相当准确。如《小屯南地甲骨》第 624 片："辛亥卜，翌日壬，旦至食日不雨？旦至食日其雨？食日至中日不雨？食日至中日其雨？中日至郭兮不雨？中日至郭兮其雨？"其中的"旦"、"食日"、"中日"、"郭兮"，所指均为不同的时间。

甲骨卜辞中的句法相当完备。在这方面，管燮初的《殷虚甲骨刻的辞语法研究》、张玉金的《甲骨文语法学》都已有全面而深入的研究，在此不再赘言。

就修辞层面说，甲骨卜辞中已有多种修辞手法的运用，如排比、反复、转类、省略等，有相当丰富的修辞现象。例如：

(1)癸卯卜：今日雨？

其自西来雨？

① 管燮初：《殷虚甲骨刻辞的语法研究》，中国科学院出版社 1953 年版，第 267～268 页。

其自东来雨？

其自北来雨？

其自南来雨？（《卜辞通纂》，第 368 页）

(2)贞，不惟祖丁？

贞，允惟祖丁？

贞，不惟祖丁？（《甲骨文合集》第 1879 片）

(3)甲子卜：王从东戈乎侯，杀？

乙丑卜：王从南戈乎侯，杀？

甲寅卜：王从西戈乎侯，杀？

丁卯卜：王从北戈乎侯，杀？（《甲骨文合集》第 33208 片）

(4)辛亥卜，自今三日雨？

辛亥卜，自今五日雨？（《甲骨文合集》第 20920 片）

(5)癸未卜，贞：今日不风？十二月。（《甲骨文合集》第 6123344 片）

(6)今三月帝令多雨。（罗振玉《殷虚书契前编》第 6311815 片）

例(1)是转类兼排比。其中"今日雨"的"雨"，名词活用为动词，是修辞学上的转类用法。"其自西来雨？其自东来雨？其自北来雨？其自南来雨？"4 个问句字数、结构、语气均相同，构成了排比。例(2)是反复兼排比，其中"不惟祖丁"前后出现两次，为反复。例(3)是排比的单用。例(4)(5)(6)都是词类活用，属修辞学上的转类用法。

另外，甲骨文中的省略比较多，尤其是在上下对贞中，常常省略掉一些语法成分。据张玉金先生研究，"甲骨文中的省略句一般出现在成套卜辞中。所谓成套卜辞，主要是指对贞卜辞和选贞卜辞，也包括重贞卜辞、重复对贞卜辞、重复选贞卜辞、对选卜辞、重对选卜辞。甲骨文中的省略句还出现在成组卜辞中。所谓一组卜辞，主要是指前辞、贞辞、占辞、验辞等。占辞、验辞往往承贞辞而省"[①]。甲骨卜辞中的省略，有承前省，如《甲骨文合集》第 9733 片："癸巳卜，争，自今五日雨。癸巳卜，争，雨。"其中，下贞承前省略了时间状语"自今五日"。有蒙后省，如《甲骨文合集》第 10389 片："贞：其雨，十二月。贞：今夕不雨。"其中，上贞蒙后省略了时间状语"今夕"。这种省略，固然有刻辞条件的限制，但也由此使得语言简洁，显露了殷人节俭文字的"经济"意识、修辞意识。

---

① 张玉金：《甲骨文语法学》，学林出版社 2001 年版，第 269 页。

这些修辞手法、修辞技巧，对后世的语言运用产生了重大影响。尤其是反复手法，对后世诗歌尤其是《诗经》产生了巨大的影响。① 陈昶则进一步举例分析了甲骨卜辞反复修辞手法对《诗经》的影响，说："《诗经》中运用反复、对偶等修辞格的篇章占了《诗经》所有篇章的三分之一以上，而且其形式与甲骨文修辞也很相似。有的首句反复，后面的句子不反复，如《豳风·东山》；……有的首句变化，后面的句子反复，如《郑风·溱洧》；……有的整句反复，同一诗章反复为辞，如《周南·芣苡》；……有的全篇共四句，由两个反复叠句组成，前两句为一叠句反复，后两句为一叠句反复。如《郑风·丰》；……后世诗歌的格律正是在这种反复节奏的基础上发展而来的，甲骨文的修辞方式奠定了中国文学修辞的基础。"②

的确，《诗经》中的反复与甲骨卜辞中的反复修辞手法具有极为密切的关系。除此之外，排比、转类、省略等修辞手法也对后世言说具有极大影响，这在先秦儒家著述中不胜枚举，恕不赘述。

甲骨卜辞中已有朦胧的修辞意识。其中，有完整的谈修辞的语句，如《卜辞通纂》第 387 片："王占曰，乃若偁。"对此，郑子瑜先生解释说："说辞美好秀丽，是从辞本身论修辞；这里说辞义称扬是从辞的内容论修辞。两者都是对辞的看法或意见或感想，所以说，这一句卜辞是中国修辞思想的萌芽的最原始的资料，应该是可以说得过的。虽然只是片言只语，但所有已发现的甲骨刻辞不都是片言只语吗？在三千多年前，或者说接近四千年前，修辞思想刚刚萌芽的时候，能够有这样相当完整的谈修辞的句子，已是十分难得，弥足珍贵了。"③胡性初先生则认为，除此之外，甲骨卜辞中还有数例言语体现修辞思想。他指出，《卜辞通纂》第 530 页第 735 片的"王占曰：乃兹亦有祟。若偁"，是从辞的内容论修辞；第 596 页中村兽骨背面的"王占曰：帝隹兹邑龙（宠），不若"，是从辞的本身论修辞；等等。由此，他总结说："商周时代的先民们，就已经懂得在交际过程中运用语言和非语言符号来获取最佳表达效果这一最基本的修辞思想了"，"中国修辞学的萌芽期是商周的甲骨文时代"④。此论很有道理，正因为有了商周时期修辞思想的萌芽，才有了先秦时期修辞思想的渐成体系。

---

① 参见蒋远桥：《甲骨文反复辞法简析》，《修辞学习》2005 年第 1 期。

② 陈昶：《甲骨文修辞现象浅析》，《汉字文化》2010 年第 2 期。

③ 郑子瑜：《甲骨金文中谈修辞记载的发现》，《郑子瑜修辞学论文集》，中华书局 1988 年版，第 29 页。

④ 胡性初：《从甲金文中的修辞实例看中国修辞思想的萌芽期》，《广东教育学院学报》1997 年第 1 期。

2. 青铜铭文中的修辞意识与修辞技巧给儒家修辞以丰富滋养

中国的青铜时代始于公元前20世纪，历经夏、商、西周、春秋时期，达1500年之久。随着青铜冶铸技术的成熟与语言文字的发展进步，先民们开始在青铜器物上铭刻文字，于是产生了我们今天所看到的青铜铭文。

青铜铭文又称“金文”、“钟鼎文”。与甲骨卜辞相比，青铜铭文的记事、记言更趋成熟，字数增多，叙事更完整，内容更丰富，如《毛公鼎》铭文字数多达497字，详尽地记录了“王训诰”、“毛公受诰”、“颂恩”、“作器”、“祝愿”等一系列行动，字数之多、内容之丰富，都堪称铭文之最。长篇叙事的铭文，其文学性越发明显，语言也日益优美。如西周后期的《虢季子白盘》：

> 经纬四方，搏伐严狁，于洛之阳。折首五百，执讯五十，是以先行。趄趄子白，献馘于王。王孔嘉子义，王格周庙，宣榭爰飨。王曰：白父，孔显有光！王赐乘马，是用佐王。锡用弓，彤矢其央。锡用钺，用征蛮方。子子孙孙，万年无疆。

这则铭文中的“方”、“阳”、“行”、“飨”、“光”、“王”、“央”、“方”、“疆”相押，韵脚和谐，节奏鲜明，增加了铭文的韵律感、形式美，方便人们记忆与诵读；作者把经营天下比作织布，纵横交织，有条不紊，“经纬四方，搏伐严狁”显然是比喻；“王赐乘马，是用佐王。锡用弓，彤矢其央。锡用钺，用征蛮方”，则是排比；“趄趄”、“子子孙孙”是叠字；另外，“锡用弓”、“锡用钺”承前省略了“王”；等等。简洁优美，雄浑有力。再如：

> (1)武征商，唯甲子朝，岁贞，克昏，夙有商。(《利簋》)
>
> (2)唯逆生祸，唯顺生福。(《中山王壶》)
>
> (3)穆穆济济，严敬不敢怠荒。(《中山王壶》)
>
> (4)公曰……谏、罚、朕、庶民，左右毋讳。(《齐侯镈钟》)
>
> (5)自颂既好，多寡不讦。(《杜氏壶》)

例(1)中的“昏”本指昏庸，这里用作名词，指代商纣王，是以人的品性特点代指这个人，是借代。例(2)，形式上，上下两句构成了宽式对偶；意义上，“逆”与“顺”相对，“祸”与“福”相对，上下两句则形成了对比。例(3)中的“穆穆济济”是两个叠音词。《诗经·大雅·文王》：“穆穆文王”，《毛传》：“穆穆，美也。”《广雅·释训》：“济济，敬也。”音节的重叠使恭敬之貌如在眼前，形象生动。例(4)中的“讳”即隐讳，是“患忌干讳”的讳，是“《春秋》为尊者讳，为亲者讳，为贤者讳”的讳，属于修辞学上的避讳。《左传·桓公六年》孔疏：“自殷以往，未有讳法；讳始于周。讳者，临时言语有所避耳。”例(5)中的“颂”是占兆的卜辞，“讶”是说大话，用夸张辞。朱骏声《说文通训定声》引《说文》：“齐、楚谓大言曰讶。”用夸张辞即是使用夸张的修辞手法。

青铜铭文中已出现人们对修辞效果的明确认识。《中山王壶》：“呜呼，允哉若言？明刻之于壶而时观焉。”“允哉”即果真不错之意，是作者所作出的主观评价。这说明，早在商代，人们已有是非好坏的衡量标准，已经认识到了语言的表达效果。《牧簋》：“包乃多辞，不用先王。”“包”通“浮”（上古时“包”、“浮”两字字音相近，同在幽韵；“包”帮母，“浮”旁母，声母相近），即浮言。作者反对浮华不实而又罗嗦冗长之言，认为它们不符合先王理重于辞的风范。这显然是作者对浮华不实修辞现象所表示的不以为然的感慨或评语。[①]

甲骨卜辞、青铜铭文中众多的修辞实例说明，早在甲金文时代，我国先民就已经开始有意识地运用语言、修饰语言，具有了一定的修辞意识，并因此取得了较好的表达效果。这种主观要求和修辞意识，为先秦修辞思想的进一步发展和成熟奠定了良好的基础。

（二）横向借鉴

春秋战国时期，活跃在政治舞台上的，除儒家外，还有道家、墨家、法家等许多流派。在相互的争鸣辩论中，他们各抒己见又相互学习借鉴、取长补短，在论战中得以逐步完善。其中，道家的老子与庄子、墨家的墨子、法家的韩非子等的立言修辞主张、立言修辞技巧都对儒家有一定影响。

1. 道家的立言修辞思想及实践，对儒家具有深远影响

道家以老子与庄子为代表。老子与庄子，其生活年代相距甚远，分别与儒家的孔子、孟子相当。

(1)老子的立言修辞思想与实践。

老子，生卒年不详，一说是约前 580～约前 500 年，一说是约前 570～约前 480 年，学界均认为他早于孔子。

老子是春秋时期著名的哲学家和思想家，是一个朴素的自然主义者。他崇尚自然无为、虚无清静，主张顺其自然、返璞归真。在其哲学观主导下，老子提出了其立言修辞主张，具体表现在以下五个方面：一是言说要有主旨、有主题，

---

① 参见张道升：《甲金文修辞例释》，《宿州学院学报》2005 年第 2 期。

"言有宗,事有君"[①];二是立言修辞具有重大功用,"善行无辙迹,善言无瑕谪"[②];三是立言修辞要讲诚信,"言善信"[③],"信言不美,美言不信"[④];四是言说方式与表达效果呈正比关系,"希言自然"[⑤],"多言数穷,不如守中"[⑥];五是首次提出了"正言若反"的立言方式。

老子有独到的立言修辞主张,还有高超的驾驭语言文字的能力。老子运用、驾驭语言文字的能力和水平主要通过《老子》一书体现出来。

《老子》一书是老子为宣传道家思想而作,全书一以贯之,始终围绕一个"道"字。对于"道"这样一个非常抽象、非常概括、内涵极为丰富的哲学概念、哲学命题,老子采用了诗化的表达法式——诗的形式、诗的韵律、诗的节奏,兼及散文的铺陈、谨严和变化,可以说是中国文化史上仅有的一部"辞意锤炼的'哲学诗'"[⑦]。它用韵频繁,前后达296次,其中最常见的是句尾韵,此外还有一些句中韵、句首韵、交韵、抱韵、同字韵和虚字韵等[⑧],节奏鲜明,韵律和谐,读来铿锵悦耳、朗朗上口;它短小精悍,多三言至七言,有时则用长句,长短交错,错落有致;在先秦诸子著述中,它句式最为整饬,几乎每章都有形式严整、语势顺畅的对偶、排比句,即使是比喻句、反问句、对比句、层递句、顶真句,其字数、结构也大都相同;等等。总之,《老子》语言具有押韵的回环美、句式的整齐美、错综变化的和谐美及以少总多的精约美。

从《老子》清秀简古、绚丽多彩的语言可以看出,老子并不反对美、排斥美;相反,他还非常崇尚语言美。只是他追求的语言美,不仅仅是语言的外美、形美,而是内容与形式高度契合的浑然一体的美,是"清水出芙蓉,天然去雕饰"的自然本色之美。

(2)庄子的立言修辞思想与实践。

庄子(前369～前286年),与孟子生活年代大致相当,是战国时期著名的哲学家、文学家。同老子一样,庄子重"道",并主张"以自然为宗",把天道自然、素

---

① 《老子》第七十章,陈鼓应:《老子经译及评价》,中华书局1984年版。(以下引文,版本同此)

② 《老子》第二十七章。

③ 《老子》第八章。

④ 《老子》第八十一章。

⑤ 《老子》第二十三章。

⑥ 《老子》第五章。

⑦ 陈鼓应:《老子注译及评介·增订重排本序》,中华书局1984年版,第7页。

⑧ 参见喻遂生:《〈老子〉用韵研究》,《西南师范大学学报(哲社版)》1995年第1期。

朴本色作为永恒的追求。《庄子·应帝王》:“雕琢复朴。”《庄子·山木》:“既雕既琢,复归于朴。”

关于立言修辞,庄子提出了以下三点看法:一是语言能够传情达意,但又有一定的局限与不足。《庄子·外物》:“荃者所以在鱼,得鱼而忘荃;蹄者所以在兔,得兔而忘蹄;言者所以在意,得意而忘言。吾安得夫忘言之人而与之言哉!”《庄子·天道》:“世之所贵道者,书也,书不过语,语有贵也。语之所贵者,意也,意有所随。意之所随者,不可以言传也,而世因贵言传书。”《庄子·秋水》:“夫精粗者,期于有形者也……可以言论者,物之粗也;可以意致者,物之精也;言之所不能论,意之所不能察致者,不期精粗焉。”有鉴于此,庄子主张“不言”。《庄子·知北游》:“夫知者不言,言者不知,故圣人行不言之教。”《庄子·天道》:“夫形色名声果不足以得彼之情,则知者不言,言者不知,而世岂识之哉!”二是重内容,反文饰。《庄子·齐物论》:“夫言非吹也。言者有言,其所言者特未定也。”《齐物论》:“道隐于小成,言隐于荣华。”“夫大道不称,不辩不言,大仁不仁,大廉不嗛,大勇不忮。”《天地》:“合譬饰辞聚众也,是始终本末不相坐。”三是主张言说要切题,反对“大而无当”。庄子认为,正确的言说辩论应切合题旨,不同的内容采用相应的言说方式。《庄子·齐物论》:“六合之外,圣人存而不论;六合之内,圣人论而不议。春秋经世,先王之志,圣人议而不辩。”《天下》:“彼其充实不可以已,上与造物者游,而下与外死生、无终始者为友。”“惠施多方,其书五车,其道舛驳,其言也不中。”总之,庄子认为,内容是第一位的,言说内容真实,就不必刻意美饰形式,顺其自然最好,所谓“凫胫虽短,续之则忧;鹤胫虽长,断之则悲。故性长非所断,性短非所续,无所去忧也。”①

在此立言修辞思想观照下,庄子主要采用了“寓言”、“重言”、“卮言”三种方式来表达“道”。明人陆西星在《南华经副墨·读南华经杂说》中解释道:“寓言者,意在于此,寄言于彼也。重言者,假借古人,以自重其言也。寄言如大鹏、社树之类。重言如称引黄帝、尧、舜、仲尼、颜子之类。卮言者,旧说有味之言,可以饮人。看来只是卮酒间漫衍之说。寓言意在言外,卮言味在言内,重言征在言先。”也就是说,“寓言”通过虚构故事来寄寓某种道理,“重言”通过引用古人或尊者的话来证明自己的观点,“卮言”则指那些随意不定、灵活机变之言。这三种不同的言说方式,在《庄子》一书中都有广泛而精彩的运用。

① 《庄子·骈拇》。

关于寓言、重言、卮言的运用，庄子自己统计曰："寓言十九，重言十七，卮言日出，和以天倪。"[①]即是说，寓言占十分之九，重言占十分之七，卮言层出不穷、数不胜数。寓言、重言、卮言是庄子用以达意的重要手段，使用频率相当高。其高频运用，使《庄子》"篇中忽而叙事，忽而引证，忽而譬喻，忽而议论。以为断而非断，以为续而非续，以为复而非复。只见云气空濛，往反纸上，顷刻之间，顿成异观"[②]，从而形成了庄子所特有的瑰玮、奇特的言语风格。

从文学创作角度说，寓言是一种文学体裁；从言语表达角度看，寓言则是一种表达法式，是扩大了的比喻。而在《庄子》一书中，不论是长篇寓言还是简短比喻，都运用得巧妙自然、恰到好处。如《天运》篇写"孔子西游于卫"一段，庄子就接连使用了"古今非水陆"、"周鲁非舟车"、"桔俯仰"、"柤梨橘柚可口"、"衣周公之服"、"西施病心而矉其里"6个比喻，灵活多变、生动形象地说明了礼义法度必须"应时而变"的道理。宣颖《南华经解》评述说："庄子之文，长于譬喻，其玄映空明，解脱变化，有水月镜花之妙。且喻后出喻，喻中设喻，不啻峡云层起，海市幻生，从来无人及得。"

除寓言和比喻外，庄子也大量运用了排比、对偶、对比、顶真、层递、夸张、引用、借代等多种修辞手段，使言语表达既工整匀称又参差变化，既通俗平易又新颖独特。关于庄子的言语实践、言语风格和言语才能，刘大杰先生曾给予高度概括和评价。他说：

> （庄子）才华杰出，想象丰富，具有驱使语言的高度表达能力，造句修辞，瑰奇曲折，如行云流水一般，创造出一种特有的文体，富于浪漫主义的特征。他的文章也采用各种辩论的方法，然无不雄奇奔放，峰峦叠起，汪洋恣肆，机趣横生。他能不顾一切规矩，使用丰富的语汇，倒装重迭的句法，巧妙的寓言，恰当的譬喻，使他的文章，显得格外灵活，格外有独创性。墨子之文失之板滞，孟子之文失之浮露，庄子之文却没有这些弊病，而耐人咀嚼和体会。[③]

综观庄子的修辞思想与修辞实践可以发现，其"言"与"行"也存在着一定的脱节，其修辞理论与修辞实践之间存在着一定程度的偏离：庄子在理论上要求去除雕饰、顺应自然，言语实践中却大量运用"三言"法。庄子修辞理论与修辞

---

① 《庄子·寓言》。

② 林云铭著，张京华点校：《庄子因·逍遥游》，华东师范大学出版社2011年版。

③ 刘大杰：《中国文学发展史》（上），上海古籍出版社1983年版，第85页。

实践的这种矛盾，最终统一于他所表达、宣扬的“道”。在庄子看来，只要能如愿以偿地表达出不可道之“道”，任何方法都是可以使用、可以借助的：

> 以谬悠之说，荒唐之言，无端崖之辞，时恣纵而不傥，不以觭见之也。以天下为沉浊，不可与庄语；以卮言为曼衍，以重言为真，以寓言为广。独与天地精神往来，而不敖倪于万物，不谴是非，以与世俗处。其书虽瑰玮而连犿无伤也，其辞虽参差而諔诡可观。[①]

(3)道家于儒家的影响。

老子的生活年代略早于孔子，据说孔子曾向他请教过。具体到立言修辞方面，他们颇有相同之处，如他们都认识到了语言表达的重要性问题，老子曰：“善行无辙迹，善言无瑕谪”[②]、“美言可以市尊，美行可以加人”[③]，孔子曰：“言行，君子之所以动天地也”、“一言可兴邦”、“一言可丧邦”；他们都认识到了立言修辞与诚信道德的密切关系，老子曰：“言善信”[④]、“信言不美，美言不信。善者不辩，辩者不善”[⑤]，孔子曰：“言必信”、“修辞立其诚”、“巧言令色，鲜亦仁”；他们都看到了言说表达所产生的后果，认为应该采取与之相应的态度，老子主张“希言”[⑥]，孔子主张“慎言”，要求言说要适合具体的题旨情境；等等。他们的区别在于对内容与形式关系的处理方面，老子主张“言有宗”，形式上则主张“大巧若拙，大辩若讷”；孔子曰：“情欲信，辞欲巧。”要求在内容真实的前提下追求形式的美巧，做到“文质彬彬”、“尽善尽美”。这一点貌似不同，却通过各自的言语实践呈现出一定的趋同性。

从各自的言语实践来看，老子、孔子都非常简约，都多三言、四言句，但老子的简约更显精美，孔子的简约更见质朴。所以在最终的修辞美学取向上，老子与孔子都存在着“言”与“行”、思想主张与言语实践的貌离神合：老子理论上崇尚自然、追求“返朴”，但《老子》一书的语言隽美秀丽、清雅高古，呈现出一种“绚烂之极归于平淡”的“大美”；孔子理论上注重文饰、欣赏美辞，但其言语却平实质朴。可以说，他们最终的修辞美学取向是趋同的、一致的，他们所追求的都是一种思想内容与表达形式的有机结合、完美统一。

---

① 《庄子・天下》。

② 《老子》第二十七章。

③ 《老子》第六十二章。

④ 《老子》第八章。

⑤ 《老子》第八十一章。

⑥ 《老子》第二十三章。

庄子与孟子的立言修辞思想并无相同之处，但庄子关于语言表达局限性的认识，与《周易·系辞上》中的“书不尽言，言不足意”颇有相通之处。

在具体的立言修辞实践中，庄子与孟子有很多共同之处，如用字遣词都非常精准；都喜欢用对偶、排比，句式整饬；都喜欢运用寓言、引用，长于比喻，表达具体形象；等等。不同的是，孟子言语多是在与他人面对面的论辩中展开的，常用口语词，常以人们熟悉的事物作比，其表达通俗易懂；庄子言语更多的是围绕着虚无缥缈的“道”而展开，抽象深奥，不易理解和接受。

具体到引用这种修辞手法，前人虽然早有所用，但并没有概括和总结，更谈不上命名和定义。所以有学者认为，庄子是中国修辞学史上第一个命名和定义引用方法的人，庄子的“重言”是“引用论的先声”，庄子是我国历史上最早总结“引用”这一修辞方式的人。① 由此看来，孟子和庄子还是有些渊源关系的。

2.墨家的立言修辞思想，于儒家有所影响

(1)墨子的修辞思想与实践。

墨家以墨子为代表。墨子(约前468～前376年)，其生活年代晚于孔子、早于孟子。

墨子是春秋战国之际的政治家、思想家。据《淮南子·要略》记载，墨子原为儒门弟子，后因不满儒家学说而另创学派——墨家学派，与儒家并称为当世显学：“世之显学，儒、墨也。”②

墨子生活的时期，战乱频仍，人们穷愁潦倒，生活艰难。墨子反对儒家的“繁饰礼乐”、“盛容修饰”等观点，主张一切要以有利于国家百姓为准，凡是不利于国家百姓、无益于社会的，都应该禁止。在实用、功利思想主导下，墨子提出了自己的立言修辞观：

第一，言谈辩说具有强大的社会功用。有感于激烈的诸子争鸣，墨子充分认识到了语言表达强大的社会功能。《墨子·尚同中》：“‘唯口出好，兴戎。’则此言善用口者出好，不善用口者以为谗贼寇戎，则此岂口不善哉？用口则不善也，故遂以为谗贼寇戎。”《墨子·耕柱》：“说子亦欲杀子，不说子亦欲杀子，是所谓经者口也，杀常之身者也。”

第二，立言修辞要以有利于国家、百姓为准则。《墨子·非命上》：“子墨子

① 参见易蒲、李金苓：《汉语修辞学史纲》，吉林教育出版社1989年版，第66页。

② 《韩非子·显学》。

言曰：必立仪。言而毋仪，譬犹运钧之上，而立朝夕者也，是非利害之辩，不可得而明知也。故言必有三表。何谓三表？子墨子言曰：有本之者，有原之者，有用之者。于何本之？上本之于古者圣王之事；于何原之？下原察百姓耳目之实；于何用之？废以为刑政，观其中国家百姓人民之利。此所谓言有三表也。"《墨子·耕柱》："若无所利而不言，是荡口也。"

第三，言说要注意时机、场合、对象。《墨子·佚文》："墨子曰：'虾蟆蛙蝇，日夜而鸣，舌干擗，然而不听。今鹤鸡时夜而鸣，天下振动。多言何益？唯其言之时也。'"《墨子·修身》："言无务为多而务为智，无务为文而务为察。"墨子认为，多言无益，关键要看清时机、讲究智慧，不应追求文采而应讲求明白。另外，还应该注意场合、对象。墨子曰："凡入国，必择务而从事焉。国家昏乱，则语之尚贤、尚同；国家贫，则语之节用、节葬；国家憙音湛湎，则语之非乐、非命；国家淫僻无礼，则语之尊天事鬼；国家务夺侵凌，即语之兼爱、非攻。故曰：择务而从事焉。"[①]又："夫应孰辞，称议而为之，敏也。厚攻则厚吾，薄攻则薄吾。应孰辞而称议，是犹荷辕而击蛾也。"[②]根据场合、对象，切合事理而言说，针对性强，见效迅速。

第四，先内容后形式。墨子坚决反对儒家的繁文缛礼、厚葬久丧、盛容修饰，从"利人"原则出发，提出了"利于人，谓之巧；不利于人，谓之拙"[③]的美巧观。在墨子看来，实用与美巧的关系，是"食必常饱，然后求美。衣必常暖，然后求丽。居必常安，然后求乐"的"先质而后文"。[④] 反映在写说方面，就是先内容后形式，在"言之有物"的前提下酌情修饰。

墨子理论上主张"先质而后文"，在言语实践中也充分体现了这一点。为大力宣传墨家"兼爱"的思想主张，墨子对辩术进行了深入探讨，并娴熟运用了"比"、"类"、"或"、"假"、"效"、"辟"、"侔"、"援"、"推"等言说方式。或独立运用，或综合运用，使说理充分，论证严密，层次分明，井然有序。他是一个杰出的辩论家、逻辑学家，在语言运用方面也非常出色。他特别讲究语音的调配、句式的变换、遣词造句的准确，恰切运用了比喻、对比、层递、引用、排比、对偶、设问、反问、顶真、反复等修辞方法和技巧，意义显豁明晰，形式美观整齐又错落有致，富

---

① 《墨子·鲁问》。
② 《墨子·公孟》。
③ 《墨子·鲁问》。
④ 《墨子·佚文》。

有变化美。

(2)儒、墨间的互相学习与借鉴。

墨子曾做过儒门弟子,很明显,他的一些理论观点承继儒家而来。如他“善用口者出好,不善用口者以为谗贼寇戎”,就是对《尚书·大禹谟》“惟口出好兴戎”的正确诠释,与《周易·系辞上》中的“君子居其室,出其言善,则千里之外应之,况其迩者乎?居其室,出其言不善,则千里之外违之,况其迩者乎?”、“乱之所生也,则言语以为阶”的表述大同小异。再如他的“言无务为多而务为智,无务为文而务为察”[①],与孔子的“知不务多,必审其所知;言不务多,必审其所谓;行不务多,必审其所由”[②]可谓一脉相承。他“藏于心者,无以竭爱;动于身者,无以竭恭;出于口者,无以竭驯”[③]的观点,与儒家的出发点和终极目的大体一致。儒家主张“仁者爱人”,墨子主张“兼相爱交相利”,他们都从关爱他人的角度要求人们谨言慎行。心中充满爱意,举止恭敬有礼,谈辩合情入理,这样不仅不会招惹灾祸,还会提升自己的品德修养,形成谨言慎行——提升修为——融洽关系这样一种良性循环,实现修身、齐家、治国、平天下的目的。同儒家一样,墨子也非常重视一个人的道德品行,把德行看作言谈举止之本,称誉有德有言者为“国家之珍”和“社稷之佐”。[④] 至于具体的言说,儒、墨都态度鲜明,均认为要注意时机、场合、对象等因素,认为要根据具体时机、场合、对象的需要有选择地言说,以有的放矢,增强针对性。如墨子主张根据需要来谈辩,“国家昏乱,则语之尚贤、尚同;国家贫,则语之节用、节葬;国家憙音湛湎,则语之非乐、非命;国家淫僻无礼,则语之尊天事鬼;国家务夺侵凌,即语之兼爱、非攻”;儒家主张立足本职来谈辩,“在官言官,在府言府,在库言库,在朝言朝。……在朝言礼,问礼,对以礼”[⑤]……

儒、墨两家的区别,表现在内容与形式关系的处理上。儒家重内容,也重文饰,主张内容与形式并重;墨子则认为,“繁饰礼乐以淫人”、“盛容修饰以蛊世,弦歌鼓舞以聚徒”[⑥],主张先内容后形式。

墨子承继了儒家的部分观点,儒家孟、荀也受益于墨子。其中,墨子关于论

① 《墨子·修身》。

② 《孔子家语·五仪解》。

③ 《墨子·修身》。

④ 《墨子·尚贤上》。

⑤ 《礼记·曲礼上》。

⑥ 《墨子·非儒下》。

辩的探讨与运用、关于“言有三表”的主张，分别给孟子与荀子以积极的影响。

孟子生活于“杨朱、墨翟之言盈天下。天下之言，不归杨则归墨”时期，他以“距杨墨”为己任，所以同墨子一样“好辩”。孟子有机会就辩，并娴熟地运用各种论辩方法、论辩技巧。其中，他的类比论证方法就“直接接受了墨子的‘类’思想。他在辩诘事理、审察是非的过程中采取的类比论证方法，很大一部分就是墨子‘以类予’理论的具体实践”。[①] 在具体论辩中，他除了使用“能近取譬”、“举一反三”方式外，还分别使用了墨子所说的“辟”、“援”、“推”三种方式。据统计，孟子先后63次运用了类比论证方法，其中“能近取譬”式3次，“举一反三”式1次，“辟”式46次，“援”式4次，“推”式4次。[②] 可以看出，“辟”式使用频率最高，其次是“援”式与“推”式。诚如鲁胜在《墨辩注序》中所说：“孟子非墨子，其辩言正辞与墨子同。”孟子“以子之矛攻子之盾”，运用墨子的论辩方法批评墨子，使墨子论辩中的破绽暴露于天下，成效十分显著。显而易见，墨子对孟子具有极大的影响。胡适先生也曾有评述，他在《中国哲学史大纲》中说：“凡攻击某派最力的人，便是受那派影响最大的人。孟子攻杨墨最力，其实他受杨墨的影响最大。”

荀子也深受墨子影响并有借鉴和发展。他对墨子“善用口”与“不善用口”的结果进行了总结概括，即“与人善言，暖于布帛；伤人之言，深于矛戟”，对偶兼对比，更简洁、精练；他受墨子“言有三表”的启发，认为立言修辞要经得起检验，“善言古者必有节于今，善言天者必有征于人。凡论者，贵其有辨合，有符验。故坐而言之，起而可设，张而可施行”；缘于“圣王没，天下乱，奸言起，君子无势以临之，无刑以禁之”的社会现实，他主张“君子必辩”，但他反对“墨子蔽于用而不知文”，认为谈论辩说有方法、有技巧，并提出了“矜庄以莅之，端诚以处之，坚强以持之，分别以明之，譬称以喻之，欣驩芬芗以送之，宝之珍之贵之神之”的“谈说之术”；他注重推论的严谨、论证的确凿、论说的明晰，所以墨子所说的“比”、“辟”、“援”等方法在其论辩中也得到了广泛运用。

3.法家的修辞思想与实践，于儒家以影响

(1)韩非的修辞思想与实践。

管子、商鞅、韩非等均是先秦时期法家学派的代表人物。关于立言修辞，韩

---

① 参见雷淑娟：《〈孟子〉类比》，黑龙江大学硕士学位论文，2001年。

② 参见雷淑娟：《〈孟子〉类比》，黑龙江大学硕士学位论文，2001年。

非有比较明晰的观点、看法。

韩非(约前280～前233年),其生活年代与荀子大致相当。曾师从荀子,法家学派集大成人物,战国末期著名的政治家、思想家。在法家前期代表人物的基础上,他提出了一套体系完整、逻辑严密的法、术、势三者合一的君主专制思想。围绕着其"法、术、势"思想,他对语言运用问题提出了自己的看法。

第一,言说要以"法"为依据,即"以法为本"。所谓"法",即出自于官府、行之于书面、公布于大众的规章制度、法律条文等,"法者,编著之图籍,设之于官府,而布之于百姓者也"[①]。在韩非看来,法度是治国之本,"奉法者强,则国强;奉法者弱,则国弱"[②]。君主要彰明法度,把"法"作为人们言行举止的依据、准绳。《韩非子·问辩》:"明主之国,令者,言最贵者也;法者,事最适者也。言无二贵,法不两适,故言行而不轨于法令者必禁。"否则,就会有国破君亡之祸:"辞辩而不法,心智而无术,主多能而不以法度从事者,可亡也。"[③]鉴于此,韩非对法律条文和理论著述的撰写提出了严格要求,要准确、明白,不能隐约、简省。他说:

> 书约而弟子辩,法省而民讼简,是以圣人之书必著论,明主之法必详尽事。尽思虑,揣得失,智者之所难也;无思无虑,挈前言而责后功,愚者之所易也。明主虑愚者之所易,不责智者之所难,故智虑力劳不用而国治也。[④]

第二,言语要以功效为目的,即"以功用为之的彀"。韩非是一个典型的功利主义者、实用主义者。他认为,人们的一切言行都要以功用为目的,功用是辨别正误、衡量好坏、评判高低的重要标准。《韩非子·问辩》:"夫言行者,以功用为之的彀者也。……今听言观行,不以功用为之的彀,言虽至察,行虽至坚,则妄发之说也。"韩非认为,以功用考察言论,非常必要,也非常重要。《六反》:"明主听其言必责其用,观其行必求其功,然则虚旧之学不谈,矜诬之行不饰矣。"《亡征》:"喜淫辞而不周于法,好辩说而不求其用,滥于文丽而不顾其功者,可亡也。"要从实事、功效入手考察一个人的言行,根据言论合于事实、功效的程度制定奖惩措施。《主道》:"群臣陈其言,君以其言授其事,事以责其功。功当其事,事当其言,则赏;功不当其事,事不当其言,则诛。明君之道,臣不得陈言而不

---

① 《韩非子·难三》。

② 《韩非子·有度》。

③ 《韩非子·亡征》。

④ 《韩非子·八说》。

当。”鉴于此，韩非提出：“境内之民，其言谈者必轨于法，动作者归之于功，为勇者尽之于军。”①

第三，重本质否文饰，即“好质而恶饰”。在尚实用、重功利的思想主导下，韩非特别重视事物的本质，认为未经雕琢、修饰的东西最美。《韩非子·解老》：“礼为情貌者也，文为质饰者也。夫君子取情而去貌，好质而恶饰。夫恃貌而论情者，其情恶也；须饰而论质者，其质衰也。何以论之？和氏之璧，不饰以五采；隋侯之珠，不饰以银黄。其质至美，物不足以饰之。夫物之待饰而后行者，其质不美也。”从这种观点出发，韩非认为，“君子”的价值取向应该是“好质而恶饰”、“取情而去貌”，重本质去雕饰，重内容轻形式。他以秦伯嫁女、楚人鬻珠为喻，间接批评了世人只注意言辞的华丽而忽视其实用功能的错误做法。《韩非子·外储说左上》：

> 昔秦伯嫁其女于晋公子，令晋为之饰装，从衣文之媵七十人。至晋，晋人爱其妾而贱公女。此可谓善嫁妾，而未可谓善嫁女也。楚人有卖其珠于郑者，为木兰之椟，薰以桂椒，缀以珠玉，饰以玫瑰，辑以翡翠。郑人买其椟而还其珠。此可谓善卖椟矣，未可谓善鬻珠也。今世之谈也，皆道辩说文辞之言，人主览其文而忘有用。墨子之说，传先王之道，论圣人之言，以宣告人。若辩其辞，则恐人怀其文忘其直，以文害用也。此与楚人鬻珠、秦伯嫁女同类，故其言多不辩。②

韩非以“功用”衡量言语，自然否定文饰，反对言辞的修饰。他认为文饰是“邪道”，修饰言辞是扰乱国家风气的重要因素之一。《韩非子·解老》：“所谓貌‘施’也者，邪道也。”《五蠹》：“乱国之俗：其学者，则称先王之道以籍仁义，盛容服而饰辩说，以疑当世之法，而贰人主之心。”“破国亡主以听言谈者之浮说。”

第四，言说要善于揣摩接受对象的心理，即“凡说之难，在知所说之心”。目睹韩国的衰弱，韩非曾多次上书进谏，却都没有被采用。他深知进言之难，所以在《难言》篇中对难言的原因作了详细分析：

> 臣非非难言也，所以难言者：言顺比滑泽，洋洋纚纚然，则见以为华而不实；敦祗恭厚，鲠固慎完，则见以为掘而不伦；多言繁称，连类比物，则见以为虚而无用；总微说约，径省而不饰，则见以为刿而不辩；激急亲近，探知人

① 《韩非子·五蠹》。

② 《韩非子·外储说左上》。

情，则见以为谮而不让；闳大广博，妙远不测，则见以为夸而无用；家计小谈，以具数言，则见以为陋；言而近世，辞不悖逆，则见以为贪生而谀上；言而远俗，诡躁人间，则见以为诞；捷敏辩给，繁于文采，则见以为史；殊释文学，以质信言，则见以为鄙；时称诗书，道法往古，则见以为诵。此臣非之所以难言而重患也。

这12种情形，是韩非对言语事实的总结和概括，也是12种不同的语言表达风格。在韩非看来，谏言者无论采取哪种方式都容易遭人误会，关键在于谏言者没有很好地把握君主的心理。没有把握君主的心理而言说，就不能"投其所好"、有的放矢。韩非在总结了进言失败的一系列原因后指出，言说一定要符合听者的心理。《说难》：

凡说之难：在知所说之心，可以吾说当之。所说出于为名高者也，而说之以厚利，则见下节而遇卑贱，必弃远矣。所说出于厚利者也，而说之以名高，则见无心而远事情，必不收矣。所说阴为厚利而显为名高者也，而说之以名高，则阳收其身而实疏之；说之以厚利，则阴用其言显弃其身矣。此不可不察也。①

并进一步提出了行之有效的解决办法：

凡说之务，在知饰所说之所矜而灭其所耻。彼有私急也，必以公义示而强之。其意有下也，然而不能已，说者因为之饰其美而少其不为也。其心有高也，而实不能及，说者为之举其过而见其恶，而多其不行也。有欲矜以智能，则为之举异事之同类者，多为之地，使之资说于我，而佯不知也以资其智。欲内相存之言，则必以美名明之，而微见其合于私利也。欲陈危害之事，则显其毁诽而微见其合于私患也。誉异人与同行者，规异事与同计者。有与同污者，则必以大饰其无伤也；有与同败者，则必以明饰其无失也。彼自多其力，则毋以其难概之也；自勇其断，则无以其谪怒之；自智其计，则毋以其败穷之。②

根据听者的心理、喜好而言说，表达效果会更好。"谏说谈论之士，不可不察爱憎之主而后说焉。"③

为更好地宣传其法术思想，韩非在议论说理中运用了多种修辞方法和技

① 《韩非子·说难》。
② 《韩非子·说难》。
③ 《韩非子·说难》。

巧。一是大量运用了排比、对偶、对比、顶真、层递、反复、列举分承等旨在美化形式的修辞手段。尤其是顶真这种修辞手法,自孔子后,韩非的运用更是精到娴熟,炉火纯青。二是运用了大量的比喻和寓言。据统计,《韩非子》一书中的寓言多达300多则,居先秦各家著作之首。[①] 比喻和寓言的使用,使表达寓意深刻,耐人寻味,发人深省。三是多种修辞方式综合运用。有时是在一段话中连续运用多种修辞方式,有时是兼用多种修辞方式,使语言表达异彩纷呈、美不胜收。另外,还特别注意句子长短的变化、句式的变化和语气的变化,使语句错落有致、富于变化。由此可以看出,韩非只是在理论上"好质而恶饰",注重实用,而其言语修辞实践却表明,他并非只重质而否文,只是更强调内容和功用而已。在思想内容置于首位的前提下,韩非并不排斥形式和丽辞,甚至把形式和丽辞当作宣传思想观点、进行说理辩驳的有效武器。同先秦其他诸子一样,韩非也存在着理论与实践一定程度的脱节。

(2)儒、法间的互相学习与借鉴——以荀子、韩非子为例。

韩非曾师从荀子,他们二人在某些方面存在着很多相似之处。如在"说难"问题上,韩非的《说难》篇就是对荀子说难观点的具体分析与阐述。另外,他们二人均十分重视言说表达,讲究语词运用的准确、音韵的和谐、形式的整齐、逻辑的严谨等。荀子惯用的对偶、排比、顶真、列举分承、比喻等,韩非都有大量运用并有发展,如他善于扣住事物的本质特征连续用喻,"著博喻之富"。但荀子喜用的形容词、叠音词、语气词尤其是"～然"类状貌形容词,韩非却极少运用。这因此形成了他们不同的言语风格:荀子语言清爽华美,韩非语言凝重平实。

韩非继承、发展了荀子的说难观点与言说方式,荀子对法家也非常尊崇。如荀子评价管子是贤者良臣,推重商鞅变法,对商鞅变法后的秦国也较为赞赏。荀子隆礼重法,赞同王霸,深受商鞅等的影响。[②] 所以有学者认为,荀子言礼有法的意味,甚至言礼即是言法,言法即是言礼,两者是一个东西,是一个东西的两种说法[③];还有学者认为,荀子的思想体系与法家相合[④]。不容置疑的是,先秦政论散文经过《老子》、《论语》、《墨子》、《孟子》、《庄子》等发展阶段,至《荀子》、《韩非子》时已趋于成熟、臻于完善。《荀子》与《韩非子》都是先秦政论散文

---

① 赵义山、李修文:《中国分体文学史》(散文卷),上海古籍出版社2002年版,第45页。

② 参见李铮:《荀子与商鞅学派研究》,《北方论丛》2010年第1期。

③ 参见杨荣国:《中国古代思想史》,人民出版社1954年版,第345～346页。

④ 参见邓汉卿:《荀子绎评·序》,岳麓书社1994年版。

的典范之作。

总之,先秦儒家修辞的产生既出于春秋战国时期政治外交、诸子争鸣等的客观需要,又与“君子”修身的主观需求密不可分。礼仪之邦——齐鲁地区为儒家修辞奠定了深厚的文化基础;甲骨卜辞、钟鼎铭文中的修辞方法、修辞意识,为儒家修辞提供了丰富滋养;道家、墨家、法家等先秦诸子的修辞思想与修辞实践,则为儒家修辞的产生提供了众多借鉴。以孔、孟、荀为代表的先秦儒家,在前人的基础上不断地探索、发展,在与诸子论辩中不断学习、借鉴,扬长避短,取长补短,日益丰富、完善他们的立言修辞思想和修辞的方法技巧,最终在中国修辞学史上独树一帜,并深深地影响着后世修辞学的发展。

第二节 先秦儒家修辞特色

先秦儒家修辞产生、完善于百家争鸣那个特殊的历史时期,带有那个时期特有的色彩,同时也有自己独特的地方。主要表现在:

一、浓郁的道德伦理色彩

儒家特别推崇文德教化,强烈要求人们在日常生活、人际交往、行为举止等方面遵守道德伦理规范。《论语·学而》:“入则孝,出则悌,谨而信,泛爱众,而亲仁。”《颜渊》:“非礼勿视,非礼勿听,非礼勿言,非礼勿动。”除此之外,儒家强调要“为政以德”、“为政以礼”,主张为政治国也要遵循一定的道德伦理规范;等等。儒家的思想学说始终围绕着道德伦理而展开,其修辞思想不可避免地具有浓郁的道德伦理色彩。

儒家立言修辞的内容“仁”、“义”、“礼”、“知(智)”、“信”本身,就是儒家重要的道德伦理范畴。“仁”、“义”、“礼”、“知(智)”、“信”,俗称“五常”。儒家认为,这“五常”要反反复复地宣讲,更要把它们贯彻、落实到生活的方方面面。这样,儒家的修辞思想和修辞实践都离不开道德伦理的范畴,时时处处都要以“仁”为中心,以“礼”、“义”为尺度,以“知(智)”、“信”为准则。在儒家看来,缺乏或背离了儒家这套伦理规范的言语行为都是不正确的、错误的,孔子鄙弃少仁乱德之言,荀子谓之“奸言”、“奸说”。

在儒家心目中,言谈是仁义道德的外在形式。言语谈吐就像一面镜子,可以反映出一个人的道德修养,所谓"一言以为知,一言以为不知"①。孔子认为,有德之人必然有言,有言之人不一定有德。这是因为,有德之言能很好地体现君臣父子间的上下尊卑,有利于协调人与人之间的关系,有利于社会的团结安定。鉴于此,儒家主张朋友间要"切切偲偲",互相批评;兄弟间要"怡怡如也",和睦相处,而不是"群居终日,言不及义,好行小慧"。如果双方有矛盾产生,也应该多从自己方面找原因,应该"躬自厚而薄责于人",严于律己,宽以待人,做到"不失足于人,不失色于人,不失口于人"②。

儒家的修辞批评,也是从道德伦理角度进行的。孔子认为,花言巧语是缺乏仁德的表现,在仁德与口才之间,宁取仁德而舍弃口才。所以在有人评价冉雍"仁而不佞"时,孔子严词批驳,曰:"焉用佞?御人以口给,屡憎于人。不知其仁,焉用佞?"冉雍是孔门弟子中德行最佳的人,孔子曾夸赞他说"可使南面"。他非常了解冉雍的仁德,所以认为仁德比口才更重要。的确如此。如果没有一颗仁爱的心,只会强牙利齿地同人争辩,终会被人憎恶;与其被人憎恶,还不如不辩。孔子十分注重仁德而厌恶强嘴利舌者,曾说"恶夫佞者"、"恶称人之恶"等。对仁人君子来说,符合道德的言语最为可贵;反之,则有害于其道德品性,有碍于行走于社会。

另外,孔子的正名说,语言运用对兴礼乐、中刑罚的作用,"一言可兴邦"、"一言可丧邦"、"修辞立其诚"等,都更强调语言内蕴的重要,强调语言的德性显现。

孟子则把言语与内心联系起来,说:"不得于心,勿求于气,可;不得于言,勿求于心,不可。"③孟子肯定"不得于心,勿求于气,可",就是肯定了言语与内心表里一致的密切关系,肯定了内在品性的重要地位。

儒家对言语道德的重视,为后世立言修辞奠定了坚实的基础,并成为中国的优良传统。汉扬雄曰:"威仪文辞,表也;德行忠信,里也。"④宋周敦颐说:"文辞,艺也;道德,实也。笃其实,而艺者书之,美则爱,爱则传焉。贤者得以学而至之,是为教。"⑤清王夫之曰:"修辞诚,则天下之诚立,未有者从此建矣,已有者

① 《论语·子张》。

② 《礼记·表记》。

③ 《孟子·告子上》。

④ 《法言·重黎》。

⑤ 周敦颐撰,梁绍辉、徐荪铭等点校:《周敦颐集》,岳麓书社2007年版,第78页。

从此不易矣。孔子成《春秋》而乱臣贼子惧，诚也。”[①]迄今，人们依然把尊重礼让他人、重承诺守信用等作为言行的首要准则。

二、经世致用的风格

先秦儒家关注社会、人生，满怀为政治国的热情和强烈的社会责任感积极入世。他们把这种热情和责任感注入具体的实践行动中，并通过其言行举止充分体现出来。

孔子是一位积极入世的思想家。为了宣传其思想主张，他周游列国，席不暇暖，历尽艰辛；开门授徒，有教无类，因材施教。他的一言一行、一举一动，始终都围绕着他的政治抱负、社会理想。孔子非常重视、讲究语言表达，专门开设“言语”科来教导、培养弟子如何说话、如何说好话，首次把语言表达当作一门课程、一门学问来对待。在孔子看来，能言只是一个人最基本的能力，关键要说得对、说得好、说得巧。只有说得对、说得好、说得巧，才能充分发挥语言的力量，才能左右逢源，征服世界上最复杂的东西——人的心灵。可以说，能言、善言是立功居业、事君从政、出使四方都要具备的能力，孔子设立“言语”科的目的，就是通过言说要领、言说技巧的传授，提高弟子入仕、为政的能力。事实也有力地证明了这一点。孔子言语科的开设，获得了极大的成功。他在给众弟子普及言语表达知识的基础上，如愿以偿地培养出宰予、子贡等出色人才。擅长言说的宰予、子贡，在仕途、政治、外交方面都有突出成就。据《史记·仲尼弟子列传》记载，宰予“利口辩辞”，曾任齐国临淄大夫；子贡以“利口巧辞”出使，成功游说列国。司马迁曾以大量篇幅描述了子贡出使的经过，称赞说：“子贡一出，存鲁，乱齐，破吴，强晋而霸越。子贡一使，使势相破，十年之中，五国各有变。”[②]孔门弟子以修辞为经世手段，建功立业，于史可征，而孔子修辞观的经世风格，则在社会实践中豁然展现，长垂于后世。[③]

在儒家看来，修辞既是抒怀达意的工具，更是修身立言、从政议政的有效方法和手段。孔子曰：“修辞立其诚，所以居业也。”建立在道德诚信基础上的修辞是成功居业的前提和条件，不能修辞就不能居业和守业。孔子曰“一言可兴

---

① 王夫之：《船山思问录》，上海古籍出版社2000年版，第39页。

② 《史记·仲尼弟子列传》。

③ 参见鲁金华：《孔子修辞观的经世风格与伦理精神》，《中南民族学院学报（哲学社会科学版）》1995年第4期。

邦”、“一言可丧邦”，则是从政治角度讲述言语的功能。孔子“正名说”的提出，更是出于维护统治者上下尊卑等级秩序的需要。他在回答子路“卫君待子而为政，子将奚先”的询问时明确表达了自己的态度，曰：“必也正名乎！”①孔子如果为政，他要做的第一件事就是正名，纠正用词不当、名实不符的弊端。在他看来，用词不当、名实不符，会产生一系列的恶果：“名不正”就会“言不顺”、“事不成”、“礼乐不兴”、“刑罚不中”、“民无所错手足”。如果“言不顺”、“事不成”、“礼乐不兴”、“刑罚不中”、“民无所错手足”这一系列现象存在，政治就不能安定，国家就不能繁荣。孔子提出的“君君、臣臣、父父、子子”，其实也是一种正名。君、臣、父、子如果能各安其位、各司其职，不相僭越，国家的统治就会有条不紊，家庭的治理也会井然有序，所谓“名正则治”②；反之，如果君不君、臣不臣、父不父、子不子，天下就会大乱，所谓“天下易位，名乱而天下不治”。春秋时期之所以存在臣弑君、子弑父的现象，关键原因就是臣、子乱了纲常，没有恪守为臣、为子之道。这也正是孔子作《春秋》以诛“乱臣、贼子”③的初衷和夙愿。

孔子作《春秋》。“世衰道微，邪说暴行有（又）作，臣弑其君者有之，子弑其父者有之。孔子惧，作《春秋》。”“孔子成《春秋》而乱臣贼子惧。”④孔子作《春秋》的动机，显然是有感于世道的混乱。孔子意图通过历史表达自己的政治见解，以达到匡正时弊、警示后人的目的。在《史记·太史公自序》中，司马迁对孔子作《春秋》的动机和目的作了精准揭示：

> 上大夫壶遂曰：“昔孔子何为而作《春秋》哉？”太史公曰：“余闻董生曰：周道衰废，孔子为鲁司寇，诸侯害之，大夫壅之。孔子知言之不用，道之不行也，是非二百四十二年之中，以为天下仪表，贬天子，退诸侯，讨大夫，以达王事而已矣。”子曰：“我欲载之空言，不如见之于行事之深切著明也。”夫《春秋》，上明三王之道，下辨人事之纪，别嫌疑，明是非，定犹豫，善善恶恶，贤贤贱不肖，存亡国，继绝世，补敝起废，王道之大者也。……《春秋》辩是非，故长于治人。……《春秋》以道义。拨乱世反之正，莫近于《春秋》。《春秋》文成数万，其指数千。万物之聚散皆在《春秋》。《春秋》之中，弑君三十六，亡国五十二，诸侯奔走不得保其社稷者不可胜数。察其所以，皆失其本

① 《论语·子路》。

② 《吕氏春秋·正名》。

③ 《孟子·滕文公下》。

④ 《孟子·滕文公下》。

已。故《易》曰:"失之毫厘,差以千里。"故曰:"臣弑君,子弑父,非一旦一夕之故也,其渐久矣。"故有国者不可以不知《春秋》,前有谗而弗见,后有贼而不知。为人臣者不可以不知《春秋》,守经事而不知其宜,遭变事而不知其权。为人君父而不通于《春秋》之义者,必蒙首恶之名。为人臣子而不通于《春秋》之义者,必陷篡弑之诛,死罪之名。其实皆以为善,为之不知其义,被之空言而不敢辞。夫不通礼义之旨,至于君不君,臣不臣,父不父,子不子。夫君不君则犯,臣不臣则诛,父不父则无道,子不子则不孝。此四行者,天下之大过也。以天下之大过予之,则受而弗敢辞。故《春秋》者,礼义之大宗也。夫礼禁未然之前,法施已然之后;法之所为用者易见,而礼之所为禁者难知。

孔子的理想主要是恢复西周的礼乐制度和宗法观念,孟子则更多地关注社会现实和个体精神。孟子常常与人辩论,和宋钘辩,和淳于髡辩,和告子辩,和许行辩,和墨子辩……孟子为什么如此好辩?之所以如此,是为了纠正当时人们各种思想认识上的错误——当然是孟子从儒家立场出发所认为的错误,从而避免这种错误思想对社会、对世人造成的伤害。他说:"予岂好辩哉?予不得已也。"在孟子看来,匡正时弊、拯救社会是他义不容辞的责任,而辩论则是他匡正时弊、拯救社会的有效武器。他说:"昔者禹抑洪水而天下平,周公兼夷狄、驱猛兽而百姓宁,孔子成《春秋》而乱臣贼子惧。……我亦欲正人心,息邪说,距诐行,放淫辞,以承三圣者。岂好辩哉?予不得已也!"[①]如孟子自己所言,他的好辩是为邪说盛行的形势所逼迫,被为民请命的责任心所驱使。事实上,他是为了宣传儒家的政治主张,是为了富民强国,这与同时期纵横家为个人富贵而游说、辩论有着明显不同。

荀子也认识到了言辞于国家社会的利害关系,认为言辞关系到国家的安全、社会的稳定,是成就君主霸业的大事,指出:"辨说也者,不异实名以喻动静之道也","期、命、辨、说也者,用之大文也,而王业之始也","说行则天下正"。[②]他认识到了辩说与治理天下、建功立业的密切关系,因此主张"君子必辩"。面对"圣王没,名守慢,奇辞起,名实乱,是非之形不明"[③]的混乱局面,荀子提出了"正名"主张,主张制定事物的名称,以区分事物、辨别是非、沟通思想,所谓"制

① 《孟子·滕文公下》。
② 《荀子·正名》。
③ 《荀子·正名》。

名以指实，上以明贵贱，下以辨同异”，“志无不喻之患，事无困废之祸”[1]。同孔子的正名主张一样，荀子的正名主张也具有很强的针对性和实用性。

儒家的“知言”说也具有相当强的实用性。“言为心声。”通过一个人的言语大致可了解其情绪心理、品德性情等，所以孔子曰：“不知言，无以知人。”孟子曰：“何谓知言？诐辞知其所蔽，淫辞知其所陷，邪辞知其所离，遁辞知其所穷。”可见，孔子知言的目的是知人，孟子知言的目的是洞察说话人的心理，为论辩寻找突破口。

先秦儒家修辞的经世致用还表现在借《诗》言志方面。先秦时期，用《诗》之风盛行。据劳孝舆《春秋诗话》统计，《左传》所记赋诗，见于今本《诗经》的，共有53篇，其中以《国风》、《小雅》居多，共有51篇，另有《大雅》与《颂》各1篇。此外，在言谈中“引诗为证”的还有84篇，二者相加，去其重复，共有123篇，占全部《诗经》的五分之二。[2] 之所以如此盛行，主要是因为诗可言志，即可以借助诗歌表达内心的情感志向，或歌颂赞美，或讽刺鞭挞，或抒发哀怨，或自我鞭策，等等。对此，唐孔颖达总结、概括说：“诗述民志，乐歌民诗，故时政之善恶，见于音也。”“诗人览一国之意，以为己心，故一国之事，系此一人使言之。”[3]孔颖达一语道破了用诗的原因。从先秦时期的用诗情况来看，先秦时期的“诗言志”大致可分“献诗陈志”、“赋诗言志”两种。[4] 关于“献诗陈志”，《周语·国语上》明确指出了其用意：“故天子听政，使公卿至于列士献诗……百工谏，庶人传语，近臣尽规，亲戚补察……而后王斟酌焉，是以事行而不悖。”公卿列士献诗既有称述对方功绩、赞美其高尚德行之意，同时还有讥讽上谏的目的。《诗经·大雅·民劳》：“王欲玉女，是用大谏。”《大雅·板》：“犹之未远，是用大谏。”据《诗序》，《民劳》诗为召康公十六世孙昭穆公所作，《板》诗为周公后代凡伯所作。姚际恒《诗经通论》指出：“厉王时唯召穆公、凡伯为老臣……此盖刺厉王用事小人而其旨归于谏王也。”魏源《诗古微》也说：“幽、厉之恶，无大于亲小人。而幽则艳妻、奄寺，皆倾惑柔恶之人；厉则强御、掊克，皆爪牙刚恶之人。且厉王监谤，道路以

---

① 《荀子·正名》。

② 参见王以宪：《“诗言志”新论》，《江西师范大学学报（哲学社会科学版）》1995年第4期。

③ 孔颖达：《毛诗正义》，中华书局1998年版。

④ 参见王以宪：《“诗言志”新论》，《江西师范大学学报（哲学社会科学版）》1995年第4期。在该文中，王以宪认为“诗言志”作为先秦诗学观念的一个体系，包含三方面的内容：一是“献诗言志”，二是“赋诗言志”，三是“以意逆志”。我们以为，从言说主体的角度看，“献诗言志”与“赋诗言志”是真正意义上的借诗言志，而“以意逆志”则属于诗的理解接受范畴。

目，故召穆、凡伯皆托讽寮友。”又《诗经·小雅·节南山》：“家父作诵，以究王讻。”公卿列士们直接作诗以献，以达讽谏之目的。至于下层庶民，也有一些陈述苦情、斥责恶人的诗作，如《诗经·小雅·四月》：“君子作歌，维以告哀。”《诗经·魏风·葛屦》：“维是褊心，是以为刺。”以诗讽谏献告居上位者。

关于作诗的用意或目的，《左传》、《国语》等也有记载。《左传·昭公十二年》：“昔穆王欲肆其心，周行天下，将皆必有车辙马迹焉。祭公谋父作《祈招》之诗，以止王心。”《国语·楚语上》：“昔卫武公年数九十有五矣，犹箴儆于国，曰：‘自卿以下至于师长士，苟在朝者，无谓我老耄而舍我，必恭恪于朝，朝夕以交戒我；闻一二之言，必诵志而纳之，以训导我。’……于是乎作《懿》戒以自儆也。”由此可知，先秦时期献诗言志的目的是相当明确的。

“赋诗言志”是通过诵唱《诗经》中的诗句以表达自己意图的一种言说方式，它作为一种外交手段或外交辞令用于重大的礼仪场合。班固总结当时的用诗情况说：“古代诸侯卿大夫交接邻国，以微言相感。当揖让之时，必称诗以谕其志。盖以别贤不肖而观盛衰焉。”[①]先秦时期赋诗所用的方法是“断章取义，余取所求”，即不管原诗全篇的意旨，只取其中某一章节的意思甚至是某几句诗的意思。如《左传·襄公二十七年》记载，晋国大夫赵孟(名武)出使郑国，郑伯设宴款待并邀子展、子产、伯有等七位大夫作陪。席间，主宾双方互有诗赋往来。郑国大夫中有六位赋诗称扬赵孟、表达自己的喜悦心情，如子太叔赋《郑风·野有蔓草》：“野有蔓草，零露漙兮。有美一人，清扬婉兮。邂逅相遇，适我愿兮!”借男子对女子的思慕之情表达自己的喜悦心情；子产赋《小雅·隰桑》：“既见君子，其乐如何?”字里行间洋溢着自己与赵孟相见的愉悦等。而伯有则通过《鄘风·鹑之奔奔》的诗句表达了自己对郑伯的不满：“鹑之奔奔，鹊之强强。人之无良，我以为兄。鹊之强强，鹑之奔奔。人之无良，我以为君。”《鹑之奔奔》诗的本意是卫人用来讽刺其君的淫乱，而伯有引用此诗时，则主要取诗句“人之无良，我以为兄”、“人之无良，我以为君”的字面意思，来表达对郑伯的不满与怨恨。赵孟评价曰：“伯有将为戮矣！诗以言志，志诬其上，而公怨之，以为宾荣，其能久乎？幸而后亡。”三年后，伯有因争权而身亡。赋诗言志的利弊得失，显而易见。所以孔子慨叹：“诵《诗》三百，授之以政，不达；使于四方，不能专对，虽多，亦奚以为?”

① 《汉书·艺文志》。

在主宾双方的燕享酬酢中，"赋诗言志"是外交辞令；而在利害攸关的政治往来中，"赋诗言志"则被当作外交手段直接运用。《左传·文公十三年》记载，郑国背弃晋国后又想归复于晋，便请求鲁文公代为说情。郑、鲁双方用"赋诗"的方法婉转、含蓄地表达了各自的观点、态度。郑国大夫子家赋《诗经·小雅·鸿雁》"鸿雁于飞，肃肃其羽。之子于征，劬劳于野。爰及矜人，哀此鳏寡"，希望鲁国能施以援手，代为说情；鲁国大夫季文子赋《小雅·四月》以答，用"秋日凄凄，百卉具腓。乱离瘼矣，爰其适归"诗句婉言拒绝。之后，子家再赋《鄘风·载驰》"控于大邦，谁因谁极"恳请鲁国帮助弱小，于是季文子再赋《小雅·采薇》"岂敢定居，一月三捷"表示应允之意。在言语往来中用赋诗的方法表情达意，准确、简练、委婉、含蓄，收到了非同一般的良好效果。类似的例子很多，《左传·襄公二十六年》、《左传·定公四年》等均有这方面的记载。

总起来看，"赋诗言志"不是自己另外创作一首诗，而是借用现成的诗句以表情达意。这种用诗与我们今天的引用类似，不同的是，现今的诗句引用更多时候是佐证自己的观点或看法，而"赋诗言志"的赋者更多时候是通过诗句引用委婉、含蓄地表达自己的真实意图，有着明显的功利目的。

把《诗》恰当地运用到自己的话语中，以佐证自己观点的正确、无可辩驳，也可以收到很好的表达效果。尤其在外交场合、论辩场合，《诗》的准确引用，可以加强表达的力度，使话语更有说服力。《左传·成公二年》记载，在晋、齐交战中，齐国兵败后派使者宾媚人前往求和。晋国恃强凌弱，羞辱对方，提出齐国求和的条件是"必以萧同叔子为质，而使齐之封内尽东其亩"。意即齐、晋若重修旧好，齐国要满足晋国的两个条件：一是以齐侯之母为人质，二是修筑通衢大道供晋军通行。晋国的要求是相当苛刻、相当无理、相当伤人自尊的，无异于刨人祖坟。齐使宾媚人正色疾言，说："萧同叔子非他，寡君之母也。若以匹敌，则亦晋君之母也。吾子布大命于诸侯，而曰：'必质其母以为信。'其若王命何？且是以不孝令也。《诗》曰：'孝子不匮，永锡尔类。'若以不孝令于诸侯，其无乃非德类也乎？先王疆理天下物土之宜，而布其利，故《诗》曰：'我疆我理，南东其亩。'今吾子疆理诸侯，而曰'尽东其亩'而已，唯吾子戎车是利，无顾土宜，其无乃非先王之命也乎？……今吾子求合诸侯，以逞无疆之欲。《诗》曰：'布政优优，百禄是遒。'子实不优，而弃百禄，诸侯何害焉！"直陈其弊，义正词严，最终晋侯无言以对，不得不放弃无理要求而平等以和。以《诗》言志，辞通意达，成效显著。

三、内容与形式并重

与先秦道家、墨家及法家不同，先秦儒家修辞既重内容又重形式，呈现出内容与形式并重、内容与形式统一的特点。

关于先秦儒、道、墨、法之言辞、文辞与思想内容的关系，宗廷虎、李金苓先生以“文”、“质”概念进行了归纳概括。他们认为，以孔子为代表的儒家是“文质兼备”，以墨子为代表的墨家是“尚质后文”，以老子、庄子为代表的先秦道家是“重质轻文”，以韩非子为代表的法家则“尚质反文”。[①] 他们所说的言辞、文辞与思想内容的关系，也就是表达形式与思想内容的关系。我们暂且不论以“文”、“质”概括是否恰当，但可以看出，只有儒家是形式与内容兼备的。有比较才有鉴别，在内容与形式的关系问题上，先秦道、墨、法家都不及儒家全面、客观、公允、恰当。

理论上，儒家主张“言有物”、“言有序”、“言而当”、“修辞立其诚”、“情欲信，辞欲巧”，反对花言巧语，反对“诐辞”、“淫辞”、“邪辞”、“遁辞”等，表现出既重内容又重形式的特点。而从儒家的修辞实践来看，孔子、孟子、荀子始终围绕着儒家“仁”、“义”、“礼”、“知（智）”、“信”等核心内容组织语言、布局谋篇，注意用语的准确、阐说的精确、论述的严密，在不妨碍思想内容的基础上讲究表达方法、表达技巧的恰当运用，讲求言辞话语的美好、巧妙，做到了内容与形式的高度统一。这在儒家经典《论语》、《孟子》、《荀子》中都有具体体现。

当然，先秦道家、墨家、法家的修辞实践也很好地做到了内容与形式的统一。他们只是理论主张上有所偏颇，而言语作品均是内容与形式高度统一的典范，表现出理论与实践在一定程度上的背离或矛盾。如庄子认为，“古之行身者，不以辩饰知”[②]，“不言则齐，齐与言不齐，言与齐不齐”[③]，主张“无言”，反对辩说，认为堆砌词语、穿凿文句犹如骈拇：“骈于辩者，累瓦结绳窜句，游心于坚白同异之间，而敝跬誉无用之言非乎？而杨、墨是已。”[④]但其修辞实践却有力证明，“他本人不仅好辩，且为一世的辩论之雄”[⑤]。庄子“以卮言为曼衍，以重言为

---

① 易蒲、李金苓：《汉语修辞学史纲》，吉林教育出版社 1989 年版，第 39、42、44、50 页。

② 《庄子·缮性》。

③ 《庄子·天下》。

④ 《庄子·骈拇》。

⑤ 郭沫若：《十批判书·名辩思潮的批判》，中国华侨出版社 2008 年版，第 197 页。

真，以寓言为真”的独特的表达方式，使其言语作品文辞优美、想象丰富，呈现出一种奇特瑰玮的美。其他如老子、墨子、韩非子等莫不如此，都在一定程度上表现出言行不一的一面。

儒家内容与形式并重的主张和实践，为后世的文学创作、文学批评导夫先路，提供了可资借鉴的宝贵经验。汉代以来，我国的文学创作、文学评论，基本都沿此路向进行。可以说，儒家重内容又重形式的观点，深深地影响了两千多年的中国文学创作史、中国文学批评史和中国语言修辞学史。

结语　先秦儒家修辞的现代审视

与同时期的道家、墨家、法家相比，先秦儒家的修辞思想更为全面、系统，他们的修辞实践更加多姿多彩。尤其是他们关于修辞态度、修辞的内容与形式、修辞原则、修辞理解等方面的论说已然涉及修辞的全过程，构成了一个比较健全的修辞思想体系，当之无愧是先秦修辞思想的主要代表。他们对修辞有关问题的认识和看法，即便从现代修辞学的角度审视之，也不乏创见和新意，具有十分重要的理论意义和指导意义。

一、“修辞立其诚”是儒家立言修辞的准则，也是现代修辞的重要原则

不论是先秦两汉还是唐宋明清，不论是儒家还是道、墨、法各家，都非常注重言语道德。但是，言语道德的内容大都离不开儒家的“仁”、“义”、“礼”、“忠”、“信”范畴。自孔子提出“修辞立其诚”后，“立言”先“立德”、讲求言语诚信就成为我国的优良传统。

稍早于孔子的道家代表人物老子也曾强调言语要真实可信，曰“上善若水……言善信”，并肯定指出：“信言不美，美言不信。”老子的这一论断简明扼要，但远不及孔子的“修辞立其诚”更明确、更显豁。“诚”是修辞的立足点、出发点，也是修辞的旨归与生命所在。孔子一语中的，道破了修辞的真谛！自孔子提出“修辞立其诚”后，儒家均循此原则而立论言说。《论语·子张》：“君子信而后劳其民；未信，则以为厉己也。信而后谏；未信，则以为谤己也。”“信而后谏”，表明诚信是言说劝谏的前提。《左传·襄公二十七年》：“志以发言，言以出信，信以立志，参以定之。信亡，何以及三?”“言以出信”，强调言说要真实可信。《左传·昭公八年》：“君子之言，信而有征，故怨远于其身。小人之言，僭而无

征，故怨咎及之。”“信而有征”，指言说合于客观事实，令人信服。《榖梁传·僖公二十二年》：“言之所以为言者，信也。言而不信，何以为言？”《孟子·离娄下》：“言无实不祥。不祥之实，蔽贤者当之。”旨在强调言说要有事实根据、真实可信。当然，孟子更主张合“义”前提下的言信，所谓“大人者，言不必信，行不必果，唯义所在”①。荀子则特别注重言说的可验证性，曰：“善言古者必有节于今，善言天者必有征于人。凡论者，贵其有辨合，有符验。故坐而言之，起而可设，张而可施行。”②并特别指出“诚”是谈说之术的重要内容之一：“谈说之术：矜庄以莅之，端诚以处之，坚强以持之，分别以喻之，譬称以明之。”③

不只是儒家讲求言说诚信，即便政治立场、思想观点不同的墨家、法家、杂家等，也受儒家影响而十分重视这一问题。墨子定义“信”为“言合于意”④，认为言说出于诚心，比金子还宝贵，所谓“信，不以其言之当也，使人视城得金”⑤。并指出：“志不强者智不达，言不信者行不果。”⑥“言必信，行必果，使言行之合，犹合符节也，无言而不行也。”⑦强调言信的重要性。法家也十分重视诚信道德，韩非认为，“小信成则大信立，故明主积于信。赏罚不信则禁令不行”⑧，还说，“巧诈不如拙诚”⑨。商鞅则曰：“国之所以治者三：一曰法，二曰信，三曰权。法者，君臣之所共操也；信者，君臣之所共立也；权者，君之所独制也。”⑩杂家也对这一问题进行了论述，如吕不韦曰：“凡人主必信，信而又信，谁人不亲？故《周书》曰：‘允哉！允哉！’以言非信则百事不满也。故信之为功大矣。信立则虚言可以赏矣。虚言可以赏，则六合之内皆为己府矣。信之所及，尽制之矣。制之而不用，人之有也。”⑪又：“凡言者以谕心也。言心相离，而上无以参之，则下多所言非所行也，所行非所言也。言行相诡，不祥莫大焉。”⑫等等。由此可以看出，

---

① 《孟子·离娄下》。
② 《荀子·性恶论》。
③ 《荀子·荣辱》。
④ 《墨子·经上》。
⑤ 《墨子·经说上》。
⑥ 《墨子·修身》。
⑦ 《墨子·兼爱》。
⑧ 《韩非子·外储说左上》。
⑨ 《韩非子·说林上》。
⑩ 石磊译注：《商君书·修权》，中华书局2009年版，第96页。
⑪ 《吕氏春秋·贵信》。
⑫ 《吕氏春秋·淫辞》。

先秦时期的人们都十分推崇诚信，主张“言不欺心”、言心统一。

汉代尊崇儒学，自然十分注重言语的诚信道德。贾谊直接把“信”界定为“期果言当”，曰：“期果言当谓之信。”[①]淮南王刘安则把“言而必信，期而必当”评价为“天下之高行”。[②] 刘向认为，诚信是“君子”必须重视的六个问题之一：“夫公生明，偏生暗，端悫生达，诈伪生塞，诚信生神，夸诞生惑，此六者，君子之所慎也，而禹、桀之所以分也。”[③]桓宽则把“言而不诚”视为不孝：“言而不诚，期而不信，临难不勇，事君不忠，不孝之大者也。”[④]扬雄则直接定义“信”为“不食其言”，并说“信，符也”[⑤]，认为诚信就是遵守承诺、言行一致。扬雄认为，言辞与诚信是一种表里关系：“威仪、文辞，表也；德行、忠信，里也。”[⑥]因此他非常赞赏“君子”，认为“君子”品德高尚，言行有信：“君子不言，言必有中也；不行，行必有称也。”[⑦]王充进一步发展了“德内言表”的观点，认为“德”是文“缛”与文“明”的基础，先有内在的道德品质、思想感情，然后才能“雕文饰辞”，才能感动人、感染人。《论衡·书解篇》：“德弥盛者文弥缛，德弥彰者文弥明。”《超奇篇》：“笔墨之文，将而送之，岂徒雕文饰辞，苟为华叶之言哉？精诚由中，故其文语感动人深。”有鉴于此，王充对那些无德近臣进行了严厉指责：“‘人主好辩，佞人言利；人主好文，佞人辞丽。’……外内不相称，名实不相副。”[⑧]王符也是同样看法，认为“忠信谨慎，此德义之基也”[⑨]，言行的根本在于道德信义。“教训者，以道义为本，以巧辩为末。辞语者，以信顺为本，以诡丽为末。”王符强调辞语要以真诚的情思、通顺的文理为根本，要去除思想内容的虚假和辞藻的刻意雕饰。

及至唐朝，诚信从一种道德规范逐渐上升为一种政治信仰[⑩]，上至帝王将相下至普通百姓，都十分注重言说诚信问题。如盛唐缔造者唐玄宗在《敕吐蕃赞普书》(张九龄起草)中强调说：“夫人之所以为贵者，以其有信有礼，国之所以能强者，亦云惟信与义。若言不可信，义不可亲，虽在匹夫，尚多耻愧，何况君长，

---

① 王心湛：《贾子新书集解》(上海)，广益书局1936年版，第89页。

② 《淮南子·泛论训》。

③ 刘向：《说苑·至公》。

④ 桓宽：《盐铁论·孝养》。

⑤ 扬雄：《法言》，中华书局1985年版，第7页。

⑥ 扬雄：《法言》，中华书局1985年版，第31页。

⑦ 扬雄：《法言》，中华书局1985年版，第37页。

⑧ 王充：《论衡·答佞篇》，上海人民出版社1974年版，第182页。

⑨ 王符著，汪继培笺：《潜夫论笺校正·务本》，中华书局1985年版，第17、16页。

⑩ 参见苏玉梅：《唐代诚信思想研究》，河南大学博士学位论文，2008年。

能无情乎?"[①]魏征在总结了唐太宗的失信行为后说:"言而不信,言无信也;令而不从,令无诚也。不信之言,无诚之令,为上则败德,为下则危身,虽在颠沛之中,君子之所不为也。"[②]魏征的这一思想深受其老师王通的影响。隋代思想家王通曾培养了好多弟子,如房玄龄、杜如晦、魏征、李靖、王珪、窦威等出色人才,他特别重视诚信问题,强调说:"推之以诚,则不言而信","言而信,未若不言而信。行而谨,未若不行而谨"[③]。"以传尧、舜、禹、汤、文、武、周公、孔子、孟子之道为己任"的大思想家韩愈,进一步继承、发展了先秦儒家的诚信思想,认为"仁"、"义"、"礼"、"智"、"信"是与生俱来的东西,是不能随意丢弃的:"性也者,与生俱生也;……其所以为性者五:曰仁,曰礼,曰信,曰义,曰智。"[④]同韩愈一样致力于儒道的大思想家柳宗元,也十分重视诚信问题。他指出:"圣人之为教,立中道以示于后。曰仁、曰义、曰礼、曰智、曰信,谓之五常,言可以常行者也。"[⑤]至于"智如子房"、"辩如贾谊"的陆贽,更是"言不离道德"[⑥]。他论及诚信时指出:"臣闻人之所助在乎信,信之所立由乎诚。守诚于中,然后俾众无惑;存信于己,可以教人不欺。唯信与诚,有补无失。一不诚则心莫之保,一不信则言莫之行。故圣人重焉,以为食可去而信不可失也。又曰:'诚者物之终始,不诚无物。'物者事也,言不诚则无复有事矣。"[⑦]

前人对言说诚信的重视为宋、明、清时人对该问题的认识奠定了基础。宋、明、清时期的人们十分重视言说的诚信问题,并非常明确地论述了"辞"与"诚"的关系。如宋代理学家朱熹认为,人要忠信第一、谨慎言说。他说:"诚者,真实无妄之谓。"[⑧]"人多将言语作没紧要,容易说出来。若一一要实,这工夫自是大。……若口不择言,逢事便说,只这忠信亦被汨没动荡立不住了。"[⑨]并说:"若人无信,则语言无实,何处行得。处家则不可行于家,处乡党则不可行于乡

① 张九龄:《敕吐蕃赞普书》,董诰等编:《全唐文》卷二八七,中华书局1983年版,第2908页。
② 吴兢撰,葛景春、张弦生注译:《贞观政要·论诚信》,中州古籍出版社2008年版,第235页。
③ 王通:《中说·周公》,商务印书馆1919年版,第14页。
④ 屈守元、常思春主编:《韩愈全集校注·原性》,四川大学出版社1996年版,第2686页。
⑤ 柳宗元:《柳宗元集》卷三《时令论下》,中华书局1979年版,第88页。
⑥ 苏轼:《乞校正陆贽奏议进上御劄子》,《苏轼文集》,中华书局1986年版,第1012页。
⑦ 刘昫等撰,廉湘民等标点:《旧唐书·陆贽》,吉林人民出版社1995年版,第86页。
⑧ 朱熹著,王浩整理:《四书集注·中庸章句》,凤凰出版社2005年版,第32页。
⑨ 转引自李光地:《周易折中》,九州出版社2002年版,第970页。

党。”[①]“言行不相副，无以取信于人如此，使人皇恐，无地自容。”[②]“‘有朋友交而不信乎？’凡事要当用自己实底心与之交，有便道有，无便道无。”[③]等等。北宋理学家周敦颐则把“诚”看作一切德行的基础，说：“诚，五常之本，百行之源也。静无而动有，至正而明达也。五常百行非诚，非也，邪暗塞也。故诚则无事矣。”[④]那么，言行举止自然当奉行诚信道德。理学家程颐赞同这种观点，认为“诚”是德的基础和根本，是一切事情得以成功的保证。他说：“诚无不动者，修身则身正，治事则事理，临人则人化，无往而不得志之正也。”[⑤]“学者不可以不诚，不诚无以为善，不诚无以为君子。修学不以诚则学杂，为事不以诚则事败，自谋不以诚，则是欺其心而自弃其忠，与人不以诚，则是丧其德而增人之怨。”[⑥]明末清初的大思想家王夫之以“六经则我开生面”的唯物主义态度对儒家诚信学说进行了全面的总结和发展。他说：“诚，以言其实有尔。”[⑦]在他看来，言说符合实际、真实无妄就是“诚”。清代思想家、文学家魏源在论及“四不朽”时也深入阐述了“德”与“言”的关系。他说：“立德，立功，立言，立节，谓之四不休。自夫杂霸为功，意气为节，文词为言，而三者始不皆出于道德，而崇道德者又或不尽兼功、节、言，大道遂为天下裂。君子之言，有德之言也；君子之功，有体之用也；君子之节，仁者之勇也。故无功、节、言之德，于世为不曜之星；无德之功、节、言，于身心为无原之雨；君子皆弗取焉。”[⑧]魏僖在《甘健斋轴图稿序》中则明确指出，先有诚德然后言文：“孔子曰：言之无文，行之不远。于《易》曰：修辞立其诚，立诚以为质，修之而后言可文也。”等等，不一而足。

在科学技术快速发展、社会生活日新月异的今天，人们也十分重视言语道德问题。早在20世纪80年代，我国政府就高度重视语言文明建设。1981年，全国范围内开展了“五讲四美三热爱”活动，号召大家讲文明、讲礼貌、讲秩序、讲道德，做到心灵美、语言美、行为美、环境美；同年，《人民日报》发表了《大家都

---

① 黎靖德编，王星贤点校：《朱子语类》卷二四，中华书局1994年版，第595页。

② 朱熹：《与吕伯恭书》，《朱子文集》卷三三，《丛书集成初编》本。

③ 黎靖德编，王星贤点校：《朱子语类》卷二一，中华书局1994年版，第485页。

④ 周敦颐撰，梁绍辉、徐荪铭等点校：《周敦颐集》，岳麓书社2007年版，第65～66页。

⑤ 杨时编辑：《二程粹言》卷一《论道篇》，中华书局1985年版，第2页。

⑥ 朱熹编，严佐之校点：《程氏遗书》第二十五，朱杰人、严佐之、刘永翔主编：《朱子全书外编2》，华东师范大学出版社2010年版，第407页。

⑦ 王夫之：《张子正蒙注》，中华书局1975年版，第58页。

⑧ 《魏源全集》第12册，辽宁人民出版社2000年版，第22～23页。

来讲究语言的文明和健康》的专题社论，要求人们恪守言语道德，讲话文明健康。1995 年底，《人民日报》再次发表了《在全社会树立语言文字规范意识》的社论，要求人们正确使用祖国的语言文字。2001 年 9 月 20 日，中共中央印发《公民道德建设实施纲要》，要求人们重礼节、讲礼貌、告别不文明言行。2004 年，党的十六届四中全会第一次明确提出构建和谐社会的问题，第一次在党的文件中把和谐社会建设放到同经济建设、政治建设、文化建设并列的突出位置。而和谐社会的构建，就要求人们互相尊重、礼让、友好，要求人们注重诚信、讲求言语道德。2014 年，党中央则十分郑重地把“诚信”列为社会主义核心价值观之一。现代著名修辞学家王希杰先生高声疾呼，希望人们重视中国优秀的文化传统，讲究言语道德。他认为，运用语言文字就是从团结、合作、和睦、和平、诚恳、诚心、诚意出发而到更进一步的团结、合作、和睦、和平、诚恳、诚心、诚意，那些滔滔不绝、娓娓动人的假话“都不是修辞，而是反修辞，伪修辞”。修辞的基本点就在于“诚”，“诚”是修辞的生命，是修辞社会价值的体现。① 的确如此，现代社会的迅猛发展，使人们的生活节奏明显加快，人们更注重效益的最佳化、功利的最大化。所以在日常交际中，人们说话往往又急又快，或口不择言、出口伤人，或假话连篇、坑蒙拐骗等，这就特别需要人们说真话，诉真情，讲文明，讲礼貌，讲诚信，讲道德。事实表明，诚信有礼、入耳动听之言，具有温暖人心、消除误会、化解矛盾、密切关系的神奇功效，诚如苏格拉底所说：“世间有一种成就可以使人很快完成伟业，并获得世人的认识，那就是讲话令人喜悦的能力。”②所以现代社会的人们更应该先有德后有言、“修辞立其诚”，这样才能使我们的社会、我们的国家更加和谐美好。

“修辞立其诚”是古代人们的说话准则，也是现代修辞的重要原则。孔子的“修辞立其诚”对我国思想文化的影响，巨大而深远。

二、内容与形式并重，是儒家修辞的特色，更是现代修辞学的核心

现代修辞学奠基人陈望道先生指出：“内容与形式是一对矛盾的两个侧面，它们是不能截然分开的。没有无形式的内容，也没有无内容的形式。修辞不能离开内容来讲形式，也不能离开形式来讲内容。……修辞要讲究内容和形式的

① 王希杰：《略论“修辞立其诚”》，《苏州教育学院学报》2000 年第 1 期。

② 转引自孙恒编译：《说服力：当众交流与沟通的杰出人才》，中国民航出版社 2005 年版，第 1 页。

统一。”[①]内容与形式是一体两面，缺一不可。在二者的关系问题上，先秦儒家的主张最为得当。如孔子的“修辞立其诚”、“情欲信，辞欲巧”、“文质彬彬”，孟子的“言近而旨远者，善言也”，荀子的“情文俱尽”等，都明确昭示了这一点。

关于内容与形式的关系，汉代以后的文学创作和文学评论中都有专门论述。汉代如王充的“外内表里，自相副称”论，王符的“本末”论，司马迁的“情辞”论；魏晋南北朝时期如刘勰的“文附质，质附文”和“情采”论；唐代如韩愈的“辞事相称”论，柳宗元的“文道”论；清代如方苞的“义法”说；等等。他们都继承了孔子的“文质”论又有创造性的发挥。孔子曰：“文胜质则史，质胜文则野。文质彬彬，然后君子。”“质”指内在道德，“文”指外在礼仪。对一个人来说，要内外一致、表里如一；对一篇言语作品来说，内在的思想内容与外在的语言表达形式也要和谐统一。因此，文论界争相沿用孔子的“文质彬彬”来概括内容与形式的关系。现代修辞学者陈望道、宗廷虎、李金苓等先生则把孔子的“文质”概念运用于修辞学。陈望道先生认为，“质”指称消极修辞部分，“文”指称积极修辞部分；宗廷虎、李金苓先生则以“文质并重”概括儒家的修辞观（当然，他们所说的“文质”含义已发生了变化）。各界学者对“文质”概念的频繁使用充分说明，“文质”关系对应了内容与形式的关系、文采与质朴的关系，满足了中国传统的审美观念和审美价值取向；而“文质”与内容和形式的对应关系，又使得人们争相借用“文质”概念以表意。

孔子曰：“辞达而已矣。”在一定程度上，“辞达”也是内容与形式相适应的结果，并不单单是言辞能够传情达意就万事大吉。从孔子因人而异、因地而宜的言语实践来看，他非常注重说者的语言表达，既做到“达其所欲达”，又期于听者的理解和接受，做到“因材施教”。所以，孔子所说的“达”绝不是仅限于说者的表达，它还包括了听者的通晓明白。面对不同的听读者，说写者要表达各种各样的思想内容；即便是表达同样的内容，也会因听读者不同的年龄、身份、学识水平等而选用不同的言说方式，最终目的是获得他们的理解和接受。也就是说，言辞有多种多样的“达”，它是特定的思想内容与具体的语言环境制约下选择相应的语言表达形式的结果。如果只顾及说写者一方而“畅所欲言”、一吐为快，就会导致词不达意、以词害意或佶屈聱牙，难以卒听卒读，严重妨碍相互间的交际交流。这种现象，在现实生活中，可以说是屡见不鲜。诚如李泽厚先生

① 陈望道：《修辞学发凡》，上海教育出版社1979年版，第39～40页。

所言:“可惜的是,今日的标准恰好相反,‘辞’不求达而求不达。君不见,一大本小说或一大篇论文,纡回弯曲,佶屈聱牙,似通非通,极为难读。经常使人头昏脑涨,如坠五里雾中,而‘篇终接渺茫’,仍然不知所云。”[①]对照现实,孔子的“辞达而已矣”犹如空谷足音,令人警醒。

儒家内容与形式并重的修辞观告诉我们,不论说话还是作文,都要力争做到内容与形式的和谐统一。“凡是成功的修辞,必定能够适合内容复杂的题旨,内容复杂的情境,极尽语言文字的可能性。”[②]也就是说,修辞不仅仅是语辞的修饰,更不是离开思想内容的修饰。

三、言说要适合具体时间、地点、对象的观点,为现代语境理论的建立奠定了基础

言说中的时间、地点、场合、对象问题,即写说“六何”中的“何故”、“何人”、“何地”、“何时”等问题,陈望道先生称之为“情境”,并认为这都是情境上的分题。他强调指出:“修辞应以适应题旨情境为第一义。”[③]当代著名修辞学者王德春先生则把它们称为语境。他在《现代修辞学》一书中指出,语境就是语言使用的环境,包括客观和主观两方面的因素。客观因素指言说的时间、地点、场合、对象等,主观因素指说话者的身份、职业、思想、修养以及处境、心情等。修辞学的各个领域,如语体、风格、文风、修辞方法、语言美、言语修养等都同语境有关,语言的使用要受语境的约束,修辞效果要结合语境来衡量,语境是现代修辞学的基础。[④] 时间、地点、场合、对象等语境因素之所以被置于修辞总原则、总纲领的重要位置,就因为现代修辞学者在前人具体的言语表达中看到了语境因素对言语表达的严重影响和制约作用。可以说,现代修辞学、语境学关于修辞要适合具体语言环境的理论,完全是建立在前人成功经验和失败教训基础上的。

早在两千多年前,先秦儒家就已经有了较为丰富的修辞理论和成功的修辞实践。如孔子、孟子、荀子都强调,言说要分清时机、时间、场合和对象,避免“躁”、“隐”、“瞽”等过错的产生,做到不失人也不失言。孔子还身体力行了他的修辞主张,在乡党、宗庙、朝廷等不同场合分别有不同的言语表现,进退适宜,举止有度,充分体现了一代大师的风采。因此,汉代以降的专家学人,在深入研究

① 李泽厚:《论语今读》,三联书店2005年版,第448页。

② 陈望道:《修辞学发凡》,上海教育出版社1979年版,第11页。

③ 陈望道:《修辞学发凡》,上海教育出版社1979年版,第11、37页。

④ 王德春、陈晨:《现代修辞学》,上海外语教育出版社2001年版,第37～41页。

儒家政治思想、哲学主张、道德伦理观念的同时，也在不断揣摩、分析他们的修辞观点和言语技巧。如历代对“修辞立其诚”、“辞达而已矣”、“知言养气”、“以意逆志”等问题的不同阐发和诠释，就是一个确凿的证明。儒家及其他言语作品的成功经验和失败教训，给现代修辞学语境理论的建立提供了充足的理论营养，奠定了坚实的实践基础。因此，现代修辞学再三强调，立言修辞要“见什么人说什么话”、“到什么山上唱什么歌”，要求人们准确、恰当地运用语言，以恰当得体、文明优美的语言密切人与人之间的关系，构建和谐美好的社会。

四、儒家“知言”说为接受修辞学的构建提供了重要的方法论指导

修辞产生并存在于具体的言语交际过程中，而言语交际必然兼涉言语表达和言语接受两端，包括言语表达主体和言语接受主体双方。表达主体在具体说写时必须顾及听读者，要以获得对方的理解、接受为目的；接受主体在理解话语时既要结合具体的语言环境，也要结合说写者的身份、职业、思想、性格、处境、心情等因素，这样才能正确解读说写者的言内之意和言外之意，才能快速作出反应和回馈。“话不投机半句多。”双方的默契一致是交际交流顺利进行的前提和保证。怎样理解话语？儒家的“知言”说为我们提供了有益的方法论指导。

《周易·系辞上》：“将叛者其辞惭，中心疑者其辞枝，吉人之辞寡，躁人之辞多，诬善之人其辞游，失其守者其辞屈。”《孟子·公孙丑上》：“何为知言？曰：‘诐辞知其所蔽，淫辞知其所陷，邪辞知其所离，遁辞知其所穷。’”即是说，言语对应心理，我们可以通过一个人的言语探知其所思所想和心理情绪。在话语的理解、接受方面，孟子进一步提出了“以意逆志”的方法。《孟子·万章上》：“说诗者，不以文害辞，不以辞害志。以意逆志，是为得之。”这给人们如何理解、接受话语以深刻启发。根据接受修辞学的理论，修辞是一个兼涉表达者和理解接受者双方的言语交际过程，包括了信息的编码、传输和信息的接受两个方面。“表达和接受，构成修辞活动的两极，两者统一在同一的言语交际过程中，又各有不同的角色分工：表达者提供获取言语交际最佳效果的可能性，接受者完成由可能性向现实性的转化。”[1]表达和接受，缺一不可。事实是，在某种程度上，接受比表达更重要。在言语交际中，只有接受者准确、正确地理解了话语信息，才能及时作出恰如其分的反应、反馈，才能保证下一轮话题的顺利进行。“在修

---

① 谭学纯等：《接受修辞学》，安徽大学出版社 2000 年版，第 7 页。

辞过程中，接受者不仅是不可缺少的，而且是至关重要的。接受者作为言语交际的一方，从不同角度、在不同层面参与修辞表达的意义生成。”[①]如此看来，接受者的理解与接受，影响着甚至制约着言语交际的成功与失败，影响着甚至制约着最佳交际效果的有无、大小。所以，作为话语信息的接受者，要“知言”，要了解表达者话语的表层意思，更要通过掌握表达者的言说动机、目的、语言环境进而了解其话语所蕴含的深层意思，追寻“象外之象”和“言外之意”，挖掘其背后隐藏的真正含义，然后积极参与到修辞过程中来，保证信息编码—传输—解码—接受信道的畅通，从而实现交际效果的最佳化。

五、儒家“近取譬”主张对比喻的建构与运用具有深远影响

《周易·系辞下》：“仰则观象于天，俯则观法于地，观鸟兽之文，与地之宜，近取诸身，远取诸物。”《诗经·大雅·抑》：“取譬不远，昊天不忒。”就近取譬是我国的优良传统。在古代，人们对客观物象的认识大都运用比兴思维方式，由此及彼，缘象比附，引譬连类，《周易》、《诗经》、《离骚》等均有直接反映和体现。如《周易·大过》“枯杨生稊，老夫得其女妻”，“枯杨生华，老妇得其士夫”，用枯杨开花比喻老年人寻得年轻人为伴侣。《诗经·国风·硕鼠》用贪婪无比的大老鼠比喻剥削者，《硕人》用“柔荑”比方手指、用“凝脂”比喻皮肤等，都是就近取譬、以象取义，从而使人获得对本体事物的感性认识。《离骚》也是“引类譬喻”，所谓善鸟香草配忠贞、恶禽臭物比谗佞等。孔子与之一脉相承并有所发展，大量运用之于说理、劝谏、表情达意等多个方面，使《论语》“深于比兴”、“深于取象”[②]。可以说，孔子的“近取譬”是中国传统思维方式的又一次具体体现和反映。

作为一种表达方法，比喻在《周易》、《尚书》、《诗经》等先秦典籍中早有运用。作为一种修辞理论，比喻在古代又被称为“比”、“辟”、“况”、“谕（喻）”、“方”等，惠施、墨子、郑众、王符等都有所论。如惠施谓之“说”：“夫说者，固以其知，谕其所不知，而使人知之。”[③]墨子谓之曰“辟”：“辟也者，举也（通“他”）物而以明

---

① 谭学纯等：《接受修辞学》，安徽大学出版社 2000 年版，第 7 页。

② 章学诚：《文史通义》，中华书局 1956 年版，第 7 页。

③ 刘向：《说苑·善说》。

之也。”[①]郑众谓之曰“比”:“比者,比方于物也。”[②]王符谓之曰“譬喻”:“夫譬喻也者,生于直告之不明,故假物之然否以彰之。”[③]他们看到了比喻的本质,指出了比喻的功能。与之不同的是,孔子针对如何设喻提出了具体方法。

比喻是大众喜闻乐见的表达方式,有直白、通俗、易于感知的一面,也有能够激发人的想象、使人回味、思考的一面,这尤其符合孔子重推演寻绎、举一反三、触类旁通的教育思想。听众的理解和接受是使交际顺利进行的重要因素,否则就无异于对牛弹琴。对周围事物的熟悉,固然能使孔子得心应手地就地取材,而听众水平的差异则是孔子就近取譬的重要原因。孔子弟子三千、“贤人”七十二,其能力、水平显然参差不齐、高低有别。从这个意义上说,孔子的就近取譬既是一种主动选择,也是一种被动选择,有着很强的针对性。难能可贵的是,那些众所周知、熟若无睹之物,经孔子信手拈来,如同新生再造一般,都清新鲜活起来。孔子在解答什么是“仁”时正面提出了“近取譬”主张。《论语·雍也》:“夫仁者,己欲立而立人,己欲达而达人。能近取譬,可谓仁之方也。”朱熹曰:“譬,喻也。方,术也。近取诸身,以己所欲譬之他人,知其所欲亦犹是也。然后推其所欲以及于人,则恕之事而仁之术也。于此勉焉,则有以胜其人欲之私,而全其天理之公矣。”[④]以己为喻,譬之他人,然后推己及人,就能知道他人所欲。从政治教化的角度来说,“能近取譬”的确是为“仁”的最好途径和方法。而从修辞学的角度看,“近取譬”则是比喻生成的基本原则。比喻,俗称“打比方”,是一种“以其知喻其所不知,而使人知之”、“生告之不明,故假物之然否以彰之”的表达方法,“知”与“不知”、本体与“假物”定是性质根本不同而又有相似点的两个事物,“唯其不同,譬喻才有意义;唯其相似,譬喻才有可能”。众所周知,人们越熟悉某种事物,就越容易把握它;越熟悉某种事物,就越能得心应手地运用它。可以说,近处取譬、以熟悉的事物作比,是写说者运用比喻的最佳选择。

一切的说写都是给别人听、别人看的,目的在于让对方准确理解自己所欲表达的意思、明白话语的含义。所以从比喻运用的动机和目的上说,那个“已知”的“假物”应该而且必须也是听读者熟悉的、了解的,这样以已知喻未知、以“假物”喻本体才能使听读者能快速、有效地把握、知晓未知事物。换句话说,

---

① 《墨子·小取》。

② 转引自郑玄:《周礼郑氏注》,《丛书集成初编》本,中华书局1985年版。

③ 王符著,汪继培笺:《潜夫论笺校正·释难》,中华书局1985年版,第326页。

④ 朱熹:《论语集注》,齐鲁书社1992年版,第60页。

“近取譬”的最大益处就是能使听读者迅速地感知、了解本体事物。如“直哉史鱼！邦有道，如矢；邦无道，如矢”[①]这则比喻，孔子选用了“矢”作为喻体比方史鱼的“直”。“矢”在当时是主要的狩猎工具，也是人们技艺比试的重要项目，孔子更以“射”作为“六艺”内容传授弟子。“矢”于孔子及其弟子而言，其熟悉程度都相当高。孔子以共知的“矢”比喻史鱼的“直”，弟子不但轻松地感知、理解了“直”的含义，并能通过这寥寥数语感受到一个刚正不阿的人物形象如在眼前。

近处取譬，用交际双方都熟悉的事物作比，还能激发听读者的想象，使听读者能由此及彼，举一反三，收到意在言外的表达效果。如“为政以德，譬若北辰居其所而众星共之”[②]这则比喻，“北辰”与当政者、“北辰居其所而众星共之”与“为政以德”后的景象，一个在天上，一个在人间，是风马牛不相及的两个事物。孔子利用联想把二者巧妙地链接在一起，新颖别致，并进一步突出、强调了“为政以德”的重要性。“北辰”，对听读者而言，也是熟悉之物；有这熟知之物作为凭借、桥梁，听读者就轻而易举地理解了“为政以德”这一本体事物，当然其间他调动了已有的知识储备，进行了联想和想象。相隔甚远的两个事物，以说写者熟悉的事物作比，再经巧妙联想而有机谐和统一，令人耳目一新；相隔甚远的两个事物，以听读者也熟悉的事物作比，就使远的变近，变得具体可感。孔子近处取譬，把天上、人间根本不同的两个事物予以链接，有一举三得之效。关于这种反差极大的两个事物间的作比，后世学者曾有专门论述。刘勰曰：“诗人比兴，触物圆览。物虽胡越，合则肝胆。”[③]刘勰认为，构成比喻的两个事物虽然性质迥异、距离遥远，但如果有一个相似点(至少一个)相合，经作者巧妙联想后也会像肝胆一样密不可分。当代学者钱锺书则说：“不同处愈多愈大，则相同处愈有烘托；分得愈远，则合得愈出人意表，比喻就愈新颖。古罗马修辞学早就指出，相比的事物间距离愈大(longius)，比喻的效果愈新奇创解。”[④]他们的这些观点对比喻的构成及运用都曾产生了极大影响，具有此种特点的比喻也都十分新颖、独特，但他们是从比喻生成的角度提出见解，而孔子的“近取譬”却是通过具体实践后提出的现实主张。

从听读者角度说，近处取譬有利于交际的顺利进行。听读者熟悉和了解喻

---

① 《论语·卫灵公》。

② 《论语·为政》。

③ 刘勰：《文心雕龙·比兴》。

④ 钱锺书：《七缀集》，上海古籍出版社1985年版，第37～38页。

体事物，就会使信息的传输、理解、接受过程更圆满，就会较为全面、完整地领会写说者的思想、意图。说者是言外有意，听者也要听话听音。因为比喻的理解和接受过程，实际是比喻生成的一次逆推，是一个化熟悉为陌生、化已知为未知、化浅显为深奥的推演过程。如“色厉而内荏，譬诸小人，其犹穿窬之盗也与”这个比喻的生成过程是：“色厉内荏”—“穿窬之盗”，是从未知到已知；其理解过程则是：“穿窬之盗”—“色厉内荏”，是从已知到未知。“子在川上曰：‘逝者如斯夫！不舍昼夜’”的生成过程是：“水”—“时光”，是从具体到抽象；其理解过程则是：“时光”—“水”，从抽象到具体。听读者每逆推一次，对已知事物的认识就深化一次，对未知事物的了解就增加一点；听读者在逆推中完成信息的接收，完成比喻的解读，从而实现举一反三、触类旁通的目的。

对孔子的“能近取譬”说，冯广艺先生有进一步阐释、发挥。他认为孔子的“能近取譬”说包括了三个方面的内容：一是自己身边的客观物象，只要设喻得当，都可以作为喻体表达一定的比喻义。二是“近”体现为自己所熟悉的客观物象，必须是贴近社会的，是比喻的运用者和比喻的接受者都能够接受的；作为喻体，它们必须是人们容易感知的，而不是陌生的或遥远的东西。三是这种“近”体现为比喻的运用者和比喻的接受者之间应该有一种和谐一致的关系。从比喻的运用者来看，“近”是取喻的原则，这条原则对于比喻的接受者来说应该是适用的；否则，一方认为“近”，另一方却认为“远”，便达不到比喻的目的，运用比喻注意它的可接受性正是这种“近”的表现。① 此论甚当。

孔子“近取譬”的表达方法，对其弟子及比喻修辞手法的发展都产生了积极的影响。作为言语科代表，子贡直接继承了孔子的比喻风格——就近取譬、平易通俗。汉代的司马迁、桓谭等则直接继承了孔子的比喻理论，充分肯定了“近取譬”的功用。如司马迁在《史记·屈原贾生列传》中称比喻为“举类”：“其文约，其辞微，其志洁，其行廉，其称文小而其指极大，举类迩而见义远。”桓谭在《新论》中说：“若其小说家，合丛残小语，近取譬喻，以作短书，治向理家，有可观之辞。”其后的学者虽没有直接采用孔子“近取譬”之说，但以熟悉喻陌生的取喻原则始终影响着比喻的生成，影响着人们对比喻的运用。同时，这对我们如何更好地运用语言，对现代修辞学的深入研究，无疑都具有重要的启发意义。

另外，孔子“度主而谏之”的主张为心理修辞学的建立提供了有益的启发，

---

① 参见冯广艺：《汉语比喻研究史》，湖北教育出版社2002年版，第17～20页。

荀子对论辩的有关论述则为辩论学的建立奠定了一定的基础。总之,先秦儒家的一些修辞见解,对中国现代修辞学及其分支学科的建立和发展都产生了积极而巨大的影响。

六、儒家以"礼"为准绳的修辞观,具有一定的局限性

先秦儒家修辞思想有其积极、进步的一面,但也明显存在着一定的局限和不足。儒家主张言说要符合"礼"的规定,主张以"礼"为原则进行正名,以"礼"为标准衡量高下优劣。而他们的"礼",实质上是"封建社会把等级森严的尊卑贵贱亲疏等政治的宗法的关系加以规范化的准则与仪式"[①]。孔子的"非礼勿言",若指凡是不符合上下长幼道德伦理秩序的话不说,是应该肯定和大力提倡的,因为尊老爱幼是汉民族的优良传统和优秀美德;若指凡是不符合政治、宗法关系的话不说,就应该否定和反对,因为这明显是为统治阶级的需要服务的。荀子的提法更表现出为统治阶层服务的功利性。他以偏概全,把"不合先王,不顺礼义"的言说一律视为"奸言"、"奸说",其狭隘性显而易见。这样看来,在"礼"制约束下的孔子"正名"就不可能彻底,荀子以"礼"为标准的言说评判就有失客观和公正。

在动荡不安的春秋战国时期,先秦儒家出于挽救礼乐崩坏颓危局势的需要,出于维护礼义、王道的需要,兼之个人思想、立场、观点等诸多因素的制约,而提出以符合礼义为准绳的修辞观,是非常自然也非常正常的事情,存在局限和不足在所难免,但瑕不掩瑜。

---

① 匡亚明:《孔子评传》,齐鲁书社1985年版,第29页。

主要参考书目

（以作者姓氏汉语拼音排序）

1.班固:《汉书》,中华书局1962年版。

2.寸镇东:《语境与修辞》,贵州人民出版社1996年版。

3.陈光磊、王俊衡:《中国修辞学通史·先秦两汉魏晋南北朝卷》,吉林教育出版社1998年版。

4.陈鼓应:《老子注译及评介》,中华书局1984年版。

5.陈炯:《中国文化修辞学》,江苏古籍出版社2001年版。

6.陈骙、李涂:《文则　文章精义》,人民文学出版社1960年版。

7.陈梦家:《尚书通论》,河北教育出版社2000年版。

8.陈汝东:《社会心理修辞学导论》,北京大学出版社1999年版。

《认知修辞学》,广东教育出版社2001年版。

《当代汉语修辞学》,北京大学出版社2004年版。

《修辞学论文集》,北京大学出版社2005年版。

9.陈望道:《修辞学发凡》,上海教育出版社1979年版。

10.陈彦辉:《春秋辞令研究》,中华书局2006年版。

11.程希岚:《修辞学新编》,吉林人民出版社1984年版。

12.程祥徽、邓骏捷、张剑桦:《语言风格学》,广西教育出版社2000年版。

13.程湘清:《先秦汉语研究》,山东教育出版社1992年版。

14.褚斌杰:《中国古代文体概论》,北京大学出版社1984年版。

15.楚永安:《古汉语表达例话》,中国青年出版社1994年版。

16.崔立斌:《〈孟子〉词类研究》,河南大学出版社2004年版。

17. 戴震:《孟子字义疏证》,中华书局 1982 年版。

18. 邓承奇:《孔子与中国美学》,齐鲁书社 1995 年版。

19. 邓乔彬:《古代文艺的文化观照》,上海教育出版社 2003 年版。

20. 董根洪:《儒家中和哲学通论》,齐鲁书社 2001 年版。

21. 段玉裁:《说文解字注》,浙江古籍出版社 2002 年版。

22. 冯广艺:《汉语比喻研究史》,湖北教育出版社 2002 年版。

23. 冯胜利:《汉语韵律句法学》,上海教育出版社 2000 年版。

《汉语的韵律、词法与句法》,北京大学出版社,1997 年。

24. 复旦大学语言研究室编:《〈修辞学发凡〉与中国修辞学》,复旦大学出版社 1983 年版。

25. [德]弗里德里希・尼采著,屠友祥译:《古修辞学描述》(外一种),上海人民出版社 2001 年版。

26. 高亨:《周易大传今注》,齐鲁书社 1998 年版;

《诗经今注》,上海古籍出版社 1980 年版。

27. 高亨等:《韩非子》,中华书局 2010 年版。

28. 高万云:《中国修辞理论与批评》,山东人民出版社 2004 年版。

29. 公木:《先秦寓言概论》,齐鲁书社 1984 年版。

30. 郭庆藩撰,王孝鱼点校:《庄子集释》,中华书局 1961 年版。

31. 郭沂:《孔子集语校补》,齐鲁书社 1998 年版。

32. 韩宝育:《语义的分析与认知》,中央编译出版社 2004 年版。

33. 何九盈:《上古音》,商务印书馆 2001 年版。

34. 何伟棠:《王希杰修辞学论集》,广东教育出版社 2000 年版。

35. 何自然、陈新仁编著:《当代语用学》,外语教学与研究出版社 2004 年版。

36. 洪诚:《训诂学》,江苏古籍出版社 1984 年版。

37. 黄庆萱:《修辞学》,(台北)三民书局 1975 年版。

38. 黄珊:《〈荀子〉虚词研究》,河南大学出版社 2005 年版。

39. 黄寿祺、张善文:《周易译注》,上海古籍出版社 2004 年版。

40. 黄朝阳:《中国古代的类比——先秦诸子譬论》,社会科学文献出版社 2006 年版。

41. 季绍德:《古汉语修辞》,吉林文史出版社 1986 年版。

42. 翼昀主编:《尚书》,线装书局 2007 年版。

43.《左传》,线装书局 2007 年版。

44. 姜宗伦:《古典文学辞格概要》,云南人民出版社 1984 年版。

45. 金兆梓:《实用国文修辞学》,中华书局 1932 年版。

46. 孔颖达:《周易正义》,九州出版社 2004 年版。

《毛诗正义》,中华书局 1998 年版。

47. 孔颖达等撰:《春秋左传正义》,北京大学出版社 1999 年版。

48. 雷淑娟:《文学语言美学修辞》,学林出版社 2004 年版。

49. 黎靖德编,王星贤点校:《朱子语类》,中华书局 1994 年版。

50. 黎运汉:《汉语风格学》,广东教育出版社 2006 年版。

《迈向 21 世纪的修辞学研究》,广东人民出版社 2001 年版。

51. 李葆嘉:《理论语言学:人文与科学的双重精神》,江苏古籍出版社 2001 年版。

52. 李鼎祚:《周易集解》,九州出版社 2003 年版。

53. 李光地:《周易折中》,九州出版社 2002 年版。

54. 李晗蕾:《辞格学新论》,黑龙江人民出版社 2004 年版。

55. 李军:《语用修辞探索》,广东教育出版社 2005 年版。

56. 李凯:《儒家元典与中国诗学》,中国社会科学出版社 2002 年版。

57. 李维琦:《修辞学》,湖南人民出版社 1986 年版。

58. 李维琦等:《古汉语同义修辞》,湖南师范大学出版社 1990 年版。

59. 李泽厚:《中国古代思想史论》,安徽文艺出版社 1994 年版。

《论语今读》,三联书店 2005 年版。

《美的历程》,文物出版社 1981 年版。

60. 李泽厚、刘纲纪主编:《中国美学史》,中国社会科学出版社 1984 年版。

61. 李熙宗等:《中国修辞学通史·明清卷》,吉林教育出版社 1998 年版。

62. 梁启雄:《韩子浅解》,中华书局 1960 年版。

63. 刘安撰,陈静译注:《淮南子》,中州古籍出版社 2010 年版。

64. 刘宝楠撰,高流水点校:《论语正义》,中华书局 1990 年版。

65. 刘大杰:《中国文学发展史》,上海古籍出版社 1983 年版。

66. 刘焕辉:《言语交际学》,江西教育出版社 1986 年版。

《修辞学纲要》,百花洲文艺出版社 1991 年版。

67. 刘继超、高月丽:《修辞的艺术》,石油工业出版社 2002 年版。

68. 刘俐李:《汉语声调论》,南京师范大学出版社 2004 年版。

69. 刘丽文、赵雪主编:《古代语言现象探索》,北京广播学院出版社 2003 年版。

70. 刘熙载著,王气中笺注:《艺概笺注》,贵州人民出版社 1986 年版。

71. 刘向著,赵善论疏证:《说苑疏证》,华东师范大学出版社 1985 年版。

72. 刘勰著,周振甫注:《文心雕龙注释》,人民文学出版社 1981 年版。

73. 刘耘华:《诠释学与先秦儒家之意义生成——〈论语〉、〈孟子〉、〈荀子〉对古代传统的解释》,上海译文出版社 2002 年版。

74. 刘知几撰,黄寿成校点:《史通》,辽宁教育出版社 1997 年版。

75. 龙伯纯:《文字发凡》,上海广智书局 1905 年版。

76. 陆永品:《老庄研究》,中州古籍出版社 1984 年版。

77. 骆小所:《语言美学论稿》,云南人民出版社 1996 年版。

78. 吕不韦著,张双棣译注:《吕氏春秋译注》,吉林文史出版社 1986 年版。

79. 吕思勉:《先秦学术概论》,中国大百科全书出版社 1985 年版。

80. 吕叔湘、朱德熙:《语法修辞讲话》,中国青年出版社 1979 年版。

81. 康有为:《论语注》,中华书局 1984 年版。

82. 匡亚明:《孔子评传》,齐鲁书社 1985 年版。

83. [美]肯尼斯·博克等著:《当代西方修辞学:演讲与话语批评》,常昌富、顾宝桐译,中国社会科学出版社 1998 年版。

84. 孟庆祥、孟繁红:《孔子集语译注》,黑龙江人民出版社 2003 年版。

85. 敏泽:《中国文学理论批评史》,人民文学出版社 1981 年版。

《中国美学思想史》第 1 卷,齐鲁书社 1987 年版。

86. 牟瑞平译注:《荀子》,山东友谊出版社 2001 年版。

87. 裴传永:《论语外编》,齐鲁书社 1995 年版。

88. 启功:《诗文声律论稿》,中华书局 1977 年版。

89. 钱冠连:《美学语言学——语言美和言语美》,海天出版社 1993 年版。

90. 钱穆:《论语新解》,三联书店 2005 年版。

91. 钱敏汝:《篇章语用学概论》,外语教学与研究出版社 2001 年版。

92. 钱锺书:《谈艺录》,开明书店 1947 年版。

《管锥编》,中华书局 1979 年版。

《七缀集》,上海古籍出版社 1985 年版。
93. 阮元校刻:《十三经注疏》,中华书局影印本 2009 年版。
94. 申小龙:《语言学纲要》,复旦大学出版社 2005 年版。
95. 盛玉麒:《语海新探》第 5 辑,香港文化教育出版社 2002 年版。
96. 石云孙:《修辞纵横》,安徽大学出版社 2005 年版。
97. 盛广智译评:《韩非子》,吉林文史出版社 2004 年版。
98. 司马迁:《史记》,中华书局 1959 年版。
99. 孙安邦、马银华译注:《荀子》,山西古籍出版社 2004 年版。
100. 孙诒让:《墨子间诂》,中华书局 2001 年版。
101. 索振羽:《语用学教程》,北京大学出版社 2000 年版。
102. 宋振华等主编:《现代汉语修辞学》,吉林人民出版社 1984 年版。
103. 孙汝建:《修辞的社会心理分析》,上海外语教育出版社 2006 年版。
104. 谭家健、孙中原译注:《墨子今注今译》,商务印书馆 2009 年版。
105. 谭永祥:《汉语修辞美学》,北京语言学院出版社 1992 年版。
106. 谭学纯等:《接受修辞学》,安徽大学出版社 2000 年版。
107. 谭学纯、朱玲:《广义修辞学》,安徽教育出版社 2001 年版。
108. 唐钺:《修辞格》,商务印书馆 1923 年版。
109. 童山东、吴礼权:《阐释修辞论》,首都师范大学出版社 1998 年版。
110. 王常则译注:《孟子》,山西古籍出版社 2003 年版。
111. 王充:《论衡》,上海人民出版社 1974 年版。
112. 王德春、陈瑞端:《语体学》,广西教育出版社 2000 年版。
113. 王德春、陈晨:《现代修辞学》,上海外语教育出版社 2001 年版。
114. 王焕镳:《墨子校释》,浙江文艺出版社 1984 年版。
115. 王力:《古代汉语》,中华书局 1982 年版。
《汉语音韵》,中华书局 2003 年版。
《汉语诗律学》,上海教育出版社 1964 年版。
《王力诗论》,广西人民出版社 1986 年版。
《诗经韵读》,中国人民大学出版社 2004 年版。
《古代汉语常识》,商务印书馆 2002 年版。
《中国语言学史》,山西人民出版社 1981 年版。
116. 王勤:《汉语修辞通论》,华中理工大学出版社 1995 年版。

117. 王文锦译解:《尚书》,线装书局 2007 年版。

118. 王希杰:《汉语修辞学》,北京出版社 1983 年版。

《汉语修辞学》(修订本),商务印书馆 2004 年版。

《修辞学通论》,南京大学出版社 1996 年版。

119. 王先慎撰,陈凡整理:《庄子集解》,三秦出版社 2005 年版。

120. 王先谦撰,沈啸寰、王星贤整理:《荀子集解》,中华书局 2012 年版。

121. 王先谦撰,钟哲点校:《韩非子集解》,中华书局 1998 年版。

122. 王延梅译注:《诗经今注今译》,河北人民出版社 2000 年版。

123. 王一川:《修辞论美学》,东北师范大学出版社 1997 年版。

124. 王占福:《古代汉语修辞学》,河北教育出版社 2001 年版。

125. 魏德胜:《〈韩非子〉语言研究》,北京语言学院出版社 1995 年版。

126. 吴洁敏、朱以达:《汉语节律学》,语文出版社 2001 年版。

127. 吴礼权:《中国修辞哲学史》,台湾商务印书馆 1995 年版。

《修辞心理学》,云南人民出版社 2002 年版。

128. 吴礼权、邓明以:《中国修辞学通史·当代卷》,吉林教育出版社 1998 年版。

129. 吴林伯:《论语发微》,文化艺术出版社 1989 年版。

130. 吴士文:《修辞讲话》,甘肃人民出版社 1982 年版。

《修辞格论析》,上海教育出版社 1986 年版。

131. 夏传才:《〈诗经〉语言艺术》,语文出版社 1985 年版。

132. 夏中华:《口语修辞学》,远距离教育(音像)出版社 1993 年版。

133. 赵克勤:《古汉语修辞简论》,商务印书馆 1983 年版。

134. 赵敏俐、谭家健:《中国古代文学通论》(先秦两汉卷),辽宁人民文学出版社 2005 年版。

135. 赵毅、钱为纲:《言语交际学》,上海三联书店 2003 年版。

136. 赵义山、李修文主编:《中国分体文学史》(散文卷),上海古籍出版社 2002 年版。

137. 徐超:《中国传统语言文字学》,山东大学出版社 2000 年版。

《古代汉语语法》,天马图书有限公司 2003 年版。

138. 许慎:《说文解字》,中华书局 1963 年版。

139. 徐鸿修:《先秦史研究》,山东大学出版社 2002 年版。

140.[古希腊]亚里斯多德著,罗念生译:《修辞学》,三联书店 1991 年版。

141.姚殿芳、潘兆明:《实用汉语修辞》,北京大学出版社 1987 年版。

142.杨伯峻:《论语译注》,中华书局 1980 年版。

《孟子译注》,中华书局 1960 年版。

143.杨朝明、宋立林主编:《孔子家语通解》,齐鲁书社 2013 年版。

144.杨端志:《训诂学》,山东文艺出版社 1992 年版。

145.杨树达:《汉文文言修辞学》,科学出版社 1957 年版。

146.游国恩等:《中国文学史》(一),人民文学出版社 1981 年版。

147.仪平策:《中国审美文化史·秦汉魏晋南北朝卷》,山东画报出版社 2000 年版。

148.余志慧:《君子儒与诗教——先秦儒家文学思想考论》,三联书店 2005 年版。

149.袁培智、袁辉:《老子新译》,宗教文化出版社 2003 年版。

150.元构:《修辞鉴衡》,商务印书馆 1937 年版。

151.易蒲、李金苓:《汉语修辞学史纲》,吉林教育出版社 1990 年版。

152.袁晖、宗廷虎主编:《汉语修辞学史》(修订本),山西人民出版社 1995 年版。

153.袁晖、李熙宗主编:《汉语语体概论》,商务印书馆 2005 年版。

154.张德明:《语言风格学》,东北师范大学出版社 1989 年版。

155.张弓:《现代汉语修辞学》,天津人民出版社 1963 年版。

156.张会森:《修辞学通论》,上海外语教育出版社 2002 年版。

157.张文治:《古书修辞例》,中华书局,1996 年。

158.张毅:《儒家文艺美学》,南开大学出版社 2004 年版。

159.张应斌:《汉语乐音语言论》,岳麓书社 2006 年版。

160.张志公:《修辞概要》,上海教育出版社 1982 年版。

161.章学诚:《文史通义》,中华书局 1956 年版。

162.翟锦程:《先秦名学研究》,天津古籍出版社 2005 年版。

163.郑奠、谭全基:《古汉语修辞资料汇编》,商务印书馆 1980 年版。

164.郑颐寿:《文艺修辞学》,福建教育出版社 1993 年版。

165.郑远汉:《言语风格学》,湖北教育出版社 1990 年版。

《修辞风格研究》,商务印书馆 2004 年版。

166. 郑荣馨:《语言表达效果论》,广西师范大学出版社 1996 年版。

《语言得体艺术》,书海出版社 2001 年版。

167. 郑子瑜:《中国修辞学史稿》,上海教育出版社 1984 年版。

《郑子瑜修辞学论文集》,中华书局 1988 年版。

168. 中国华东修辞学会编:《修辞学研究》,语文出版社 1987 年版。

《修辞学》(7),南京大学出版社 1997 年版。

169. 中国修辞学会、复旦大学语言文学研究所编:《语体论》,安徽教育出版社 1987 年版。

170. 中国修辞学会编:《修辞学论文集》(1),福建人民出版社 1983 年版。

《修辞学论文集》(2),福建人民出版社 1984 年版。

《修辞学论文集》(3),福建人民出版社 1985 年版。

《修辞学论文集》(4),福建人民出版社 1987 年版。

《修辞学论文集》(5),河南大学出版社 1990 年版。

《汉语修辞学研究和应用》,河南人民出版社 1997 年版。

171. 中国修辞学会华东分会编:《修辞学研究》(1、2 册),华东师范大学出版社 1983 年版。

172. 钟跃英:《气韵论》,上海人民美术出版社 2000 年版。

173. 钟肇鹏:《孔子研究》(增订版),中国社会科学出版社 1990 年版。

174. 周秉钧:《古汉语纲要》,湖南人民出版社 1981 年版。

175. 周大璞:《训诂学初稿》,武汉大学出版社 1987 年版。

176. 周光庆:《中国古典解释学导论》,中华书局 2002 年版。

177. 周来祥:《论美是和谐》,贵州人民出版社 1984 年版。

178. 周卫东:《先秦儒家文学思想研究》,中央编译出版社 2005 年版。

179. 周振甫:《诗词例话》,中国青年出版社 1962 年版。

《文学风格例话》,上海教育出版社 1989 年版。

《中国修辞学史》,商务印书馆 2004 年版。

《周振甫讲修辞》,江苏教育出版社 2005 年版。

180. 朱熹:《论语集注》,齐鲁书社 1992 年版。

《孟子集注》,齐鲁书社 1992 年版。

181. 朱祖延:《古汉语修辞例话》,湖北人民出版社 1979 年版。

182. 宗守云:《修辞学的多视角研究》,中国社会科学出版社 2005 年版。

183. 宗廷虎:《中国现代修辞学史》,浙江教育出版社 1990 年版。

《辩论艺术》,云南人民出版社 1991 年版。

184. 宗廷虎等:《修辞新论》,上海教育出版社 1988 年版。

185. 宗廷虎、李金苓:《中国修辞学通史·隋唐五代宋金元卷》,吉林教育出版社 1998 年版。

《中国修辞学通史·近现代卷》,吉林教育出版社 1998 年版。

186. 祖保泉:《文心雕龙解说》,安徽教育出版社 1993 年版。

187. 左丘明撰,鲍思陶点校:《国语》,齐鲁书社 2005 年版。

188. 左思民:《汉语语用学》,河南人民出版社 2000 年版。

后 记

相比于道、墨、法家，先秦儒家更为显赫：队伍庞大，阵容壮观，传承广远，影响巨大。孔子创立儒家学派后，孟子等人加以发展，最终由荀子集大成。“自孔子死后，有子张之儒，有子思之儒，有颜氏之儒，有孟氏之儒，有漆雕氏之儒，有仲梁氏之儒，有孙氏之儒，有乐正氏之儒。……故孔、墨之后，儒分为八，墨离为三，取舍相反不同，皆自谓真孔、墨，孔、墨不可复生，将谁使定后世之学乎？”①儒家有这样一个蔚为壮观的庞大传承队伍与网络，其著述自是丰厚无比。他们“游文于六经之中，留意于仁义之际，祖叙尧、舜，宪章文、武，宗师仲尼，以重其言，于道为最高”②。除《诗经》、《尚书》、《仪礼》、《乐经》、《周易》、《春秋》六经外，儒家经典还有《论语》、《国语》、《孝经》、《周礼》、《礼记》、《左传》、《公羊传》、《穀梁传》、《尔雅》③、《孟子》、《荀子》等。其中，《乐经》久已失传，《尔雅》成书年代较晚。面对这样一个人数众多、著述丰硕的儒家学派，爬梳、研究他们的修辞思想、修辞美学与言语风格是一项相当繁重的工作，更何况儒学大师的性情各异，著述风格不一。④ 因此本书耗时虽巨，却总感挂一漏万，尚有思虑不周之处及有可待继续发掘深入之处。

先秦儒家创立于两千多年前，但他们的修辞观点已构成一个相对完善

① 《韩非子·显学》。

② 《汉书·艺文志》。

③ 《尔雅》是中国古代最早的词典，“十三经”之一，但其作者与成书年代历来说法不一。有的认为是孔子门人所作；有的认为是周公所作，后经孔子及其弟子的增补；有的认为是秦汉时人所作，经不断增益，西汉时被整理加工而成。学界大多认同最后一种说法。

④ 人们习惯上认为，《易》、《诗》、《书》、《礼》、《春秋》是经，《左传》、《公羊传》、《穀梁传》属于“传”，《礼记》、《孝经》、《论语》、《孟子》均为记，《国语》为史，《荀子》为文。

的思想体系,其多姿多彩的修辞实践已充分表现出语言运用的无穷魅力与巨大力量,为后人如何正确、恰当运用语言提供了宝贵的借鉴。本书从语言运用层面对先秦儒家修辞思想作了简略研究,并以孔、孟、荀为例对先秦儒家修辞所呈现的美学特征及其言语风格作了粗略分析。客观地说,先秦儒家的每一部著述,都有自己独特的表达方式与表达技巧,都呈现出摇曳多姿的美学特征与风貌,这是我们需要进一步深入研究的。

先秦儒家在激烈的诸子争鸣中得以发展、壮大,与先秦道、墨、法家有相当深厚的渊源关系。孔子曾向老子请教,墨子曾学于儒家,孟子、墨子、荀子等同游稷下,韩非曾师承荀子,等等。他们互相学习、借鉴,各有所长,有同有异。如孔子与老子,他们修辞观点不同,言说方式迥异,但在最终的修辞美学取向上却呈现出一定的趋同性:孔子主张“情信辞巧”、“言之无文,行而不远”,而其言说却平实质朴;老子主张返璞归真、崇尚朴直,而其言说却精警隽秀。尽管他们的修辞主张与言语实践存在一定程度的背离,却最终取得内容与形式的有机结合、和谐统一,其言语作品成为中国亘久不衰的不休经典。儒、墨两家曾并称当世显学,其政治思想相近,其修辞主张也大同小异。如他们都非常重视语言的运用,均认为言说要注意时机、场合、对象等因素,均既重内容又重形式。只是在内容与形式的先后顺序上,他们略有差别:儒家讲“文质彬彬”,墨家讲“先质后文”。儒、法两家的政治主张相左,所以在立言修辞的标准及内容(“质”)与形式(“文”)的关系方面,他们各有主张:儒家言说始终围绕仁义道德,以“仁”、“礼”为标准,重内容也重形式,主张“文质并重”;法家重功利、尚实用,言说始终围绕“法”、“术”、“势”思想,时时处处以功用为标准,重内容轻形式,主张“取情而去貌,好质而恶饰”。但在宣扬各自的思想学说、政治主张的过程中,儒法两家均看到了语言表达的重要作用,并巧妙运用了不同的言说方法、言说技巧,表现出了高超的语言驾驭技巧,在语言运用上呈现出一定程度的相似、相同之处。总之,儒、道、墨、法各家在立言修辞方面有同有异,这也是我们有待进一步深入研究的。

笔者对先秦诸子修辞尤其是儒家修辞的关注与研究,断断续续已十年多。本书是在笔者博士论文的基础上增益、修订而成。尽管作了长期的储备与思考,但由于个人学识所限,拙著还有许多不足与错漏。不当之处,敬请方家指正。

丁秀菊

2014 年 8 月